◎ 孙江 主编
◎ 宋寅在 本卷执行主编

亚洲概念史研究

第 8 卷

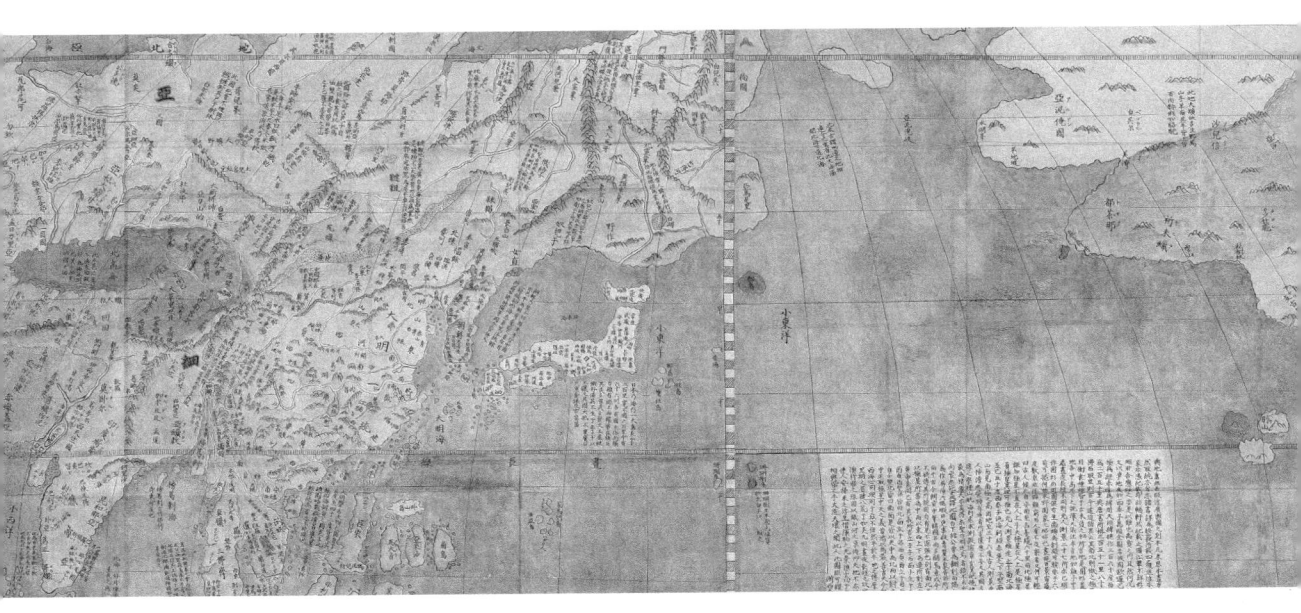

商务印书馆
创于1897 The Commercial Press

图书在版编目(CIP)数据

亚洲概念史研究.第8卷/孙江主编.—北京:商务印书馆,2022
ISBN 978-7-100-20595-5

Ⅰ.①亚… Ⅱ.①孙… Ⅲ.①亚洲—历史—研究—丛刊 Ⅳ.① K300.7-55

中国版本图书馆CIP数据核字（2022）第008806号

南京大学"双一流"经费和人文基金资助项目

权利保留，侵权必究。

亚洲概念史研究
第8卷
孙江 主编

商 务 印 书 馆 出 版
（北京王府井大街36号 邮政编码100710）
商 务 印 书 馆 发 行
江苏凤凰数码印务有限公司印刷
ISBN 978-7-100-20595-5

| 2022年2月第1版 | 开本 787×1092 1/16 |
| 2022年2月第1次印刷 | 印张 19¼ |

定价：98.00元

《亚洲概念史研究》

主 办 方：南京大学学衡研究院
学术委员会（以姓氏字母为序）：

阿梅龙　德国法兰克福大学汉学系
陈力卫　日本成城大学经济学部
方维规　北京师范大学文学院
冯　凯　德国汉堡大学汉学系
韩东育　东北师范大学历史文化学院
胡传胜　江苏省社会科学院《学海》编辑部
黄东兰　日本爱知县立大学外国语学部
黄克武　台湾"中央研究院"近代史研究所
黄兴涛　中国人民大学历史学院
李　帆　北京师范大学历史学院
李恭忠　南京大学历史学院
李坰丘　韩国翰林大学翰林科学院
李里峰　南京大学政府管理学院
李雪涛　北京外国语大学历史学院
梁一模　韩国首尔国立大学自由研究学院
林少阳　香港城市大学中文及历史学系
刘建辉　日本国际日本文化研究中心
闾小波　南京大学政府管理学院
潘光哲　台湾"中央研究院"近代史研究所
彭南生　华中师范大学中国近代史研究所
沈国威　日本关西大学外国语学部
石　斌　南京大学中美文化研究中心

史易文　瑞典隆德大学中文系
孙　江　南京大学学衡研究院
王宏志　香港中文大学翻译系
王马克　德国埃尔朗根-纽伦堡大学汉学系
王晴佳　美国罗文大学历史系
王月清　南京大学哲学系
王中忱　清华大学中文系
杨念群　中国人民大学清史研究所
张凤阳　南京大学政府管理学院
章　清　复旦大学历史学系
朱庆葆　南京大学中华民国史研究中心

编辑委员会：
　　主　　编：孙　江
　　编　　辑：王　楠　于京东　石坤森
　　助理编辑：徐天娜　闵心蕙　王瀚浩　宋逸炜

开卷语

名不正,则言不顺。言不顺,则事不成。

历经"语言学的转变"之后,由不同学科条分缕析而建构的既有的现代知识体系受到质疑,当代人文社会科学正处在重要的转型期。与此同时,一项名为"概念史"的研究领域异军突起,越来越多的学者注意到,概念史是反求诸己、推陈出新的必经之路。

"概念史"(Begriffsgeschichte/conceptual history)一语最早见诸黑格尔《历史哲学》,是指一种基于普遍观念来撰述历史的方式。20世纪中叶以后,概念史逐渐发展为一门关涉语言、历史和思想的新学问。从概念史的角度来看,概念由词语表出,但比词语含有更广泛的意义;一定的社会、政治经验和意义积淀于特定的词语并被表征出来后,该词语便成为概念。概念史关注文本的语言和结构,通过对历史上主导概念的研究来揭示该时代的特征。

十年前,本刊部分同仁即已涉足概念史研究,试图从东西方比较的角度,考察西方概念如何被翻译为汉字概念,以及汉字圈内不同国家和地区之间概念的互动关系,由此揭示东亚圈内现代性的异同。当初的设想是,从"影响20世纪东亚历史的100个关键概念"入手,梳理概念的生成历史以及由此建构的知识体系,为展开进一步的研究奠定基础。但是,阴差阳错,力小而任重,此一计划竟迟迟难以付诸实行。

十年后,缘起石城,南京大学人文社会科学高级研究院先后于2010年和2011年主办两次"东亚现代知识体系构建"国际学术研讨会,来自各国的学者围绕概念史的核心问题展开了热烈讨论。本刊编委会急切地认识到,要想推进概念史研究,必须进行跨文化、跨学科的努力。

本刊是通向概念史研究的一条小径,举凡讨论语言、翻译、概念、文本、分科、制度以及现代性的论文及评论,皆在刊登之列。通过出版本刊,我们希望达到如下目标:首先梳理中国现代知识体系的生成与演变,继而在东亚范围内进行比较研究,最后在全球史(global history)视野下,从中国和东亚的视角与欧美学界进行学术、理论对话。

本刊将本着追求学术、献身学术的宗旨,为推动撰写"影响 20 世纪东亚历史的 100 个关键概念"做知识和人力准备,诚恳欢迎学界内外的朋友给予关心和支持。我们不敢自诩所刊之文篇篇珠玑,但脚踏实地、力戒虚言,将是本刊一以贯之的态度。

Verba volant, scripta manent(言语飞逝,文字恒留)。

《亚洲概念史研究》编委会

目　录

代序 ·· 孙江(1)

韩国概念史的理论探索及其定位 ···················· 宋寅在(3)
 一、导论：韩国概念史的思路 ···························· (3)
 二、概念史的理论旅行：从德国到韩国 ···················· (5)
 三、东亚语境下的韩国概念史：概念史与数字人文 ·········· (11)
 四、结语 ·· (16)

文明的时间 ·· 朴根甲(18)
 一、"文明开化"漂洋过海 ································ (18)
 二、始元(arche) ······································· (24)
 三、沟通 ·· (46)
 四、再次回到边界线 ···································· (60)

1909年大韩帝国社会的"东洋"概念及其起源
  ——以报刊媒体的意义化过程为中心 ················ 金允嬉(64)
 一、引言 ·· (64)
 二、1909年"东洋"概念与现实认识的冲突 ················· (66)
 三、同质性的想象与"东洋"概念 ·························· (70)

i

四、结语 ………………………………………………………… (81)

东学的"道德"概念语义化与思想意义 ……………………… 李幸勋(83)
　　一、导言 ………………………………………………………… (83)
　　二、东洋"道德"概念的语义论 ………………………………… (85)
　　三、东学的"道德"与语义层 …………………………………… (88)
　　四、"天主"概念的交叉与专有 ………………………………… (94)
　　五、"道德"的语义与其意义 …………………………………… (98)

19世纪末至20世纪初韩中日三国的"实学"概念 ………… 李垧丘(99)
　　一、引言 ………………………………………………………… (99)
　　二、19世纪后期韩国的"实学"概念及新谱系 ……………… (101)
　　三、19世纪后期中国的"实学"概念 ………………………… (105)
　　四、19世纪后期日本的"实学"概念 ………………………… (108)
　　五、结语:"实学"后的实学 …………………………………… (111)

国=家与国/家:为了获取王权的政治斗争与大韩帝国 ……… 金钟学(114)
　　一、导论 ………………………………………………………… (114)
　　二、加强王权与"开化" ………………………………………… (116)
　　三、开化势力的分裂与对外势力的依赖 ……………………… (119)
　　四、民之政治动员 ……………………………………………… (126)
　　五、结论 ………………………………………………………… (135)

俞吉浚的宗教与国家:朝向朝鲜自由、独立的根本教导 ……… 李礼安(138)
　　一、对俞吉浚而言,"宗教"是什么? …………………………… (138)
　　二、政教合一的世界:作为"根本教导"的"宗教" …………… (141)
　　三、宗教的共同属性之发现:"神圣"与"道德" ……………… (144)
　　四、"宗教自由"论:与"根本教导"同居 ……………………… (148)
　　五、"教导灵魂"的基督教 ……………………………………… (153)
　　六、整合之技术,或得救之信仰 ……………………………… (161)

韩国近代转换期"身分""身分制"用语的成立与变迁 ………… 白光烈(165)
　　一、前言 ………………………………………………………… (165)
　　二、"身分""身分制"概念的难点:理论与研究史的考察 …… (168)
　　三、朝鲜时代文献的"身分"相关用语用例调查 ……………… (175)
　　四、甲午改革期以后舆论媒体中出现的"身分"用语 ………… (183)
　　五、作为社会科学概念语的"身分"用例与概念的成立过程 …… (188)

六、结语 …………………………………………………………………（194）

东学、天道教之"天"概念的发展
　　——从天到神，又从神到生命 ………………………………… 许洙（196）
　　一、导言 …………………………………………………………………（196）
　　二、超概念化之体验性实在 ……………………………………………（198）
　　三、神：宇宙的"大活精" ………………………………………………（204）
　　四、生命："天"之世俗化及政治化 ……………………………………（209）
　　五、结论 …………………………………………………………………（217）

启蒙期文化概念的运动性与社会理论 ……………………… 金玄珠（220）
　　一、绪论：启蒙期的知识场域和文化概念的轨迹 ……………………（220）
　　二、"文明＝文化"概念的出现和扩散 …………………………………（223）
　　三、文化概念语义场的复合化 …………………………………………（231）
　　四、结论：启蒙期的"文化"与社会理论 ………………………………（244）

20世纪20年代大众文学概念研究
　　——以卡普大众化论与"通俗""民众""大众"的意义论争为中心
　　…………………………………………………………………… 金芝英（246）
　　一、前言 …………………………………………………………………（246）
　　二、罗曼·罗兰理论的引入与两种"民众艺术" ………………………（250）
　　三、"通俗""民众""大众"的意义论争与"大众小说"的意义转移
　　………………………………………………………………………………（256）
　　四、本土叙事感觉的发现和大众取向的再认识 ………………………（268）
　　五、结语 …………………………………………………………………（274）

近代词汇"浪漫"溯源 ………………………………………… 都在学（276）
　　一、绪论 …………………………………………………………………（276）
　　二、"浪漫"的确立和传播 ………………………………………………（277）
　　三、音译词"浪漫"和借音词"Ro-Mang（罗曼）"的共存 ……………（290）
　　四、结论 …………………………………………………………………（293）

征稿启事 ………………………………………………………………（295）

代 序

孙 江

2009年12月,我接到一封来自韩国翰林大学的邮件,是我在东京大学留学时的韩国同学梁一模教授写的。梁教授在信中谈及翰林大学正在推进概念史研究计划,听说我在日本也在进行同样的研究,询问能否来翰林大学访问,做两次演讲。至于访问时间,可以在一周后任何时候。梁教授研究思想史,我研究社会史,毕业后不约而同地走到概念史研究上,既是缘分,也昭示了概念史的特性——思想和历史的结合。打铁须趁热,我回信表示下周即可。梁教授告诉我,翰林大学位在春川,是韩剧《冬之恋》的外景地,我心里盘算着借此看看镜头外的美丽的雪景。

这是我第四次访问韩国,前三次均在首尔及其附近。春川是座小城市,地接朝鲜,从仁川机场驱车需数小时才能抵达。第一次访问韩国是2002年,参加在延世大学召开的学术研讨会。时当韩日共同主办世界杯足球赛,开会重要,感受世界杯的氛围也重要。中国队第一次进入世界杯,对战巴西,未战而先败,全场比赛居然没有吃到一张黄牌,而巴西队却得了两枚。韩国队主场一路高歌,挺进半决赛。为此我曾写过一篇杂文,比较中韩日三国足球队,指出韩国队前锋强,中国队后卫强,日本队中场强,这种不同绝非巧合,反映了不同的思维和行动的取向。

到春川后,觥筹交错之间,好客的主人递给我一叠厚厚的韩文打印稿。几天前,为了使演讲顺利进行,我传去了日文论文和中文论文,供译者预先熟悉内容,没想到居然全被译成了韩文,效率之高,令人慨叹。更令人慨叹的是,学术交流结束后,我发现中日韩三国从事概念史研究的起步时间差不多,但韩国学者早已大步领先了。

在韩国,有多家大学同时进行近代知识空间的研究,有的关注概念,有的侧重媒介,有的聚焦理论,绝不重复。翰林大学科学院以概念史为研究重点,在机构建设和人员配置上井井有条;研究资金有来自国家的资助,有得自企业的捐助。在研究方面,翻译丛书、研究丛书和韩文杂志(后来又创办了英文杂志)一应俱全。而且,他们已经开始前瞻未来——研究韩国人生活世界中的概念,这和当下欧洲概念史研究新趋向若合符节。其时,我正摸索去北京某校工作的可能性,这次访问坚定了我回国的决心。

南京大学学衡研究院自成立以来,就把概念史作为主要研究方向。翰林大学科学院是我们的合作单位。突如其来的"新冠"疫情阻断了彼此之间的往来,但正可加深文字之间的交流。我请负责两院交流的韩方宋寅在教授组织一组概念史研究论文,列为《亚洲概念史研究》第8卷,以期呈现韩国概念史研究的轮廓。宋教授治中国思想史,熟悉韩国概念史研究现状,很快就编好了一卷,内容涉及古今韩外。多年来,我们一直面向"西方",转过身来,看看同样面向"西方"的邻国,肯定是有意义的。

韩国概念史的理论探索及其定位

宋寅在[*]

一、导论:韩国概念史的思路

本文回顾最近十多年韩国概念史的发展进程,进而梳理其理论探索。具体包括:启动概念史研究的初衷;概念史韩国化的过程中遇到的理论性议题及其走向;概念史融入东亚语境,接受数字人文方法以创新方法论的过程。从而揭示韩国概念史的理论探索及其定位,进而展望将来的发展路径。

从20世纪90年代起,几位韩国学者这样介绍德国概念史:概念史是在社会史传统上诞生的一种"新史学",其基本分析单位是语言。[①] 在韩国,21世纪初,概念史研究带着韩国特色的问题意识正式启动了。其代表性活动是翰林大学翰林科学院主办的《韩国人文社会科学基础概念的历史及哲学辞

---

[*] 宋寅在,韩国翰林大学翰林科学院教授。
[①] 到21世纪初,概念史对于韩国学者还是陌生的领域。1986年首次有学者提到概念史,2000年另一篇文章简单介绍概念史。除此之外,几乎无人关注。罗仁昊(Na, Inho):《德国概念史与新史学》(German Conceptual History and New Historiography),《历史学报》(The Korean Historical Review)2000年第174期,第295页。

典》编纂事业。翰林大学翰林科学院院长、首尔大学外交系教授金容九先生提倡韩国概念史研究,负责翰林大学概念史事业。他提出,概念史研究的意义在于:从19世纪中叶以来,西方、日本、中国的概念传入韩国,这些新概念跟韩国既有的概念发生了冲突,韩国的人文社会领域还未能摆脱混沌状态,连学术界也不能正确地认识和使用基础概念,这是一个很严重的问题。①

金教授的发言表明了韩国概念史的时空背景、研究对象、问题意识。首先,时空背景是19世纪以来的韩国,其时代特点是"异域文明之间相互冲突,东亚三国的概念也发生了矛盾"②;其次,研究对象是现在人文社会科学方面通行的概念,更具体地说,从1850年到1950年形成,到现在"对于韩国学术界发挥绝对性影响的基础概念"③;最后,问题意识在于终结概念的混沌状态。由此,金教授批评韩国学术界在运用概念方面存在不少严重问题。

据此,韩国概念史研究的核心策略是研究19世纪中叶以来形成的概念,进而揭示,在这种脉络上,概念隐含着"近代韩国的政治社会运动的活力"④,因而概念史研究不只是"词语的共时性、历时性分析或者语义论、名义论",而必须说明"不同场合概念之冲突"。⑤ 因此,作为概念史的研究对象,概念不但是韩国人文社会科学的基础因素,而且是韩国通过跟周边大国打交道形成的现代经验的产物。可以说,韩国概念史的目标,一方面是整合韩国的学术基础,另一方面是以研究概念阐释韩国的现代性。

在启动时期,概念史计划是韩国一所私立大学独自推动的韩国学项目。据计划负责人回顾,作为人文社会学的基础工程,概念史计划规模庞大、目标宏大,因此需要国家层面的支持。⑥ 虽然如此,概念史计划获得了私学财团的共识,并于2005年启动了。⑦ 两年后,韩国教育部推出了长期支持大学研究基地项目"人文韩国"(HK),共提供十年支持。概念史计划被评选为该项目

---

① 《人物-概念史研究,翰林科学院长金容九》,《联合新闻》2006年5月25日。
② 翰林大学翰林科学院:《2007年人文韩国项目人文学科申请书》第2册,第9页。
③ 翰林大学翰林科学院:《2007年人文韩国项目人文学科申请书》第2册,第9页。
④ 金容九:《〈韩国概念史丛书〉发刊词》,《万国公法》,首尔小花2008年第1版,2014年第3版。
⑤ 同上。
⑥ 《图书:翰林科学院推动发刊〈韩国概念史辞典〉计划》,《江原日报》2006年5月16日。
⑦ 计划名是"韩国人文社会科学基础概念的历史及哲学辞典(1850—1950)(略称:概念史辞典)编纂事业"。该计划从2005年9月开始,为期十年,第一阶段是从2005年9月到2007年8月30日。

之一,持续至今。① 经过这一过程,韩国概念史扩大了外延,获得了新名称"东亚概念史"。在新外延上,"疏通"成为韩国概念史研究的新宗旨。这种思路跟2000年左右在韩国形成的东亚论述、东亚共同体话语有关。概念史事业的负责人表示:如果仅注重政治、经济方面,就不能形成真正的东亚论述,不能达到建设东亚共同体的目标。因此,不同区域内不同文化之间需要相互疏通、相互了解以及一定程度上共享相互的认同,概念史研究就是回应如此需求的课题。② 据这种构想,注重不同国家、地区、阶级、性别、种族等不同语境,说明"十人十色"概念,寻找各个主体、地区的概念之间疏通的可能性成为概念史的主要工作之一。结果是:概念、东亚、疏通紧密地互相联系,成为韩国概念史的主要环节。③

韩国概念史的初衷在于解决韩国人文社会科学界的概念混沌问题,进而提出概念史研究的目标:疏通东亚各国的不同概念,为达成东亚的共存共生做出贡献。课题研究的过程中留下了过去韩国概念史的足迹。过去十年,韩国概念史研究群为了实现自己的目标,参照西方、中国、日本的有关理论,跟各地概念史研究者交流,并把它们与韩国的概念史研究相结合。本文将回顾其进程。

二、概念史的理论旅行:从德国到韩国

(一) 德国概念史的光环

韩国概念史的基础设想,即以概念为核心分析单位,是从德国概念史的

---

① 计划名是人文韩国"东亚基础概念的相互疏通计划"(2007年11月—2017年8月)以及其后续计划"跨界、融合、创新的东亚概念史"(2018年3月至今)。从人文韩国项目推动之前算起,韩国概念史的研究阶段可以分为三期:第一期是2000年以前,有一些学者自己研究了宗教、文学等概念,有一些学者介绍或翻译科塞雷克(Reinhart Koselleck)的著作与研究,国际政治学界组织了概念史研究群;第二期是从2000年到2007年,文学、国际政治学界方面产出了一些概念史研究成果;第三期是2007年至今,翰林大学翰林科学院启动人文韩国"东亚基础概念的相互疏通计划",全面推动概念史研究。参见许洙:《韩国概念史的现状与展望》,《历史与现实》2012年第86期。本文主要讨论第三期的实践。
② 翰林大学翰林科学院:《2007年度人文韩国项目人文领域申请书》第1册,第5—6页。
③ 按照这种思路,2008年翰林大学翰林科学院创办了概念史专业期刊《概念与疏通》。

成就习得的,其代表性成就是《历史基础概念:德国政治-社会语言历史辞典》(*Geschichtliche Grundbegriffe*:*Historisches Lexikon zur politisch-sozialen Sprache in Deutschland*)(1972—1997)、《哲学的历史辞典》(*Historisches Wörterbuch der Philosophie*)(1971—2007)、《法国政治-社会基础概念便览:1680—1820》(*Handbuch politisch-sozialer Grundbegriffe in Frankreich,1680—1820*)(1985—2000)。计划初期的主要工作是介绍这些成就,说明其意义。① 从此确认:概念史的基本思路在于语言是构成历史世界的基础因素,注重阐明现代世界的政治社会结构。②在理论层面,从共时性角度看,作为语言社会史,在政治、社会、文化的语境下分析概念;从历时性角度看,作为历史语义学,分析概念的变化与持续。③ 概念史研究对于概念史的理论兴趣延伸到相邻学科,一些有关方面专家从概念史的角度介绍了米歇尔·福柯话语分析理论、哲学解释学、结构主义语义学、汉斯·布鲁门伯格(Hans Blumenberg)隐喻学、尼克拉斯·卢曼(Niklas Luhmann)体系理论等。

在上述德国概念史的成就当中,孔茨(Werner Conze)、布鲁内尔(Otto Brunner)、科塞雷克主持编纂的《历史基础概念》的影响比较突出。对于概念在欧洲经历的革命性变化,科塞雷克提出了所谓"四化标准":民主化、时间化、意识形态化、政治化。④ 四化标准是《历史基础概念》的编纂原则,也被应用于韩国概念史的核心事业《韩国概念史丛书》的词条选定原则。⑤ 此外,科

---

① 参见朴根甲等:《概念史的各个层面与展望》,首尔小花2009年版。书中几位西方学者,如介绍德国概念史的学者卢西安·霍尔舍(Lucian Hölscher)、《法国政治-社会基础概念便览》责任作者罗尔夫·E.赖夏特(Rolf E. Reichardt)、向美国介绍德国概念史的梅尔文·里克特(Melvin Richter)等,亲身介绍了自己的概念史研究情况。几位有关方面学者诠释了德国、法国概念史的定义与意义。2015年该书的修订版出版,增加了有关日常概念、韩国历史与概念史的文章。
② Lucian Hölscher, "The Concept of Conceptual History (Begriffsgeschichte) and the 'Geschichtliche Grundbegriffe'",见朴根甲等:《概念史的各个层面与展望》,首尔小花2009年版,第11页。
③ 罗仁昊:《为什么概念史是新的》,见朴根甲等:《概念史的各个层面与展望》,首尔小花2009年版,第165页。
④ 罗仁昊:《什么是概念史?》,历史批评社2011版,第145页。
⑤ 翰林大学翰林科学院:《2007年度人文韩国项目人文领域申请书》第1册,第25页。《韩国概念史丛书》第八卷出版后,有人这样批判说:"好像《韩国概念史丛书》不那么关心这些标准。"可是,现在还不能确定,这是无关心的产物,还是体现跟德国概念史的差异。关于批评性看法参见罗仁昊:《〈韩国概念史丛书〉的理论感性》,《概念与疏通》2014年第13期,第97页。

塞雷克所提出的近代概念的两大因素——"经验空间"与"期待地平"还被确立为选定原则。韩国概念史研究群不但关注《历史基础概念》的理论,而且翻译介绍其成就,《历史基础概念》韩文版以"科塞雷克概念史辞典"为标题出版,其中共包括 25 个词条。① 此外,德国概念史提出的核心概念,比如,"马鞍时代"(Sattelzeit)、"基础概念"、"历史语义学"、"观念史与概念史"、"词语与概念"等等,更是韩国概念史场域的核心话题,有关讨论经常进行。

除了接受德国概念史的方法、翻译其论著以外,韩国学界还围绕这一主题进行了批评分析。首先,我们可以关注的是,对《历史基础概念》与《哲学的历史辞典》区别的比较和讨论。② 1967 年,双方的设想与编纂原则发表在同一学术期刊上,由此双方有过学术交流。论者表示,《历史基础概念》"积极接受概念史方法作为了解历史的方法"③。与此相反,《哲学的历史辞典》认为概念史方法在研究哲学概念方面会有局限性。进而以"自由"概念为案例指出两者叙述策略的区别,即《历史基础概念》把"自由"描述为一种在政治社会运动中普及、拓展或激变的概念,《哲学的历史辞典》则把"自由"从历史语境中剥离,主要讨论不同时期的哲学家有关自由的论述。④

其次,有论者强调了"马鞍时代"是《历史基础概念》中作为代表现代性的术语构成叙述词条的核心原则,评议了《历史基础概念》的叙述方法。⑤ 据说,所谓的"马鞍时代"是:在 18 世纪中期以后,欧洲古典世界发生了根本性意义变化,旧词语获得了新意思与新内涵,此后所有的概念存在于全新的语境中。论者指出,进步、文明、文化词条阐明了近代时间概念的运动性,充分地体现了马鞍时代的实质与意义。这一论述通过观察马鞍时代的理论与实际之间的关系,为书写韩国概念史提供了一种参照点,特别是提前考虑书写原则与

---

① 文明及文化、进步、帝国主义、战争、和平、启蒙、自由主义、改革及宗教改革、解放、劳动及劳动者、危机、革命、近代、保守及保守主义、无政府主义等词条的韩文版已出版了。历史、反动及复古、民主主义及独裁、宪法、经济、统一、联邦、结社、法律、道德等词条正在进行翻译。
② Sang Myung Lee, "Comparison between Historical Dictionary of Philosophy and Historical Basic Concept — In Case of the Article 'Freedom'",《概念与疏通》2011 年第 8 期。
③ 同上文,第 44 页。
④ 同上文,第 52—57 页。
⑤ 李真一(Jinil Lee), "Between Academic Theory and the Lexical Practice of Conceptual History",《概念与疏通》2011 年第 7 期。该文全面介绍《历史基础概念》的设想、构成及内容,有助于了解德国概念史。

实际书写之间存在的差异。

德国概念史根据变化了的历史、哲学方法论,进而创造出新方法,从而为哲学、政治、社会方面理论专业术语提出一种严格的历史研究标准。① 最终《历史基础概念》成为一套不可或缺的参考书。② 在启动时期,韩国概念史特别关注德国概念史的宗旨与几种成就,即以概念研究奠定人文社会科学的基础、重新阐释现代性。分析理论方法、翻译概念史辞典是其主要策略。

(二) 寻找韩国概念史的独特脉络

韩国概念史的初衷在于反思 21 世纪韩国学术的现状,探索其发展路径。因此,超越进口的外来理论,设计本身的研究议题与领域成为韩国概念史研究必须实现的核心课题。首先,在研究议题上,"东亚"是韩国概念史研究的核心话题。东亚这一话题具有两个方面的意义:一方面,概念史不只是在西方已经成熟的研究项目,而且是同时在韩国、中国、日本等地正在进行的研究实践。因此,整合东亚地区内的概念史研究,成立真正意义上的东亚概念史成为研究的宏观目的。当初,韩国概念史的宗旨反映了韩国知识界所提出的东亚论述或东亚共同体论等问题意识。概念史具有潜在力量加强以往种种东亚论述的理论、学术策略,进而超过以往的层面。③ 另一方面,韩国概念史联系了有关东西方问题的一些理论及话题,比如东方主义、超越西方中心主义、东西文化交流、翻译等等。④近代知识、人文社会科学学术术语研究也是概

---

① 梅尔文·里克特(Melvin Richter):《政治社会概念的历史——批判性介绍》,首尔小花 2010 年版,第 26 页。
② Jinil Lee, "Between Academic Theory and the Lexical Practice of Conceptual History", 第 138 页。
③ 参见梁一模:《韩国概念史的摸索与论点》,《概念与疏通》2011 年第 8 期。该文第二章简介中国、日本的概念史研究动态。
④ 2000 年以来,韩国知识界翻译与现代性方面的译著陆续出版。其代表的著作是刘禾:《跨语际实践》(2005)、《帝国的政治话语》(2016);酒井直树:《翻译与主体》(2000);柳父章:《翻译语成立事情》(1982);Lydia H. Liu, *Translingual Practice: Literature, National Culture, and Translated Modernity—China, 1900 - 1937*, Stanford, CA.: Stanford University Press, 1995; Lydia H. Liu, *The Clash of Empires: The Invention of China in Modern World Making*, MA.: Harvard University Press, 2004;酒井直树:《日本思想という問題——翻訳と主体》,东京岩波书店 1997 年版;柳父章:《翻訳語成立事情》,东京岩波书店 1982 年版。

念史的有关领域。扩大视野来看,19世纪末开港时期、大韩帝国时期、殖民时期研究的增加,文化史、日常史、社会史、学术史、翻译史等方面研究的大幅发展,构成了韩国概念史的前史与理论语境。①

在这种背景下,韩国概念史的目标得以确立,即反思接受西方的现代性以后近一个世纪形成的韩国现代性,最终完成现代性,并解决现代性的负面影响引起的问题。② 为了达到这一目标提出了三种论点:第一,反思现代性的"方法";第二,讨论没有翻译的翻译现代性的"意味";第三,为了实现东亚相生的"疏通"。这样,韩国概念史在认同概念史这一学术方法论的基础上,结合韩国现代研究的多样化、去西方中心主义、区域整合的时代课题,提出韩国概念史的独特议题。

除了在问题意识上寻找本土化的路径以外,韩国概念史试图开拓新领域,体现跟欧洲概念史有区别的面貌。所谓"日常概念史研究"是其实践的产物。这是摆脱倾向于政治社会的视角,关注日常领域的概念史。对于日常领域的关心诞生了《日常概念丛书》。《日常概念丛书》将"日常"界定为在实际生活中具有不同的媒介形式,或是呈现为不同主体的概念空间,具体探讨"病""青年""趣味""恋爱""教养""通俗""儿童""幸福"等概念。③ 在历史研究领域,到20世纪前期为止,日常被忽视了。可是,由于德国日常史、意大利微观史、美国新文化史开始重新注重平凡的个人与群体的日常,重新发现其意义与价值,日常开始突出表现为历史研究的新话题。④ 日常还试图联合风俗及文化论的表象研究提出:日常概念研究是风俗文化论的表象研究与概念史方法互相结合的产物,风俗及文化论的表象研究追究复杂纠缠的表象,概念史系统地阐明概念与社会文化制度以及话语之间发生的错综复杂关系的脉络。⑤

日常概念研究还跟德国概念史的部分方向,即赖夏特所主导的《法国政治-社会基础概念便览:1680—1820》有相同之处。赖夏特将大众性史料作为分析资料,相比之下,科塞雷克主要采用理论家的系统论述、政治社会法律方

---

① 梁一模,《韩国概念史的摸索与论点》,第17页。
② 梁一模,《韩国概念史的摸索与论点》,第9页。
③ 到2019年10月,"病""青年""趣味"三个词条的丛书已经出版。
④ 金芝英(Chiyoung Kim):《魅惑的现代:日常的冒险》,多贝格(Dolbegae)2016年版,第7页。
⑤ 金芝英(Chiyoung Kim):《风俗及文化论性(文化)研究与概念史的连接——为日常概念研究的初探》,《大东文化研究》2010年第70期,第522页。

面的资料、辞典类作为分析资料进行概念史研究,因此各自有不同的切入点。因此,赖夏特的研究对象不是日常概念,但在方法论上表现为,历史语义学与心性史、话语分析的结合,进而提出处理语言的社会性质的一种社会史语义学。① 在20世纪后期文化论的流行、德国概念史内的方法论分歧的背景下,通过策划《日常概念丛书》,韩国概念史扩大了它的研究领域。

文学研究的视角与经验还刺激了韩国概念史继续探索与科塞雷克不同方向的概念史。有一些文学研究者观察20世纪90年代以来有关韩国文学概念研究的一些突出的批判性思路。②"文学"本身是《韩国概念史丛书》中的一个词条。③ 回头看,20世纪90年代以来有关文学概念的几种论著,主要注重翻译词、概念形成、文学有关的术语,讨论过韩国的文学概念。有趣的是,文学概念史研究内部有了分歧,发生了争论。《韩国概念史丛书》的"文学"批判了现代韩国文学家李光洙(1892—1950)纳入的所谓"纯文学"概念说,它扩大了现代文学的意义,进而指出传统时代朝鲜、中国、日本存在文学的证据。④ 有关论者指出,双方见解在方法论上可以通过"概念史"与"概念词"的区别来表现。据说,所谓的"概念史"注重概念的连续性而集中于概念的主体(即民族),与此相反,"概念词"注重概念本身。一边讨论作为上范畴的艺术,一边讨论作为下范畴的小说、戏剧、诗,还讨论文学与音乐、美术的并列关系,进而召唤话语的论述。⑤ 最终提出,概念史不要停留于特定语言的持续与演变,更需要注重概念的社会语境,说明语言的执行性。⑥

科塞雷克概念史对于现代的表述也成为要重新思考的话题,这种尝试关系到奠定韩国概念史跟德国不一样的路径的基础。⑦ 科塞雷克这样阐述:人

---

① 参见高至贤(Jihyun Ko),"Study on the Concept of Everyday Life — A Proposal for Establishing a Theory and Methodology",《概念与疏通》2010年第5期,第17页。
② 张世真:《概念史欲望什么?——试论韩国文学、文化研究的实践性介入的几种实例》,《概念与疏通》2014年第13期。
③ 崔元植:《文学》,首尔小花2012年版。
④ 张世真:《概念史欲望什么?——试论韩国文学、文化研究的实践性介入的几种实例》,第14—16页。
⑤ 同上文,第18页。
⑥ 同上文,第25—26页。
⑦ 黄静雅(Jung-A Hwang):《已过去的未来与还没到来的过去——科塞雷克与概念史研究方法论》,《概念与疏通》2014年第13期。

类越来越远离当时的期待,现代逐渐地被认为是新时代。① 因为现代被设定为一种最终地平,解决或者超越现代的线索在古代与现代都不能被发现,在这种意义上现代成为所谓"已过去的未来"。② 接着这种论述,"还未到来的未来"出现并成为"已过去的未来"的代替术语。该论者提出,"期待视野中的未来"只有通过回应当下失败的诉求才有存在的意义与可能③,进而展望经过这样的溯源,韩国概念史摆脱经验空间与期待地平的不一致这样现代的特点,最终可以提出不是"另一种现代",而是"与现代不同的故事"。

综上所述,韩国概念史以德国概念史为参照体系进行反思与学习,与此同时为适应韩国的历史与现实的指向进行了各方面的努力。通过这些努力,韩国概念史不停留于简单接受或追随德国概念史的水平,而是试图寻找自己的脉络,在研究领域、接入办法、未来效应方面发挥自身独特性。

三、东亚语境下的韩国概念史:概念史与数字人文

(一) 探索东亚概念史

韩国概念史把外延扩大到东亚,因而东亚区域内其他国家的概念史既是疏通与合作的伙伴,又是韩国概念史的语境的角色。据上一节说,在东亚三国同时开展了概念史研究。这样的状况赋予了韩国概念史新的课题,即把握周边国家的概念史,联系上这些实践。因此,东亚概念史研究群或者研究者之间的学术交流积极开展。据这种宗旨,2009 年翰林大学翰林科学院举办了"东亚概念的折合与跨界"国际研讨会。④ 来自中国、日本的概念史研究者参加了这届会议并介绍了各自概念史研究的经验与视角。会议上,北京师范大学方维规教授根据自己的德国留学经验介绍了德国的历史语义学理论;日本国际日本文化中心铃木真美教授以文学概念为例谈了现代知识体系;中国台

---

① 黄静雅(Jung-A Hwang):《已过去的未来与还没到来的过去——科塞雷克与概念史研究方法论》,第 122 页。
② 同上文,第 127 页。
③ 同上文,第 131 页。
④ 会议信息参见翰林科学院网站,检索自:http://has.hallym.ac.kr/?c=3/22&p=4&uid=24,检索时间:2019 年 7 月 5 日。

湾政治大学讲座教授金观涛、中国香港中文大学名誉研究员刘青峰介绍了以数据库为方法的观念史研究的经验及其意义。这届会议的报告与讨论展现了当时东亚概念史的格局。2011年7月来自芬兰、荷兰、巴西、中国、德国的概念史研究者访问韩国，报告概念史研究成果，与会学者讨论了概念史在全球边缘区比较有活力的原因等理论问题。①

另一方面，翻译作为概念史的相关学科，在介绍国外概念史研究的成就与现状，让韩国概念史克服时空上的局限并拓展研究视角上发挥了其作用。在韩国概念史的启动阶段，中国、日本、德国的概念史研究成果是韩国概念史研究群的关注对象，有关著作陆续翻译成韩文出版。日本方面，德国留学派学者小田部胤久的《象徵的美学》《艺术的逆说——近代美学的成立》《艺术的条件——近代美学的境界》等一系列艺术概念史著作，以及《一语的辞典》也出版了。② 中国方面，运用"中国近现代思想史专业数据库"来书写的《观念史研究》韩文版出版了。启动时期未预定的书目也翻译出版了。首先，日本岩波书店所出版的系列书"思考のフロンティア"中《种族歧视主义》《权力》《社会》《历史/修正主义》《打开思考》五种书完成了翻译。③ 其次，成立梁启超研究读书会，共同翻译了《饮冰室自由书》。

东亚的概念史研究，除了研究成果以外，研究实践本身也成为讨论主体。几篇文章概括、评论中国、日本的概念史研究情况，提高了韩国学界对于东亚区域内概念史研究的了解。④ 此外，还有一些中国的概念史研究者亲身介绍与阐述了自己的概念史研究。首先，《观念史研究》作者金观涛、刘青峰在翰

---

① 2011年翰林科学院国际研讨会"探索概念史研究之路"，检索自：http://has.hallym.ac.kr/?c=3/22&p=4&uid=31，检索时间：2019年7月5日。
② 小田部胤久：《象徵の美学》，东京大学出版会1995年版；小田部胤久：《芸術の逆説：近代美学の成立》，东京大学出版会2001年版；小田部胤久：《芸術の条件：近代美学の境界》，东京大学出版会2006年版。
③ 小森阳一：《レイシズム》(思考のフロンティア)，东京岩波书店2006年版；杉田敦：《権力》(思考のフロンティア)，东京岩波书店2000年版；市野川容孝：《社会》(思考のフロンティア)，东京岩波书店2006年版；高桥哲哉：《歴史/修正主義》(思考のフロンティア)，东京岩波书店2001年版；姜尚中等编：《思考をひらく：分断される世界のなかで》(思考のフロンティア别册)，东京岩波书店2002年版。
④ 相关文章参见梁一模：《韩国概念史的摸索与论点》，《概念与疏通》2011年第8期；宋寅在：《金观涛、刘青峰观念史研究的结构及意义》，《中国学研究》2010年第54期；宋寅在：《概念史与中国历史学的创新》，《中国与中国学》2012年第16期。

林大学概念史期刊《概念与疏通》上发表文章,介绍了以关键词为中心的观念史研究成果,即中国近代史的新分期,讨论了数据库方法在观念史研究中的意义。① 他们阐明,观念史研究主要通过现代主要政治术语的形成与演变进程探索现代中国革命意识形态的来源。其次,2009 年,孙江还亲身访问韩国,介绍中国概念史研究的现状、有关理论脉络及流派。② 此后,孙江与李里峰发表有关文章在汉字词语的脉络中探讨概念、概念史的词语翻译及内涵,阐述了德国概念史、英国剑桥学派、洛夫乔伊(Arthur Oncken Lovejoy)观念史、(新)文化史、新语研究、近代知识与制度、社会史形成等中国概念史的理论背景。③ 金观涛、刘青峰及孙江的发言表明,中国的概念史研究跟中国的政治形势及学术取向变化有密切关系。金、刘的观念史阐释当代革命意识形态的来源,孙江的介绍说明概念史的出现跟改革开放以来以唯物史观为主的历史学格局的变化有关。中国的概念史研究还在进行,并成为韩国概念史的核心伙伴,跟韩国概念史保持比较密切的联系。④ 并且,交流过程中凸显的各国概念史研究的思路与成果有助于韩国概念史强化自身的问题意识与方法。

(二) 概念史与数字人文的相遇

最近,在韩国概念史研究方面,有关数字人文的论述及活动逐渐增加。在探索方法论方面,有关数字人文的讨论让人想起韩国概念史启动时期德国概念史受到的格外关注,有关讨论进行得很热烈。值得关注的是,韩国概念史研究者通过进行概念史的东亚交流开始关注数字人文,积极引进其方法。韩国学界大概从 2014 年开始表现出对于数字人文的兴趣,可是概念史研究群此前已认知了数字人文的方法及其名称。初期,金观涛、刘青峰的研究发挥了比较大的推动作用。韩国概念史研究群从 2007 年开始关注他们提倡的

---

① 参见金观涛:《中国社会现代转型的历史阶段——以关键词为中心的观念史研究》;刘青峰:《数据库方法在观念史研究的意义》。两篇文章都刊登于《概念与疏通》2009 年第 4 期。
② 演讲题目是"日本、中国的概念史"(2009 年 12 月 18 日)。演讲信息参见翰林科学院网站,检索自:http://has.hallym.ac.kr/?c=3/21&p=4&uid=95,检索时间:2019 年 7 月 5 日。
③ 孙江、李里峰:《概念、概念史中国语境》,《概念与疏通》2011 年第 8 期。
④ 翰林大学和台湾政治大学、南京大学的有关机构建立了合作关系。台湾政治大学、翰林大学、关西大学在中国台湾地区合作发刊《东亚观念史集刊》。南京大学和翰林大学签订了推动《东亚概念史辞典》的协议。在出版方面,多国合作出版体现了概念史的国际合作的进步。

运用统计方法的思想史研究,此后陆续翻译《观念史研究》,建立机构之间的合作关系。参照《观念史研究》的方法,翰林大学的一些成员于2009年9月初次认知之后很快地运用其方法做出了研究成果。即,2009年10月有一场演讲运用"中国近现代思想史专业数据库"讨论中国"青年"概念的形成与演变;12月韩国历史学家分析殖民时期韩国报纸标题,讨论该时期韩国的"国民""民众""大众""人民"等一些集体性主体术语怎样出现于韩国的公共领域。①此后,对使用数据库的研究的关注一直持续,当时用"词语统计学"或"数据库方法"来描述其方法。

从2011年开始《观念史研究》所提倡的数据库方法正式命名为"数位人文",即数字人文。2011年台湾政治大学为纪念《东亚观念史集刊》的创刊与"中国近现代思想史专业数据库"公开网络版,召开了"近代东亚的观念变迁与认同形塑"国际学术研讨会与"中国认同与现代国家的形成"国际研讨会。在会议上,金观涛以"从概念史到数位人文——东亚观念史为例"为标题进行了专题演讲。《东亚观念史集刊》第一期专题也采用了同样的标题,专题导论介绍金观涛的专题论文,说:(他)明确揭示出从概念史到数位人文学的观念史研究进程与方法系谱。② 经过这一过程,金观涛、刘青峰的"观念史研究"成为台湾数位人文的前史。韩国学者在现场亲自见证了这一情景。此后,数字人文逐渐成为韩国概念史场域的常用词,进而结合概念史与数位人文提出了所谓"数位概念史"。

2013年以后,韩国与中国台湾地区概念史研究的合作以数字人文为媒介而更有活力。2013年台湾政治大学承办台湾地区行政机构推出的"数位人文主题研究计划"中的几个项目。2014年政大"计划"的主任与成员访问翰林大学并以数字人文为主题发表演讲。③ 这次演讲主要讨论数字人文的特点、数

---

① 这些研究发表在翰林大学举办的每月演讲"概念疏通论坛"。其成果有宋寅在:《初期〈新青年〉所展开的"青年"话语的来源及其特点》,《人文科学》2010年第45期;许洙:《从概念史的视角谈殖民时期"集体性主体"——分析〈东亚日报〉标题》,《历史问题研究》2010年第23期。
② 郑文惠:《导论:从概念史到数位人文学》,《东亚观念史集刊》2011年第1期,第48页。
③ 2014年4月3日,翰林大学翰林科学院第64次概念疏通论坛。演讲题目是:郑文惠:"从研究型数据库到数字人文学——观念史研究的新方法与新范式";邱伟云:"从关键词到关键词丛——数据库方法的运用和改进"。

字人文对于人文研究的有利方面、数字人文的进行结构、具体的研究方法及几种实例,积极宣传了数字人文的价值。同年11月,日本关西大学召开了"研究型数据库与数字人文研究:东亚近现代观念的形成与演变"会议。通过这些交流与活动,韩国概念史研究成员加深了对于数位人文的认识。

中国台湾地区的数位人文推动了韩国的数位人文。从2014年开始翰林科学院建置"韩国近代期刊语料库",这一语料库收藏19世纪末到20世纪40年代在韩国出版的19种期刊的正文,为以关键词为中心的韩国概念史研究提供宝贵的信息。此后,语料库的资料范围与分析方法逐渐进步。韩国推动数位人文的种种努力从2015年开始连接到中国台湾学界。2015年台湾大学召开了"第六届数位典藏与数位人文国际研讨会",在这届会议的一组专题讨论上首次介绍了"韩国近代期刊语料库"。[①] 2016年翰林大学召开了"数字人文与概念史的未来"国际研讨会,表明对于数字人文的关注。这届会议有美国、中国、日本、韩国学者参与,讨论了文化、民众、国名等概念的数字人文研究,数字视野下的文学批评术语,以及殖民时期韩国的重要事件等有关主题,涉及文本分析、文本挖掘、网络分析、建置数据库等研究方法。[②] 这届会议是在韩国和中国台湾地区的概念史及数字人文研究群之间的交流与形成共识的基础上召开的。此后,双方持续合作。韩国教育部韩国研究财团还关注翰林大学科学院概念史研究群推动数字人文的努力,并给予了高度评价。因此,翰林大学数字人文的宗旨、成就、展望获得几次公开发表的机会。

韩国概念史的启动时期,在讨论概念史的场合往往提出概念史是历史与语言的相遇。如果考虑所谓"语言转向""历史语言学"及其内涵,这种说法是可以接受的。概念史遇见数字人文还成就了另一种转向,叫"数字转向"。[③] 据此,历史学在概念史领域实现了双重转向。笔者认为,这一转向借着信息技术的进步,使历史与语言的相遇更进一步。说到底,概念史在方法论上和数字人文有相同之处。就是说,概念史以语言为分析单位描述超过100年的长

---

① 宋寅在:《韩国近代期刊数据库的建设以及殖民时期韩国的关键词》,《东亚聚焦:数字典藏与数字人文国际研讨会论文集》,台湾大学数字人文研究中心2015年版。
② 会议论文当中几篇分别刊登于 Concepts and Contexts in East Asia, No.5, 2016, 以及《概念与疏通》2016年第18期。
③ 邱伟云:《语言与数字转向下的思想史研究》,中国美术学院中国思想史与书画研究中心讲座,2019年4月25日。

时段历史,数字人文注重分析以语言数据为构造的大数据。如果大数据的时间范围广大,数字人文与概念史结合的效应会大大加强。①

回头看,韩国概念史在策划阶段认知了数字人文的方法。随着接触有关理论与成果,韩国概念史的数字基础逐渐构建起来,数字人文开始成为韩国概念史的主轴之一。这种方向与经验不局限于韩国一国,而是在东亚层面均有体现。在这样的基础上,韩国概念史势会获得跨国性活动空间。

四、结语

韩国概念史的初衷在于,概念是学术与社会的基础,是必须奠定的一个基础。其宗旨指出几种方向,即明确地阐明概念来奠定韩国人文社会科学的基础,阐释东西古今错综的东亚现代性,通过疏通为东亚相生做出贡献。其实践过程呈现出如下几种特点。

第一,阐述及反思概念史理论。据上述,韩国概念史的策划受到了《历史基础概念》的负责人科塞雷克思路的不少影响。因此,韩国概念史研究成员关注欧洲概念史理论并进行研究讨论,还翻译了《历史基础概念》中的重要词条。此外,他们还试图批判德国概念史理论与根据此理论形成的研究成果。从此,有些论述提出在实践观念、切入点上超越科塞雷克的概念史的见解。

第二,探索适合于韩国实际情况的概念史。其结果是韩国概念史延伸了概念史的书写范围。因此《韩国概念史丛书》除了具备政治社会概念以外,还包括"日常""朝鲜""现代"范畴的概念。这样的发展源自认识在世界学界流行文化史、日常史的现象,设定以概念把握包括前现代、现代、当代的历史的计划。据这样的策划,韩国概念史试图走跟德国概念史不一样的路。

第三,确保概念史的东亚语境。韩国概念史在研究的内容与执行方面体现出跨国性。《韩国概念史丛书》书写的主线是韩国概念,与此同时西方、中国、日本的概念被认为其语境。东亚语境下的概念史联系到实现东亚地区的相生与疏通。另一方面,概念史还是在东亚地区同时进行的学术现象。因此韩国概念史势必注重与中国、日本概念史研究团体的合作。这样,韩国概念

---

① 参见宋寅在:《东亚概念史与数字人文的遇见》,《概念与疏通》2016年第18期。

史在东亚语境下确定了自己的定位。

第四,结合数字人文来创新研究方法,并构造开放性系统。数字人文的基本建设全面收录作为概念史的分析单位的语言,为概念史研究提供有效系统。这一环境具有良好潜力。一方面是开放性,因为研究者虽然用同一个基本建设,但是以各种不同的切入点与分析方法可以做出各种各样的成就。另一方面,数字分析方法可以提高研究的求全率。就是说,对于同一个数据经常产出同样的结果,整顿认识上的混淆,进而推进到下一阶段的研究。这样的话,人文研究的新陈代谢会更有活力地进行,可以实现人文研究的良性循环。

概念史研究在初期的策划是编纂辞典,因此带着奠定基础的意味。另一方面,概念史学家们对于历史与社会、学术的现实有几种批判性看法,因此概念史研究还带着实践性与社会性特征。韩国概念史在重新奠定学术基础、贡献于东亚相生的总目标之下启动了,在实践的过程中寻找东亚语境,还经历数字转向。其结果是,韩国概念史的方法与指向经过十多年的实践逐渐从模糊到鲜明,这样,奠定基础跟开放性系统形成互补上升的关系。德国《历史基础概念》从初次策划以后,历30年才完成,而韩国概念史才过了其一半时间,要考虑的条件却更多了。因此,为做出更确切扎实的研究成果还需要比以往更长的时间。

文明的时间

朴根甲 著*

陈涵 译**

一、"文明开化"漂洋过海

"回顾历史,人生虽始于莽昧,但是渐渐向着文明开化前进",福泽谕吉(1835—1901)在《西洋事情》中留下的这句话昭示着日本明治体制的黎明。①这本当时的畅销书其实是作者的欧洲纪行。从 1861 年的冬天开始,福泽谕吉有大约一年的时间担任幕府政府欧洲使团的随行翻译。他在描述这一段

---

* 朴根甲,韩国翰林大学历史系(前)教授。
** 陈涵,成均馆大学东洋哲学系博士生。
① 福泽谕吉:《西洋事情》,见《福沢谕吉著作集》第 1 卷,东京庆应义塾大学出版会 2004 年版,第 94 页。这部书由"初篇"(1866)和"外篇"(1868)构成,是日本近代形成期人们读得最多的作品之一。(丸山真男、加藤周一:《翻译与日本的近代》,任城模译,首尔移山 2009 年版,第 114 页。)此处引用的句子出自《西洋事情》的"外篇"。"外篇"内容是英国钱伯斯兄弟出版于 1852 年的经济学教材(William and Robert Chambers eds., *Political Economy, for Use in School, and for Private Instruction*, Edinburgh)前半部分的翻译。其中,"Civilization"一章(pp.6-8)的开头如下:"It is shewn by history that nations advance from a barbarous to a civilised state ."(p.6)福泽谕吉将此处出现的"history"翻译为"历史",将"a civilised state"翻译为"文明开化",而这一章的标题"Civilization"则被译为"世の文明開化"。

经历的时候写道:"在滞留伦敦时的物件中只带回来了英文书,其余的全部留在了那里。这是最早进口到日本,在日本也可以自由使用的英文书了。"①可以预想,在之后不久,将会诞生一部将各种翻译语推上全新舞台的作品。而在这些翻译语中,"文明开化"一词十分显眼。在《西洋事情》中,"civilization"第一次被翻译成汉字词,有时被写作"文明",有时也被写作"开化"。正是和这些词一起,②日本的启蒙时代开始了。在当时的语言用例中,"文明"或是"开化"是一种象征,它们引导着传统社会的松动,体现着指向未来的希望与信念。"回顾历史,虽然政治的沿革免不了偶尔的故障,但是随着时代的潮流会渐渐向着善前进。"③福泽谕吉认为,跟随着文明的时间,会展开更美好的生存环境。此时对他而言,人类的进步便是应当追随欧洲范例的"启蒙"的别名。④

在描写全新时间体验的过程中,福泽谕吉的众多用语采用的是"用水来替换火,在什么都没有的基础上进行翻译"⑤的写作方式。这就好像是贝尔托·布莱希特(Bertolt Brecht)在戏剧艺术中试验的"陌生化效果"(Verfremdungseffekt)——用惊讶与好奇心去轮番审视以往的经验和对来日的期待。在那里,"西洋"的历史和文化产物、制度和人等陌生的风景活灵活现地展现了出来。这般"画工的本领"在1899年俞吉浚(1856—1914)的《西游见闻》中又一次登场。⑥ 俞吉浚的《西游见闻》完整地记录了他留学美国与

---

① 福泽谕吉:《福泽谕吉自传》,许昊译,首尔移山2013年版,第151页。
② 朴羊信:《近代初期日本的文明概念受用与其世俗化》,《概念与疏通》2008年第2期,第33—74页。
③ 福泽谕吉:《西洋事情》,第138页。
④ 福泽谕吉在《西洋事情》中没有直接使用"进步"一词。启蒙的另一个中心——"进步"的用例出现在他1872年的作品中。"让我们来看一遍西洋文明的历史,先把从开辟的时间到公元1600年的内容放在一旁,去看一看在那之后200年间的历史。抢先看一看19世纪头十年的内容,我们不可能不惊讶于其中长足的进步,怎么也无法相信这是同一个国家的历史。那么实现这样进步的原因在哪里呢? 这便是所有古人的遗物,也是前人的礼物。"福泽谕吉:《學問のすゝめ》,见《福沢谕吉著作集》第3卷,东京庆应义塾大学出版会2011年版,第7—8页。
⑤ 福泽谕吉:《文明论之概略》,见《福沢谕吉著作集》第4卷,东京庆应义塾大学出版会2004年版,第5页。
⑥ 1883年到1885年,俞吉浚在美国留学之后游览欧洲多地。1885年一回国,他便遭到监禁,于右捕长韩圭卨家中度过流配生活,一直到1892年。正是在这段时间中,他开始撰写《西游见闻》。1889年春,俞吉浚完成了这本书,并且写下了序言。1894年甲午改革缓和期,在福泽谕吉的帮助之下,俞吉浚的书稿被递交到了日本的交询社开展出版的相关事宜,当时的出版式样一直原封不动地延续到了今天。

游览欧洲的经历。和福泽谕吉一样,俞吉浚也是将那些原本是过眼云烟的奇闻逸事当作"真景"记录下来。① 其实在写下这部里程碑式的作品之前,俞吉浚早在福泽谕吉的门下读到一些介绍西洋风俗的"奇书"。② 1881年5月,俞吉浚作为朝鲜政府派遣的绅士游览团的随行人员来到日本,与同行的柳正秀一同进入庆应义塾学习。③ 主导该学校建立(1868)的人正是福泽谕吉。当时,某当地报纸登载了一则颇具趣味的报道,文中写道,朝鲜最初留学日本的这两位"秀才""首先学习日语,在获得和阅读翻译书之后,出于探求西洋学问的想法,把功都用在了数学上"。俞吉浚汉学造诣颇深,并且拥有卓越的"治学热情与进取精神",这让福泽谕吉十分欣赏,特别允许俞吉浚出入自己的私邸。④ 可以说,从这时起,浓缩了"西洋"的日本启蒙语言移植到韩国土壤的"宿命的时间"不可避免地开始加速。

留学日本期间,俞吉浚见识到了一个全新的"世界",萌生了对启蒙的憧憬。在他随后创作的《西游见闻》里,开篇便是在回味自己当时的感触与觉悟。他在那里看到了勤劳的人们的习俗以及丰富的事物,领会到了和自己想象中完全不同的日本。俞吉浚与拥有丰富见闻与学识的当地人进行了交流,并且阅读了众多新鲜的奇书奇文,"实景"和"真界"终于进入他的眼中。他犀利地发现日本的制度与法规几乎大部分都是模仿西洋,将西洋贬低为蛮夷的日本其实自身也并没有什么不同。在与欧美各国签订条约之后的近三十年里,日本凭借对时代变化的判断,正视他国的长处和制度,将自身建设成了富强的国家。日本的例子说明了在"红头发蓝眼睛"之中也必然存在拥有卓越才能与见识的人。怎么能只将他们看作是野蛮的种族呢?作为看客产生的惊讶使他决心一定要将这一切记录下来。俞吉浚将自己的所见所闻收集在一起,遍阅群书,开始写作见闻录。1882年(壬午年)夏天,朝鲜将与欧美各国

---

① 俞吉浚:《西游见闻》(1895年),见俞吉浚全书编纂委员会编:《俞吉浚全书》第1卷,首尔—潮阁1971年版,第7页。
② 同上书,第3页。
③ 柳正秀是俞吉浚的妹夫。他学习经济学,后官至汉城府尹和度支部协判。与他们一同在绅士游览团里的尹致昊则求学于福泽谕吉的同志——中村正直的同人社。俞东潜:《俞吉浚传》,首尔—潮阁2005年版,第50页;李光麟:《开化派与开化思想研究》,首尔—潮阁1989年版,第43页。
④ 黄镐德:《近代国家与其表征:他者·交通·翻译·文体》,首尔善明书店(Somyungbooks)2005年版,第314页;俞东潜:《俞吉浚传》,第59页。

签订条约的消息传来。他仿佛是在梦中讲述别人的梦一样,一边可惜自己还未能将所见的真实情况记录下来,一边铆足了力气想要把西洋的实情誊写下来,从而细究其风俗,为朝鲜人提供更为丰富的阅读材料。然而,好景不长,之后没过多久,朝鲜便发生了兵乱①,这便是历史上著名的"壬午兵乱"。

1883年1月,俞吉浚在庆应义塾的生活也突然拉下了帷幕。他跟随到访日本的朝鲜修信使一行,踏上了归国之路。俞吉浚的留学生活虽然很快就结束了,但是他所听所见以及铭刻在脑海中的新知识非常多。俞吉浚一回国便开始润色自己壬午年见闻录的初稿。然而不幸的是,原稿被不知名的人带走消失了。除去这部消失的稿件,1883这一年里他还完成了诸多作品。其中《世界大势论》②一书罗列并且概括说明了世界各地区和国家的人种、文化、政治、历史、地理等情况,同时连接了"现在"的经验和"未来"的计划这两个层面,被称赞是成就了韩国文学史的新纪元。当然,最有趣的还要数俞吉浚用"世界"一词作为引领全书的标题。自明治维新(1868年)开始,日本的词典中"world"的翻译语被固定为"世界"③。"世界"是不局限于地理中心或意识形

---

① 俞吉浚:《西游见闻》,第3—4页。
② 俞吉浚:《世界大势论》(1883),见俞吉浚全书编纂委员会编:《俞吉浚全书》第3卷,首尔一潮阁1971年版,第3—121页。这部作品由"人种殊异""宗教殊异""言语殊异""政治殊异""衣食居处殊异""开化殊异""世界历史一班""世界大势一班""自由大略""地球总说""经纬度事""书夜理""五带事""四时事"等组成。其中自"人种殊异"到"世界历史一班"的七个部分是精选并翻译了内田正雄参考英语和荷兰语地理书出版的《舆地誌略》卷1—4(文部省,1870)中载于卷1的"总论",同时还随后附上了作者自己的看法。其他部分的内容是参照福泽谕吉等"洋学者们"的著述和译作构成的。朴汉珉:《俞吉浚〈世界大势论〉(1883)的典据与著述的性格》,《韩国史学报》2013年第53期,第35—72页;李礼安:《俞吉浚〈世界大势论〉的近代概念理解与开港期朝鲜:以和内田正雄〈舆地誌略〉的比较为线索》,《韩国学研究》2018年第64期,第139—168页。
③ "世界"源于梵语"lokadhātu"。就如同《楞严经》中所说,"世界"总括了代表过去、现在、未来的"世"和表示范围的"界",用时间的流动和空间的大小体现众生的生存与轮回。这个汉字词在中国的儒学典籍中具有"时世""众人"以及"局面"的含义。而在日本江户时代(1603—1868),这个词代表的是歌舞伎公演剧场中构成作品背景的特定时代、场所、人物的性格或是事件的类型。自庆长时代(1596—1615)以来,日本制作了许多"世界地图",这里的"世界"几乎是以"万国""地球"的含义被使用。从这样的时间线来看外国语文献的时候,欧洲语言中的"world""monde"以及"Welt"主要被翻译成"世界"这一点非常重要。在1814年问世的英日辞典《谙厄利亚语林大成》中,"宇宙以及世界"和"world"结为一对。1862年问世的英和对译袖珍辞书》中将这一外来词翻译成了"世界,地球,人,全世界"。石塚正英、柴田隆行监修:《哲学・思想翻訳語事典》,东京论创社2004年版,第182—183页。

态范畴的总括的概念。从这一点来看,"世界"超越了传统的"天下"的局限。在儒学典籍中,"天下"原指天子统治的区域,代表实行道德政治的范畴。① 以华夏为中心的"天下"是将中国与中国以外的国家全都收揽进儒教道德秩序里的概念。因此,当全新意义上的"世界"在代表变化的国际秩序和时间意识的时候,"天下"这一"虚伪"的道德共同体不可避免地走向了解体。② 细究俞吉浚的《世界大势论》会发现,文中横空出现了很多让读者倍感惊奇的陌生用语,诸如"共和政治""共和独立国""自由""宪法"等,大概俞吉浚也是在福泽谕吉那里学到了"陌生化效果"。他作品中的新奇词汇也正预示着这些根植于日本土壤的"移植概念"将在韩国的知识社会开花结果。俞吉浚作品中的核心词"文明"便是很好的旁证。"进进不已"的"文明开化""文明国的人民""世界历史的文明进步"等用语不过是他使用"文明"一词的冰山一角。在朝鲜土地上首次登场的"文明"一词是只有在脱离传统王朝编年史之后,将历史时间的运动参数拉进认识体系之时,方才可能出现的用语。"文明"成为了与以往经验不同的某种全新的象征。

　　俞吉浚奋笔疾书创作大量作品的行为似有着某种特别的原委。我们大致可以猜想是当时韩国报纸的告谕——《汉城旬报》(1883.10—1884.12)的发行问世促进了他的写作。1882年10月,朝鲜政府的修信使因兵乱之祸前往日本,领队正是几年后发动甲申政变的主角朴泳孝。在近三个月之中,朴泳孝考察了日本的公共机关,并与各界人士会面,其中就包括深谙朝鲜处境的福泽谕吉。这位日本启蒙的使徒似乎鼓励了急切的朝鲜革新家们去创办自己的报纸,而这个鼓励很快便得以实现。1883年1月朴泳孝回国之时,日本的记者和印刷匠人们也跟随他来到了朝鲜。他们全部都是福泽谕吉推荐的人选,并且其中的三位记者均来自庆应义塾,经常出入福泽谕吉的家中。大抵他们和俞吉浚也是十分要好的。也许是因为福泽谕吉已经向俞吉浚提过报纸的事情,朴泳孝将创办报纸的诸多业务都分派给了俞吉浚。朴泳孝一

---

① 《论语·季氏》第十六:"孔子曰,天下有道,则礼乐征伐自天子出;天下无道,则礼乐征伐自诸侯出。"
② 金观涛、刘青峰:《观念史是什么2:观念的变迁和术语》,梁一模、宋寅在等译,首尔蓝色历史2010年版,第222—263页(引文,230页);金容九:《万国公法》,首尔小花2008年版,第55页。

回国就立刻向高宗复命,次日升为汉城府判尹,随后便立即着手创办报纸。依照王命,汉城府负责报纸的刊行,成立新的博文局。这便是今天被人们熟知的第一份报纸的诞生。俞吉濬在制订"汉城府新闻局章程"的时候将开局日期记录为492年2月,换算成阳历就是在1883年3、4月左右。同时,他还在短时间内写下了长达2700字的《新闻创刊辞》。① 虽然创作的时间十分紧促,但是他在异国土地上的见闻以及阅读的体验让这篇创刊辞的内容变得十分丰富。在创刊辞中,他强调"报纸"便是紧紧跟随"文明的"国家与人民脚步的"进步"的尖兵。

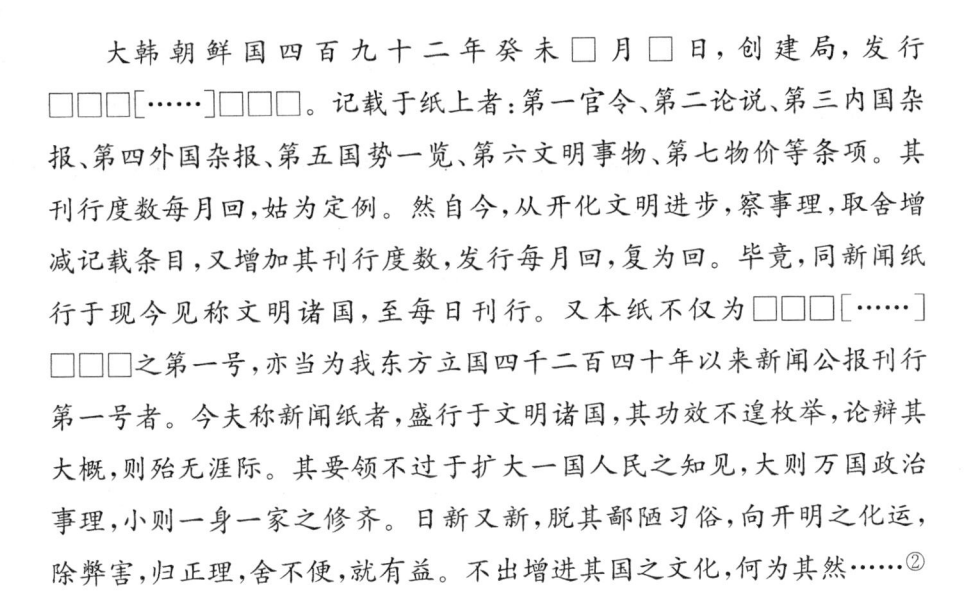

> 大韩朝鲜国四百九十二年癸未□月□日,创建局,发行□□□[……]□□□。记载于纸上者:第一官令、第二论说、第三内国杂报、第四外国杂报、第五国势一览、第六文明事物、第七物价等条项。其刊行度数每月回,姑为定例。然自今,从开化文明进步,察事理,取舍增减记载条目,又增加其刊行度数,发行每月回,复为回。毕竟,同新闻纸行于现今见称文明诸国,至每日刊行。又本纸不仅为□□□[……]□□□之第一号,亦当为我东方立国四千二百四十年以来新闻公报刊行第一号者。今夫称新闻纸者,盛行于文明诸国,其功效不遑枚举,论辩其大概,则殆无涯际。其要领不过于扩大一国人民之知见,大则万国政治事理,小则一身一家之修齐。日新又新,脱其鄙陋习俗,向开明之化运,除弊害,归正理,舍不便,就有益。不出增进其国之文化,何为其然……②

"文明开化"漂洋过海来到这片土地。此时,距漂洋过海来到日本的"civilization"与同名翻译语结对已有十余年了。正因为如此,俞吉濬无须亲自将陌生的语言移植过来,便可以把"文明开化""开化文明""文明"以及"开化"等激荡着时代前景的概念嫁接到韩国知识社会。当然,如果他不认同朝鲜与日本都具有长久以来熟悉"文明"这一古典用语的学问传统的话,这一切也是不可能实现的。"civilization"与"文明"是通过怎样的语义学连接点结合

---

① 李光麟:《韩国开化史研究》,首尔—潮阁1969年版,第48—56页。
② 俞吉濬:《新闻创刊辞》(1883),见俞吉濬全书编纂委员会编:《俞吉濬全书》第4卷,首尔—潮阁1971年版,第5—7页。

在一起的呢？这两个相异的词所具有的语义要素中的哪一部分实现了相互间的对应呢？这便是对所谓的对"起点语言"与"目标语言"之间语义网交叉点的提问。在俞吉濬进行创作的当时，他很容易接触到已经被翻译过来的"西洋"。因此我们很难找到他苦恼这个问题的痕迹。那么在最初用新造词"文明开化"来翻译"civilization"的福泽谕吉那里，我们可以寻到答案吗？福泽谕吉在完成大作《文明论之概略》(1875)的时候说道，"文明"便是英语中的"civilization"，来源于拉丁语中的"civitas"。① 紧接着，他又解释了这句话的"本旨"——"文明所指的是使人身体安乐，并使人心灵高尚的东西……被称为安乐或是高尚的正是某种指向进步时间状态的东西，文明便是代表走向人安乐与品位的进步。并且，因为给予人安乐与品位的是人的智德，因此文明可以说是人类智德的进步"。② 虽然福泽谕吉十分亲切地解释了"起点语言"的根本与释义，却没有说明自己选择中国典籍中的"文明"作为翻译语的契机。也正是因为如此，现在我们还没有办法了解到"文明"被选作是"目标语言"的具体缘由。推测其中过程，并领会(verstehen)语义学上连接点的课题原封不动地留给了今天的研究者们。现在对于我们而言，首先要做的就是溯源这两个结对的词的用例，以期接近它们的源头。

二、始元(arche)

(一) 文明

高丽末期、朝鲜初期的文臣权近留下这样一句话——"上天悔祸，眷佑圣人，革古鼎新，以开我朝鲜文明之运"③。这位梦想着易姓开国的经世家热切期盼着新的圣人的治世，而"文明"正是对应着这番期待。在中国典籍中，"文"与"明"原本是分开来写的。首先我们来分析《尚书》中出现的用例。在中国的叙事传统中占据首位的《尚书》开篇说道，"曰若稽古帝尧，曰放勋，钦

---

① 福泽谕吉:《文明論之概略》，见《福沢諭吉著作集》第4卷，第58页。
② 福泽谕吉:《文明論之概略》，见《福沢諭吉著作集》第4卷，第61页。
③ 权近:《阳村先生文集》。

明文思,安安,允恭克让,光被四表,格于上下"①。据传,最初是孔子收集了尧舜以来的史籍编撰了《尚书》。② 司马迁的《史记》中写道,《尚书》大抵是和《春秋》③一样,由孔子删削散落的旧时"史文"整理而成。追溯到远古语言记忆的《尚书》里,"文"与"明"各自代表君主应当具有的资质与风貌。这样的语义学的根可以说是长久以来沉淀并确立下来的。后来在南朝齐国建武年间(494—498)也曾出现了一篇舜的传记,其中的"文"与"明"的用法直接继承了传统用例——"曰若稽古帝舜,曰重华协于帝,濬哲文明,温恭允塞,玄德升闻,乃命以位"④。这28字被认为是伪作,收录在《今文尚书》里。从这段模仿《尧典》开篇的内容中,我们可以看到非常有趣的一点:哪怕到了后代,旧时语言的语义仍在不断地反复。同样,在另一篇文献中我们也可以找到"文"与"明"单独使用,并且以"文"为中心,"明"紧接在后的文章形式。《礼记·乐记》中有如下的内容:

> 故曰:乐者,乐也。君子乐得其道,小人乐得其欲。以道制欲,则乐而不乱。以欲忘道,则惑而不乐。是故君子反情以和其志,广乐以成其教,乐行而民乡方,可以观德矣。德者,性之端也;乐者,德之华也;金石丝竹,乐之器也。诗言其志也,歌咏其声也,舞动其容也。三者本于心,然后乐器从之。是故情深而文明,气盛而化神。和顺积中而英华发外,唯乐不可以为伪。⑤

引文结尾处的"文"是什么含义呢?《乐记》中紧接着出现的内容便与"文"的含义有关:"乐者,心之动也;声者,乐之象也;文采节奏,声之饰也。君

---

① 《尚书·虞书·尧典》。
② 司马迁:《史记·孔子世家》。"孔子之时,周室微而礼乐废,诗书缺。追迹三代之礼,序书传,上纪唐虞之际,下至秦缪,编次其事。"
③ 司马迁在《三代世表》中写道,"孔子因史文次春秋,纪元年,正时日月,盖其详哉"。此处出现的"史文"指的是"史"的记录,后世成为史官职责的"史"在上古时代是和"天官"一样的职位。《史记》的自序中写道,司马家世代承袭太史职位。天官之职历代世袭,掌管天文、历法、国家祭祀、告朔之礼,以及记录星历与册命。这一职位在后世延续成了"史"之史官的传统。
④ 《尚书·虞书·舜典》。
⑤ 《礼记·乐记》。

子动其本,乐其象,然后治其饰。"①"文"同"文采",指的是融合天地所赋予的情感为五音,将天地万物的造化装饰为美的样子。东汉(25—220)《说文解字》写道,"文"本义为"两纹交互"。这一解释来自"文"的字形。古代器具上出现的"文"字是张开双手的人胸前画着某种图案的样子。从今天我们非常熟悉的"文身"一词中可以体会到"文"字意的传承。② 像这样表达某种现象的记号不断进行语义分化,"文采"与"文字""文章"连续了起来。魏晋南北朝时代(220—589)的《文心雕龙》中有这样的解释:

> 文之为德也大矣,与天地并生者何哉?夫玄黄色杂,方圆体分,日月叠璧,以垂丽天之象,山川焕绮,以铺理地之形,此盖道之文也。仰观吐曜,俯察含章,高卑定位,故两仪既生矣。惟人参之,性灵所钟,是谓三才,为五行之秀,实天地之心,心生而言立,言立而文明,自然之道也。③

引文最后部分出现的"文"需要解释为"文章"。到了尧舜时代,"文章"才作为文采的现象兴盛起来,代表着使得世间万物都具有魅力色彩和样子的自然形成的纹理,穿过树林的风声似琴笛声一般优美,泉水滴落在岩石上的细语如同珠玉钟声一般和谐。具有某种模样便会有某种色彩,发出某种声音就必然会出现某种"文"。就连没有意识的天地万物都具有清晰的文采,拥有心灵的人怎么会没有"人文"呢?这段内容同时引出了自然纹理和人文章中的相同色彩,其源头在于《礼记》中阐述的音乐的本性。《乐记》开头如下:"凡音之起,由人心生也。人心之动,物使之然也。感于物而动,故形于声。声相应,故生变;变成方,谓之音;比音而乐之,及干戚羽旄,谓之乐……唯君子为能知乐。是故审声以知音,审音以知乐,审乐以知政,而治道备矣……乐由中出,礼自外作。乐由中出故静,礼自外作故文。"④《文心雕龙》中解释"文章"的本性也与礼乐的原理相近,"故知道沿圣以垂文,圣因文以明道,旁通而无滞,

---

① 《礼记·乐记》。
② 孔翔喆:《造就了中国的书:通过16个文本阅读中国文明与历史故事》,首尔石枕2011年版,第15页。
③ 刘勰:《文心雕龙·原道》。
④ 《礼记·乐记》。

日用而不匮"①。

最初创造礼乐的人被称为"圣",而后解释并发显礼乐的人被称为"明"。②音乐与文章之根本外显出来的"文明"原本是修饰圣人君子德性的用语。在《易经》一篇著名的系辞里也出现了相同的内容:"文明以健,中正而应,君子正也。"③在这部典籍的其他地方也出现了"文明"的用例,即"见龙在田,天下文明"④。此处出现的"龙"代表的是道德的君王或是贤者。后来,朱熹在解释《孟子》的时候,将"文明"注解为体现"大人"品性的现象,也就是"大人,德盛而上下化也,所谓'见龙在田,天下文明'者"⑤。燕岩朴趾源可能也是读过这句话,并对"文明"的表征进行扩展,说道,"夫士下列农工,上友王公,以位则无等也,以德则雅事也。一士读书,泽及四海,功垂万世。易曰,见龙在田,天下文明,其谓读书之士乎"⑥。

中国典籍将"文明"看作是德治象征的用法传到了日本,被当作是王道理念的一个表现。典型的例子就是室町时期后土御门天皇在位期间(1464—1500)的年号——"文明"(1469—1486)。而后,"文明"作为"文德光明的样子""开启世界和点亮人智慧的东西"等语义被收录进了日本的汉字词典和本国语词典中,出处便是前文中提到的《尚书》中的"濬哲文明"和《易经》中的"天下文明"。"文明"一词在日本受到了相当的礼遇。可以说,一向乐于阅读汉文的日本传统知识人中的大部分是知晓"文明"本义的。到了明治初期,汉文"文明"一词仍被用作是"优秀而帅气"和"极其卓越与帅气"的语义,静静等待着"civilization"一词的到来。⑦ 福泽谕吉进行了创新,他将日语中意为"打开"的日常用语"開ける"与意为"使文德与智慧发光发亮"的"文明"结合在一

---

① 刘勰:《文心雕龙·原道》。
② 《礼记·乐记》:"作者之谓圣,述者之谓明,明圣者,述作之谓也。"
③ 《易经·同人卦》。
④ 《易经·乾卦》。
⑤ 《孟子集注·尽心章句上》。这句话是在解释《孟子》中的"有大人者,正己而物正者也"。
⑥ 朴趾源:《燕岩集卷之十·原士》。这句话可以说是依据孟子《孟子·万章下》中的主张:"缪公亟见于子思,曰,古千乘之国以友士,何如? 子思不悦,曰,古之人有言,曰事之云乎,岂曰友之云乎? 子思之不悦也,岂不曰,以位则子君也,我臣也,何敢与君友也? 以德则子事我者也,奚可以与我友? 千乘之君求与之友,而不可得也,而况可召与?"
⑦ 西川长夫:《越过国境的办法:文化·文明·国民国家》,韩敬九等译,首尔—潮阁2007年版,第188页。

起,创造出了"文明开化"一词。此时,自远古而来修饰君王和贤者形象的"人的文理"的象征在翻译语"文明开化"中留下了怎样的痕迹呢?

"我有一番野心,无论如何都要让洋学在日本盛行,让日本变成和西洋一样的文明强国。其方法便是将庆应义塾当作是西洋文明的向导,以东道主的心情,自愿去垄断西洋式、或是成为西洋式的特别代理人。这样的行为会给人留下我是在为了外国人做事的印象,因此也必然会遭致保守日本人的厌弃。"在福泽谕吉的回想中,青年时期的自己着实只有"洋学者"这一条路可走。他在33岁那一年创办庆应义塾,起初仅仅是在教授学生们能够阅读英语书并熟练掌握英语的"英学"。此时,"文明开化"作为一个翻译语诞生了。"西洋文明"与中国典籍中的"天下文明"可以在一个语义网中相遇吗?福泽谕吉曾说,自己原本成长于"儒教主义"的家庭环境,他出生于底层士族的父亲是一位"纯粹的汉儒"。正因如此,福泽谕吉在私塾里度过了自己的幼年时期。那时候他不仅学习儒学经书,还能够阅读到《左传》《史记》等史书。尽管如此,福泽谕吉"从年轻的时候开始便决心自己不仅仅要远离和忽视汉学,更要彻底清除所谓的腐儒与腐说"。这其中又有着怎样的原委呢?某日,福泽谕吉"比较了东洋与西洋的历史",说自己领悟到了"在富国强兵和最大多数人的最大幸福的层面上,东洋远逊于西洋"。因此,他把"东洋的儒教主义与西洋的文明主义"放在了对立点上,认为自己就像"狮子身中虫"一样,虽然通晓经传和私塾的意义,但是它们不妨碍自己成为"儒教主义"的敌对方。后来,福泽谕吉曾回顾自己当时的心境,说道:"我这般敌对汉学,是因为我坚定不移地相信,在如今这样的开国时期,若是腐朽老旧的汉学占据了少年的脑海,那么西洋文明就全无传入日本的可能。我竭尽全力都要将他们解救出来,把他们引导向我相信的道路。若说我的真心,恨不得叫唤出全日本的汉学者,让他们都来针对我一个人。"[①]

就如同福泽谕吉鲜明的记忆一样,我们很难在"civilization"的日式翻译中找到某种修饰传统德治的象征意义。他常常说要"直击汉学要害","随意"攻击儒教思想的弊端,却又与此完全相反地,用经史典故中指向"最为亮眼的纹理"的"文明"呼唤来自陌生地方的"主义"。与"西洋"合为一体的"文明"站

---

① 福泽谕吉:《福泽谕吉自传》,第24—31页,第203—249页。

在了我们熟悉的"儒教主义"的对立点上。那些向福泽谕吉学习"西洋文明"的朝鲜改革家们也走上了他的轨道吗？有意思的是朴泳孝留下了与福泽谕吉的主张近乎一致的文字。事情发生在1888年，当时朴泳孝因甲申政变辗转亡命到日本，结交了众多当地改革家。① 在他当时送呈朝鲜国王的一篇《建白书》②中，我们能够看到许多具有时代性的语言用例。在这篇《建白书》中，有众多新造词和"文明"一起登场。我们先来分析其中的一例——"臣按亚洲，天下灵气所聚之处也。故儒佛耶稣及回回教之祖，皆出于此土。古昔盛时，非不文明。然至于近代，却让欧洲者何也"。此处颇有趣味的是，朴泳孝在亚洲寻找文明的起源时问道，为什么如今开启文明的一方反而要向欧洲学习更为先进的文明呢？他的回答非常简洁，他认为这样的局面是因为亚洲诸国政府长久以来将人民看作奴隶，不教他们文学才艺所导致的。并且，他还诊断说，如今在文明进步中的落后不是由人民导致的，而是政府的过错。③

不过，与福泽谕吉不同，朴泳孝似乎对东洋古籍中"文明"的形象仍心存留恋。在呈给高宗的上疏中，他开篇便道破上古典范中的"王道"，认为王道最重要的是从依照礼乐教说的和谐政治出发。④ 他引用《尚书》中的警世名句

---

① 1884年12月，甲申政变以"三日天下"结束之后，朴泳孝便前往日本避祸，起初隐居在福泽谕吉家中，后辗转多地，也曾在美国短暂停留。1887年以来，朴泳孝曾于几处教育机关中学习英语、西洋哲学、基督教思想等。金显哲：《朴泳孝的"1888年上疏文"中出现的文明·开化论》，见俞炳勇等著：《朴泳孝研究》，韩国精神文化研究院2004年版，第55—133页。
② 这一文件收录在日本国际联合协会编纂的《日本外交文书》第21卷，东京日本国际联合协会1949年版，标题为《朝鲜国内政ニ関スル朴泳孝建白書》（朝鮮国關係雜件 No.106），简称《朴泳孝建白書》。金锡根：《建白书》，见翰林科学院编：《东亚细亚概念研究基础文献解题》第2卷，首尔善仁2013年版，第118—123页。这一文本后来又被收录进了历史学会编纂的《韩国史资料选集：最近世篇》第5卷（首尔—潮阁1973年版，第49—67页）中的"朴泳孝：《关于内政改革的建白书》"里。本文引用的是后者中的内容。
③ 朴泳孝：《关于内政改革的建白书》（1888），见历史学会编：《韩国史资料选集：最近世篇》第5卷，首尔—潮阁1973年版，第52页。"臣按亚洲，天下灵气所聚之处也，故儒佛耶稣及回回教之祖，皆出于此土。古昔盛时，非不文明，然至于近代，却让欧洲者何也。盖诸邦之政府，视民如奴隶，不导之以仁义礼智，教之以文学才艺。故人民蠢愚无耻，虽见领于他，而不知为耻，祸乱将至，而不能觉。此政府至过也，非人民之过也。"
④ 此处，朴泳孝是在化用《孟子》中的以下内容。《孟子·梁惠王下》："今王鼓乐于此，百姓闻王钟鼓之声、管籥之音，举举欣欣然有喜色而相告曰，吾王庶几无疾病与，何以能鼓乐也？今王田猎于此，百姓闻王车马之音，见羽旄之美，举欣欣然有喜色而相告曰，吾王庶几无疾病与，何以能田猎也？此无他，与民同乐也。今王与百姓同乐，则王矣。"

"民为邦本"①,竭力主张如果君王想要树立国家根本,就必须让百姓和睦相处;想要使得百姓和睦,就必须让百姓愉悦;想要使得百姓愉悦,就必须让百姓可以安定;想要使得百姓安定,就必须安抚百姓;想要使得百姓得以安抚,就必须与百姓同甘共苦。② 朴泳孝所认为的统治的本性正是福泽谕吉费尽心力想要对抗的"儒教主义"的核心原理。朴泳孝认为,使如同优美音乐一般的造化与中正发光发亮的"德治"便是"文明"。因此,他毫不犹豫地表达了自己想要革新"圣朝之文明"的期许,以及对当时传统教化倒塌、美风良俗式微、人民不知格物致知本意的叹息,朝鲜"此刻立即"需要走向新的文明的政治改革。

> 是以,诚欲期一国之富强,而与万国对峙,不若少减君权,使民得当分之自由,而各负报国之责,然后渐进文明也。夫如此,则民安国泰,而宗社君位,并可以永久也。③

至此,对远古"德治"的留恋转换成了对将要面对的时间的期待。朴泳孝在呼唤"近世文明之国家"的时候,④没有办法将朝鲜也包含在内。反倒是日本,虽与朝鲜同沐日月雨露的恩泽,却已经追随"开明之道",与强国肩并肩站在一起。朴泳孝在叹息之后说到,我们仍旧站在愚昧之中,像傻瓜一样醉在酒里,疯狂度日,全天下都将嘲笑我们,这让我们如何不羞愧,如何不忧心呢?⑤ 为什么会变成这样呢?都是因为那些默诵四书三经与诸子百家书籍的愚痴儒者们使得百姓和国家停滞不前。他们早已丢弃了格物致知的本意,只知道玩赏华丽的词藻,卖弄"大学士"的名号。流传下来的上古之道没能得到传承,因此也无法领会穷理与格物。在远古旧事之中,我们能得到珍贵的教诲,比如新罗时盛行教授修身与穷理、地理与天文、法律、医药、算数、音乐,以及中国、日本、印度等国语言的课程。因此后来的人可以"发明"出各种事物中的道理。然而到了今天,这些教诲的形貌与影子全都消失了。就算有些名

---

① 《尚书·夏书·五子之歌》:"皇祖有训,民可近,不可下,民惟邦本,本固邦宁。"
② 朴泳孝:《关于内政改革的建白书》,第51页。
③ 同上文,第62页。
④ 同上文,第49页。
⑤ 同上文,第51页。

称还保留了下来,其实质已不可知,又怎么能在今天再去教这些内容呢?新的时代应当与新的方法一起,"若弃其末取其本,而自格物穷理之学,至于平天下之术,则与当今欧美方盛之学同也"①。

朴泳孝主张的学问原理与古时贤者们的想法其实相距并不远。一般来说,学问应当将实用摆在首位,远离华丽词藻。同时,学问道理应当贯通东西。不过,推进学问的具体实行方案是一项前无古人的实验,其中包括翻译政治、财政、法律、历史、地理、算数、理化学等书,以及创办学校,教育青年等。允许人民自己创办新闻局、印刷并贩卖报纸也属于振兴文艺之举。欧美诸国依照新闻局的多寡来衡量一个国家是否"文明",对宗教自由的许可政策也是同一个道理。并且,为了使人民能够享受到"文明的自由",朴泳孝还提议废除"班常(两班与贫民)"身份等级,制定"通仪"的礼法。这一提案远远超越了同时代关于改革的其他论议。那么,朴泳孝是和福泽谕吉一样以"洋学者"自居吗?朴泳孝曾说道,"大凡欧人,口称法义,心怀虎狼"②,在三四百年之前便开始侵吞无数国家与地区。他认为同时代日本知识人竭力拥护的"西洋文明主义"已然充满了帝国主义的气息。

尽管如此,朴泳孝在对比"蛮邦未开之政"与"文国开明之政"时,③认为朝鲜所处的位置是非常明确的。朴泳孝主张王朝和人民需要一起学习"文明之公义",而领悟"文明之公义"的方法又不得不是向外求索的。因此,"朝鲜的文明"不是在陈述此刻的现状,而是在展望即将到来的未来的时间。"欧美之人,常侮亚洲之人,以有如此恶风也,岂非耻辱之甚哉。如不速革其恶俗而就良,则圣朝之文明未可期也。"④此处,朴泳孝是在批判以固有的男女差别和班常、中庶的不同等级,"强制"划分身份贵贱的"永远"持续的现象。尽管朴泳孝追随福泽谕吉呼吁"世之文明开化"⑤,但是他从未曾呼唤过"西洋文明"。并且,他也不曾用这个名字去装扮朝鲜的改革课题。朴泳孝虽然羡慕西洋的文化产物与制度,但是他着实无法将自己定位为"洋学者"。当时朝鲜开化派

---

① 朴泳孝:《关于内政改革的建白书》,第63页。
② 同上文,第52页。
③ 同上文,第53页。
④ 同上文,第66—67页。
⑤ 同上文,第54页。

的知识社会大抵都是笼罩在这样的氛围之下。我们可以推测，朴泳孝和他的同僚是将古籍中的"文明"与外来语"文明"看作是由不同语义要素构成的。因此"文明"一词虽然同时覆盖了东西洋的价值体系和道德秩序，但是没能体现出某种语义上的具体关联。尽管开化派对这个词的理解各有不同，但是他们都在隐隐约约地期待着东洋语"文明"和西洋语"文明"之间的某种契合，也正是这样的期待创造并限定了"文明"一词的范畴。从这些语义要素的交集点上我们可以发现怎样的沟通过程呢？为了回答这一问题，我们首先需要追溯外来语"文明"诞生的起点，探索"使人身体安乐、同时让心灵变得高尚"的"文明"变身为"进步与启蒙的时间"的象征的过程。

（二）civilization

福泽谕吉在英文书中偶然发现了"civilization"的词源之后，曾尝试过对这个词进行解释。但是很快他便发现，很难在其中找到足以联想到中国典籍中"文"或是"文明"语义的内容。在18世纪才开始作为新造词出现的这一"西人"的词汇起源于意指古罗马市民的"civis"。这个古拉丁语词汇在延伸到"civilization"的过程中还衍生出了"civilis"（属市民的，礼仪周到的）、"civilitas"（干练，社交性）、"civitas"（市民共同体，市民权）等派生词，它们共同填满了"civilization"的语义。其中，我们需要去关注的是"civis"的形容词型——"civilis"。"civilis"是古希腊人使用的"πολιτικός"一词的翻译语，其中蕴含着后来发展于诸多欧洲语言中的"文明"原本的语义要素。起初，古希腊语中的"πολιτικός"是作为我们熟知的"πόλις"的形容词型出现的。在浓缩了古典时代政治行为的"城邦"（πόλις）一词中，我们可以寻找到"civilis"原本的语义。亚里士多德在《政治学》一书中说道，"城邦"一词综合了城邦共同体的本性和目的，以及构成员的资格与德目。他对城邦形成历史的说明以"始元"（arche, ἀρχή）的内容开头。词典中解释"始元"涵盖了开始与发端、最初与根源、存在与认识原理、推论公式的涵义。可以推测，亚里士多德使用的"始元"一词已经暗含了经验与理解、生与知之间的关联作用。他对"始元"的提问首先回到城邦的起源，分析在众多"善的"共同体之中"最善"的那一个是如何"遵循自然发展而来的"。最开始的时候，女性与男性为了繁殖结合在一起，为了生存出现了支配与被支配的关系。如果说用理性去预测未来进行支配的人是主人,那么用身体的力量进行劳动被支配的人便是奴隶。由这两个共同体构成了家庭,而为了满足每日需要形成的家庭又组成村落。此时形成的"完全的共同体"(κοινωνία τέλειος)便是"城邦"。"城邦"自起始点到完成阶段的成长过程属于历史世界的范畴。在"城邦"经验领域的写实性之前,早已被加上了预先规定其目标的"始元"原理。这也就是"某种善的"本性使得"城邦"成长的理论领域。

> 等到由若干村坊组合而成为"城市(城邦)",社会就进化到高级而完备的境界,在这种社会共同体以内,人类的生活可以获得完全的自给自足;我们也可以这样说:城邦长成于人类"生活"的发展,而其实际的存在却是为了"优良的生活"。早期各级社会共同体都是自然地生长而来的,一切城邦既然都是这一生长过程的完成,也该是自然的产物(φύδει)。这又是社会共同体发展的终点。无论是一个人或是一匹马或是一个家庭,当它生长完成以后,我们就见到了它的自然本性;每一个自然事物生长的目的(τέλοs)就在显明其本性(φύδιs)[我们在城邦这个终点也见到了社会的本性]。又事物的终点,或其极因,必然达到至善,那么,现在这个完全自足的城邦正该是[自然所趋向的]至善的社会共同体了。
>
> 由此可以明白城邦出于自然的演化,而人类自然是趋向于城邦生活的动物(人类在本性上,也正是一个政治动物,φύσει πολιτικὸν ζον)。凡人由于本性或由于偶然而不归属于任何城邦的,他如果不是一个鄙夫,那就是一位超人,这种"出族、法外、失去坛火(无家无邦)的人",荷马曾被视为自然的弃物。这种在本性上孤独的人物往往成为好战的人;他那离群的情况就恰恰像棋局中的一个闲子。①

引文第二段括号中出现的"政治动物"里的"πολιτικὸν"是"πολιτικός"的变

---

① Aristoteles, *Politica*, in *Aristotelis Opera*, ex recensione Immanuelis Bekkeri. Edidit Academia Regia Borussica. volumen alterum, Berolini, apud Georgium Reimerum, 1831, pp.1252b - 1253a. 韩文翻译参照:亚里士多德:《政治学》,Kim Jae-Hong 译,首尔图书出版社 2017 年版,第 32—34 页;中文翻译参照亚里士多德:《政治学》,吴寿彭译,商务印书馆 1997 年版,第 6—7 页。

型。从"城邦"中派生出的这些形容词具有"属城邦的""趋于城邦的""形成城邦的"等语义。同时,流传为"适合政治的""构成政治的""可以被看作是政治行为的"等用例。在《政治学》的开篇之中,我们可以找到这样的用法——"我们见到的每一个城邦(城市)各是某一种类的社会共同体,一切社会共同体的建立,其目的总是为了完成某些善业——所有人类的每一种作为,在他们自己看来,其本意总是在求取某一善果。既然一切社会共同体都以善业为目的,那么我们也可说社会共同体中最高而包含最广的一种,它所求的善业也一定是最高而最广的:这种至高而广涵的社会共同体就是所谓'城邦',即政治社团(κοινωνία ἡ πολιτική)"①。由此可以看出,前文"人类自然是趋向于城邦生活的动物"(φυσει πολιτικὸν ζωον)中"趋向于城邦的"可以看作是"适合政治的"或是"操持政治行为的"含义。② 就像上文所说,"城邦"与"政治"处在同一个语义学的高度,指向同一个目标,也就是说指向"最高善"的"完全的社会共同体"是它的终极。那么,延伸为政治行为的城邦的"完全与善"是依据什么样的"始元"呢?这个推论的命题在自然本性所赋予的公理之中。"作为动物而论,人类为什么能比蜂类或是其他群居动物所结合的共同体达到更高的政治组织,原因也是明显的。照我们的理论,自然不造无用的事物。"就如同依照自然法则活动的存在都是指向同一个原理——目的一样,城邦也是依据自然本性生成,指向终极——完全和最高的善。并且,就如同顺应生命活动目的的灵魂与身体的关系一样,城邦作为由部分构成的全体,伴随着其作用原

---

① Aristoteles, *Politica*, p.1252a;亚里士多德:《政治学》,Kim Jae-Hong 译,第 25—26 页;中文翻译参照亚里士多德:《政治学》,吴寿彭译,第 2 页。
② 这样的用例和城邦的历史与目的,以及追问其类型的专门知识一起被称为"属城邦的学问",也就是"政治学(πολιτική ἐπιστήμη)"。就像城邦追求根本的善一样,政治学也成为了"最根本的学问"。亚里士多德在《尼各马可伦理学》中作出了如下的解释:"因为正是政治学规定了在城邦中应当研究哪门学问,哪部分公民应当学习哪部分知识,以及学到何种程度。我们也看到,那些最受尊敬的能力,如战术、理财术和修辞术,都隶属于政治学。既然政治学使其他实践的学问为自己服务,既然政治学制定着人们该做什么和不该做什么的法律,它的目的就包含着其他学问的目的。所以政治学的目的必定是属人的善。"Aristoteles, *Ethica Nicomachea*, in *Aristotelis Opera*, ex recensione Immanuelis Bekkeri. Edidit Academia Regia Borussica. volumen alterum, Berolini, apude Georgium Reimerum, 1831, pp. 1094a - 1094b. 韩文翻译参照:亚里士多德:《尼各马可伦理学》,Lee Chang-Uh、Kim Jae-Hong 等译,首尔电子书(Ejbooks)2006 年版,第 14—15 页。中文翻译参照亚里士多德:《尼各马可伦理学》,廖申白译,商务印书馆 2003 年版,第 6 页。

理。"城邦自然地(φύσει)先于个人和家庭,因为全体必然要先于部分。"亚里士多德认为,城邦的单一性与部分之间的关联性是追随自然目的本性的结果。这就如同灵魂是活着的身体的原因和开始,是"由器官构成的身体"最初的现实状态一样,城邦也是先于部分、指向终极的目的因与作用因的实在。如果作为全体的身体死亡,就好像是有人在用同一个名称表达不同的意思(ὁμωνύμως)一样,除非说话人本身想要表达的就是石制的手,此时肢体已不可能再存在。这是因为所有的一切都是以其活动与能力来进行定义的。城邦依照自然法则先于个别这一点非常分明。个人脱离了最好的、自给自足的社会共同体之后,是无法再遵循自己的本性的。"凡隔离而自外于城邦的人——或是为世俗所鄙弃而无法获得人类社会组合的便利,或因高傲自满而鄙弃世俗的组合的人——他如果不是一只野兽,那就是一位神祇。"①

指向"完全的社会共同体"的城邦的目的是逆着自然的公理而上,其本性的始元亦和人类伦理的主要原理相连。"所有行为与选择都是以某种善为目的"②,这句总起了亚里士多德的另一部作品《尼各马可伦理学》的话,将"我们追求的"善和幸福放置在城邦的历史经验之前。这一原理从理论上对城邦的完全性和自足性进行了辩论,其辩论是以"在不同的行为和技术中善以不同的形式出现"为前提的。从这个前提出发,产生了各个行为中恰当的"善是什么",以及为了这个善"其余的是不是要被禁止"的疑问。在亚里士多德看来,就好比医术与健康、兵法与胜利、建筑技术与房屋的结对一样,所有行为和选择都有和其相称的目的:因为这其中的某些目的是为了其他目的而被选择的,所以这些全都不能被称作是完全的。那么什么样的目的是完全的呢?亚里士多德的回答非常简洁,即追求"最高善"的目的是"完全的"。之所以说"最高善"是完全的,是因为它不是因其他目的而被选择的,而是意味着只"追求它本身"。如果说单纯地(ὁπλῶς)将其自身当作是目的可以被认为是完全的话,那么毫无疑问,"幸福"(εὐδαιμονία)应该首先被看作是"最完全的"善,因为我们"总是"为了本身的目的选择幸福。③ 从幸福自身便是完全的这一点上出发,"完全的善"就与不依赖任何东西、使其不再需要任何东西的自足性

---

① Aristoteles, *Politica*, p.1253a;中文翻译参照亚里士多德:《政治学》,吴寿彭译,第9页。
② Aristoteles, *Ethica Nicomachea*, p.1094a.
③ Ibid., p.1097a.

(αὐταρκες)相同。城邦的善与完全也属于此。"然而,因为人类是依照本性趋向于城邦的动物,因此我们所说的自足性不是为了自己一个人的自足性,也不是为了过着孤立生活的人的自足性。而是为了父母、子女、妻子和普通朋友以及同僚市民的自足性。"①

亚里士多德认为,人类适合组成完全的社会共同体生活,其依据在于"动物之中唯有人具有逻各斯(λόγος)"。"逻各斯"是构成逻辑和理性的人类的语言。这一能力与表达苦痛和快乐的"声音"不同,其他动物也具有的声音来自相互表达痛苦与快乐的本性,唯有人类可以使用的"逻各斯"区别于动物,被使用于区分利与害、正义与不义。在动物中,唯有人具有可以区分它们的知觉。② 一直到今天,区别于动物的人的固有技能仍被看作是"服从于逻各斯,具有逻各斯并且思考"的实践能力,也被称为"依照逻各斯的灵魂活动,或不是没有逻各斯的灵魂活动"。③ 创造出城邦的社会共同体正是开始于这项唯有人类才具有的技能和能力。正因如此,"正义(δικαιοσύνη)"被看作是"属城邦的",因为构成城邦的司法制度与程序(δίκη)便是组成城邦的社会共同体的秩序和正义的审判。④

随后,亚里士多德展开了进一步的说明。他提出,某一个城邦内部或是城邦之间的相互交往(κοινωνία)不仅仅是正义的体现,更是友爱(φιλία)的表现。"友爱与正义关系着同样的事物,存在于相同的人之间。因为在所有共通的交往中,既存在某种正义,同时也存在某种友爱。"⑤友爱作为人的卓越品性状态中的一种,是人的一生中"最为需要"的部分。⑥ 友爱是与他人一起分享利益和快乐的合理选择。在那些重要的品性之中,最"完全的"便是实现于善人以及相似的卓越的人之间的友爱。这些人本身就是善人,因而希望彼此都过得很好,同时分享他人的喜悦。这一卓越的品性不是偶尔产生,而是生成于他们自身。也正因如此,友爱可以维持它的持续性。⑦ 互相分享友爱的

---

① Aristoteles, *Ethica Nicomachea*, p.1097b.
② Aristoteles, *Politica*, p.1253a.
③ Aristoteles, *Ethica Nicomachea*, p.1098a.
④ Aristoteles, *Politica*, p.1253a.
⑤ Aristoteles, *Ethica Nicomachea*, p.1159b.
⑥ Ibid., p.1153a.
⑦ Ibid., p.1156a.

城邦共同体的作用由此而生,就如同我们为了某种利益进行交往一样,共享同一件事情的人们以某种利益为目标聚集在一起,维持着政治共同体。"法律的制造者瞄准的便是这个利益,人们也将正义称作是共同的利益。"①友爱发挥着为城邦与城邦牵线搭桥的功能。因此,立法者们不是在为实现正义花费力气,而是倾注更多的努力在实现友爱的方案中。对于追求城邦内部以及城邦之间和睦的他们而言,最重要的就是必须要阻止对城邦造成危害的分裂。并且,虽然彼此亲密交往的人之间已经不再需要正义,但是在形成了正义关系的人之中,须要增添友爱。正义的最好形态便是充满友爱的心灵。②

在以上的论述中,城邦生活由"逻各斯"与正义、友爱与利益的交替组成。构成近代语言——"文明"语义素的诸多拉丁语用法,即"civis""civilis""civilitas""civitas"都蕴含着旧时政治共同体的理想。亚里士多德在这些语义构成中又添上了一个核心要素,"城邦的优秀得益于参与政治体制的市民($πολίτης$)的优秀"。此处的"$πολίτης$"便是城邦成员的意思。

"$πολίτης$"一词原是与代表罗马市民的"civis"成双出现,在近代欧洲语言中被翻译为"市民"。按照这样的语言用例,亚里士多德的命题可以进行如下的解释:城邦所实现的"完全的善"不是某种运气的作用,而是由市民构建的学问知识与合理选择的历史产物。"$πολίτης$"也就是市民,是怎样的存在呢?这一势力直接参与城邦的政治行为,总括其整体性,理想中的城邦统治官职与代议制机构均掌握在他们的手中。从"所有市民参与政治体制"来看,城邦的幸福取决于全体市民的优秀。③ 城邦以尽可能最好的生活作为目标,是由相似水准的人构成的某种共同体。最好的生活便是幸福,这也是"德"($αρετη$)④的活动($ενεργεια$)与适用($χρησις$)。因此,带领纯粹正义的人们一同实现高贵统治的城邦必须要远离技术者与商人的生活。⑤

从"不可能存在没有德的幸福"这一根本原理中可以看出,城邦共同体的善与完全都取决于市民的德性。指代城邦构成员的"市民($πολίτης$)"一词一

---

① Aristoteles, *Ethica Nicomachea*, p.1160a.
② Ibid., p.1155a.
③ Aristoteles, *Politica*, pp.1332a - 1332b.
④ 此处的"$αρετη$"也被翻译为"卓越"与"卓越性"。
⑤ Aristoteles, *Politica*, p.1328a.

经扩展,与它紧密相连的形容词"πολιτικόs"中也增加了"属市民的""合适于市民品味的""贤明的""礼数周到的"等语义领域及内涵。罗马人使用它的翻译语"civilis"以及其名词型"civilitas",二者都与古希腊语中的词源一样,与政治共同体和其构成员的理想品性结合在一起。市民在进行共同体生活时需要具备的"社交性""庄重""干练""亲切",以及"统治知识""政治手腕"的意味都被装进了这个词里。同时,"civilis"以及它的名词型只使用为肯定的意味,并且不脱离政治要素。这一用语习惯是在遵循和继承古希腊语词源的语义。后来成为新造词"文明(civilisation, civilization 以及 Zivilisation)"词干的这个词原本是为了形容生活在政治共同体中的人的性格而出现的。在这一点上,"文明"和一开始便与从完全不同的语源出发的"文化(culture, Kultur)"之间具有差别性。古希腊人没有创造出与后世在欧洲被广泛使用的"文化"完全契合的词。意为教育或是学习的"παιδεία"虽然也被看作是"具有教养的人的资质",但是它和后来发展为"文化"的拉丁语词源则并无直接关联。"文化"的起源是拉丁语中的动词"colere",这个词具有(1)"居住""养家"的含义,以及(2)"照顾""栽培"的意味。这个动词从过去分词"cultus"中派生出两了个名词,也就是延续了"colere"第二个语义的"cultura"和"cultus"。罗马人在使用这两个名词的时候没有进行明确的区分。这两个词最初呈现在农田的"耕作"或是农作物"栽培"的用例中,后来逐渐走向以人为对象的"照顾"或是"驯服"的意味。从这里开始,"修养"或是"教养"的用例得以生成,同时还要再加上参拜诸如神或是偶像等超自然事件的行为样式。在这个词的跃迁过程之中,恭敬和奉养的习俗与方式,以及衣服和装饰物的点缀成为媒介。"文化"这一概念的语义领域从一开始就指向被束缚在农业上的人的个别活动,不曾伴随有任何政治的语感。[1]

如果像这样从一开始就将自然与个人的生活相提并论的话,"文明"前阶段的语言们和从政治中摆脱出来的、描叙人类活动的"文化"的根源用语不同,一直指向的都是束缚在共同体和政治过程中的人类行为。中世纪早期,塞维利亚主教伊西多(Isidore de Seville, 560?—636)收集即将消失的旧时知

---

[1] Jörg Fisch, "Zivilisation, Kultur," in Otto Brunner, Werner Conze and Reinhart Koselleck (eds.), *Geschichtliche Grundbegriffe. Historisches Lexikon zur politisch-sozialen Sprache in Deutschland*, Vol.7, Stuttgart: Klett-Cotta, 1992, pp.682 - 688.

识,发行了一部《语源百科辞典》。其中,他在整理哲学定义的时候,对"civilis"进行了解释。伊西多首先将哲学思维分为"思辨(inspectiva)"与"实践(actualis)"两个领域,"政治的(civilis)"思维属于实践哲学的范畴。"实践哲学说明的是已经呈现出来的问题如何发挥作用,分为三类,即道德哲学、经济哲学、政治哲学。道德哲学追求公正的生活方式,经济哲学指向人们贤明地布置生活用品的秩序,政治哲学解释的是妥善管理全体共同体利益的方式。"①将思考城邦共同体(πολιτικὴ κοινωνία)本性与课题的知识解释为"政治哲学(φιλοσοφία πολιτική)"的方式源于亚里士多德。在亚里士多德的语言用例中,追求"公共利益"的哲学与"城邦知识(πολιτικὴ ἐπιστήμη)"并无二致:"因为所有知识与技艺的目的都是某种善,最高的善和最好的善是在所有事物中最首要、最具权威的知识(ἐπιστήμη)和技艺(τέχνη)的目的,这便是政治能力(πολιτικὴ δύναμις)。不过,政治的善是正义,正义是公共的利益(τὸ κοινῇ συμφέρον)。尽管如此,人们都认为正义是某一类同等,这样的想法至少在某种程度上和讨论伦理学问题的哲学陈述是一致的,因为正义对于什么样的人来说便是什么样的,对于同等的人来说就必然是同等的。然而,不能落下什么是同等而什么不是同等的问题。这一探求中包含着疑难(aporia),而研究这一难题的学问便是政治哲学"。②

亚里士多德使用的"疑难"一词派生出了一种语言习惯,来源于城邦的"civilis"被安排为形容政治行为或是手腕的意味。代表经院哲学全盛期的托马斯·阿奎那(Thomas Aquinas,1225?—1274)将亚里士多德的"趋于城邦的动物(φύσει πολιτικὸν ζῷον)"改写为拉丁语——"人类依照本性便是政治动物(quod homo est naturaliter animal civile)"。阿奎那是一位杰出的天主教神父,他经常引用这一句话,将来源于城邦的"civilis"与契合"政治"形容词型的"politicus"并排放在一起。"'合适于政治的'与'属市民的'相同。"(politicum idem est quod civile.)"civilis"代表"属市民"和"政治能力"的修饰语用法在它的名词型"civilitas"中再次出现。"civilitas"在代表组成政治单位的都市和其构成员以及"市民的权利"的同时,综合了共同体的构成原理——"政治体

---

① Isidore de Seville, *Etymologiarum sive originum*, Oxford: Oxford University Press, 1911, Ⅱ, 24, 16.
② Aristoteles, *Politica*, p.1282b.

制"。在这一点上,"civilitas"和"politia"被看作是同样的语义,成为来源于城邦的希腊语名词"πολιτική(政治,政策,政治手腕)"与"πολιτεία(统治,政治体制)"的翻译语。阿奎纳的后辈们经常提到的"政治共同体以及统治体制(Civilitas sive regimen)"与"civilitas,换一种说法就是 politia"都属于上文所说现象的事例。①

经院哲学家们接纳了亚里士多德的政治哲学并深受其影响,"属市民的生活(vita civilis)"逐渐走向了"中庸的生活"乃至"礼仪周全的生活"。由逻各斯与正义以及友爱和利益的交替构成的理想共同体的生活站在了"自然的生活(vita naturalis)"乃至"像野兽一样的生活(vita bestialis)"的对立面。和这些用语一起,强调市民德性的"礼仪周全的生活"与"活动性的生活(vita activa)"成为一义,与"冥想的生活(vita contemplativa)"以及"灵感的生活(vita spiritualis)"针锋相对。同时,描写市民生活,也就是公共生活的形容词以及它的名词型逐渐超出了政治共同体的语义领域,预备了"文明"这一近代语言的语义网。在某一瞬间,但丁(Dante Alighieri,1265—1321)所说的"全体人类共同体的目的(finis totius humane civilitas)"就好像是同时代的标语一样流行了起来,其语义脱离了"civilis"所形容的政治市民的德性,扩展后指向了全人类的品格。"如果说存在与人类普遍认为的共同体(universalis civilitatis humani generis)的目的相契合的某种东西,那便是根本原理。自它之后,需要一直证明的所有东西都被清楚地阐明。不是有一个将所有人的意见收集到一起的目的,而是去推断存在为了这边或是那边共同体的目的,是一件愚蠢的事情。"但丁认为这样的普遍目标是"万人共通的和平(pax universalis)"②。

这里所说的"civilitas"意指整顿得十分妥当的共同体,不仅仅是指政治领域,更是指代所有的生活状态。在这一语言用例中,诸多修饰普遍人性的用语得以发展。比如,伊拉斯谟(Desiderius Erasmus,1466?—1536)出版于1530 年的《少年们的礼节》(*De civilitate morum puerilium*),在这些从很早之

---

① Jörg Fisch, "Zivilisation, Kultur," pp. 693f.
② Dante Alighieri (1313), *De Monarchia*, in Pier Giorgio Ricci (ed., 1965), *Le opere di Dante Alighieri* (Edizione Nazionale a cura della Società Dantesca Italiana), 1, Milano: Pier Giorgio Ricci Editore, Liber Primius, Ⅱ, 8; Ⅳ, 5.

前就开始被广泛使用的拉丁语词汇中更添上了"新的尖锐化和新的推动力"。"压抑自然发出的声音的是认为礼仪(civilitati)比健康更重要的愚蠢行为。"这里的"civilitas"与其说是旧时文献中经常出现的政治共同体的语义,其实指向的是人的社会性的行动样式,也就是"表露在外的身体的端正(externum corporis decorum)"。这一用例还十分鲜明地表现出了概念内部的差异,即与不高尚的态度相区别的人类品性的边界线。"将沾上油的手指放进嘴里去舔,或是用衣服去擦,都有违礼仪(incivilis)。"伊拉斯谟的作品用全新的概念刻画符合身体条件的礼仪凡节,他不是在谈论某一个人的理念表现出的独立现象,而是在指向时间变化的征兆。他的作品客观真实地保存了文艺复兴时期人类欲求以实体出现的时代进程。这本书的书名引发了剧烈反响,"civilitas"概念在欧洲社会首次被看作是以自我理解为中心的用语,其中蕴含的特别语义铭刻在了人们的认识之中。终于,这一拉丁语词汇变成了诸多大众语言中的流行语,更加靠近了近代的"文明"概念,也就是法语中的"civilité"、英语中的"civility"、意大利语中"civiltà",以及没能像其他本土语言一样扎根下来的德意志语"Zivilität"。①

如同上文所说,"civilis"和"civilitas"经历了文艺复兴的时代精神的洗礼,发展成了完全不同色彩的单词形态。这便是先行于近代"文明"概念语义学的他动词形式。在其形成过程之中,各个国家的本国语言完美地行使了主导权。"文明"在拉丁语中的众多根源语言里没有出现过为了指示某种对象或是目的而变为动词的例子,这一新现象是从法语中开始出现的。出现于16世纪后半期的动词"civiliser"表现为将"文明"要素当作对象进行寻找的用法。也正是因为这一意为让某事某物变得"礼仪周到"或是"干练"的他动词的出现,新造词"civilisation"才得以诞生。"civiliser"最初出现在1572年普鲁塔克(Ploutarchos)作品的法语译本中:两面神"因其为罗马人创造了卓越的法,并教化(civiliser)他们之前野蛮的生活方式",作为创造出了好的政府的含义登场。这里使用的他动词也可以翻译为"引领向文明"。并且,这一单词的分词

---

① Desiderius Erasmus, *Erasmi Roterodami Civilitas Morum Puerilium. Latinis & Germanicis Quaestionibus in novum tenerae aetatis usum eleganter disposita*, Leipzig: Friedrich Groschuff, 1714; Norbert Elias, *Über den Prozeß der Zivilisation. Soziogenetische und psychogenetische Untersuchungen*, Vol. 1, Frankfurt am Main: Suhrkamp, 1981, pp. 65 f.

"civilisé"也经常出现,指向动作终结进而展开某种好的全新的状态。比如,1568年鲁雷(Louis Le Roy,1510—1577)在注释亚里士多德《政治学》的时候便写下了"变得更加温和与干练(civilisé)的国家"的内容。指向同一语义的英文用法出现则较晚。1861年,剧作家马辛杰(Philip Massinger,1583—1640)创作的戏剧《东方的皇帝》(The Emperor of the East)(1632)中,"习惯与礼节的达人"登场,预备了往后即将展开的"文明"的语义论。"恭顺寡言而勇猛的你们/如果实践我的主张/我会重新整顿宫廷/教化他们野蛮的本性(civilize)。"这部作品展望"文明"的实践的语言用法表现出了作者期待未知时间的历史性。德意志语的情况则与这些事例不同,表现出某种落后性。在16世纪和17世纪,德意志语中还没有出现可以和"civiliser"和"civilize"相较量的单词。莱布尼茨(Gottfried Wilhelm Leibniz,1646—1716)的作品中出现了"被教化的人民(civilisirte Völcker)"的用法,这里使用的分词与其说是动词的变形,不如说是法语"civilisé"一词的翻译语。德意志学者们更倾向于"文化"的前阶段的用法,大抵是忽视了"文明"概念的发展。[1]

从法语动词"civiliser"和它的分词"civilisé"中派生出了新的用语,"文明"概念的时间正式开始。不知从何时起,人们开始使用"civilisation"一词,而它原本的语义是"从刑事诉讼转变为民事诉讼"。这一名词的词干"civil"来源于拉丁语中的"civilis"和"civis",是形容民间问题乃至私人领域的用语。因而,"civilisation"中没有涵盖"文明"概念所包含的某种语义素。就如同被广泛使用的"civiliser"和"civilisé"一样,如果想要表达某种作用,就会需求新的概念的形成。对我们而言,被传为"文明"的"civilisation"在最开始的时候是追寻着实用目的的。始发点在1756年,这一年里,法国重农学派作家米拉波(Victor Riquetti Marquis de Mirabeau,1715—1789)出版《人类之友或人口论》,最初呼唤出了"文明"。"在杰出的社会中,神职者理当站在首列,宗教毫无疑问是首要的,并且在抑制人性方面最为高效。这便是文明(civilization)的原动力。"作者在阐述宗教毫无保留地告诫人类并慰藉人们心灵、高扬人类精神的同时,强调"文明"的活力。[2] "文明"概念从最初出现开始便被用来表

---

[1] Jörg Fisch, "Zivilisation, Kultur," pp. 697 – 699.
[2] Victor Riquetti Marquis de Mirabeau, *L'ami des hommes ou Traité de la population*, Vol. 1, Avignon, première partie, 1756, p. 136.

达人类活动以及某事的经过与过程。米拉波于 1768 年左右写下的初稿中,"文明"的语义更为广泛。

> 如果我问道文明是什么,大部分人会像如下内容一样回答我:一个民族的文明是风俗的温和,是城市风貌的干练,是谦逊,还是礼仪凡节在人们之间被遵守,为了在具体的日常仪礼中占据位置而广泛传播的某种样式的知识。这一切在我看来不过是美德的假面而已,它的样子还没有出现。如果文明不能给社会带来美德的形式以及其本性的话,那么它为了社会什么都做不了。在经过我们提到的这些全部的要素之后被净化的社会中间,堕落的人性形成了。①

在米拉波认为"文明"没有完全展示出人类德性真面目的指责中,暗藏了他对同时代宫廷风俗与礼节样式的批判意识。宫廷贵族们喜好使用"civilisé"及其同义词"cultivé、poli、policé",以突出自身特殊的行动方式。这些词汇与社会地位低下的人们的生活样式形成对比,强调自恃优越的贵族们的美风良俗。因此,"polites"和"civilisé"等概念所标榜的宫廷礼仪繁节是大多数人批判的对象,米拉波亦是如此。他追随真正"文明人(homme civilisé)"的理想,厌弃遮挡了人类德性真面目的假面。② 尽管如此,最初由他提出的"civilisation"与其根源一样,一直承载着肯定的价值。在出版于 1760 年的《人类之友或人口论》第二卷中,米拉波提及"奢侈与扭曲的文明追求",这一用法中暗含了"另存在一个真正文明"的前提。这一时代的用语在作为新造语诞生并被使用的时候,相互对立的价值同伴出现,纠缠于后代语义学里针锋相对的众多根本要素中。也就是说,"文明"作为概念一登场就迅速将新的内容捕捉进了自己的语义网,并且这些全新的内容在其囊括的语义领域中凸显了出来。"文明"的关联范围涵盖了无论何时何种的人民或是民族,欧洲人或是人类等大的集团。与"文明"概念的事例不同,我们很难找到表达某一个人文明化的资料。同时,在文明过程内部,道德价值与时间的进步之间的分

---

① Jörg Fisch, "Zivilisation, Kultur," p. 717.
② Norbert Elias, *Über den Prozeß der Zivilisation. Soziogenetische und psychogenetische Untersuchungen*, p. 47 f.

离是概念形成的另一个特征。二元论中运动与变化,以及其作用细分化的时间参数占据着概念核心前提的位置。米拉波的新造词一经问世,同时代的语言学者布朗热(Nicolas Antoine Boulanger,1722—1759)便就"文明"的语义学展开了如下讨论:"未开化的人民到达开明(civilisé)状态的话,便赐予其坚固不能扭转的法律,不能使文明(civilisation)行为停滞,必须让他们将我们馈赠于他们的法制当作是一个持续的文明。"①

在遥远的未开化和过分的颓废之间,当"civilisation"的创始者停留在历史哲学思维上的时候,乐观于进步时间的语言习惯渐渐定型。1770年初,投稿给《百科全书》(Encyclopédie)的人们经常提及一些新生概念。越来越多的人体会到"文明"向前的道路与人类势不可挡的进步为我们打开了一个全新的视野和世界。此时,表露在外的"文明"的阵势过于盛大,人们担心的道德的主题还没有成为争论的焦点。法国启蒙主义作家雷纳尔(Guillaume-Thomas François Raynal,1713—1796)在自1770年开始出版的"哲学史"系列中首先提出了"文明与知识的进步",随后这一用语经常出现在同时代的启蒙作品中。在那之后,"文明程度""文明的时代""遵循自然发展的文明"等流行语成为历史进步的指标。② 这一现象不是只发生在了法国的知识社会。苏格兰启蒙哲学家弗格森(Adam Ferguson,1723—1816)在发行于1767年的经典著作《论市民社会的历史》(又译:《文明社会史论》)中,展示出了毫不逊色于法国作家修辞法的"文明"的视野。"不是只有个人才会自幼儿到成年,人类也是自己从野蛮走向文明(civilization)。"我们无法断定这里使用的"civilization"是不是米拉波首创的新生概念的翻译语。不过,弗格森认为的"文明"是通过自然且不言而明的过程产生的,在这个层面上与米拉波使用的语义内容之间存在差别。也就是说,弗格森的"文明"中没有包含某种道德的价值,而是作为因产业与技术进步而高度成熟的市民社会的肯定的象征,③文明化过程与历史的进步处在同一个轨道之中。弗格森通过"文明"来拥护的"进步"的概念在下个世纪初法国历史学家基佐(François Pierre Guillaume

---

① Jörg Fisch, "Zivilisation, Kultur," p. 718.
② Ibid., p. 719.
③ Adam Ferguson, *An Essay on the History of Civil Society*, Edinburgh: Edinburgh University Press, 1966, pp. 1, 123-124, 203, 215.

Guizot,1787—1874)的作品中呈现出更为精巧的体系。在他谈论自罗马帝国到法国革命的《欧洲文明史》中,"文明"与"进步"是一对作用在同一原动力下的概念。"进步,也就是发展的思维方式……是文明一词中包含的根本概念。"面对实现文明化的发展,即"进步是什么?"这一意味深长的历史哲学的提问,基佐作出了如下的整理:首先便是"市民社会的完成","更准确地来说,社会的发展,即人类自身以及其能力、感情、想法的发展"表现了文明的"进步"。[1] 基佐认为文明与进步理念共同作用于欧洲的历史轨迹之中。虽然晚了一些,他仍唤醒了德意志语的语言习惯。出身于瑞士的国家学者伯伦知理(Johann Caspar Bluntschli,1808—1881)和他的同僚们一起,于1857年出版了《德意志国家辞典》。在这部书中,"文明"被设定为一个条目,这是从当时德国知识社会停滞不前的"文明"讨论中挣脱出来的决定性一举。"人们为了拥有而竭尽心力的东西作为他们的文明呈现。一个人民集团(Volk)在自身的文明(Civilisation)中实现的所有的进步被评价和尊重为他们在人生课题中的某一部分里获得的成就。并且,如果说一名牺牲者为了人类文明的推进与扩散献身了的话,我们不能轻易地判断他的牺牲是非常巨大的。"[2]

终于,"文明"作为一个时代概念成为了欧洲历史以及欧洲人自我意识与优越感的象征。欧洲区别于其他地区的意识形态可以说已经内在于"文明"的形成过程之中。世界大战之时,将"文明"放在首位的自信与进步的危机碰撞,提供了一个时代自我怀疑的契机,而这又成为了一个新的讨论主题。在谈论这一问题之前,我们需要关注全新的时间在新生概念与时代环境共同作用之下的意义。如同我们所见,"文明"在抽象性与普遍性的视野中与历史哲学同伴而行,并同"进步"一起指点时间前进的道路。也就是说,文明与进步出现在指向全新世界的同一视线中,文明的历史升华为进步的哲学。颇有趣味的是,基佐遵循这一思维轨迹的作品在福泽谕吉的文明论中被加工成日本

---

[1] François Guizot, *Histoire générale de la civilisation en Europe, depuis la chute de l'Empire Romain jusqu'a la Révolution Française*, 1838, pp. 3 – 31.
[2] Johann Caspar Bluntschli, "Civilisation," in Johann Caspar Bluntschli and Karl Brater (eds.), *Deutsches Staats-Wörterbuch*, Vol. 2, Stuttgart/Leipzig: Expedition des Staats-Wörterbuchs, 1857, p.510.

式近代的框架。① 象征着西洋近代的"文明"漂洋过海扎根在了陌生的土地，随之而来的问题便是——伴随着进步历史哲学的"文明"概念在融入东亚细亚知识社会之时，可以表现出怎样的时代正当性呢？

三、沟通

（一）边界的时间（Sattelzeit）

在某个时间点语言的作用之中，探究时间契机和意义的课题与概念史的认识论是相连的。建立这一方法论里程碑的科塞雷克（Reinhart Koselleck，1923—2006）通过以下提问，开启了历史时间的语义学——概念可以为"近代"提供证言吗？他的回答如下：在新的时代，也就是"近代（Neuzeit）"这一时间点，经验与期待之间的间隔越来越大。在这一危机之下，具有全新意义的用语不能停留在对过去经验的理解中，而是要走向未来的挑战。"近代"便是指向"新的时间（eine neue Zeit）"的希望与恐怖、预测与意志作为历史意识呈现出来的语言成果。"新"的众多表征确立为一些体现社会与政治破坏力的概念。概念史在历史时间的认识领域中获得自我省察的契机，"就如同概念被放在历史中去理解意义一样，历史通过每一个概念来进行解释。概念史以概念与历史的收敛为主题"②。

科塞雷克认为，与其他的历史研究分科不同，概念史将要展开元（meta-）动学的语义论。按照这一说法，概念研究首先需要明示历史时间的体验，或是通过具有深意的原文再现已作为语言表现出的过去的实际情况，同时利用假说或是学术认识范畴来重构以往语言没有表现出的事实。因此，概念史的概念具有两个层面——那些在史料中流传下来的概念打开了理解"过去现实"的"发现的"通路，而那些之后形成或是被定义的概念则是作为将某种历

---

① 福泽谕吉自己在创作《文明论》的时候参考了亨利（Caleb S. Henry）对基佐的法语原著进行的英文翻译（*General History of Civilization in Europe: From the Fall of the Roman Empire to the French Revolution*, New York: D. Appleton and Co., 1870）。丸田真男：《解读〈文明论之概略〉》，金锡根译，首尔文化邻里2013年版，第515页。

② Reinhart Koselleck, "Richtlinien für das Lexikon politish-sozialer Begriffe der Neuzeit," *Archiv für Begriffsgeschichte*, Vol. 11, 1967, p.85.

史可能性与现在的认识条件连接在一起的先验的范畴。正是后者的形式范畴指示着可以构成和省察历史的普遍的人类学的条件。科塞雷克对这一范畴的位相价值做出了如下的说明:"如果没有指向历史时间性的元历史的规定,每当我们在经验研究中使用这些语句的时候,都会陷入必须要阐明具体历史证据的漩涡之中。"①"经验空间(Erfahrungsraum)"与"期待视野(Erwartungshorizont)"这两个范畴揽下了认识论的课题。"建立可以使历史发挥作用的基础的认识范畴非常重要。换句话说,没有不依靠行动或是苦恼中的人类的经验与期待构成的历史。"②从科塞雷克的主张中打开了"近代"怎样的语义呢?

处在这两个范畴中的"极性"③里的科塞雷克的语义学明了而又含蓄。"到了近代,经验与期待之间的间隔越来越大。准确地来说,期待渐渐违背了迄今为止的经验,近代被理解为是一个全新的时代。"④指向未来时间的信念与希望依据于脱离以往全部经验与生活轨迹的期待。这一人类学命题在元历史的层面上立证自己的正当性,同时超越了启蒙哲学摧毁与新提出的论题——"所有时代的人们通过历史——被创作的历史,或是被讲述的历史,抑或是被记录的历史——来规定他们所有思考存在的方式"⑤。在探索其证言价值之前,让我们首先试着来定义这两个范畴的概念。

首先,经验就是事件被吸收进记忆之中的"现存的过去(gegenwärtige Vergangenheit)"。被合理删除的或是没有在知识与学术世界中露面的潜意识的行动方式聚集在经验之中。经验是空间的,就是说"将累积的记忆集合在使其从单纯编年史中脱离出来的层状构造里,激发实现层的可能性"⑥。比方说,就像洗衣机的玻璃门一样,在它后面随时会出现五颜六色的洗涤物,而那些洗涤物都是一次性被塞进了桶中的。而依据于不同"存在方式"的期待

---

① Reinhart Koselleck, *Vergangene Zukunft. Zur Semantik geschichtlicher Zeiten*, Frankfurt am Main: Suhrkamp, 1979, p. 354.
② Ibid., p. 351.
③ 保罗·利科(Paul Ricoeur):《时间与故事 3:成为故事的时间》,金汉植(Kim Han-sik)译,首尔文化与知性社 2004 年版,第 399 页。
④ Reinhart Koselleck, *Vergangene Zukunft. Zur Semantik geschichtlicher Zeiten*, p. 359.
⑤ 保罗·利科(Paul Ricoeur):《时间与故事 3:成为故事的时间》,第 411 页。
⑥ 同上书,第 400 页。

虽然实现于"今天",但是还没有被体验,仅仅是指向足以推论的"现在化的未来(vergegenwärtige Zukunft)。希望与恐怖,担忧与好奇,以及合理的意志流入其中。"期待指向着视野"是在表达期待超越了既有条件,指示着让未知的经验空间在将来展开的线。此时,"经验空间"与"期待视野"之间出现了"存在方式"的不均衡。经验虽然被束缚和结合于空间之中,但是在指向未来的紧张里期待会破裂。在这一对立关系中,出现了历史事件的意义。就像科塞雷克的解释一样,"在没有断绝的情况下,其中一个不能变为另一个"①。

简而言之,科塞雷克语义论中的先验命题就是——处在指向未来世界的紧张之中的期待必须要渐渐远离过去的全部经验,近代才能作为新的时代被掌握。这便是概念史的中心课题,也就是测评和探索今天我们重构出的认识范畴与从史料中直接传承下来的概念间的偏离与收敛过程。而这些方法论只有当历史家们在全体历史视野中省察自己所处位置(Standpunkt)时,才有可能进行。"像这样,启蒙思想与历史进行的条件,以及实现于其中的行为条件和认识条件相互纠缠在一起。然而,如果不去明确在历史运动中所处的位置的话,那么就无法维持这样的关联性。"②在科塞雷克看来,这一过渡期的线索就在18世纪的历史哲学中。"正是历史哲学将早期近代与和其相契合的过去进行分离,同时打开了全新的未来和我们的近代。在绝对主义政治的阴影之下,将政策与预言结合为一问一答的时间认识与未来认识最初只是秘密进行,而后则明目张胆地壮大。对未来的合理预测与对救援确信的未来之间的混合乃是18世纪的特性,并且延续至未来进步的哲学。"科塞雷克还提出了另一个问题——在哲学的思维中"固有的期待未来之'新'是什么呢?"③ 通过他的解答,我们能够掌握他对于诸多预示和引领"近代"的中心概念语义论的看法。

如同前文所说,呈现为极与极"经验"与"期待"遵循的是不指示任何历史现实的形式范畴。这样的"元历史的规定"是为了尽可能地衡量和确定历史的条件。因此,不去阐述已经明确呈现出来的历史事件、状态、过程本身。著名解释哲学家利科(Paul Ricoeur,1913—2005)认为这两个认识范畴是要"斟

---

① Reinhart Koselleck, *Vergangene Zukunft. Zur Semantik geschichtlicher Zeiten*, p.357.
② Ibid., p.182.
③ Ibid., p.33.

酌历史时间的解释学,选择其中最为恰当和明了的一方"。这便是在重现与构建"一个复合的游戏,也就是在我们对未来的期待和设定过去方向的解释之间形成的相互的意义作用"。① 在如上的认识关注点之中,概念史的目标确立了起来——在伴随着新概念的确立而出现的传统社会的松动之中,寻找"期待未来之'新'"的课题。在这一课题的中心,无数"展望概念(Perspektivbegriffe)"的语义论已经先行落座。在那里,文明、进步、历史、革命、共和国、民主主义、市民社会、思维、解放等用语展示着宣告和引领"新的时间"——近代的力量。大体上来说,从18世纪中叶开始,自过去流传而来的时间经验和未知的期待发生着冲突。形成于法国大革命动荡之前的诸多时代概念体现着"新时间的变化参数"。从那时起,人们在回顾过去时间的同时,不是去感知一个时代的尾声,而是在"现在"自觉到自己的存在。也就是说,那个时间里的知识可以被引领至新的概念,也就是所谓的被"Sattelzeit"打开。这个看起来非常生僻的单词最早出现在科塞雷克写下的《德语概念史辞典》编撰计划中。这部丛书被后世称赞为"20世纪后半期西洋历史学界的最大成果"之一,书中的"指南"部分给予了如下的说明:

> 计划的重心不是在"近代世界",而是更接近于它的"形成"。我们从(这一过程)具有历史性的这一点出发,因此概念辞典将被以历史的、批判的方式完成。其课题就是追踪经历了法国大革命之前的革命事件和变动并延续至我们时代语言空间的概念的变化。就好似从上个世纪中期以来同一名称的单词已经不再需要"翻译"一样,今天的语义内容最初确立了下来。这样的概念变化实现于1750年到1850年之间的事实是引领编撰工作的"发现原理(heuristisches Prinzip)"。其探索性的预见可以说是确立了一个"Sattelzeit",那时(概念们的)语源变成了今天我们使用的含义。②

引文中将"Sattelzeit"看作是一个理解笼罩在"概念斗争"之下的近代之

---

① 保罗·利科(Paul Ricoeur):《时间与故事3:成为故事的时间》,第400页。
② Reinhart Koselleck, "Richtlinien für das Lexikon politisch-sozialer Begriffe der Neuzeit," pp. 81 f.

活力的认识范畴。"Sattelzeit"的语义暗藏在它由"Sattel"和"Zeit"合成而来的构词形式中。德语中的"Sattel"指马或自行车的鞍装,以及两山相对时下方相连的鞍部。意为时间的"zeit"一词更进一步,诞生为一个指向假想模型的用语。后来,科塞雷克认为这个单词"在理论上有很大的缺陷",遂提议用"门槛的时间(Schwellenzeit)"来替换它。这一新的认识模型着眼于哲学家布鲁门伯格(Hans Blumenberg,1920—1996)为描写近代的起点而设定的"时代的门槛(Epochenschwelle)"一词。其意为"时间转折点"的"门槛(Schwelle)"就像"不起眼的国境防御墙"一样,隐喻人们还没有越过或是已越过了却没能感知到的空间与时间点。没有以准确的日期或是明确的时间来划定的这一支点属于将来可以认知的历史叙述的范畴。① 科塞雷克借用了这一隐喻,试图表现出连接互不相同的两个时代的转换时间。从这里我们可以类推出,将"Sattelzeit"想象成两个时代之间如同"门槛"一样的马鞍模样,是连接两座山峰的基座。也就是说,这个词和"峻岭的山路(Bergssattel)"表达的是同样的含义。因此,可以说今天韩国学术界普遍使用的翻译"马鞍时代"(译注:中文翻译为"鞍型期")其实和它的本意多少是有些距离的。布鲁门伯格用以表达近代起点的单词"Schwelle"可以和拉丁语"limes"结为一对。这一古典用语在意为岔路和捷径的同时,还代表着边界线与国境线,也就是古代罗马军队筑起的防御线,日耳曼的战士们在不知不觉间进出往来于其中。大抵上在近代开始的支点上,想要表达新的语言以及对未来期待的人们也是如此,在不知不觉之间划清了区分"现在"与以前时间的想象中的区分线。这样理解的话,"Sattelzeit"或是"Schwellenzeit"中隐喻的含义也可以被翻译为"边界的时间"。

在指向未来视野的信念与希望往来于假象边界线上的时间里,出现了众多展望概念。"概念斗争"将流传而来的常用词推入语义深刻变化的漩涡之中。处在"概念斗争"中心的"进步"与"历史"以及"文明"就如同一个整体一样齐心协力。其中,"进步"是使得经验与期待之间的时间差异尤为显眼的"第一纯粹的历史概念"。它用"之前"与"之后",以及"比……早"和"比……晚"的时间化范畴,对日常领域和政治领域进行分类。"进步"还不仅仅表现

---

① Hans Blumenberg, *Die Legitimität der Neuzeit*, Frankfurt am Main: Suhrkamp, 1996, pp. 531 f.

指向对于未来"更好"乃至"完全"的期待，更是用时间的尺度成为区分"这边"和"那边"的行为规范。当人们开始自己省察历史时间的时候，"进步"才可能被发现。因此，它是一个省察概念。在实践的领域中，"进步"出现在人们倾尽全力去展开计划的时候。在对长期性变化的展望之中，未来也就是"计划的视野"，也是可以说明前进过程的历史时间的副现象。进步的发现与历史世界的发现是不能分离的。①

和进步一起代表着新时间的历史不再是生成于"时间里"，而是成为"通过时间"形成的概念。也就是说，历史自身成为了移动时间的力量。这个"新"是在怎样的表现中得以实现的呢？不是说某一个什么的历史，而是"历史其本身"就是新时代的象征。历史作为代表一个种类的单数名词，首先突出了它的开始。以前只有神创造和主宰人的历史，历史不具有自己移动和决定的含义和力量。在这之中，诸多历史在作出复数存在的同时，为道德和伦理范例作出了贡献。直到 1780 年，在某位启蒙思想家的信件中出现了如下的内容，"如果我们普遍地观察它们的话，会发现历史其本身（Geschichte selbst）对我们而言是理智而道德的，为我们提供很好地理解社会全部本质关系的方针"。此时的历史是没有客体、代表一个种类的单数名词。随后，这篇信件中还明示了一个省察概念，即"道德世界从这里生成了所有思索性的以及实质性的本质概念，这样的概念与历史一般的（Geschichte überhaupt）表现并无不同"。② "历史"渐渐趋于抽象化，成为了将复杂的现实与经验收敛为一个单词的普遍概念。③

此时，"文明"从代表时间的质的进步与历史中获得了动力。在某一瞬间，当米拉波呼唤出它的名字，这一新生概念的语义斗争便陷入了巨浪之中。"边界的时间"是指向视野的概念在"现在"与之前时间的区分线上运动的认识范畴。如果接受这一假象模型为理想型（ideal type），那么这意味体现了东亚细亚近代时间的语言成果会以怎样的样子呈现呢？

---

① Reinhart Koselleck, *Vergangene Zukunft. Zur Semantik geschichtlicher Zeiten*, pp. 365 f.
② Jakob Wegelin, *Briefe über den Werth der Geschichte,* Berlin, 1783, p. 24；再引用于 Koselleck et. al., "Geschichte, Historie," Brunner et al., (eds.), *Geschichtliche Grundbegriffe,* Vol. 2, Stuttgart: Ernst Klettt, 1975, p. 650。
③ Reinhart Koselleck, *Vergangene Zukunft. Zur Semantik geschichtlicher Zeiten*, 1979, pp. 265 f.

(二) 福泽谕吉①

"一般来说,查看各国的政治风俗,没有比阅读其历史更好的(方法)。"② 就像《西洋事情》"初编"开头的这句话一样,福泽谕吉喜欢将阅读历史看作是学习西洋文明的向导。这一用法成为可能得益于在日本"开国"之时,翻译语"历史"一词已经站稳了脚跟。在 1862 年最初问世的英语翻译辞典《英和对译袖珍辞书》中可以找到"history"的词条,和"历史"结成了一对。③ 这一来源于中国史书中的汉字造词在 17 世纪初传到了日本。④ 最初,这个单词被用作赋予幕府武家政治以中国式正当性的意识形态的语言。到了江户中期,"历史"的语义发生了微小的变化。处在古文辞学运动中心的荻生徂徕(1666—1728)预告了从传统性理学世界观中脱离出来的路⑤,说道:"将开阔见闻、到达事实看作是学问,因而学问在历史中到达终极。"⑥同这句话一起还出现了看重"古今事迹"的思维样式的变化。"历史"这才成为追求事实的"广大的"学问,作为空虚的道理以及经学的替代方案而登场。得益于这样的修辞法,紧贴在"历史"上的鉴戒理念的色彩逐渐变淡。因此,西洋的"历史"也可以作为历史语义的关联方案被收纳进来,"历史"的语义范畴开始变得广阔。⑦

到了明治国家形成期,"历史"渐渐得以重生为"时代"的学问。福泽谕吉在《西洋事情》之后出版了《劝学篇》,文中阐述了与地理学、穷理学、经济学等"实学"一起,将领先在前的文明拉进期待领域中的历史的课题。"让我们来读一遍西洋的历史……先打开 19 世纪头十年的篇幅,察看它的历史,没有人能够不惊讶于(其中的)长足进步。"⑧就如同前文中说到的欧洲事例一样,在

---

① 本节的主要内容见于朴根甲:《历史·文明·进步——福泽谕吉与俞吉浚的时间认识》,《史丛》2014 年第 83 期,第 174—184 页。
② 福泽谕吉:《西洋事情》,第 10 页。
③ 石塚正英、柴田隆行监修:《哲学・思想翻訳語事典》,第 291 页。
④ 铃木贞美:《日本における〈歴史〉の歴史——ひとつのプロブレマティクとして》,《日本研究》2007 年第 35 期,人間文化研究機構国際日本文化研究センター,第 357—403 页。
⑤ 荻生徂徕:《徂徠先生答問書上》,井上哲次郎、蟹江义丸编:《日本倫理彙編》第 6 卷,京都临川书店 1965 年版,第 144—160 页。
⑥ 同上书,第 153 页。
⑦ 朴根甲:《历史》(韩国概念史丛书 12),首尔小花 2016 年版,第 137 页。
⑧ 福泽谕吉:《學問のすゝめ》,第 101 页。

福泽谕吉的文字中,"文明"被用作是和进步的历史一起指示时间参数的用语。虽然还不能草率地认为他完全熟知欧洲近代展望概念的语言史,但是我们可以知道他非常清楚"文明"是人类脱离野蛮状态并逐渐走向更好生存环境的进步的过程。福泽谕吉在出版《文明论之概略》时,认为文明区别于野蛮以及野蛮之后的"半开"阶段,是人类必须要经历的进步的"年龄"。他认为"文明"就是"代表进步的时间状态的"①,也正是这一主张成为了预告日本启蒙时代的信号弹。福泽谕吉依照"文明的本旨",期待着唤醒"变通与进步原理"的新学问。"世世代代的生活不断反复,逐渐发展得十分盛大。回顾百年前旧事,有很多粗劣无知而可笑的部分。因此不能说文明是进步的,也不能说学问是发展的。"②进步的原理开始于以现在为基准划分以前和以后的时间认识中。福泽谕吉在讨论文明论基准的时候强调,"面对现在的时间不过是'进退'二字,是向前进还是向后退,是向前跟随文明还是后退回到野蛮"③。福泽谕吉在走向文明的道路的起点上感知到了自己的存在。他在"现在"的支点上,挣脱破旧的原理,梦想着未来的国民国家。如果说在这样变化的展望之中打开了"计划的视野",那么可以说他的"历史"也是走向了超越以往经验世界的时间概念吗？尽管福泽谕吉所说的历史走向了最为广阔的语义领域,但是留在记录中的事实是很模糊的。在他的用语中没有明确出现时间自己运作的固有性。也就是说,福泽谕吉的思维方式和欧洲启蒙哲学普遍的认知世界不同,没有到达对于"历史一般"的省察。他在文明论的结尾说道:"能让现在的日本人走向文明的只有为了填补国家的独立。因此国家的独立是目的,国民的文明是未来达成这一目的手段。"④福泽谕吉坚持的位置是"现在的日本"。也正因如此,在他的文明论中,走向普遍进步视野的脚步只能是踌躇的。

福泽谕吉的启蒙思想本出发于天赋人权。他依照这一原理提出了实现"一身之独立与一国之独立"的命题。⑤ 将这两个启蒙课题系在一根绳子上的

---

① 福泽谕吉:《文明論之概略》,见《福沢諭吉著作集》第4卷,第62页。
② 福泽谕吉:《文明論之概略》,见《福沢諭吉著作集》第4卷,第259页。
③ 福泽谕吉:《文明論之概略》,见《福沢諭吉著作集》第4卷,第20页。
④ 福泽谕吉:《文明論之概略》,见《福沢諭吉著作集》第4卷,第330页。
⑤ 福泽谕吉:《學問のすゝめ》,第6、27页。

便是"文明",而这样的认识体制来自"历史"这一"实学"。福泽谕吉在文明论的结尾处问道——文明的道路是走向"永远高尚之极"吗？如果想要如此,那么他的"历史"就必须要从"日用（短期）"的学问中脱离出来,上升成为通过时间来实现的进步的哲学。然而他的回答却拴缚在了"今日世界的像样"中。"首先,日本这个国家和日本的人民必须要活下来,才能去谈论文明的道路。没有国家,也没有人民的话,就不能说它是日本的文明。"①福泽谕吉在回答"现在"此刻所面对的危机的同时,回到了国家主义。进步历史的道理在他的视野中消失了。福泽谕吉因急切地想要跟上西洋式国家体系而寻得的"脱亚入欧"的道路,最终不可避免地开启了帝国主义。②

福泽谕吉的"历史"虽然成了扎根于日本土壤的"文明"概念的营养素,但是未能推进到自己运作的时间层面,也未能与"完全的"进步结合在一起。也就是说,他的历史尚且未能上升为普遍的"元语言",便止步在了过往经验的层面上。福泽谕吉所处的时代认知影响着他的写作方式,《文明论之概略》中有这样一段有趣的内容:"文明用英文来说就是'civilization',源自拉丁文中的'civitas',意为'国'。因此文明是形容人类交往逐渐改善并走向好的方向的词,与'野蛮无法'的独立相反,是实现一国之体裁的意思。"③这段文字原本出自将基佐的《欧洲文明史》翻译成英文的亨利在论述"文明"性格时附上的一篇校注。福泽谕吉结合日本的情况选粹并且再次进行了加工。译者亨利纠结于错综复杂的社会环境,认为指向文明的"改善"正在实现,源自拉丁语"civitas"的"state""作为社会政治的组织"处在最重要的位置上。④ 然而,就如同上文所说,与亨利的观点不同,基佐在法语原文中已经将文明的进步解释为"社会的发展"与"人际关系的发展"。

福泽谕吉认为"文明"是"人类德性的进步"⑤的主张其实与基佐的观点是

---

① 福泽谕吉:《文明論之概略》,见《福沢諭吉著作集》第4卷,第331页。
② 福泽谕吉:《脱亜論》,见庆应义塾编纂:《福沢諭吉全集》第10卷,东京岩波书店1969年版,第238—240页；姜尚中、斋藤纯一、杉田敦、高桥哲哉编:《思考をひらく》,东京岩波书店2009年版；子安宣邦:《精读福泽谕吉的〈文明论之概略〉》,金锡根译,首尔历史与批判社2007年版；ひるた まさき:《福沢諭吉研究》,东京大学出版会1976年版。
③ 福泽谕吉:《文明論之概略》,见《福沢諭吉著作集》第4卷,第58页。
④ François Guizot, *General History of Civilization in Europe*, p.18.
⑤ 福泽谕吉:《文明論之概略》,见《福沢諭吉著作集》第4卷,第62页。

相关联的。此时,福泽谕吉的视线还未能转向私人(civil)领域中的"个人"与"市民"。大抵上,福泽谕吉更倾向于译者用"政治组织"来理解社会发展的校注。在这一脉络下,"state"被翻译成了日本传统的"国"。可以猜想,国家主义的要素根深蒂固地存在于福泽谕吉思维方式的基底。他在很早之前就将富国强民的"大国"看作是日本未来的榜样。福泽谕吉在1869年发行的《掌中万国一览》中写道,"今天在欧洲被称为大国的"英国、法国、奥地利、普鲁士、俄罗斯五个国家"相互展示威力的同时,修文重武,在外从事贸易,在内致力于农工,是全世界文明开化的中心"。① 这样的想法与唤醒了这位青年启蒙主义者的天赋人权原理不可避免地陷入紧张的关系之中。福泽谕吉对于国民形成的期待在《文明论之概略》中达到了巅峰,②但是在他对霸权主义的渴望之下,"文明"又注定走向消亡。1881年9月问世的《时事小言》③并不是一部偶然的作品。广田正树在分析福泽谕吉思想历史性格的时候说道,在政局因要求开设西洋式国会的请愿运动而动荡不安的时候,"日本启蒙主义"迎来了"决定性的凋落"。在《时事小言》中,福泽谕吉把对外的危机看作是不幸的根源,宣告了天赋人权论与民权政治的终结。随后,他期盼在亚细亚的东面重现像英国一样的帝国主义国家,强调具备强大军事装备的日本的"内安外竞"。④ 至此,将历史与文明和进步放置在同一个视野中的福泽谕吉式的写作宣告终结。在他奋笔疾书,对抗呼吁民权的国民运动之时,先取得未来时间的"人民的智力"再也无法停留在他的认知体系中。而这样倾向于"霸道"的国家主义的文明论在近代形成期的韩国知识社会会留下怎样的余波呢?

(三) 俞吉浚⑤

俞吉浚在福泽谕吉门下学习"西洋"的时候认识了"世界"。"世界"是将

---

① 福泽谕吉:《掌中万国一览》,见庆应义塾编纂:《福沢谕吉全集》第3卷,东京岩波书店1960年版,第473页。
② 丸山真男:《解读〈文明论之概略〉》,154页。
③ 福泽谕吉:《時事小言》,见庆应义塾编纂:《福沢谕吉全集》第5卷,东京岩波书店1960年版,第95—231页。
④ ひるた まさき:《福沢谕吉研究》,第200页。
⑤ 本小节内容见于朴根甲:《历史·文明·进步——福泽谕吉与俞吉浚的时间认识》,第184—192页。

中国,以及欧美大国,乃至日本与朝鲜朝放置在个别位置上的普遍存在。世界各地区与各国之间有着怎样的排序呢?其中的衡量标准又是什么呢?这些问题催生出了俞吉浚的《世界大势论》。① 有趣的是,俞吉浚将"世界"刻画成了走向文明的"进步的"未知领域。他还揣摩着从过去开始便在某种程度上相距甚远的"我们国家的开化进步"。首先,我们来考察俞吉浚在试验自己独特的写作方式时留下的解释文明过程的"开化殊异"。文中,俞吉浚将文明开化划分为"野蛮""未开""半开""文明"四个等级。② 将文明化划分为某几个阶段的方式在明治初期的启蒙作品中便经常出现。③ 那么,俞吉浚是原封不动地接受了日本先觉者们搭建好的文明化方式吗?非也,其实他的视野在另一个方面。俞吉浚在认识普遍世界之时,思索着朝鲜朝"特别的"路。他在认为"本国文"具有最便利的表音文字特性的"语言殊异"④中,暗示了文明的基础已经在构造上潜在于本国内部的固有性之中。在此基础之中,俞吉浚开始对福泽谕吉试图将日本的正体性与西洋的榜样对齐的文明论原理产生怀疑:

> 谓文明与半开、半开与未开、未开与野蛮者,其间绝无境域。又今日欧洲诸国与亚墨利加合众国等文明开化,此等绝非开化之极也。唯现时开化之进进不已,未知真开化为如何者。古人未前知今日之文明,今人亦绝非前知后日之开化者。设或谓前人有知今日者,吾未斯信。谓今人有知后日者,吾未斯信。⑤

"真开化"为何是在"未知"的领域中呢?回顾福泽谕吉的思维方式,俞吉浚所说的"真开化"的语义会非常鲜明地呈现出来。如同前文所说,福泽谕吉从很早之前就开始将欧洲人国看作是文明的中心,并且梦想日本在亚细亚上升到像英国一样的帝国位置。福泽谕吉认为西洋强国站在了文明开化中心

---

① 李礼安:《俞吉浚〈世界大势论〉的近代概念理解与开港期朝鲜:以和内田正雄〈輿地誌略〉的比较为线索》。
② 内田正雄(1870)的《輿地誌略》(第37—40页)中将开化的等级划分为"蠻夷""未開ノ民""半開ノ民""文明開化ノ民"。
③ 朴羊信:《近代初期日本的文明概念受用与其世俗化》,第57页。
④ 俞吉浚:《世界大势论》,第13—16页。
⑤ 同上书,第34—35页。

的主张和俞吉浚认为无法知晓什么才是"真开化"的想法之间存在着不可逾越的鸿沟。俞吉浚认为的文明开化不是"本身就具有地理归属的用语"①。在引文短短的篇幅之中,俞吉浚的解释超越了众多事例,走向了本质。虽然我们可以说当时欧洲诸国与美利坚合众国已经开化,到达了文明的阶段,但是这句话不过是在说明这些国家或地区与"仅现在"的某个开化的支点相一致而已。"绝"不存在划分文明与半开、未开与野蛮之间的"境域"的分界线,这样的"分界线"不过是为了引出"话语"的权宜之计。总的来说,"真的"文明开化不存在于经验世界,其终极在未知的领域里。所以"现在"欧洲诸国与美利坚合众国还没有到达终极,值得个别地区和国家追随的文明榜样是"不值得信任的"存在。俞吉浚似乎超越了历史性的"真的"开化,与理想型很相近。但是,我们很难断言俞吉浚的思维方式已经达到了测定个别事例与理想中的样子间距离的推论水准。尽管如此,如他所想,如果开化的终极在未知世界中的话,所有地区的文明获得了平等地位。个体的人种、宗教、语言、政治、衣食住行都是具有特别性("殊异")的现象,理论上不能在其中插入某种优劣的标签。可以成为讨论对象的只有"现在"的现实文明阶段与理想模式之间的距离。在这一脉络中,俞吉浚不是在效仿他的老师建立"文明论",而是在特意地提出"开化殊异"。这一点至少代表了他在理论层面上超越日本且与西洋相较量,站在了相对位置的"期待视野"的起点上。

俞吉浚是如何刻画"真开化"的呢? 在与《世界大势论》几乎创作于同一时期的《竞争论》中,俞吉浚写道,"执取自国事物,比较彼国事物,取彼之事物果然优于我之事物者,补我短,永久保存我之事物果然长于彼之事物者,益长其长,进一国之文明"②。在俞吉浚刻画的文明道路上,对理想开化的期待与潜在于传统中的固有性处在相互对立的位置上。在这样的紧张关系下,"我们国家的开化"要走向哪里? 在俞吉浚的"开化殊异"中,我们找不到其他关于"真的"进步的内容。不过,俞吉浚在遍览散落各地的文化现象的时候,隐约中已经开始认识到藏于未来时间中的文明开化的终极——"考览泰西史

---

① 黄镐德:《近代国家与其表征:他者·交通·翻译·文体》,第 340 页。
② 俞吉浚:《竞争论》,见俞吉浚全书编辑委员会编:《俞吉浚全书》第 4 卷,首尔—潮阁 1971 年版,第 60 页。

册,改少人政治设多人政治者多,由此比观,多人政治善美于少人政治者可知矣"①。此处的"少人政治"指君主与贵族限制大多数人参政权的政治,而"多人政治"指"起草公明正大的宪法","使国民一同参与国政"的"君民同治"与"共和政治"。尽管西洋历史书中的"国民""共和政治""宪法"等用语仅靠其本身无法填满普遍"文明开化"的语义,但是在政治的行动空间里,众多个别的期待已被捆绑成一个目的概念登场。在此基础之上,俞吉浚更进一步提出了进步的"世界历史"。

《世界大势论》中"世界历史一班"部分罗列并概括说明了各地区和国家的沿革与特殊性。首先进入读者眼帘的是俞吉浚将"经过"的时间设定在了"太祖起源"的前后几年。同时,他还一并揭示了朝鲜的各朝年代,以及"支那""日本""西洋"的起源。这一记述方式是为了可以将多种多样的文化排列在各自的相对位置上而进行的一项基础作业。俞吉浚认为"世界历史"在任何地点和时间点上都不是明显处在局限于地理位置以及区分不同理念的中心位置上。不管是巴比伦还是非洲北部的历史,抑或是罗马帝国的历史、元朝征伐的历史、耶稣教与伊斯兰教的历史,都不具有某种优劣的位置。俞吉浚解释道,就连希腊也曾经历过荣辱,随后才勉强挤进了"世界历史"之中。希腊之外的欧洲地区更是在经历了十字军战争之后才打开通商之路,再次以伟大的形象"与世界历史相关联"。② 俞吉浚陈述了各个特殊地区和国家与"世界历史"纠缠的过程,同时集中关注了那些可以被看作是"开化之大变革"的事件。他在较详细列举了几个事例后,用这样的一句话结束了自己的论议——"以上不过是书出报道世界历史之如何文明进步,其详细,他日编纂各国史时,(再)悉记不遗"③。

在"世界历史一班"简略的叙述中,我们很难去期待从中获得详细准确的历史事实。不过,在《世界大势论》排列出的用语之中,我们能够感知到俞吉浚将各不相同的个别事实与普遍历史过程一同进行理解的思维实验。在这里,作为中心概念登场的"世界历史"本身就足以被看作是一个语义学革命。它和早前被福泽谕吉当作是启蒙的交际来使用的"历史"有着怎样的不同呢?

---

① 俞吉浚:《世界大势论》,第20页。
② 俞吉浚:《世界大势论》,第37—54页。
③ 同上书,第57页。

俞吉浚认为"世界历史"包含文明之信使的语义,同时也超出这一语义,就好比"各国史"对沿革的详细记录。同时,在走向文明进步的层面上,虽然模糊,但是其中已经包含了时间性的契机。也就是说,"世界历史"是记录,同时也是事实本身。这样的认识只有在超越传统的王朝起源与编年,引入运动参数,并且开始省察历史时间的时候,才可能实现。俞吉浚在创作于19世纪80年代后期的《国权》①中写道,"同一个种族的人民占据一定的山川,守护自己所有,一同创造历史与习俗",将"历史"解释为"诉说其盛衰变革的语言"。②此时,"历史"获得了可以通过进步与退步、加速与滞延的时间规定来把握的运动的要素。当与伴随着时间经验的历史协调尖端世界,呼唤出其他世界历史的时候,这一全新语义的用语升格成了将个别地区与国家的经验和故事收敛到普遍连锁关系中的元语言。俞吉浚从总括各式各样的经验与时间的认识出发,展开了对文明开化理想型的讨论。他在《西游见闻》中留下了如下的文字:

> 大概,开化者,谓使人间千事万物抵于至善极美之境域然。故不能限定开化之境域者……顾考天下古今之何国,无至于开化之极臻境者然。大纲区别其层级,不过三等,曰开化者,曰半开化者,曰未开化者。③

与前文中提到的"开化殊异"一样,普遍层面上"至善极美"的开化在时间上属于未知的领域。这样的表达方式是一种赋予对未来开化的期待以正当性的手段。随后,他说道,出现了"因人事的无穷尽而无法追随时代摸清头绪的变化",以及因为"人类的认识随着经历的增长,会涌现出更多神奇绝妙的东西",所以"随着时代的推移,人类的开化方向也在前进"。④ 在同时代的文献中,我们很难找到比这段话更清楚地点明进步之当为的内容。可以说,俞吉浚是韩国知识历史上第一位将时间的契机拉进期待视野中的人物。

---

① 月脚达彦:《朝鲜的开化思想与民族主义》,崔德洙(Choi Deok-soo)译,首尔开放图书(Openbooks)2014年版,第68页。
② 俞吉浚:《国权》,见俞吉浚全书编辑委员会编:《俞吉浚全书》第4卷,首尔一潮阁1971年版,第25页。
③ 俞吉浚:《西游见闻》,第375页。
④ 俞吉浚:《西游见闻》,第383页。

四、再次回到边界线

象征"边界的时间"的"进步"是表达"完全"视野的"展望概念"。因此,它所代表的时间指标永远存在于未知的领域。在这一状态下,"进步"将多样的经验事例收敛为一个普遍概念。当众多历史契机聚集在那里时,这一概念就不得不存在为抽象的名称。接纳了先验规定的概念史方法在实践领域中打开了探索欧洲启蒙思想产生论题的通路。也正是在这里,历史哲学提高了时间向前推进的速度,获得了压制历史的力量。此时,近代的起始点终于和与其相连的过去分离。无数的展望概念呼唤着变化,并且备好了向前推进的基础。① "文明"也是搭上这一气流的事例中的一个。将进步的历史与欧洲近代看作是同一现场的自我意识曾经助长了新生概念的力量。然而,两次世界大战粉碎了欧洲历史的自豪感,进步的危机与文明的危机缠结在了一起。此时,"文明"坠落成了体现一个时代自我怀疑的概念。在"边界的时间"中"文明"概念最具有气势的法国,某位评论家曾在战后倾吐道,"文明的洋灰,其实际的本质,那便是物质,那些我们认为是文明的绚烂知识与精神不过是文明产下的文化碎片"。在"文明"与"文化"这两个几乎相似却又互相竞争的概念之中,"文明"被迫容纳了众多后悔的内容物,逐渐更为代表精神与教养的价值,占据了先前"文化"的位置。利科的主张听起来很不寻常——"所有的文化都不能承受和吸收文明的冲击"。②

如果说"文明"的期待视野最终是倒退的话,那么赋予"边界的时间"的认识论以正当性的众多论据也会产生"退潮"吗?就这一问题,与科塞雷克持不同意见的利科作出了如下的诊断:有意地将概念史认识模型与近代诞生之前的时间进行区分,同时不集中在狭小的经验空间,而是关注作为补偿的更广阔的期待视野。这样的非对称的元范畴暗含了用"进步"来解释"边界的时间"的人类学前提。也就是说,其中已经包含了制度化的假想世界。在语义

---

① Reinhart Koselleck, *Vergangene Zukunft. Zur Semantik geschichtlicher Zeiten*, 1979, pp. 300ff.; Reinhart Koselleck, *Zeitschichten. Studien zur Historik*, Frankfurt am Main: Suhrkamp, 2003, pp. 298 – 335.
② 两段引文均出自 Jörg Fisch, "Zivilisation, Kultur", p. 772。

论的层面上,认识关注的起始点是提前获得了近代启蒙的时间。科塞雷克默认,如果近代历史想要这般存在下去的话,就必须要维持期待视野与经验空间之间的紧张关系。随之而来的便是一个问题,即,这一紧张关系"是不是在被感知到的瞬间便会开始受到威胁呢"? 在经验与期待之间的间隔不断扩大的支点上,哪怕开启了对全新时间的信任,源自其中的"紧张只有在断绝的支点映入眼帘的瞬间才会表露出来,人类的希望不能抛锚在已经获得的经验中的任何地方。如果将锚扔在空前的未来里,从这时开始,更好的未来通过连接了过去的进步观念与历史加速向前推进,表露出为乌托邦观念腾出位置的倾向。此时与乌托邦一起,紧张变成了分裂(schisme)"。为了维持经验与期待之间的紧张,出现了再次省察历史时间的课题。首先,我们必须要抛弃对指向乌托邦的未来的迷茫,因为幻想是"没有将锚下在流逝中的经验里"的。为了让期待视野不会消失于乌托邦之中,需要在其中安排上可以引导行为的有限的计划。"另一方面,要直面经验空间的缩小,对抗以已经完成的、不变的、已经过去的视角来回望过去的倾向。必须要重新打开历史,恢复没有实现的、被阻挡的,以及被屠杀的潜在性。简而言之,与认为未来在所有方面都是开放的、偶发的,而过去一般来说是关闭的、必然的格言相反,我们的期待必须要更多地被规定,而我们的过去必须要更少地被规定。这便是这一课题所具有的两面性。只有被规定的期待才能将过去表现为'**活着的**'传统,而这样的溯及效果可以影响过去。"①

利科长久以来一直省察着解释课题的转换,他的提议对我们而言是在劝告我们必须要把看向未来的视线与脚步回落到过去上。这是在提议让我们观察现在性起源与过程的思维再一次接纳走进和停留在时间认识边界线上的美学。在观察者与对象之间的对立紧张之中,传统占据了现在认识的一部分。让我们再次回到东亚细亚社会接受"西洋文明"开始实现自觉的"边界的时间",期待的诱惑捆绑在有限的经验空间之中。在经验的规定必须要置于更广阔的空间这一前提下,俞吉濬的写作方式成了需要我们深度关注的对象。如同上文所说的,在不去追随"大国们"霸权竞争的文明化道路的前提下,两个不同方向的认识关注焦点构成了俞吉濬的思维样式:(1) 个别"朝鲜"

---

① 保罗·利科(Paul Ricoeur):《时间与故事 3:成为故事的时间》,第 397—416 页。另,加粗的部分为笔者的强调。

因为存在于普遍"世界"之中,因此不能免于受用先进文明的课题,(2) 在帝国之间互相较量的危机状况下,朝鲜必须找到自己值得期待的内部要素。在这一脉络中,他暂停寻找文明开化的脚步,回顾起了"我们的"传统——"看,看我们的大韩文典,我们的大韩同胞啊!我们民族作为檀君灵秀的后裔,有固有的语言,有特有的文字,用声音发表其思想和意志,以记录传示,言文一致的精神贯穿在四千余年的星霜,保历史之真面,证习惯之实情"①。

这段引文出自俞吉浚发行于1909年的《大韩文典》,作者在历史的深层中寻找"我们的文字"的意义。这段话中,观察者在"言文一致"的普遍性视野中表现了自己想要点明俚语之固有性的意图。俞吉浚的初期作品具有一个十分显著的特点,即"固有的"传统要素代替了作为元语言的"历史"进入文字的中心。作者将范畴限定在"我们民族",并且脱离了传统与近代的境界,走进了神话的领域。《大韩文典》出版于朝鲜亡国之际,在这样的时间点上,很难去谈论任何普遍历史与文明进步。当我们用这一推论去看待俞吉浚的"文明之进步"的时候,可以读出其中特别的内涵。就如同《西游见闻》中出现的"真开化""臻境""至善极美之境域"等用语,"文明进步"标榜着人类认识与意志可以到达的终极。那么,它是在欢迎着某种走向未知的乌托邦的期待吗?其实不然。倒不如说,这一表达方式是一种接近传统真理隐喻的修辞法。我们可以去倾听这样的一种见解——无论是东方还是西方,都曾经使用通过"光"和"镜"来体现没有被规定在思维最深处层面的、全面地表露出协调的象征体系。② 就好像遍览东西古今也找不到任何到达了"开化之终极境界"的国家一样,它的"真理"言明不是概念的资产,而是传达着更原始的语义。俞吉浚的用例与福泽谕吉的文明论有着根本上的不同。日本启蒙的使者内化了西洋的文明概念,将包含其中的共同体语义与日本的传统要素结合在一起,构建出了指向帝国主义的日本式霸权逻辑。而俞吉浚不能接受这样的语义论变容。尽管他踌躇在追随欧洲凡例的文明进步的道路上,但是他没有对内在于历史发展中的原初的普遍规则选择视而不见。俞吉浚为了朝鲜的"独

---

① 俞吉浚:《大韩文典》(1909年),见俞吉浚全书编辑委员会编:《俞吉浚全书》第2卷,首尔一潮阁1971年版,第105页。
② Hans Blumenberg, *Paradigmen zu einer Metaphorologie,* Frankfurt am Main: Suhrkamp, 1998, pp.62 ff.

立",积极接纳"万国共法"的原理,坚信朝鲜需要基于国际秩序的普遍"信义"和"道理"。超越了个别国家的普遍秩序就如同内部的固有性一样成为一股强大的力量,对抗着对霸权竞争的期待。① 那么在这些事例中,理解概念的先验方法依旧能打开探索的通路吗?如果说"边界的时间"需要被重构为一个发现原理,那么我们必须要在聚集(经验)与展开(期待)、停留与前进的紧张关系之中重新规划历史与文明的未来。

---

① 月脚达彦:《朝鲜的开化思想与民族主义》,第89—129页。

1909年大韩帝国社会的"东洋"概念及其起源

——以报刊媒体的意义化过程为中心

金允嬉 著*

王伟 译**

一、引言

19世纪末20世纪初,在"西势东渐"的国际意识中,"西洋"和"东洋"成为划分地域、人种、文明的界限标志。与"西洋"形成对比的"东洋"也带有了地区、种族、文明等"同质性"的想象,这种想象超越了"共同防御"的战略意义,"东洋"概念被建构和意义化。在东洋内部,知识分子通过定位自己的国家来获得国家、民族认同,"东洋"概念的形成与知识分子的努力密切相关。因此,前人研究一直在考察"亚洲连带论"对近代国家的影响,特别是"国权恢复运动"对民族国家形成产生的影响。[①]

先行研究考察了日本"亚洲连带论"的影响,分析了甲午战争后,随国际局势变化而展开的连带论的历史意义,研究了日俄战争后人们对日本"东洋

---

* 金允嬉,韩国韩南大学文学院历史系教授。
** 王伟,韩国外国语大学博士研究生。
① 李光麟:《开化期韩国人的亚洲连带论》,《韩国史研究》1988年第61、62辑;金信在:《〈独立新闻〉中出现的"三国共荣论"的性质》,《庆州史学》1990年第9期;金度亨:(转下页)

和平论"的批判,探讨了亲日势力连带论的分化过程等。而且,现有研究大致认为,"东亚连带构想"导致了认知界限,阻碍了当时知识分子看清日本帝国主义的侵略性,这种评价也出现在对安重根《东洋和平论》的研究中。其实,安重根及其《东洋和平论》主张的是"对等的东洋三国的连带",这也可以被评价为"武装独立运动",这与其他的"连带构想"是存在差异的。①

先行研究主要是聚焦于知识分子、政治集团的"连带构想",关注不同历史时期的构想变迁。然而,1909年"东洋和平"成为政治、社会势力为确保自身行为正当性的社会价值。对此,学界并没有显示出太大的研究兴趣。1909年,在"合邦"危机意识高涨的情况下,除《大韩每日申报》以外,大部分社会媒体和政治势力都将"东洋和平"视为明哲保身的信念之一。"东洋和平"这一表述,不仅出现在"一进会"(大韩帝国时期的亲日团体)的"合邦请愿运动"上,也出现在批判一进会的思想逻辑中,这具有重要的意义。东洋三国的"同质性"成为"连带构想"的根据,这种"同质性"的想象和被意义化的"东洋",展示出大韩帝国时期社会成员的内心期许。

很多研究认为"东洋连带构想"之所以未被克服,是因为传统"事大"观念依然存在。本文对此提出疑问,笔者认为,与其说传统"事大"观念犹存,不如说是长久以来支配思想的儒教,从"东洋同质性"的一个义素转变为整个"东洋"的意义。当儒教价值被报刊媒体召唤出来并被社会化的时候,当"东洋"

(接上页)《日本侵略初期(1905—1919)亲日势力的政治论研究》,《启明史学》1992年第3期;赵宰坤:《汉末朝鲜知识分子的东亚三国合作认识与逻辑》,《历史与现实》2000年第37期;金度亨:《大韩帝国时期启蒙主义知识分子的"三国合作论"——以人种合作论为中心》,《韩国近现代研究》2000年第13期;白东铉:《大韩帝国时期言论中出现的东洋主义逻辑及其克服》,《韩国思想史学》2001年第17期;韩相一:《亚洲连带与日本帝国主义:大陆浪人与大陆扩张》,跃升图书出版社2002年版;郑文祥:《19世纪末至20世纪初"开化知识分子"的东亚地区连带论》,《亚洲文化研究》2004年第8期;金允嬉:《日俄对立时期(1989—1904)〈皇城新闻〉的双重异向性与自强论——连带与排斥的契合》,《韩国史学报》2006年第25期;李宪柱:《19世纪80年代前半期朝鲜开化知识分子对"亚洲连带论"的认识研究》,《东北亚历史论丛》2009年第23期。

① 在对安重根"东洋和平论"的研究中,有学者指出"连带论"所具有的局限性,但整体上还是认为其对"国权恢复论"具有更大的意义。参见尹敬老:《安重根思想研究:以"义兵论"和"东洋和平"为中心》,《民族文化》1985年第3期;金镐逸:《安重根的"东洋和平论"研究》,《中央史学》1998年第10期;玄光浩:《安重根的"东洋和平论"及其性质》,《亚细亚研究》2003年第26期;申云龙:《安重根的"东洋和平论"和伊藤博文的"远东和平论"》,《历史文化研究》2005年第23期。

一词被儒学价值建构并出现在报刊媒体上的时候,政治势力不就是在以"东洋"为价值,向其他社会成员展示自身行为的正当性吗?

因此,本文要分析儒学从"东洋认同"的一个意义要素,上升为覆盖"东洋"意义的过程。为此,笔者将考察1909年安重根和一进会对"东洋"概念的认识,以当时的报刊媒体为研究对象,分析"东洋"的意义是如何被建构的。①

二、1909年"东洋"概念与现实认识的冲突

1909年10月,安重根狙击伊藤博文事件曝光后,包括一进会在内的亲日势力将安重根定性为"凶手",并为伊藤博文举行了各种追悼会。以"国民追悼大会""渡日谢罪团"的形式,对伊藤博文之死转达了韩国人的哀悼,"东亚赞英会"为伊藤博文树碑立传。② 12月4日,一进会提交了"合邦请愿书",表示,"哈尔滨变故,日本全国哗然,不知从根本上解决对韩政策会有怎样的危险,但这是我们自己采取并接受的",并严肃批判了安重根的行为。③ 为了反对一进会的合邦请愿,李完用曾主导"国民大演说会"(旨在阻止一进会的合邦,以自己的名义推进合邦,从而维持政治权力)。在国民大演说会上,高义骏曾表示:"伊藤博文是保护东洋和平,保育皇太子的领导人,是大韩帝国的恩人,他的不幸遭遇令人悲痛。"④

反对一进会的《皇城新闻》和《大韩民报》等报认为,一进会所主张的"合邦"是对日本"东洋和平"的背叛。在无法否定"东洋三国连带,阻止西洋侵略,达成共存共荣"这一"和平大义"的情况下,《大韩每日申报》对所谓的"东洋主义"选择无视,认为"东洋主义"是在抹杀人民的国家精神,主张"用国家主义武装起来"。⑤ 1909年,除了《大韩每日申报》以外,大部分政治、社会势力都试图通过"东洋和平"这一表述来确保自己言论的正当性,这说明"东洋和平"已经成为当时社会的重要价值。

---

① 张寅性:《种族与民族之间:东亚连带论的地域认同与种族》,《国际政治论丛》2000年第40期。
② 金度亨:《日本侵略时期(1905—1919)亲日势力的政治论研究》。
③ 《国民新报》,1909年12月5日。
④ 《大韩每日申报》,1909年12月7日。
⑤ 《大韩每日申报》,1909年8月8日、10日。

虽然在"保护国体制"的认识方面,安重根与一进会是对立的,但二者对"东洋"概念的认识也都蕴含"东洋和平"这一价值。安重根认为当时的国际秩序是"分为东西,种族各异,相互竞争",并叹息道,"如同生活的利器……都在发明伤人的机器"。"在清明世界里,这算是什么世道啊?"安重根把国际秩序看作是东西的竞争、人种的竞争。他还指出,"东洋的民族只是在文学上下功夫,都是小心翼翼地保护着自己,根本没有侵占过欧洲的一寸土地",他把"学问"和"无侵略性"的心性定义为"东洋民族"的特性。他将东洋与丧失道德的西洋进行对比,①认为"近几百年来,欧洲各国把道德之心忘得一干二净,养成了日趋武力的竞争之心,无所忌惮"。我们可以在安重根的"连带构想"中发现他基于地域、种族和道德的"东洋想象",但这种同质性想象是对"独立国家"的想象,与一进会在认识上是存在差异的。

安重根认为"东洋是亚洲",而"亚洲国家是中、日、韩、暹罗、缅甸",是那些没有沦为西洋列强殖民地的国家。他认为,"东洋和平是指一切皆独立自主",并把构成"东洋"的基本单位定为独立国家。② 然而,面对西洋的侵略,东洋的独立国家,除日本外,皆无力与西洋对峙,无力自我防卫。安重根说:"我相信,无法独立自卫的原因在于君主国,但其责任在上还是在下,是个疑问。"③安重根还部分接受了日本检察官沟渊孝雄将"保护国"比喻为"监护人制度"的主张。安重根对独立国家的想象,对大韩帝国现实的判断,都是基于对近代国际秩序的认识。但现实并非如此,这便触发了安重根的"东洋想象",他将"有学问"且"非暴力"的东洋与"丧失道德"的西洋进行对比,其东洋概念带有一种胜于西洋的优越感。

> 俄国尤甚。其暴行残害,西欧东亚,无处不及,恶盈罪溢,神人共怒,故天赐一期,使东海中小岛日本,如此强大之露国,一举打倒于满洲大陆之上,孰就能度量乎?此顺天得地,应人之理也。快哉!壮哉!数百年来行恶白人种之先锋,一鼓大破,可谓千古稀罕事业,万邦纪念表绩也。④

---

① 尹炳奭编译:《东洋和平论》,见《安重根传记全集》,国家报勋处1999年版,第184页。
② 国史编纂委员会:《韩国独立运动史资料6》,正音文化社1968年版,第173—174页。
③ 同上书,第173页。
④ 尹炳奭:《东洋和平论》,第185页。

19世纪末20世纪初,作为世界列强的俄国被称为"白种人之先锋",在道德方面,与西洋白种人相比,东洋黄种人是更加优秀的。因此,尽管日本没有西洋的武力优势,但在战争中能够取得胜利,是天经地义的,也是合乎道理的。安重根"东洋"概念中的"道德之心"在俄国的失败中获得了优越性。因此,在日俄战争中,日本的胜利可以被看作是"东洋"内部的同质性,同时日本的胜利也是东洋价值(道德之心)取得胜利的灿烂历史经验。安重根在《东洋和平论》中,记录了希望再现日俄战争胜利的"三国连带的典范"。他说,中韩两国因甲午战争、闵妃弑害等原因,对日本怀有恨意。尽管如此,三国还是凭借兄弟的手足友谊,齐心协力打败了俄国。如果日本能重新回到日俄战争宣传条令中所承诺的"东洋和平"及"韩国独立"上来,就可以实现"东洋和平"。①

但是,安重根没有把国际关系明确地定义为独立国家的关系。他根据儒教文化,把中国看作是家里的大哥,把日本比作老三,把韩国比喻为贫穷的二哥。在"一家三兄弟"的比喻中,渗透着以家族规范为中心的儒教伦理观,承认"三国连带"的不是国际法,而是"教皇"。②

安重根将甲午战争描述为,"大哥想阻止老二家里的纷争,却被老三误以为是暴力",由此而展开了打斗。这反映出安重根不希望战争破坏儒教家族规范的意识。"三弟……想用阴谋诡计侵吞哥哥的财产……还对别人撒谎,肆意耕作田地,横行霸道,施加迫害,所以哥哥悲痛不已……于是,大家聚在一起讨论如何惩治三弟。有人在惩治三弟的同时,想顺便把哥哥两人的财产都拿走,有人却说三弟一家不都是坏人,只有叫伊藤的家伙才是坏人……"由此可见,安重根把日本的侵略看作是伊藤博文个人的行为,安重根不想破坏形如一家的东洋。③

试图通过"东洋和平"这一表述寻找行为止当性的安重根,在批判日本行径的同时,并没有认为日本丧失了东洋的认同感。他认为,伊藤博文的恶行导致如今国家的状态,若没有奸策的话,东洋无疑是和平的。他还认为,消灭伊藤博文,以东洋为基础的共存共荣的理想是可以实现的。日本应该恢复兄

---

① 尹炳奭:《东洋和平论》,第187—191页。
② 国家报勋处光复会:《听取书》,见《21世纪与东洋和平论》,国家报勋处1996年版,第53—57页。
③ 国史编纂委员会:《韩国独立运动史资料6》,第173—174页。

弟之间的情谊和信义,东洋三国应该在旅顺建立和平委员会,拥有共同的货币和军队,在日本的领导下发展工商业。①

安重根在旅顺接受检察审问的时候,国内出现了以一进会为主导的"合邦请愿运动"。他们主张通过建设"韩日合邦"来保护东洋,保护皇室和人民。在他们的表述中,"东洋"具有人种与文化的同质性,是应对西洋侵略,实现文明化的单位。② 另外,对"合邦"表示支持的儒生们,把"合邦"视为共享日本天皇德政。③ 儒生主张"将东洋建立起来,将大义扬声天下"④,用"合邦"来彰显"大同平和"以及"春秋大义"的儒教价值。⑤

然而,他们背弃了"日本的信义",导致了"朝秦暮楚"的问题,签订了《乙巳条约》。"要努力争取做文明的模范,否则,就是海牙特使事件的结局","丁未七条约的签订是自己导致的"。⑥ 大韩帝国皇帝和政府的"排日"使两国关系恶化,使韩国成为日本的"保护国"。⑦ 对一进会来说,破坏"东洋"的元凶不是伊藤博文,而是高宗和当时的政府。因此,一进会把国家独立主权(外交权)让给了"日韩合邦帝国",他们认为,如果同日本齐心协力守护"东洋",人民就能在"天皇的德政"下和平生活。⑧一进会强调东洋的同质性,呼吁儒教价值,借用"东洋和平"这一套说辞将自己"亲日卖国"的行为正当化。值得注意的是,地域、种族、儒教文化等"东洋同质性"与被儒教价值建构的"东洋概念",在安重根和一进会的话语中均有体现,但是他们对"东洋"内部三国关系的设定却十分不同。安重根认为"三国独立,彼此连带",并以此为根据,谈及了地域、种族与儒教文化;对于一进会来说,与东洋的同质性相比,朝鲜和日本的关系是更加紧密的。⑨ 一进会为了给"合邦"赋予"东洋"的价值,原封不

---

① 国家报勋处-光复会:《听取书》,第53—57页。
② 洪寅燮:《上疏统监》,见《元韩国一进会历史》(7文明史),1911年。
③ 《上统监府书》,《国民新报》,1909年12月26日。
④ 洪寅燮,前引书。
⑤ 《儒生的建白书》,《国民新报》,1909年12月22日;《儒生的建白书》,《国民新报》,1910年1月16日;《权直相外长书》,《国民新报》,1910年1月23日。
⑥ 《政合邦大问题》,《国民新报》,1909年12月5日。
⑦ 《排日党与官宪》,《国民新报》,1910年2月5日、9日、19日,3月31日。
⑧ 《政合邦大问题》,《国民新报》,1909年12月5日。
⑨ 李容九读了樽井藤吉的《大东合邦论》后,感触颇深,以至于给他的儿子取名为"大东国男"。参见大东国男:《李容九的生平:贯彻睦邻友好的初衷》,时事通信社1960年版,第39—40页;韩相日:《亚洲连带与日本帝国主义:大陆浪人与大陆扩张》,第54页。

动地借用了樽井藤吉的"东洋"概念,而樽井藤吉的书于1910年在日本被重新出版。① 上述内容反映出安重根和一进会对"朝日关系"的看法的差异。

但是,在二者的表述中,我们可以发现,他们把国家的含义(作为独立的个体)延伸至国际关系中,在这一方面,他们的"东洋想象"具有一定的局限性。这就好比,想象着人们是拥有自由权的独立个体,但并没有脱离基于家庭关系的儒家伦理,而拥有"近代主权"的"独立国家"也没有摆脱被赋予儒家伦理价值的"东洋"。在下文中,笔者将考察安重根的思想中"东洋"概念的起源。

三、同质性的想象与"东洋"概念

(一) 同质性的想象与意义化的起源

一般来说,19世纪末,在朝鲜出现的"东亚三国连带"的想法和主张源于《朝鲜策略》。② 但在此书中,"东洋"未被赋予儒教价值的含义。"亲中国,结日本,联美国",以防御俄国为目的,将与俄接壤的东洋三国连带,同时又与美国联手,因为美国"以义立国,不贪图别国土地和人民,使欧洲不敢胡作非为"。③ "三国连带"的依据是历史的、地理的联系,超越了中华秩序的"德与礼",包括了"维护公义"的美国。由于《朝鲜策略》强调三国历史和地理的邻近性,这种叙述使其未达到以道德之心来彰显"东洋"的程度,只是表现出些许端倪。相反,反对《朝鲜策略》的《岭南万人疏》(1881年,朝鲜半岛岭南地区的1万多名儒生因反对开化政策而上书),把象征"洋夷"的基督教视为与"礼义廉耻、三纲五常"相异的东西,并把已经走上西洋文明道路的日本视为"洋夷"。④

韩中日"三国连带"的主张,因往来日本的考察团——"开化派"而出现。他们在参加1880年成立的兴亚会时,表达了对"亚洲连带论"的关注和赞同。

---

① 樽井藤吉:《(现代译)大东合邦论》,影山正治译,大东塾出版部1963年版,第2—3页。
② 李光麟:《开化期韩国人的亚洲连带论》;赵宰坤:《汉末朝鲜知识分子的东亚三国合作认识与逻辑》。
③ 赵一文译注:《朝鲜策略》,见《朝鲜策略》,檀国大学出版社1977年版,第110—111页。
④ 赵一文译注:《岭南万人疏》,见《朝鲜策略》,第134页。

兴亚会的"连带"主张也被《汉城周报》介绍。当时,兴亚会的"亚洲连带论"有不少针对"连带"的讨论,差别较大:有倡导政府间合作的连带论;有为促进韩中两国专制政府进行改革的连带论;还有从脱亚论的立场出发,对中韩进行指导的连带论。但兴亚会的主张,在根本上是以"同胞""同人"和"仁德"为依据的,主要表现出东洋三国的同质感。①

但是,在当时《汉城旬报》和《汉城周报》的"东洋"用语中,并没有明确的对"同质性"的构想。其认为,"亚洲的情况是:中国、日本、朝鲜、西伯利亚等属于黄色人种,印度、阿拉伯等属于白色人种,东印度群岛属于棕色人种,族类已异"②,"位于东南的是亚洲,那里的东边是东洋,有中国、朝鲜、日本、琉球及俄国的东部"③。由此可见,报刊媒体对"东洋"的地理设定主要包括亚洲的东侧及俄国的东部。上述报刊还认为,"唯独东洋诸国所用的法律成文数量最多"④,"古时东洋诸国各执一国,不谋经纶之大计,只重内政,无暇与各国外交"⑤,"祸起于欧洲两国,将来会波及东洋"⑥,"如今,当英国和俄国在东洋相互争斗的时候……"⑦。由此可见,"东洋"主要是被描述为处于"西势东渐"危机的地区或国家,而"东洋"的地理范围和同质性是模糊的,并没有被清晰地确定下来。

通过地域、种族、儒教文化这些同质性建构出"东洋"概念的行为,在日本的"大陆浪人"中被发现。在日本,将"辅车唇齿"的朝日关系,扩展到同文同种的关系,是在19世纪80年代发生的。⑧ 随着一些以"进入中国"为目的的团体——玄洋社、兴亚会、乐善堂、日清贸易研究所成立,"黄种人"和"儒教文化"作为东洋三国的"同质性"开始登场,⑨系统论述这种认识的是1893年出版的樽井藤吉的《大东合邦方论》。其中,"三国连带"是在防止西洋侵略,维

---

① 李宪柱:《19世纪80年代前半期朝鲜开化知识分子对"亚洲连带论"的认识研究》,第319—340页。
② 《论海洋》,《汉城旬报》,1883年10月31日。
③ 《瀛海各国统考》,《汉城旬报》,1886年10月4日。
④ 《泰西法典》,《汉城旬报》,1883年12月29日。
⑤ 《公法说》,《汉城旬报》,1884年9月19日。
⑥ 《论天下时局》,《汉城周报》,1886年3月8日。
⑦ 《论外交》,《汉城周报》,1886年8月23日。
⑧ "辅车唇齿":车与车轮,嘴唇与牙齿,都是相互依存的。
⑨ 韩相一:《亚洲连带与日本帝国主义:大陆浪人与大陆扩张》,第20—53页。

护东洋文明的前提下提出的,樽井藤吉眼中的东洋是与西洋白种人形成鲜明对比的地区。但与以往的讨论不同,他为"东洋"赋予了儒教文化的意义,彰显出"东洋"的优越性。

> 东洋是太阳升起的地方,以"生育""和亲"为本。其神是青龙,其德是慈仁……因日本和朝鲜在东洋之边,所以得到了"木德仁爱"之天性,被赋予"清明新鲜"的生气。风俗习性与西北之肃杀不同,这是自然之理。日本以"和"为贵,视"和"为经国之标;朝鲜以"仁"为重,视"仁"为治国之律。"和"是与物相合之德,"仁"是与物相同之德。因此,两国关系之亲密,是上天赋予的。①

在这本书的序言中,把东洋表现为"生育与和亲",把地处最东边的朝鲜和日本看作是"木德仁爱",表现为具有共同心性的地区;把西洋看作是"西北的肃杀",有着与东洋相对的心性。樽井藤吉对东洋同质性的想象从朝日两国扩展到中国。他认为,朝鲜和日本不仅都有黄种人的共性,而且身体、骨骼、饮食、语言等都有共性……这是因为在朝鲜和日本的历史发展进程中,"民种"(民族)是混杂在一起,比方说,新罗的昔脱解背后有着日本人、百济人与壬辰倭乱后朝鲜人的婚姻关系等。② 朝鲜和日本成为在血缘上无法明确区分的国家。樽井藤吉的这一论述成为1909年12月一进会"合邦请愿"的起源,一进会认为两国结为一家已久。③

樽井藤吉为了把朝鲜和日本的同质性扩展到"东洋",把儒教之德和黄色人种视为依据。这是因为朝鲜和日本的同质性——"仁"与"和"都是儒家之德,都受到了中国的教化。他认为,虽然中国近年来出现变局,但依然是崇尚古代圣贤之道的地方。他把朝鲜和日本共有的心性起源归因到中国,④表示在人种竞争的时代,"那块土地和日本是唇齿关系,那里的人与日本人是同种",通过这种表述来强调中国具有地域、人种、文化的同质性。值得注意的

---

① 森本丹方(樽井藤吉之笔名):《大东合邦论》,柳泽信大书1893年版,第1页。
② 森本丹方:《大东合邦论》,第101—103页。
③ 洪寅燮:《上疏统监》。
④ 森本丹方,前引书,第67页。

是,"儒学价值"并没有完全涵盖至整个黄种人的"种族认同",他对东南亚只使用了"同种之国",并未强调儒学价值的影响。① 基于种族竞争的国际认识,樽井藤吉把"东洋"视为有别于西洋的黄种人,即便如此,"东洋"内部的结构并不是单一的,而是重层的。从同种的角度来看,"东洋"包括了东南亚;从同文(文字与儒教)的角度来看,"东洋"包括了中国、日本和朝鲜;从语言、民种和习俗的同质性来看,"东洋"只包括日本和朝鲜。②

樽井藤吉从文明化的角度出发,把日本视为东洋的主体和中心。他认为,日本与朝鲜应合并建立"大东国","大东国"再与中国结成同盟,之后再将东南亚包括进来,进而实现"大亚细亚联邦"。③ 换个角度来看,樽井藤吉已经事先设计好了整个20世纪日本的扩张逻辑和侵略版图。但在他的书中,却处处体现着对"日本扩张意图"的批判。当时的日本,将中国和朝鲜称为"野蛮的坏邻居",视为"要征服的对象"。樽井藤吉认为,不和"坏邻居"交往是错误的,在面临种族竞争的当下,朝鲜和中国都应认识到自己与日本乃至东洋的安危是息息相关的。他在强调东洋同质性的同时,还强调东洋内部各国的"自主气象",这里的"自主气象"主要是指"积极应对文明化的姿态"。④

早在甲午战争之前,中朝日三国的关系就出现恶化。壬午军乱,甲申政变后,中日间的对立情绪持续不断,朝鲜内的反日情绪大幅高涨。事实上,在这种情况下,樽井藤吉基于同质性的"东洋想象"很难被朝鲜接受。

(二)《独立新闻》的"东洋":战略连带单位

甲午战争后,日本的胜利不仅带来了其在亚洲的地位变化,也成为日本拓展"东洋"联盟构想的契机。1895年在《下关条约》(即《马关条约》)中,清政府和日本通过确认朝鲜的独立,提升了日本在朝鲜的影响力和地位。但"三国干涉还辽"发生之后,俄国占领了辽东,开始积极进军朝鲜半岛,而英国、法国、德国、俄国等列强也将瓜分领土的魔爪伸向中国,韩中日三国将当时的国

---

① 森本丹方,前引书,第69页。
② 在日本,"民种"是在"民族"一词出现之前被使用的词语,其意思是人种或民族。参见朴羊信:《近代日本"国民""民族"概念的形成和展开》,《东洋史学研究》2008年第104期,第244—245页。在书中,樽井藤吉的"民种"近似于"民族"的意思。
③ 森本丹方,前引书,第15页。
④ 森本丹方:前引书,第85页。

际秩序视为"种族竞争"的时代。

在日本,既是贵族院议员,又是影响日本对外政策的人物——近卫笃麿,于1898年1月在《太阳》上发表了支持"同人种同盟"的文章。他指出:"东洋终于成为了人种竞争的舞台。……最后的命运是黄白两人种的竞争,在这场竞争中,无论是中国人还是日本人,都是白种人的敌人。"①他主张,要认清中国的危机也是东洋的危机,还强调"黄种人同盟"。另外,他为实现这一想法,于1898年11月主导成立了"东亚同文会",开始支援中国和朝鲜的留学生,并在中国和朝鲜开展教育和医疗工作,进行发行报纸、宣传宗教等活动。②

中国和朝鲜的知识分子也开始对东洋三国的连带产生兴趣,并关注1893年出版的《大东合邦论》。1898年,梁启超基于自己曾在《大东合邦论》中写的序文,出版发行了题为《大东合邦新义》的书。梁启超说:"易经上说'保合太和',而书经中说'合和万邦'……孔子曰'大同',而墨子曰'尚同'……"梁启超称该书为"东洋自主之长策",并对此深表称赞。③"保合太和""合和万邦""大同""尚同"是儒教之理想,是万物和谐、融为一体的和平秩序。梁启超似乎继承了康有为的"大同思想",并把樽井藤吉的论述当作保护维系东洋、实现大同社会的路径之一。④《大东合邦新义》在上海出版了10万册,其中一千余册在朝鲜发行,由于这本书在朝鲜发行的数量少,甚至出现了许多手抄本。⑤ 然而,朝鲜的知识分子并没有完全接受樽井藤吉的思想。

《独立新闻》认为日本是朝鲜独立的恩人,是东洋文明化的领头羊,面临"西势东渐"的局面,东洋三国应该共同应对。⑥《独立新闻》认为西洋人灭绝了美洲红色人种,把非洲黑色人种视为奴仆,把亚洲棕色人种置于号令之下,只有朝鲜、日本和清朝的黄色人种还没有被卷入其中。⑦ 由此可见,《独立新闻》把黄种人的范围限定在"东洋三国"内。三国不仅生活在同一个亚洲,且

---

① 近卫笃麿:《同人种同盟附支那问题研究的必要》,《太阳》1898年第1期。
② 崔德寿:《大韩帝国与国际环境——相互认识的冲突与接合》,先人图书出版社2005年版,第217—221页。
③ 梁启超:《饮冰室合集(集外文)》上册,北京大学出版社2005年版,第15—16页。
④ 但梁启超在1902年之后,一直在批判康有为的大同思想。萧公权:《中国政治思想史》下,联经出版事业公司1982年版,第784—790页。
⑤ 姜在彦:《亚洲主义与一进会》,《韩国社会研究》1984年第2期,第242页。
⑥ 《东方风云》,《独立新闻》,1897年4月6日。
⑦ 《独立新闻》,1899年11月9日评论。

人种相同,肤色相同,文字相通,风俗相似。三国若能亲密交往,互相帮助和保护,效法欧洲的学问与教育,同心抵抗欧洲的侵犯,东洋就不会沦为欧洲的领地。① 面临西洋侵略的危机,《独立新闻》用"东洋"一词来指代尚未屈服的三国。此时的"东洋"是指在种族、文字、风俗等方面具有同质感的"连带单位"。尽管《独立新闻》把东洋三国称为"同胞"或"兄弟",②但没有通过"种族、文字、风俗的同质性"对"东洋"赋予意义。

另外,《独立新闻》带有一定的种族偏见,对文明化的西洋白人赋予了优越性,也将"东洋"看作是不文明且野蛮的地方。③ 但其并没有以"种族"来界定人的本性,认为地球上的人种本来都是从一个地方起源的,在不同的气候和土地上毫无交流地生活了几千年。由此可见,《独立新闻》认为人类起源于同种,只是因环境的不同而呈现差异,热爱和平的心性——"义"是东西洋均有的,体现出不以人种和心性来界定东西洋的认识。④《独立新闻》里的"同文"只是指"文字相通",而《皇城新闻》(下文将提及)里的"同文"指的是"儒教",二者截然不同。另外,《独立新闻》认为"风俗"是文明化过程中需要改善的对象。⑤《独立新闻》中阐述的人种、文字、风俗的同质性,是作为共同应对西洋侵略而连带的依据。可以说,《独立新闻》与樽井藤吉的观点是不同的,樽井藤吉是将儒教的"仁"与"和"视为东洋应坚守的价值。

与积极接受西洋文明的《独立新闻》一样,在那些文明开化论者眼中,"东洋"是共同抵御西洋侵略,共同实现文明化的东洋三国。因此,他们构想了具有更大现实意义的"联盟",以防御西洋侵略,发展军事、经济力量等。1899年《独立新闻》停刊后,就无法继续考察其论述。尽管如此,曾担任独立协会会长,后来流亡日本的安駉寿,在1900年通过题为《日清韩同盟论》的论说,表达出三国应该出于军事、经济的目的进行"连带"的主张。⑥

---

① 《独立新闻》,1898年4月7日评论。
② 《独立新闻》,1899年11月9日评论。
③ 田福姬:《十九世纪末进步知识分子的种族主义特性——以〈独立新闻〉和〈尹致昊日记〉为中心》,《韩国政治学会报》1995年第29期,第127—135页。
④ 《独立新闻》,1897年4月6日、1898年4月7日评论。
⑤ 吉镇淑:《〈独立新闻〉〈每日新闻〉中"文明"与"野蛮"话语的意义层次》,《国语国文学》2004年第136期。
⑥ 因独立协会事件流亡日本的安駉寿,于1900年在日本的《日本人》杂志上,发表了题为《日清韩同盟论》的文章。

安駉寿在介绍当时各国国家同盟形态时说:"一般来说,同盟中的国家,需要在经济和军事实力上没有太大差别。"①他阐述了以"独立国家"为单位的同盟论。着眼于列强瓜分中国,俄国进军中国东北等东亚危机,他认为建立军事同盟是迫在眉睫的事情,他积极评价当时的洋务运动,以及日本资本进入中国的粤南航线,他关注日清银行的设立等中日合资尝试,他还主张中国的资本和日本的技术应该结合起来,修建贯穿韩国的铁路,开发黄海共同渔场。为了实现这一点,他认为要建立商业同盟。②安駉寿也把三国的关系比喻成"兄弟关系"。他认为,资本和技术实力领先的日本是大哥;资本多、资源丰富的中国是二哥;他把韩国比作老三,认为两个哥哥给弟弟提供帮助是理所当然的。这种比喻是为了消除三国间的仇视和反目,建立相互和解的国民同盟,进而实现军事与商业的同盟。③安駉寿的文章是在东洋三国要应对列强侵略的大背景下提出的,是作为壮大东洋三国的武力和经济力的发展战略而提出的,他将关注点聚焦在东洋三国各自的国家利益上。④在他的设想中,存在着一个有着共同利益的"东洋",即面临西洋侵略的"东洋",安駉寿构想的"东洋三国"处于根据需要而"离合集散"的同盟关系框架中。

(三)《皇城新闻》的东洋:儒教意义化

1898年创刊的《皇城新闻》同样认为当时的国际形势是西洋与东洋、白种人与黄种人的较量,并指出,"西洋各国的强盛在于,敦睦彼此友谊,成一家之气象,……将导致东洋大乱,防御之策岂能只靠一国……若东洋三国中,韩清两国均力薄,仅日本自强的话,东洋大国又该如何自保"⑤。因此《皇城新闻》

---

① 安駉寿:《日清韩同盟论》,《日本人》1900年第116期,第25页。
② 安駉寿:《日清韩同盟论》,《日本人》1900年第120期,第22页。
③ 安駉寿:《日清韩同盟论》,《日本人》1900年第123期,第25—26页。
④ 对"东洋联合构想"与"民族国家认识"关系进行研究的学者认为,当时的《独立新闻》和《皇城新闻》存在一定的局限性,表现在当时的知识分子都将"东洋"设想为文明化与和平的单位。因此,在构想扎根于现代国际秩序的"民族国家"这一方面带有局限性。但是,有必要对近代主权概念的接受和形成过程进行仔细探讨。如《独立新闻》曾使用"同胞"一词,"同胞"一词已经代表了对国家成员的认同。参见权博杜(Kwon, Boduerae):《"同胞",基督教世界主义与民族主义——以〈独立新闻〉的文章分析为中心》,《宗教文化批评》2003年第4期。作为"东洋"的成员,把国家看成是"同一种子,同一血肉,生活在同一面国旗下"人们的集合体,可见,现代主权国家的概念已经牢固。参见《独立新闻》1898年4月7日的评论。
⑤ 《皇城新闻》,1899年4月12日评论。

主张通过"以国家为单位"进行连带,东洋三国共同防御西洋的侵略。

《皇城新闻》强调以儒学为基础,接受西洋文明,具有"改新儒学"的性质。认为东洋三国的同质性是"同种同文",即黄种人和儒教文化。认为,圣人合众人之智,竭耳目之力,立法济民方得洪福,面对西洋的入侵,同洲同种同文之人何以不为之忧愁……倘若三国英豪连带实现文明,就可坚守东洋,保护种族。[①]《皇城新闻》把"三国连带"和"文明化努力"比喻成圣人的行为——合众人之智,竭耳目之力。

"义和团"事件之后,《皇城新闻》更是强调"同种同文"的同质性和儒家价值,对"三国连带"的主张也愈加强烈。"人类之始,发于亚洲,宗教、文学、技艺皆起源于此,影响直至世界",《皇城新闻》把儒家文化提升至普世文化,[②]指出:"在亚洲诞生的黄种人逐渐被其他人种削弱,在亚洲兴起的宗教、文学、技艺也屈服于其他的宗教、文学、技艺。"[③]"如果俄国把侵略东洋的计划付诸实践,中国的一方归俄国所有,异种消灭同种,异文消灭同文,这延续了四千年的土地,势必成唇亡齿寒的形势。"[④]《皇城新闻》将当时的国际秩序从西洋与东洋、白种人与黄种人的对抗格局扩展至西洋文明与东洋文明(儒教)的对抗格局,通过儒教将所谓的"东洋"意义化。正如我们之前所看到的,被《皇城新闻》设想的"东洋"与被樽井藤吉赋予儒家价值的"东洋"是相同的;但樽井藤吉"东洋"的内部结构是重层的,《皇城新闻》是通过儒教价值强调三国的同质性,这一点又与安重根对"东洋"的认识是一样的。尽管安重根曾表明,对自己的想法产生影响的报纸有《皇城新闻》和《大韩每日申报》等报,[⑤]但可以认为,安重根的"东洋"概念并非源于《大韩每日申报》,而是源于《皇城新闻》,因为《大韩每日申报》对"东洋主义"持否定态度。

在上述"东洋"概念中,儒学价值的全面出现,是在日俄战争之后。日俄战争爆发后不久,《皇城新闻》指出,如果与日清两国连带同盟,齐心协力,比肩而行,鼓声扬扬,勇往直前,破坏西伯利亚铁路,将俄国赶出乌拉尔山脉,就

---

① 《皇城新闻》,1899 年 5 月 24 日评论。
② 《问亚州不及他州的理由》,《皇城新闻》,1900 年 5 月 2 日。
③ 《问亚州不及他州的理由》,《皇城新闻》,1900 年 5 月 2 日。
④ 《答书简》,《皇城新闻》,1901 年 7 月 2 日。
⑤ 国史编纂委员会:《韩国独立运动史资料6》,第 5—6 页。

可以守护东洋大局。由此可见,《皇城新闻》认为对俄战争是对东洋的守护。日本取得胜利后,伊藤博文访问半岛,指出"如果日韩两国齐心协力,不失自主之权,同舟共济,渡过危难国运的话,不仅是韩国的幸福,也是日本的喜悦",他将日俄战争中日本的胜利美化为"东洋的胜利"。①

但是,在日俄战争中取得胜利的日本,却表现出侵夺朝鲜各种利益的迹象,《皇城新闻》也开始对此展开批判。但这种批判是基于东洋伦理中的家庭关系而展开的。1904年6月24—28日,在四期题为《韩日国交之憾情所由》的评论中,《皇城新闻》指出,彼此敦睦的韩日关系因日本的掠夺行为正在逐渐崩溃。假如韩日两国的交情不再敦睦,彼此之间的情感出现遗憾的话,不仅会对两国产生极大的阻碍,还会引发整个东洋的崩溃和撕裂。②"如果日本外交官员接受这一忠告,涤清遗憾情绪,共同守护和平的话,两国岂不幸福?"《皇城新闻》敦促日本改变对韩政策。③

《乙巳条约》(1905年)签订之后,《皇城新闻》通过"是日也,放声大哭"一文揭露了伊藤博文的"东洋和平论"之虚伪,但依然将"东洋"视为文明与和平的象征。种族竞争就是文明竞争,《皇城新闻》在这种认知中谋求儒教的复兴,对其来说,"东洋"是维护儒教价值的有效概念。另外,《皇城新闻》也认为,力量薄弱的大韩帝国要想实现文明化,实现自卫与自立,尚需日本的支持。在世界上,西洋和东洋对立;在东洋内,日本和朝鲜对立。在这种相互重叠的现实认识中,基于共同儒教价值的"东洋"想象,成为恢复韩日关系的根据,成为投身东西竞争的根据。因此,《皇城新闻》一方面根据儒家的家族规范斥责日本的行为,另一方面作为齐心协力捍卫东洋价值的典范,试图铭记日俄战争中日本的胜利。1906年,有三期题为"世界和平在东洋"的评论呈现出了《皇城新闻》对韩日关系的基本立场。"今欲谋和平,必从东洋开始,必从东洋最强国开始……日本肩负的责任不轻"④,上述文字表明了《皇城新闻》对日本的期待。"放眼东洋,这三岛民族,炯炯有神,气势逼人,扫除积聚数百年的腐朽思想,重振数十年衰微倒下的朝政,与欧美强国并驾齐驱,击退强大的

---

① 《伊藤大使来韩关系》,《皇城新闻》,1904年3月19日。
② 《韩日国交之憾情所由》,《皇城新闻》,1904年6月24日。
③ 《韩日国交之憾情所由(续)》,《皇城新闻》,1904年6月28日。
④ 《世界平和在东洋》,《皇城新闻》,1906年12月10日。

俄国,旭章照耀四方。"①《皇城新闻》把日本在日俄战争中取得的胜利看作是代表儒教文化的"旭章"在世界的普照。这种表述将日俄战争时"种族对抗"的话语升华,把日本的胜利升华至三国齐心协力战胜西洋的"光辉"历史;与此同时,若日本改善对韩政策,则是这种光辉的重现。

《皇城新闻》评论道:"老话说得好,一家兄弟相互打架,别人都瞧不起。这样的一家兄弟怎么能不被别人轻视呢,又如何能保存好家业呢?"还指出:"三个兄弟中,有学问之力,有普世之力,能持先世之遗业者,惟一人。""但这人骗了两个兄弟,说好会把开垦修整过的田地还回去,现在却不还了,围墙外的人趁机要把兄弟们的田地都抢走。"②有学问和能力的日本不去发扬维护先祖遗业,反而抢夺其他兄弟的财产。在这篇评论中,《皇城新闻》认为"东洋"应该共同坚守的是"先世之遗业",即儒家文明,强调通过儒教体现出对东洋身份的认同。该评论与安重根一样,将东洋三国的关系比喻为兄弟关系,但不同的是安重根是把中国比作大哥,而《皇城新闻》则是把日本看作大哥,这间接反映出二者对西洋文明的不同立场。

随着高宗被废黜,丁未七条约被签订,一系列丧权辱国事件相继发生,《皇城新闻》也开始加大对日本的批判力度,与此同时,儒学价值得到更为全面的延展。《皇城新闻》将"朝鲜魂"解释为"檀箕以来之风化"③,这种檀君、箕子继承意识融合了韩国的独特性与儒教的同质性。《皇城新闻》把东洋文明升华为普遍文明,对"东洋"赋予儒家文明的意义,指出,"四千年礼仪之国,檀君箕子之教化,孔子孟子之伦理,忠孝义烈的精神,代代相传而不灭。……忠君爱国的精神是自然的国性"④。《皇城新闻》希望通过儒教来确立韩国的家国认同。"儒教"作为韩国、东洋的身份认同而登场,以"大同"的理念呼吁世界和平。

1908年后,回到《皇城新闻》担任主编的朴殷植一直主张"大同思想"。他的大同思想以"社会进化论竞争"为前提,通过对"自强运动"的反省,提出了

---

① 《世界平和在东洋(续)》,《皇城新闻》,1906年12月11日。
② 《世界平和在东洋(续)》,《皇城新闻》,1906年12月12日。
③ 《皇城新闻》,1908年3月20日评论。《皇城新闻》的檀君箕子继承意识可以说是在血缘上继承檀君,在文化上继承中华文明的认识。
④ 《我抱乐观的思想(续)》,《皇城新闻》,1910年1月23日。

比"恢复国权"更高层次的理想。虽然他对"恢复国权"予以正当性,但其所谓"万物一体之仁"的道德价值超越了韩国,延伸至东洋与世界,存在着将帝国主义的侵略逻辑正当化的可能。① 在《皇城新闻》中出现的"大同",超越了国家的界限,成为东洋和平与世界和平的理想模型,这与现实的隔阂进一步拉大。

由于一进会的合邦请愿运动,社会上对"合邦"的危机意识愈加高涨。此时,《皇城新闻》主张,实现人类的大同和平就是春秋大义之一,要努力消除一切反目和仇视。②《皇城新闻》认为种族之间的竞争优先于国家之间的竞争,强调"东洋"的同心协力的重要性。③ 与此同时,《皇城新闻》还认为,对东洋承担保护责任的日本,应巩固对韩中两国的连带关系,促进文明进步与利益发展,让东洋可以享受到永远的平等与无尽的福利。《皇城新闻》中甚至还出现了将"保护国体制"合理化的言论。④《皇城新闻》通过儒学(同质性的要素之一)对"东洋"概念进行建构和完善。日俄战争后,通过基于家庭关系的儒家道德来表现"东洋三国"的关系,并通过"大同"理念为"东洋"赋予"和平"的价值。

从1898年开始发行,持续了13年的《皇城新闻》是大韩帝国的权威报纸,在地方社会也广为人知。虽然1908年的发行量只有3300份左右,但在一些地方,一人为80多人读报,扩大了报纸的影响力。⑤ 对当时的贵族和儒生阶层等知识分子来说,《皇城新闻》帮助他们了解现实局势,是非常有用的工具。⑥ 因此,和其他的新闻媒体相比,被《皇城新闻》意义化的"东洋"概念,具有较大的影响力,得以广泛传播。1909年安重根狙击伊藤博文事件发生后,大韩帝国社会的大部分政治势力都试图通过"东洋和平"的表述来确保自身行为的正当性。这可以说,在大韩帝国成员的思想中,存在被儒教价值意义化的"东洋"概念。

---

① 金基承:《白岩朴殷植的思想变迁过程,以"大同思想"为中心》,《历史学报》1987年第114期,第1—39页。
②《是日讲春秋大义布告天下》,《皇城新闻》,1910年1月7日。
③《人种的关系》,《皇城新闻》,1910年1月15日。
④《可对时局猛省》,《皇城新闻》,1910年1月9日。
⑤ 蔡白:《〈皇城新闻〉的经营研究》,《韩国媒体学报》1999年第43卷第1期,第362—394页。
⑥ 李光麟:《皇城新闻研究》,《东方学报》1986年第53期,第1—44页。

四、结语

1909年安重根刺杀伊藤博文的事件发生后,日本成立了朝鲜问题同志会,要从根本上解决两国关系,即"合邦问题"。日本舆论提出了"韩日合邦"主张,这在大韩帝国社会引发了危机感。危机感的高涨导致国内政治势力的应对出现分化,为了确保自己主张的正当性,提出了以东洋三国连带为基础的"东洋和平"大义。这说明"东洋和平"大义在大韩帝国社会中作为有意义的价值得到了认可。

但是,19世纪80年代,在朝鲜出现的东洋三国连带构想中,并不存在1909年大韩帝国社会所通用的"东洋"概念。《朝鲜策略》只是将同属中华秩序的朝鲜和中国,以及不在中华秩序之列,但受过儒家教化的日本,置于必须共同应对俄国侵略的理解中。《岭南万人疏》强调儒家价值胜于西洋基督教的优越性,但把近似西洋的日本看作是与西洋相同的"洋夷"。具有地理相邻性和黄种人同质性的"东洋"想象在《汉城旬报》和《汉城周报》中开始出现。这两家报纸还介绍了兴亚会的连带构想。但是,在他们使用的"东洋"概念中,存在着对亚洲和黄种人界限的模糊性。甲午战争之前,在中日围绕朝鲜的摩擦和对立持续不断的情况下,三国的连带构想具有强烈的"共同防御"的战略性质。基于地域、种族、文化等同质性的想象,这只是一种相对模糊而笼统的存在,并没有落地生根。

甲午战争后,西洋列强瓜分中国,俄国占领中国东北,知识分子将当时的国际秩序视为种族竞争,并开始关注东洋三国的连带构想。1893年樽井藤吉的《大东合邦论》被介绍到朝鲜半岛,并一度被广泛阅读。他用儒家的"仁、德"价值来代表东洋,与具有侵略性的西洋进行了对比。他以语言、民族、习俗的同质性将朝鲜和日本定义为"东洋",以黄种人和儒教的同质性将朝鲜、日本、中国定义为"东洋",又以黄种人的同质性把包括东南亚在内的其他国家定义为"东洋"。樽井藤吉的"东洋"内部具有层层叠加的同质性。他的书彰显出了儒教的优越性,能够在当时的中国和朝鲜知识分子阶层中获得极大的关注和共鸣。但当时朝鲜的知识分子并没有完全接受他的思想。

主张文明开化论的《独立新闻》和安駉寿,认为东洋三国的同质性是地域、人种、文字、风俗。对白种人和西洋文明赋予优越性的同时,也把"东洋"视为未开化的地区。尽管如此,他们并没有因黄种人的特性或风俗的未开化而把自己所属的"东洋"意义化。他们认为人种的界限不是本质问题,心性是相同的。因此,《独立新闻》的"东洋"强调培养军事和经济力量,具有较强的共同防御的意味。为了实现战略连带,东洋三国的同质性并没有被过多强调。

以儒学为基础,主张接受西洋文明的"改新儒学"——《皇城新闻》,将儒学推向了普世文明,并试图以此确立文化认同。随着儒教价值被媒体进一步宣传,曾在大韩帝国成员脑海中的儒教价值被召唤到公论之场。西洋与东洋、白种人与黄种人的对抗格局,扩展为西洋文明与东洋文明(儒家文明)的对抗格局。在文明竞争的格局中,儒家跨越了国家的边界,向"东洋"延伸,并作为"东洋"的价值被彰显。把日俄战争看作是韩中日三国以兄弟爱为纽带,连带捍卫儒教价值的光辉经历。随着日本侵略朝鲜的步伐加快,《皇城新闻》更加强调儒教价值。《皇城新闻》以儒教的家族规范为依据,批判日本的恶行,其对儒教理想社会——"大同"社会的想象,超越了国家的界限,扩张至世界。《皇城新闻》中的"同文",从东洋同质感的表现扩展到东洋价值的彰显。因此,"东洋"一词成为了要继承并发展儒家价值的概念。随着《皇城新闻》的"东洋"概念通过媒体向社会扩散,"东洋"成为了一个具有规范价值的概念,成为了一个使大韩帝国社会成员的行为正当化的概念。

东学的"道德"概念语义化与思想意义

李幸勋 著[*]

陈涵 译[**]

一、导言

无论是在东方还是西方,体现人"类存在"特性的"道德"概念都具有十分悠久的历史。人是善的存在吗?能够区分善与恶的能力来自于何处?因为与这些针对人本性的存在论、认识论问题之间的紧密关联,可以毫不夸张地说,"道德"概念的历史和人存在的历史一样久远。尽管道德包含不受时空拘束的通用的普遍规律,但是道德在不同社会之中的具体事项之间存在着差异。对道德或是不道德的判断经过漫长的时间之后才得以形成,也会因彼此之间持续的社会习惯与规范而产生差别。此时,道德是一种作为行为准则的概念,与社会文化形成密切的关联。

如果说长久以来与道德相关的提问与解答是人类历史积累的共通的历史经验,那么与韩国近代时期剧烈的社会变动相比,这一概念的语义变动可以说非常微小。尤其是当我们依据"道德"概念在儒教文化圈中不断积

---

[*] 李幸勋,韩国翰林大学翰林科学院教授。
[**] 陈涵,成均馆大学东洋哲学系博士生。

累而来的根源及其产物，很难从"道德"的语义变化中发现它与其他历史基本概念一样推动社会变化的例子。"道德"所指代的对象是抽象的，它的作用也是与价值或是评价相关联的，可以说这一层面也是造成这一现象的原因之一。

面对19世纪朝鲜朝内忧外患的危机，崔济愚（1824—1864）身先士卒，创建东学。东学具有与源自朱子学自然观的人类理解不同的，不连续的特性。虽然崔济愚自己主张儒学与东学"大同小异"，但是在儒学的立场上，东学被批判为异端。这一评价源自东学在将西学排斥为他者的同时，为了确保道德实践的绝对性而提出的关于"天"的新认识。和崔济愚生活在差不多同一时期的崔汉琦（1803—1877）也曾自负自己的气学是要作用在文明开辟的世界中的全新的学问，但是他用来说明气学的大多数概念都是借用自儒学。不过，崔汉琦使用的"气"概念是"活动运化"的气，实现了"气"全新的语义化。崔济愚的东学也受到了儒学的较大影响。关于东学思想已有诸多先行论著，其中，将东学看作是宗教来进行讨论的观点受到了天主教的很大影响。虽然现有众多对儒学和东学展开比较的研究，但是正式对"道德"或是"天主"等问题概念展开讨论的研究并不多。本文以东学的经传为中心，旨在研究它与儒学的连续性与不连续性，考察东学道德概念历史的语义论。首先，笔者将整理"道"和"德"的古典用例，从天与人两个层次分析东学"道"与"德"的特性。随后，通过东学对西学与儒学的认识，以及当时政府和儒林排斥东学的原委，追踪概念之间的冲突。最后，尝试划定东学道德概念语义变化中所蕴含的意义。笔者对于东学"道"与"德"的分析主要依据《东经大全》与《龙潭遗词》，并以《东学史》中出现的"道"与"德"，以及"道德"概念的解释作为补充。① 学界已有众多关于东学的研究成果，其中也有很多与本文的主题相关，探讨儒学

---

① 天道教是东学的异称。就如同对儒教和儒学不加以区分使用的情况一样，近代以前，"学"以及"学问"不被区分于文化或是哲学。继承东学思想的天道教是伴随着近代宗教概念的流入和殖民地宗教政策而"成为宗教"的产物。东学经传中对"哲学"这一用语的使用要到《义庵圣师法说》中的《无体法经》和《大宗正义》中才出现，自诚心修炼而来的神通力与大神师神灵的行迹是无法用哲学来进行诽谤或是推而求索的。

与东学之间思想上相似性的研究。① 林泰弘认为裴泳基、柳庆桓、裴相贤、郑奎薰的研究在凸显东学中出现的儒学思想。相反,朴璟焕、李讚九、金容晖、车成桓、曹慧仁(音译)等学者们虽然承认儒学对东学的影响,但是更加强调东学的独创性。② 本文将在这些研究成果的基础之上,把关注的焦点从概念形式的同一性转移到探究其中蕴含的语义变化上。对于道德概念进行的通时考察便于我们追踪这样的语义变化,而东学道德概念的语义化将在传统天人观的变化之中体现出其思想意义。

二、东洋"道德"概念的语义论

"道德"一词是汉字"道"与"德"的合成词。"道"与"德"这两个单音节的词今天仍在被人们使用。"道"与"德"虽然多被用作是名词型,但是偶尔也会被写作是"说话""走路""习得""获得"等动词型。字典中"道"除了具有"道路、水流通行的路径、各种通路、路径、经过、方向、方位、种类、方法、技艺与技术、道家学派、仙术与方术、佛教与佛教徒、聚会或组织、遵行、实行、正直、话(讲述)、知(领悟)、行政区域"等名词用法外,还有"沟通、引导、开导、教导、治理"等多样的动词用法。"道"虽然大体上来说指的是人通行的路,但是也意为原本没有的、因人们的走动而产生的,也就是因人能动的行为而形成的存在。同时,"道"还具有一定要走的路,即已经存在的、必须要遵守的规则的含义。③

战国时期确立的指向宇宙理法的"天道"和意为人的规范的"人道"被道家看作是天地万物的起源和存在依据,概念化为宇宙、自然、万物的普遍规律

---

① 将焦点放在儒学与东学思想连续性上的研究有:金教斌:《儒教与民众运动的关联样相——以儒教与东学的"大同小异"为中心》,《东洋哲学》1999 年第 11 辑;林泰弘:《东学的修养论中出现的儒学的性格——以守心正气与诚敬信的概念为中心》,《儒教文化研究》2004 年第 8 辑。相反,将焦点放在两者差别性上的研究有金容晖:《儒教与东学——通过宗教体验变得不同的与儒教的差别性》,《东洋哲学研究》2002 年第 29 辑;朴璟焕:《东学与儒学思想》,《东学学报》2003 年第 5 卷。
② 林泰弘:《东学的创立过程中受到的儒学的影响》,见崔英辰、池俊镐编:《东亚西亚儒教文化的新指向》,首尔青于蓝媒体 2004 年版,第 199—201 页。
③ 李申:《中国古代哲学和自然科学》,上海人民出版社 2002 年版,第 105 页。

和根源真理,以及社会、政治、道德的规范。①

"德"具有"道德、品德、有德者、行为、善行(仁爱、仁政)、恩惠、恩德、心意、情意、福庆、德教、教化、生成万物的规律与性质、天地化育万物的功能、相生相克并且循环不息的主宰天道与人事的自然势力(五行说)、得、直"等含义。② 如果说"道"是原则,那么"德"代表的便是原则在实际上的体现。《论语》中"道"一共出现了4处,"子曰,志于道,据于德,依于仁,游于艺"③,人必须要遵循和实行的是"道",实践道而获得于心的便是"德",因此"据于德"指的是将道放在心上转换为实行。"仁"是儒家思想中最高的德,"礼"所代表的礼乐是仁的具体表现形式。《后汉书》中也有如下的语句体现了仁义与道德的关系——"(臣闻)仁义兴则道德昌,道德昌则政化明,政化明而万姓宁"④。《孟子》中"道"出现了140处,主要指代先王之道与君子之道、先王与君主应当具有的道德,以及人活着必须要遵循的准则。

就如同《礼记》中"道德仁义,非礼不成,教训正俗,非礼不备"⑤的内容一样,儒教重视德的实现方式——礼。从"(司徒)修六礼以节民性,明七教以兴民德,齐八政以防淫,一道德以同俗"⑥中可以看出,"礼"担当着德之使者的角色。荀子在《乐论》中写道,"君子乐得其道,小人乐得其欲,以道制欲,则乐而不乱……故乐也者,治人之盛者也"⑦。"道"如同它所代表的"路"的含义一样,被当作是"人必须要遵循的东西"。而"德"与"得"同音,被看作是"自己得到的东西"。在"道"与"德"关系的问题上,如果说"道"是每个人都要遵循的道理的话,那么"德"便意味着按照每个人遵循"道"的程度不同而得到的收获或状态。⑧

---

① 沟口雄三等编:《中国思想文化辞典》,金锡根等译,首尔与书一起出版社2011年版,第40—51页。
② 参照《汉语大词典》中的"道"与"德"词条。
③ 《论语·述而》。
④ 《后汉书·种岱传》。
⑤ 《礼记·曲礼上》。
⑥ 《礼记·王制》。
⑦ 《荀子·乐论》。
⑧ 韩愈《原道》:由是而之焉之谓道,足乎己无待于外之谓德……道有君子小人,而德有凶有吉……凡吾所谓道德云者,合仁与义言之也,天下之公言也。

在蕴含东洋思想原初形象的《周易》中,我们也可以找到相关的许多用例。①《说卦传》中出现的"道德"是古时圣人作《易》的宗旨之一,是实现人与自然之间和谐的方法。"道德"作为"至于命"的方法,②发扬着人类的德性,并实现天道。而乾卦中认为"元亨利贞"是君子必须要实行的"四德"。在《中庸》的第一章里,"天命""率性""修道"各自与"性""道""教"连接在一起。而《大学》第一章中,"明德"被看作是先验的道德,"明明德"与"亲民""止于至善"一同构成三纲领而并列于首位。随后,"修身"作为修养道德的实践行为,与格物、致知、诚意、正心、齐家、治国、平天下一同构成"八条目"。③ 总括《大学》八条目的"修己治人"与"修己安民"中所标榜的儒教学问与政治思想的基础——"修己"便属于"修身"。在内培养与圣人一样的德,在外实行"内圣外王"的儒教理想也是"修身"的出发点。另一方面,伦理的本义是事物的条理,④代表人之间必须要互相遵守的道德准则。⑤ 伦常在儒教中被强调为君臣、父子、夫妇、兄弟、朋友关系中必须要遵守的道理和不变的常道——五伦。现在,伦理学指的是一门研究道德起源与发展、人的行为准则、个人社会国家等义务的学问。

今天,"道德"还经常被看用作是老子《道德经》的简称。《道德经》包含了道家关于"道"的代表性立场。其中脍炙人口的名句便是"道可道,非常道"。此时的"道"超越了人走的路以及行为规范的含义,意味着宇宙自然中万物生成变化以及消亡的原理,是概括所有存在的根源以及这些思想的真理本身。

在吸收了道教与佛教形而上学的宋代朱子学中,依据"性即理",所有存在都可以解释为一个"理"。"道"当然也与"理"不可分割,出现了"(道)是从天来""道与德不是判然二物,大抵道是公共底,德是实得于身,为我所有底"

---

① 《周易·说卦传》:昔者圣人之作易也,幽赞于神明而生蓍,参天两地而倚数,观变于阴阳而立卦,发挥于刚柔而生爻,和顺于道德而理于义,穷理尽性以至于命。
② 吴钟逸:《道德概念的形成与发展》,《东西哲学研究》2003年第30号,第228页。
③ 《大学》:自天子以至于庶人,壹是皆以修身为本。
④ 《礼记·乐记》:凡音者,生于人心者也。乐者,通伦理者也。郑玄注:伦,犹类也,理,分也。苏轼《论给田募役状》:每路一州,先次推行,令一州中略成伦理。一州既成伦理,一路便可推行。
⑤ 《朱子语类》卷七二:正家之道在于正伦理,笃恩义。

式的定位。① 在追求人道与天道的合一之时,抑制自形气而来的自然欲望,发挥本性区分人心与道心,这些都是实践道与德的权宜之计。荀子也曾在《解蔽》中引用《道经》的"人心之危,道心之微,危微之几,惟明君子以后能知之"。② "人心道心"升格为性理学心性论的重要概念是从程颐开始。程颐认为所有人都具有先验的道德本心,"人心,私欲也。道心,正心也"③。朱子从这里更往前一步,区分"此心之灵,其觉于理者,道心也,其觉于欲者,人心也"④。同时,因为人皆有形气,所以圣人也不是没有人心,"人自有人心道心,一个生于血气,一个生于义理。饥寒痛痒,此人心也。恻隐、羞恶、是非、辞让,此道心也。虽上智亦同"⑤,"虽小人不能无道心,如恻隐之心是"⑥。

随着"理"普遍地位的不断被强化,指引人道德实践的宋代新儒学的典型在朝鲜性理学中得到了继承与发展。用"理"与"气"来解释的世界与人超出了道德伦理的领域,扩张到了社会政治制度的层面。然而理气论形而上学的深化与心性论的体系化使得内在于"天"概念中的宗教神秘色彩不断弱化。儒教知识内部长久以来存在争论的理气心性论在引导一般道德实践的时候暴露出了一定的局限性。而东学自重提天与人之本原观念的疑问出发,开拓了人民一般的自由视角,其中心便在于东学的"道德"概念上。

三、东学的"道德"与语义层

通过分析《东经大全》开篇的《布德文》《论学文》《修德文》和《龙潭遗词》中收录的《道德歌》,我们可以知晓"道"与"德"在东学里所处的中心论题的位置。崔济愚主张天道与人道的一致,称颂所有旧时圣贤的业绩。他认为"天

---

① 张载《正蒙》:神天德,化天道,德其体,道其用,一于己而已。陈淳《北溪字义》:道犹路也……其根原皆是从天来,故横渠谓,由太虚有天之名,由气化有道之名……道与德不是判然二物,大抵道是公共底,德是实得于身,为我所有底。
② 《荀子·解蔽篇》。
③ 《河南程氏遗书》卷19。
④ 《朱子语类》卷62。
⑤ 《朱子语类》卷62。
⑥ 《朱子语类》卷78;道心,是义理上发出来底,人心,是人身上发出来底。虽圣人不能无人心,如饥食渴饮之类。虽小人不能无道心,如恻隐之心是。

道"是宇宙自然不变的运行,"天德"是遵循自然法则的人之道理。崔济愚用"天德"来代替"人道"的命名是在从全新的视角来理解天人关系。他所主张的实践德目——诚、敬、信是相信、尊敬并诚心诚意修行无为而化的天道与神灵内在的天德。也就是说,在崔济愚的观点中,实现人之道理与确立德全都取决于自己的诚意。①

然而现实却与崔济愚的设想不同,世间所有人都只知道自己,陷入"各自为心,不顺天理,不顾天命"②的境地。这也便是东学创教的原因,在"察其易卦大定之数,审诵三代敬天之理,于是乎,惟知先儒之从命,自叹后学之忘却"③之中也有所体现。④ 后学们因各自为心丢失了敬天与顺天的生活,东学以前的宗与教便是诱发这一结果的原因。从各自为心之中逃脱出来的方法便是自身的自觉。自觉即不忘却自己生于天之造化,像上古圣贤一样敬天,顺应天命与天理。⑤

就如同"夫天道者,如无形而有迹。地理者,如广大而有方者也……阴阳相均,虽百千万物,化出于其中,唯独人最灵者也"⑥所说,东学的思维方式与将天地生成万物看作是"大德"的《周易》大相径庭。问题是使得这样的宇宙生成成为可能的缘由是什么呢? 东学认为,自古以来在这一问题上,人们都

---

① 《东经大全·修德文》:道成德立,在诚在人,或闻流言而修之,或闻流咒而诵焉,岂不非哉,敢不悯然。
② 《东经大全·布德文》:盖自上古以来,春秋迭代四时盛衰,不迁不易,是亦天主造化之迹,昭然于天下也。愚夫愚民,未知雨露之泽,知其无为而化矣。自五帝之后,圣人以生,日月星辰,天地度数,成出文卷而以定天道之常然,一动一静一盛一败,付之于天命,是敬天命而顺天理者也。故成君子,学成道德,道则天道,德则天德,明其道而修其德。故乃成君子,至于至圣,岂不钦叹哉。又此挽近以来,一世之人,各自为心,不顺天理,不顾天命,心常悚然,莫知所向矣。
③ 《东经大全·修德文》。
④ 赵晟桓从这一观点出发评价东学集成了韩国传统的敬天思想。参见赵晟桓:《"天道"的诞生:以东学的思想史的位置为中心》,《韩国思想史学》2013年第44辑,第361—390页。
⑤ 《龙潭遗词·劝学歌》:大抵人间草木群生,死生在天。不时怨望风雨,亦临死号天。三皇五帝圣贤,犹敬天顺天。此浇薄世上,不顾天命……世上可怜之人,各自为心。敬天顺天! 在此浇薄世上,不忘其本!
⑥ 《东经大全·论学文》。

没能弄清楚宇宙生成到底是天主①的恩惠,还是造化的痕迹。《龙潭遗词·道德歌》中有对现实的如下叹息:

> 我东方虽有自呼名为贤人达士道德君子者,然无敬畏之心,所知者何?虽如亲眼所见一般,说道天上之上帝于玉京台之上,却不知阴阳之理,所言岂非虚无之说哉?天地亦为鬼神,鬼神亦为阴阳。不知此,阅读经传又有何用?不知道与德,如何知晓其果为是贤人君子哉?②

通过这段引文,我们可以大致描绘出崔济愚所说的"道"与"德"的含义。崔济愚不顾自己对话上帝的降灵体验,不承认天上上帝的实体。③ 生成宇宙万物的"理"是如同四时交替一般的恒常原理,阴阳是万物化生的属性。天地与鬼神不过是阴阳的造化,并非另外存在一个生成并主宰万物的超越的绝对者。人之"类存在"亦是阴阳相互造化形成,是作为万物中的一个化生出来的。不过其中,唯有人最为神灵。④ 也就是说,"道"不是脱离我自外界赋予而来,"天道与天德"与"人道与人德"之间并无不同。

> 吾有灵符,其名仙药,其形太极,又形弓弓。受我此符,济人疾病,受

---

① 笔者此处将"上帝"写作是하늘(=老天爷)。尹锡山则主张应当使用한울님来标记上帝。他认为,三世教主孙秉熙1905年创教天道教后刊行于教坛内的《天道教会月报》与《龙潭遗词》中均使用한울与한울님。并且,《龙潭遗词·兴比歌》中的诗句"不是无穷的(무궁한)藩篱中无穷的(무궁한)我吗"所表达的"领悟无穷尽的自己"这一点蕴含着东学的核心教诲"侍天主"。也就是"不然其然"发掘"无穷的"理,并且和"无穷的"宇宙一起侍奉한울님。参见尹锡山:《注解乐经大全》,首尔东学社2009年版,第197—204页。而金容晖认为,东学的"天(하늘)"不一定代表人格神,有时也可以解释为宇宙气韵(至气)、内在的灵(内有神灵)、心。所以现在的天道教主要会使用한울님之一包含以上概念的用语。参见金容晖:《崔济愚的哲学——侍天主与重新开辟》,首尔梨花女子大学校出版部2012年版,第22页。本文与金容晖的主张相似,也使用하늘님的现代语标记。
② 《龙潭遗词·道德歌》。
③ 此处"上帝"代表的是天道教中的唯一神乃至造物主的观念,不是拟人化统称天之功能的神。
④ 《东经大典·论学文》:夫天道者,如无形而有迹……阴阳相均,虽百千万物,化出于其中,独惟人最灵者也;《龙潭遗词·道德歌》:天地阴阳始判后,百千万物化生而来,至愚者禽兽,最灵者人。

我咒文,教人为我,则汝亦长生,布德天下矣。①

曰吾心即汝心也。人何知之,知天地而无知鬼神,鬼神者吾也。及汝无穷无尽之道,修而炼之,制其文教人,正其法布德,则令汝长生,昭然于天下矣。②

这样的降灵体验是东学创道的契机,也是东学布德的依据。崔济愚在降灵体验之中,守心正气,修而炼之,最终完成了21字咒文——"至气今至愿为大降,侍天主造化定永世不忘万事知"。前半句是降灵咒文;后半句是本咒文,意为"现在至气到了我这里,我愿与它同化,侍奉天主的我自己定下造化,平生不忘,合天主之道"。早期被称为《东学论》的《论学文》记载了逐字逐句注释这21字咒文的内容,却唯独没有出现对其中"天"的释义。在现有的研究之中,有学者推测出现这一现象是因为"天"的含义复杂多变,所以没有对其进行解释。《论学文》中解释"气"为"气者,虚灵苍苍,无事不涉,无事不命,然而如形而难状,如闻而难见,是亦浑元之一气也"③;"侍"乃"内有神灵,外有气化,一世之人,各知不移者";"造化"意为"无为而化";"定"指"合其德定其心";"知"是"知其道而受其知";最终"明明其德,念念不忘则,至化至气,至于至圣"。④

"吾心即汝心",如果说天主的心就是人的心,那么出现善恶的原因又是什么呢?面对那些认为东学是邪说的诋毁,崔济愚没有否定恶存在于现实社会中的可能性。他解释道,"尧舜之世尚有盗跖,这世上岂会没有恶人阴害?孔子之世尚有桓魋,我们又岂能免于这世上的恶人之说"⑤。他还将善恶的发生归因于君子和小人的德的差别——"君子之德,气有正而心有定,故与天地

---

① 《东经大典·布德文》。
② 《东经大典·论学文》。
③ 《东经大典·论学文》。
④ 《东经大典·论学文》:今至者,于斯入道,知其气接者也,愿为者,请祝之意也,大降者,气化之愿也,侍者,内有神灵,外有气化,一世之人,各知不移者也,主者,称其尊而与父母同事者也,造化者,无为而化也,定者,合其德定其心也,永世者,人之平生也,不忘者,存想之意也,万事者,数之多也,知者,知其道而受其知也故,明明其德,念念不忘,则至化至气,至于至圣。
⑤ 《龙潭遗词·道德歌》。

合其德,小人之德,气不正而心有移,故与天地违其命"①。崔济愚对君子和小人的区分只出现在了《论学文》中。《东经大全》中共出现"君子"5处,"小人"1处,而《龙潭遗词》中出现"君子"16处,"小人"仅出现1处于《安心歌》中。《安心歌》主要讲述朝廷众臣诬陷因壬辰倭乱中的李梦鹤之乱而遭受牵连的金德龄,相关内容并非依据先天的气质与器量区分君子与小人。总而言之,在东学认为所有人都是天主的观念中,可以说每个人都已经具有了君子的资质。

同时,崔济愚认为天主是不择善恶的。天主的降灵仅仅取决于是否真心恭敬,而并不去区分人的善恶。并且,是害还是德取决于天主,不是人可以干涉或决定的。虽然看似与造化的主旨相矛盾,人们无需去期盼侥幸或是祈愿祸福,只需要恭敬,在与天地合德的道路上一往而前即可。②《教训歌》中的以下内容是对这一问题很好的解答:

> 运数好而修行方是道德,汝等何等八字,以为可以不劳自得?想要不劳而获的人啊,以为可以坐享其成才如此这般吗?我不信这些,我相信天主!侍奉天主在我身,无需舍近取远。……若十三字(咒文)到了极致,万卷诗书又有何用?所谓心学,不忘其意!将为贤人君子,岂非道成立德?这般简单之道岂可自暴自弃?③

时运不济,而后再次进入盛世,这便是"运数"。就算后天开辟,新的时运到来,如果自己不修炼的话,也不是道德。修道便是从知觉各自侍奉的天主开始,无需脱离自身去远处寻找。因此,也不需要万卷诗书。并且,崔济愚说道,"十年工夫,道成立德,不谓其速成。然无穷吾道,三年不成便谓其虚言?

---

① 《东经大典·论学文》:曰天心即人心,则何有善恶也。曰命其人,贵贱之殊,定其人,苦乐之理,然而君子之德,气有正而心有定,故与天地合其德,小人之德,气不正而心有移,故与天地违其命,此非盛衰之理耶。
② 《东经大全·论学文》:曰反道而归者何也。曰斯人者不足举论也。曰胡不举论也。曰敬而远之。曰前何心而后何心也。曰草上之风也。曰然则何以降灵也。曰不择善恶也。曰无害无德耶。曰尧舜之世,民皆为尧舜,斯世之运,与世同归,有害有德,在于天主,不在于我也。——究心,则害及其身,未详知之,然而斯人享福,不可使闻于他人,非君之所问也,非我之所关也。
③ 《龙潭遗词·教训歌》。

诸君汲汲,不修人事而愿天命?"①,强调不能着急于修炼的成果。此外,他还主张"吾道博而约,不用多言义,别无他道理,诚敬信三字"②。其中,崔济愚首先强调"信",认为"信"是"曰可曰否,取可退否,再思心定,定之后言",而后"人言以成,先信后诚"。③

> 心兮本虚,应物无迹,心修来而知德,德惟明而是道,在德不在于人,在信不在于工,在近不在于远,在诚不在于求,不然而其然,似远而非远。④

如同引文中所说,守心才是知德的真谛,人之理就在明德之中。和守心一起被提到的是除去使心动摇的气运。为了自觉道,需要固守"心柱",消除浊气,而养淑气,正心则百事同归一理,不去谈论他人过失,并将自身小智慧施予他人。⑤ 诚、敬、信的构造是在通过敬天和守心正气来引导爱人的实践。

我们可以在《东学史》中寻找到崔济愚执意提及"天道与天德"的原因。吴知泳所著《东学史》虽因存在与事实相左的内容而受到批判,⑥但是其中收录的《道问答》与《儒佛仙与吾道》等内容充分体现了"道德"的新的语义化过程,特别是以问答形式出现的《道问答》的内容体现了东学对"道"的新认识。东学的"道"乃"天道",虽然与古人所说的"天道"之"道"相似,但是其中蕴含的道理不同。崔济愚认为,"古人所谓的天道是在人类之外创造一个最高无

---

① 《龙潭遗词·道修词》。
② 《东经大全·座箴》。
③ 《东经大全·修德文》:大抵此道,心信为诚,以信为幻,人而言之,言之其中,曰可曰否,取可退否,再思心定,定之后言,不信曰信,如斯修之,乃成其诚,诚与信兮,其则不远,人言以成,先信后诚。
④ 《东经大全·叹道儒心急》。
⑤ 《东经大全·叹道儒心急》:山河大运,尽归此道,其源极深,其理甚远,固我心柱,乃知道味,一念在兹,万事如意,消除浊气,而养淑气,非徒心至,惟在正心,隐隐聪明,仙出自然,来头百事,同归一理,他人细过,勿论我心,我心小慧,以施于人。
⑥ 柳永益认为《东学史》(首尔永昌书馆,1940年)不过是一部历史小说。另一方面,朴孟洙认为吴知泳是在以自身的体验为基础来整理东学。2014年11月5日,由高敞郡/成均馆大学校、东亚细亚学术院、人文学研究所举办的,以分析《东学史》创作经过与内容为主题的"东学农民革命120周年纪念学术大会'对吴知泳的《东学史》的综合讨论'"使得这一问题再次走进了学者们的视野。

上的位置,将其看作是人格的上帝。人类在其之下崇拜服从,人类所有的生死祸福都由它的命令决定。而我所说的天道与此不同的,是以人而言"。因此,"人乃天,天乃人"指的便是人的生死祸福全在自己,不是另由某种天和神来决定。天和人不过是因有形与无形而被区分为不同的名称,其中的理是相同的。最为重要的是,"道"的实际渊源自在于人自身,想要学习道的人不要来向"我"寻求,而是只需要在自身寻找便可。① 超越了天的内在化的天与人的一体化构成了东学"道德"重要的语义层。就如同"人乃天"一样,人的路便是天道。《儒佛仙与吾道》中点明东学的"人乃天"主义与儒佛道以及耶稣教不同,认为人不是为了道而活着,而是人为了活着,所以才有了道,否定道的实体性。也就是说,道是依照人的需要被创作出来的。东学不承认传统的道德、习惯的道德、追势的道德,以及固定下来的道德,认为按照人生活的需要"道德"可以改变。② 至此,"道德"概念打开了全新的语义视野。

四、"天主"概念的交叉与专有

我们讨论东学的创道契机,不能忽视西学的影响。"东学"这一名称本身便是在针对"西学"——天主教。从主张"天道"这一点来看,东学虽与洋学相似,但是"吾亦生于东,受于东,道虽天道,学则东学"③。因为没有留下相关的记录,我们很难去推度崔济愚到底通读过多少西学书籍。不过我们可以确定的是,面对西洋列国掠夺中国的消息以及其间天主教的传播与扩散,崔济愚表露出了相当的担忧。《东经大全》中有多处体现了崔济愚对于"西学"的认识:

> 至于庚申,传闻西洋之人,以为天主之意,不取富贵,功取天下,立其

---

① 《东学史(二)·道问答》,《东学农民革命史料丛书》第1卷。
② 《东学史(二)·儒佛仙与吾道》,《东学农民革命史料丛书》第1卷。人不是为了道活着,而是为了人活着而有了道。并且,道不是传统的、习惯的、追势的、固定的,而是必定要为了人个体的生活与人全体的生活自心自由、能变能化。
③ 《东经大全·论学文》:吾亦生于东,受于东,道虽天道,学则东学,况地分东西,西何谓东,东何谓西,孔子生于鲁,风于邹,邹鲁之风,传遗于斯世,吾道受于斯布于斯,岂可谓以西名之者乎。

堂行其道,故吾亦有其然岂其然之疑。①

夫庚申之年,建巳之月。天下纷乱,民心淆薄,莫知所向之地。又有怪违之说,崩腾又世间,西洋之人,道成立德,及其造化,无事不成,攻斗干戈,无人在前,中国烧减,岂可无唇亡之患耶。都缘无他,斯人道称西道,学称天主,教则圣教,此非知天时而受天命耶。②

《论学文》阐述了西学与东学之间的差异。崔济愚认为,虽然东学和洋学的"道"都是向天祈求而来的,但是洋学没有上达天主的实际,其中的理实际也不同。他说道,"吾道无为而化矣,守其心正其气,率其性受其教,化出于自然之中也,西人,言无次第,书无皂白而,顿无为天主之端,只祝自为身之谋,身无气化之神,学无天主之教,有形无迹,如思无咒,道近虚无,学非天主"③。《劝学歌》中详细记录了当时天主教流行的状态:

无端昼宵间求于天主之言,似告知三十三天玉京台我人已死。其人可笑,言我死之后,无神,亦无须祭祀。违背五伦,唯愿速死。无父母之魂灵魂魄,缘何唯独有我?说什么上天稚子幼言,言此言他。恭敬天主,我东方三年怪疾,岂有死之担忧?听闻汝等之虚无风俗,(可笑)绝肠,见之慨叹矣!④

与对待西学的态度不同,崔济愚多次提及自己的主张传承了儒学的教诲。譬如,他说道"行守心正气,守仁义礼智,从君子之言,守诚敬二字。有先王古礼,岂有嫌疑。明世间五伦之法为人性之纲,起誓不忘,岂有嫌疑"⑤。然

---

① 《东经大全·布德文》。
② 《东经大全·论学文》。
③ 《东经大全·论学文》:转至辛酉,四方贤士,进我而问曰,今天灵降临先生,何为其然也,曰受其无往不复之理,曰然则何道以名之,曰天道也,曰与洋道无异者乎,曰洋学如斯而有异,如咒而无实,然而运则一也,道则同也,理则非也,曰何为其然也,曰吾道无为而化矣,守其心正其气,率其性受其教,化出于自然之中也,西人,言无次第,书无皂白而,顿无为天主之端,只祝自为身之谋,身无气化之神,学无天主之教,有形无迹,如思无咒,道近虚无,学非天主,岂可谓无异者乎。
④ 《龙潭遗词·劝学歌》。
⑤ 《龙潭遗词·道德歌》。

而,尽管崔济愚强调自己与儒学之间思想上的连续性,东学还是受到了朝鲜政府以及儒林的排斥。原因有二:其一,东学使用的"天主"一词,有西学的嫌疑,存在观念的交叉与专有的问题;其二,崔济愚统合儒佛仙创道的东学被评价为不过是用灵符和咒文来惑世诬民的邪术。

  如同上文所说,东学思想的核心被概括为13字咒文——"侍天主造化定永世不忘万事知"。《东经大全》里的"天主"在《龙潭遗词》中被标记为"上天"。崔济愚在《论学文》中认为"侍"字内有神灵,外有气化,世间之人并非是各自自主运作。① "主"为尊称,意指将其与父母一同侍奉。"天"没有相应的注解。在当时,因"天主"是西学(天主教)所专有,东学有被误认为是西学的嫌隙。甚至有人说道,"东学侍奉西学的天主,黄巾的符咒就和踏袭井华水的巫堂一样"②。还有人说,"其学亦尊天主,而欲自别于西学改称……其实鄙俚浅近,袭取天主之糟粕云"③。东学受到了儒林的警戒与贬斥。在崔济愚被逮捕并于官衙内遭受审问的过程之中,东学与儒学之间的亲缘性被置之不理。1864年4月,朝廷处决崔济愚的罪昭中写道,虽然他认为自己排斥西学,然而实则踏袭西学之布德文,剑舞于平世思乱,暗地聚党。④

  在东学农民运动初期"教主伸冤运动"的上疏与请愿书中,人们为了避开西学的污名,将"天主"中的"主"字略去,只使用"天"字。⑤ 东学教主伸冤运动也是为了改变当时朝鲜政府在保障天主教、基督教等宗教自由的情况之下,仍旧禁止和打压东学的宗教政策。因为政府的这一政策,各地区的东学徒,

---

① 尹锡山认为"侍"是在内恢复天主赋予的心(天主的神灵),在外实现合天主无穷气运的"融合一体"。参见尹锡山:《注解东学经传》,第94页。金容晖则将其解释为,在内获得天主的教诲,在外体验天主神灵的气运。参见金容晖:《崔济愚的哲学——侍天主与重新开辟》,第126页。二者主张中的心与教诲、实践与体验之间多少存在着差异。
② 《道南书院癸亥十二月初一日通文》。
③ 黄炫《梧下记闻·首笔》:庆州有崔济愚者,自言天神降乩,撰文书造谣言施符咒,其学亦尊天主,而欲自别于西学改称……其实鄙俚浅近,袭取天主之糟粕云。
④ 《高宗实录》1卷,高宗1年2月29日:福述则本以幺麽之类,敢怀谎诞之术,创造咒文煽动,妖言为天之说。云斥彼而反袭邪学,布德之文,故饰伪而阴售祸心。弓药谓出秘方,剑舞唱播儿歌,平世思乱,暗地聚党。
⑤ 在《义庵圣师法说》中,除去回答关于咒文和天主的提问之外,没有使用"天主"这一用语。有人认为孙秉熙使用的"天"概念更加靠近理法天的含义。不过值得我们怀疑的是,在教主伸冤运动中为了躲避嫌疑而提高与儒学之间相关性的企图会不会也是造成这一现象的重要因素之一。

甚至一些没有直接参与东学的无辜良民也因贪官污吏的专横而家财散尽,遭受虐待。为教主伸冤可以说成为了使得东学获得公开承认并禁止贪官污吏暴政的根本性的解决措施。

  崔济愚认为"吾道今不闻古不闻之事,今不比古不比之法也"①,强调自己创立的东学所具有的独创性。然而,我们不难在《东经大全》和《龙潭遗词》中发现出自儒教典籍中的句子。崔济愚对先辈的学问以及忠孝实践有着相当的自负心,②多次强调儒教的教诲和东学的道理之间并没有什么大的不同。他说道,"觉来夫子之道,则一理之所定也。论其惟我之道,则大同而小异也。去其疑讶,则事理之常然,察其古今,则人事之所为"③,儒教与东学根本的道理相同,都指向在"人事"之中必须要做的事情。针对这一点,他还主张,"和诀诗,人无孔子意如同,书非万卷志能大"④。除此之外,崔济愚更进一步认为"守渊源道统,明孔夫子之仁义道德,传于千秋,不亦说乎?吾亦修这世上之无极大道,晓谕来者,授三七字,岂非无为而化"⑤,将儒教延续至今的学问渊源与道统看作是一大乐事,自己也是在教授无极大道,希望世间之人都能开悟。而实践无极大道的方法便是守心正气。崔济愚认为"仁义礼智,先圣之所教,修心正气,惟我之更定"⑥,断言"守心正气"是自己的独创。东学修养论之核心——"守心正气"就像他自称的心学一样,虽要在修养,但其实无为而化的自己与神灵的天已经自在于我。崔济愚虽然认为儒学和东学大同小异,但是二者之间客观上的差异存在于降灵的宗教体验以及咒文和灵符之中。可以说,他是在1860年4月经历了用灵符和咒文救人于疾病并教人的一连串宗教体验的之后创道了东学。⑦ 另一方面,他还叹息世人只知道祈祷福运,

---

① 《东经大全·论学文》。
② 崔济愚的父亲崔鋆(1762—1840)师从李象靖(1711—1781),而李象靖多少已经脱离了退溪学的正统。参见金仁焕:《东学的理解》,高丽大学校出版部1994年版,第30页。
③ 《东经大全·修德文》。
④ 《东经大全·诗文》。
⑤ 《龙潭遗词·道修词》。
⑥ 《东经大全·修德文》。
⑦ 《东经大全·布德文》:不意四月,心寒身战,疾不得执症,言不得难状之际,有何仙语,忽入耳中,惊起探问,则曰勿惧勿恐,世人谓我上帝,汝不知上帝耶。问其所然。曰余亦无功,故生汝世间,教人此法,勿疑勿疑。曰然则西道以教人乎。曰不然,吾有灵符,其名仙药,其形太极,又形弓弓,受我此符,济人疾病,受我咒文,教人为我,则汝亦长生,布德天下矣。

不知鬼神亦是阴阳，阴阳不过是气化的痕迹。与崔济愚高度评价儒学、警戒杂术的立场不同，当时的朝鲜政府和儒林多指认东学是邪道异端。此时，崔济愚思想所具有的杀伤力也发挥了作用：因为虽然人类对自身创发性与主体性的自觉是在顺应社会的变化，但是也会导致长久以来持续积累的既有权威的松动。

五、"道德"的语义与其意义

　　本文探讨了在"道"与"德"的合成词"道德"实现一般化之前，儒、佛、仙，特别是儒学与东学，以及西学与东学使用的"道"与"德"之间"大同小异"的具体内容。东洋典籍中的合成词"道德"在实现一般化之前的很长一段时间里，"道"和"德"各自代表不同的意思被单独使用。"道"语义化为自然的理法与人的当为规范，"德"则是作为先天的本性成为区分人与万物的特性。继承了宋代新儒学的朝鲜性理学的发展使得内在于"天"观念中的宗教色彩褪色。儒教内部长久以来争论不休的"理气心性论"在引导一般道德实践时具有一定的局限。创道于19世纪中叶朝鲜朝内忧外患之中的东学自重提对于天和人本源概念的疑问出发，开拓了人民一般的思维视野，其中心便是东学的"道德"概念。

　　东学在否定"道"的实体性的层面上与儒学不同，同时在"人乃天""天乃人"的主张上区别于西学（天主教）的人格上帝观。在儒教和西学的交叉冲突点上，东学不断摸索，复兴因性理学的理法天观而弱化了的"敬天"观念，并将其扩大到了人与事物之上。在这一点上，东学的"道德"与儒学的"道德"区分了起来。并且，东学在批判天主教上帝观的同时，将人设定为自发完成道德的实践主体，试图树立东方固有的主体学问，在这一点上具有思想史的意义。

　　东学"道德"概念不是将天与人分开看待，而是天与人为一。古时圣人阐述的道理已经内在于我，因此每个人都是神圣而尊严的存在。这样的思想有利于减少身份的差别，并启发全体平等的观念，使得人人可成为自发完成道德的实践主体。在朝鲜性理学担任社会运营原理的功能消耗殆尽的时间点上，东学的思想自崔济愚的宗教体验而来，以咒文为根基，扩散到了一般大众之间。东学复兴了因性理学的理法天观而被弱化的"敬天"观念，其特征在于继承儒教"亲亲仁民爱物"的同时，提出与西洋不同的近代的主体，扩充了道德的普遍性。

19世纪末至20世纪初韩中日三国的"实学"概念

李垧丘 著*

王伟 译**

一、引言

在中国,从性理学兴起的10世纪到19世纪中期,"实学"主要是作为普通名词或专有名词被使用。作为普通名词,"实学"是与虚学、虚文相反的概念,强调所谓"真正学问"的真实性;作为专有名词,按发展的脉络,"实学"主要是指经学、道学、性理学、经世之学等儒学的各种分支。但"实学"的意义在19世纪中期以后发生了很大的改变,当时的"实学"概念与以往不同,开始脱离长久以来一直依附的儒学脉络,而且演变出多样的形式,这与20世纪中叶以后在韩国被定型为历史用语的情况有所不同。①

---

* 李垧丘,韩国翰林大学翰林科学院院长。
** 王伟,韩国外国语大学博士研究生。
① 正式论述这一时期实学概念的是卢官汛:《大韩帝国时期实学概念的历史理解》,《韩国实学研究》2013年第25卷。他从"形式与政策、内容与范畴、地域性与交流"三个方面,对大韩帝国时期的"实学"概念进行了分析,对本文给了很多启示和帮助。本文将重点放在韩、中、日三国共同经历的变化上,分析这些变化带有的倾向,以及20世纪中叶以后的发展。另一方面,历史问题研究所的殷丁泰博士在研讨会(翰林科学院研讨会:"东亚交叉的概念",2015年)上,提供了宝贵的建议和资料,对本文的第2章、第4章及结论部分给予了帮助,在此深表感谢。

直到19世纪中期,西方的学问在中国和日本仅被有限地接受。而19世纪中期以后,"实学"之所以能够摆脱原有的意义脉络,主要是因为西方的学问为其提供了契机。更准确地说,是19世纪中期以后,伴随着压倒性的物理力,西学对其产生了冲击。传统意义上的"实学"感受到新的冲击,意识到造成这种冲击的西方学问,"实学"自身的语义也就随之扩大:一方面,传统的"实学"仍然存在;另一方面,指代西方学问或实用学问的"格致学、科学、实业学"等新的"实学"也应运而生。

然而,无论是哪一种用法,都不得不在"东西方对立"这一新建构的语境中谈论。"实学"具有"真实"或"现实"的意义,如果将"两个极端,相互排斥"的单向理论排除在外,我们就能关注到这个时期出现的"实学为媒,折中东西"的思考方式。该思想的框架是,东方在古代兴盛,又在中世纪衰退,而现在的西方反而继承了东方古代的核心地位,因此接受西方的学问,可以使"失去的我们"复原。在这样的逻辑中,古代的理想学问、中世纪后失去的学问、如今令西方引以为荣的学问——就是"实学"。换句话说,"实学"既是被召回的古代精神,又是将"进行当下改革,接受西方文明"正当化的概念。

因此,自19世纪中期以来,在近代东亚概念史上,围绕"实学"的讨论异彩纷呈。这是因为,人们在专注于接受西学并翻译概念的同时,超越了对传统的重构和东西方之间的差异,展示出了新的普遍概念的构想。另外,这一时期也很好地体现了"实学"概念的意义变化,"实学"在每个时期都与独特的话语框架相结合,直到今天也有对其身份属性的争论。因为"实学"概念具有多层性、意义相冲的特点。"实学"可以定义为"真实的学问""实践的学问"和"实际、实用的学问",类似于英语的"real"或"realism",具有双重意义,既可用作"实际的存在",又可用作"基础的真理或特性",存在多种自由的"文字游戏"。①

---

① 对于真实(real)和现实主义(realism)的讨论,请参考雷蒙·威廉斯:《关键词:文化与社会的词汇》,韩国民音社2010年版,第392—399页。由于"现实主义"和"实学"存在相似之处,在20世纪70年代,韩国的教育学界将重视经验与实用知识的西方"教育现实主义"(realism in education)翻译成"实学主义"。参见陈央铉:《对实学主义教育思想史的背景考察》,《建国大学论文集》1977年第5卷。以"实"为媒介的"实理、实心、实事、实功、实学"等概念长期存在于"性理学的思维框架"中。19世纪后期,受西方科学、实测、实验等的影响,新的框架得以建构。以康有为为例,他把"实"分为科学的"实测之实"、讨论原理现实性的"实论之实"、必然与公理的"虚实之实"。参见康有为:《实理公法全书》,见《康有为全集》第1集,上海古籍出版社1987年版,第227—278页;宋寅在:《文献解题康有为——〈实理公法全书〉》,《概念与疏通》2012年第9号。

可以将意义拓展至"真实、实践、现实性"的"实学",在现代的每个时段,都将过去的定义重新书写,成为了一个灵活的概念,19世纪中期以后也是如此。在很长一段历史里,被誉为与"真实、实践、实用"相关的儒学精神,与其说是"实学",不如说是"实事求是、经世致用、利用厚生"。众所周知,"实事求是"主要强调真实和实证;"经世致用"主要着眼于实践和改革;而"利用厚生"主要强调实用和实利。直到19世纪中叶以后,西方的学问开始被认为是"实学",但若将其排除在外的话,那么对于"实学"的大多数定义,都是将现有的"实事求是、经世致用、利用厚生"与"实学"相结合的产物,进而构想出新的未来。"实学"通过与传统的改革口号相结合,成为"为了现在的过去概念"。

另外,从"实学"的意义上看,"相冲的倾向"也会显现出来。将具有实用意义的"实学"定义为"实业学",就有可能对思考事物背后真理的"性理学、旧学、人文学"展开批判。在这种情况下,除了被称为"实业学"之外,"实学"还可被称为"西洋科学、学科之学(discipline)"等。"真理 vs 实用"的构图转化为"人文学"与"实用学"的对立。在日本,以及在20世纪初处于日本帝国主义强占期,深受日本影响的韩国,"实学"中的"对立相冲"是值得关注的现象。

二、19世纪后期韩国的"实学"概念及新谱系

朝鲜时代长期存在的"实学=儒学、经学"这种认识,在19世纪中期依然存在。作为知识分子,崔瑆焕构想了朝鲜的广泛改革,他在1858年(哲宗九年)的时候,在首次完成的《顾问备略》中,沿用了传统的认知,将"实学"看作是"经学、讲经(讲说儒家经义)"。

> 学校之设,……必选实有道德之人,使为学官,以来实学之士,朝夕相与讲明正学……自科举之制,词赋重而实学轻,世不尚经术,因未闻有读书讲道之士。[①]

在19世纪80年代初,"实学"概念受到了开化派人士的影响,出现了戏剧

---

① 崔瑆焕:《学校》,《顾问备略》第4卷,西江大学校人文学研究所1984年版。

性的变化,这可以在《汉城旬报》上发现端倪。正祖(朝鲜后期第 22 代王,在位时间:1776—1800)之后的朝鲜曾一度提出以"利用厚生"为先,"接纳西学"为后的逻辑。① 但 1884 年 3 月 27 日的《汉城旬报》提出了与之不同的思想,推崇改头换面的"实学",主张对"西学"的接受。

> 中国的文明领先于西方是四千年前的事情。尧舜三代的教化,会依据时宜将百姓和国家带入安宁……崇尚虚文,不搞实学……西方各国讲格致之学,穷究推理和谐之源,制作器物,富足国家。前日不务实,虚妄地崇尚虚文,无所适从,以讹谋辱。东洋的物产和人口众多,却不如欧洲富强,遭受侮辱,这是为何?因为欧洲崇尚实学,而我们崇尚虚文……只要实事求是,几十年后一定会超过西方国家。所谓"实学",就是"格致"的一条路径。但有的人反对东方人熟悉西学,并称之为"用夷变夏"。从整体上看,"天算格致"之诸学,是天下之公学,而非西方之私学。"天算"可以追溯到远古,而"格致"在《大学》中已被明确。然而后世未讲论与研磨,却让西方人得其一端,精心学习,得到机器之巧妙与富强之功效……正因如此,我认为"天算格致"是天下之公学,而非西方之私学,是适用于当今的学问,绝非旁门左道。②

在《汉城旬报》的逻辑中,有三点值得关注。

第一,将东方的历史观设定为"古代理想—中世衰退—现在奋进、未来复兴"。在此,"实学"成了蕴含东方古代精神的学问。这个涵盖了"利用、经世、实事"等古代思想的"实学",成为了批判中世儒学崇文主义,且主张接纳西方学问的基础。

第二,对"新普世"的设定。象征着普遍性的另一个术语是"公学"。从学问的真理性来看,"实学"与"公学"是同义词。但"实学"具有否定东方虚学、肯定西方实学的特点。

第三,对"格致学"的解释。"格致学"既可称为"格物致知",也可作为英文"science"的译词。在这篇报道中,"格致"是西方"科学"的译词,又与《大

---

① 李垧丘:《为了"朝鲜后期思想史"的未来》,蓝色历史出版社 2013 年版,第 118—121 页。
② 译自《伊国日盛》,《汉城旬报》,1884 年 3 月 27 日。

学》中的"格物致知"基本一致,体现出既不否定东方理想,又要接受西方科学的意识,这可以看作是"取舍东西方之长短"的特征。此类"近来实学衰退,反在西方践行"的认识,在20世纪初被经常提及。①

从学术上看,"取舍东西"的话语没有明确的定义,存在模糊不清的弱点,但也正是因为这一点,才使得"以东为主,吸收西方"或相反的选择都成为可能。作为"东道西器论"的代表人物,申箕善在《儒学经纬》中主张传统的观点,以"实学"对应"诬学",认为"欧人……勤慧,故极其巧思,以成其利用厚生之术"②,"但东方之学(实学)涵盖了西方之术(利用厚生之术)"。在另一面,《独立新闻》则认为"世界都在争学问和技术,唯独我国不是,所以要努力摒弃崇尚虚文的习俗,要采用西方人穷理格物的方法"③。在《独立新闻》里,西方的社会科学、自然科学、实用学问、专业学问等,被看作是东方学问之基本精神——"穷理格物"的代表。

虽然西学占据了"格致学、公学、实学"的位置,但儒学仍处于被拥护的地位。光武改革时期,高宗(朝鲜后期第26代国王)下的诏书就有以下内容:

> 我国的宗教不是孔子之道吗?……近来,世风日渐颓靡,我登基之初,只是崇尚口头背下的学问,忽略了修身养性的学习,崇尚了虚文,对实学却一无所知。现在废了经文,不再讲习。学校里读经的声音没有了,经书也从书桌上消失了……朕将和东宫一起,将来成为一国的儒教宗主,提高孔子的道义,继承列祖列宗的遗志。④

高宗将"崇尚虚文,不谙实学"的现实批判性话语置换为"反对词章之学"。在实施科举制度的当时,在以"文章和经学"为基准选拔官员的当时,这

---

① "近来崇尚虚文,实学消失"的逻辑,在《皇城新闻》1908年2月22日的文章《城津府中化中学校趣旨书》和3月27日的文章《进明夜学》中都有所谈及。《大韩协会会报》第5号中的"格致学的功用"中也提到了"格物致知"于《大学》的八条目之中,后来因尊崇师长而失去本意;相反西方践行"格物致知"的实学,这成了富强的源泉。参见卢官汛:《大韩帝国时期实学概念的历史理解》。
② 申箕善:《儒学经纬》,出版地不详,1896年,第53页。
③ 《真本意见》,《独立新闻》,1899年1月24日。
④ 译自《十三道下令奖励儒教》,《高宗实录》(高宗三十九卷),1899年(光武3年)4月27日,第2篇文章。

种话语转换,是依靠"经学＝实学"这一传统话语逻辑而进行的。但是,在科举制度已经消失的情况下,这种话语就很难获得力量。事实上,该诏书把焦点放在了作为国教的儒教上,随着20世纪初皇室与儒教权威的衰落,此类话语也就消失殆尽了。

此后,"实学"这一用法,被用作表达报刊本身的立场。如,表示要与儒教相互协调,或表示支持广泛开化。举例来说,《皇城新闻》中提到"虽然西方没有井田,但西方教育与东方'乡三物'(六德、六艺、六行)是一样的"①。这与高宗的认识不同,高宗是把国教——儒学看作主干,进而构成实学教育;而《皇城新闻》则是将西方的教育体系认定为"实学"。同一时期的《每日新闻》认为,开化需要审时度势,努力让百姓行动起来,在不了解开化的实际情况下,个个都急于谈开化,结果只会祸国殃民,而真正的开化是致力于"实学开化"②,《每日新闻》将"主体的文化接受"定义为"实学"。申采浩认为,"欲扩张儒教,则需扩张儒教之真理,弃虚而求实,弃小康而求大同。"③。

另外,在接受西方教育体系的同时,也出现了将与"实业"相关的"专门学科"定义为"实学"的潮流,这是另一层对"现实—实用"的认知。这不同于高宗"国教＝儒学＝实学"的主张,也不同于"实学＝公学、格致学"的思潮。随着西方学科之学的引入,"专门学科＝实学"的认识是可被预见的。如,1894年"教育条令"中就提到"教育的方法是分辨虚文和实用"④,这里就使用了"虚文与实用"的逻辑,这与以往"虚文 vs 实学"的逻辑没有区别。此后,1899年的"学校官制"与"工商学校官制",1900年的"矿务学校官制",1904年的"农工商学校官制"等有关"实业教育制度"的敕令中,"实学"被用来指"专门学科"。此外,在日本帝国主义强占期前后,对"以实用为主"实学教育的强调依然没变。⑤

"实学"概念的新变化引发围绕"实学"的新讨论。儒学的兴盛与衰弱,以

---

① 《皇城新闻》,1898年10月27日。
② 《论说》,《每日新闻》,1898年12月7日。
③ 《论儒教扩张》,《大韩每日申报》,1909年6月16日;申采浩:《丹斋申采浩全集6》,独立纪念馆韩国独立运动史研究所2007年版,第676页。
④ 《命令官民教育纲领》,《高宗实录》高宗三十三卷,1895年(光绪21年)2月2日,第1篇文章。
⑤ 《日本教育界思想的特点》,《大韩兴学报》,1910年5月20日,第13期。

及在未来的复兴,"实学"在相隔甚远的西方被发现。这些前所未有的经验,给"实学"讨论留下了全新的时间和空间,诸如"今人的实学""实学时代"等新用语的出现也成为可能。① 这与将"实学"定义为"朝鲜后期实学者之学问"的做法有所不同。

三、19世纪后期中国的"实学"概念

将"实学"与儒学理想及科举制度相联系,将"实学"视为经学的用法,在19世纪中后期的中国依然存在。郑观应在自己的改革书《易言》中,将"实学"看作是古代理想的人才选拔制度"科举"的标准,或将"实学"用在与经书、历史有关的科举学习中。② 在同一篇文章里,在学习西学的姿态中,郑观应提到了"实事求是"。由此可见,郑观应主要是在传统的脉络中运用"实学",这一点尤为突出。但即便是在郑观应那里,"实学"也已经发生了动摇,郑观应在《易言》中把西方的大学译为"实学院"③。由此可见,"实学"与传统的用法结合,一同来指代"科学"。

自16世纪以来,中国通过耶稣会的传教士在一定程度上消化了西方的学问。但19世纪以后,情况则截然不同。在切身体验西方的技术文明后,中国的知识分子开始从根本上反思自身的学问。④

带来冲击的西方"science",从16世纪以来,在中国被译成"格致(学)",且屡见不鲜。但在这一时期,"实学"也作为对"science"的译文发挥着作用。⑤

---

① 卢官汎:《大韩帝国时期实学概念的历史理解》。
② 郑观应:《易言·论考试》,见夏东元编:《郑观应集》(上册),上海人民出版社1982年版,第104—106页。
③ 郑观应:《易言·附论洋学》,见夏东元编:《郑观应集》(上册),第107页。
④ 徐继畬在给美国传教士丁韪良的《格物入门》(1868)写序中提到:"现有的西学只讲天文和历法,而对格物(科学)和公理(哲学)没有详细的说明,然而此书却一一查证,很不一样。"参见费德里科·马西尼:《近代中国的语言与历史》,李廷宰译,昭明出版社2005年版,第90页。
⑤ 自明末以来,人们将英文单词"science"翻译成"格致"。"科学"一词是日本在19世纪70年代翻译出来的,并在20世纪初传到中国。据金观涛等人(2009)的分析,1905年以前"格致"一词占大多数,但1905年科举制度废除后,"科学"就突然压倒了"格致"。但金观涛的著作没有对"实学"加以分析。本研究注意到,在"科学"被广泛接受之前,"实学"与"格致"在不同的脉络下,被用作对"science"的翻译。

曾当过外交官的郭嵩焘在英、法旅行日记中,通过"借音"的方式来标记大部分西文,其中便将"science"译成了"实学"①。这与同样是译文的"格致"有何不同?郭嵩焘提到了英国的代表性大学——牛津和剑桥大学,并指出"牛津崇尚古学,而剑桥崇尚实学"。这种认识也可以在将"传统学问"和"现代科学"投射到"实学"的话语中得到确认。② 在此,"实学"既有"科学"的意思,又有"今学、新学"的价值取向。郭嵩焘的日记还常常强调"务实",这也可以看出他的指向性。

此外,还有用"实学"指代"科学＋现实指向"的表述。中国语言学家卢戆章说:"国家富强系于'格致'……如果努力学习算学、格致、化学及多种实学的话,又怎会担心国家不富强呢?"③在这里,"实学"被看作是"实现国家富强的科学"。

全方位展示"实学"的多样用法,理解其流变的重要人物——梁启超,在1896年著的《变法通议：学校总论》中指出中国学问萎靡的四点原因："一是学者不懂西文且读不懂原典,二是长期以来漠视格致之学的社会风气,三是寒门书生难以通过游历来增长学识,四是社会缺少深入实践、自由探究实学的氛围。"④其文章指出"格致诸学,皆藉仪器",即"格致"是可以制造仪器的西方科学;而"实学"如同"水师必出海操练,矿学必入山察勘",是重视实际体验的实用、实测学科。另外,在其后续的文章中,也有"实学"涵盖所有学科的表述。⑤

1898年以后,梁启超流亡日本,将"实学"视为接近西式进步的概念来使用。在这段时期所著的《饮冰室自由书》中,他提到,在西方半开化时期或《春秋》升平世时期,人们偏重于文学,很少致力于"实学"。而这一时期未能绽放的"实学",可以看作是此后西方文明时期或《春秋》太平世时期所要崇尚的学

---

① 郭嵩焘:《伦敦与巴黎日记(卷5)》,1877年(光绪3年)2月20日,岳麓书社2008年版,第149页。
② 郭嵩焘:《伦敦与巴黎日记(卷13)》,1877年(光绪3年)10月17日,第370页。
③ 卢戆章:《中国第一快切音新字》,转引自梁世旭、李垠贞:《东亚共同文语时代的重构》,《中国语言文学论集》2007年第46号,第169页。
④ 梁启超:《变法通议：学校总论》,《饮冰室文集：点校》第1集,云南教育出版社2001年版,第28页。
⑤ 梁启超:《变法通议：论科举》,《饮冰室文集：点校》第1集,第37页;梁启超:《变法通议：论学会》,《饮冰室文集：点校》第1集,第40页。

问。梁启超认为,文明或太平世的学问应"不崇尚空话,开拓新方法,日益扩大工业和商业,造福人民"①。在其看来,"实学"是反对虚文的,是可以不断进步的,是实用的,与西学无异。

此后,把"科学"看作"实学"的用法仍很多见。梁启超在1902年著述的《论学术之势力左右世界》中指出,哥白尼的"地动说"不仅是西方大航海与美国文明建设的基础,而且打破了天主教虚幻的谬论,成为"格致实学"的根源。② 值得关注的是,梁启超在不同的脉络下使用了表达"science"意义的"格致"和"实学"。在后续的文章中,他把哥白尼称为"格致学之鼻祖",换言之,他在对比天主教的错误性和科学的事实性之时,使用"格致实学"一词;在不比较两者,只提及"科学"时,就使用"格致"一词。这一点,还可以在另一篇文章中得到确认,梁启超曾指出"哥白尼观察事物,成为实验派学说的鼻祖后,扫除了现有的空想臆测之旧习,发展了格致实学"。③

尽管梁启超将"实学"作为"实用学"或"科学"来使用,但他并没有忘记"实学"在中国当初就有,或者在中国也有可能实现。对他来说,盲从时势,一味追求西方学问的表面,轻视中国学问长处的风气,是要被猛烈批判的,他的这一立场在1896年的《西学书目表:后序》中得到了充分体现。他认为学习西学的人中,有人认为西方的学问才是伟大的,中国的学问一无是处。这样的人恣意妄言,自欺欺人。④ 也有人不懂西方文字和专门学问,却主张废除传统,只把外表打扮得如同西方。这样的人数之多,十有过半。梁启超对这些人进行强烈批判的同时,指责他们(自我蔑视者)是西方的奴隶。梁启超批判他们只把西学挂在嘴边,没有体会到西学之"真谛"。换句话说,梁启超反对"虚开化",追求"真正的开化实学"。在他眼中,中国的实学与西学是并重的,这一点,从其"'远法三代,近采泰西'是兴学养才之上策"的论述中可以得到确认和体现。⑤

---

① 梁启超:《自由书·文野三界之别》,《梁启超全集1》,北京出版社1999年版,第340页。
② 梁启超:《论学术之势力左右世界》,《饮冰室文集:点校》第1集,第285页。
③ 梁启超:《近世文明初祖二大家之学说》,《饮冰室文集:点校》第1集,第393页。
④ 梁启超:《西学书目表:后序》,《饮冰室文集:点校》第1集,第144页。
⑤ 梁启超:《变法通议:论科举》,《饮冰室文集:点校》第1集,第37页。

四、19 世纪后期日本的"实学"概念

19 世纪后半期,福泽谕吉在《劝学篇》中,使用"实学"作为"science"的译词,"实学"流行成为众所周知的事情。

所谓"学问",并不限于识难字、读古文、咏和歌、写诗文等不切人世实际的学问。一个不了解现实生活的学者的学问,是因为脱离了"实",所以与日常生活格格不入。因此,我们应该把脱离实际的学问转到次要方面去,努力学习有助于人类日常生活的"实学"(サイエンス)①。

对于福泽谕吉来说,"实学"并不是指古文、高级的文学,而是指对日常生活有用的学问、西方的学问、科学、实业学等。而且这个以"实用"和"西方"为代表的概念,引领了"脱离传统儒教文明、反对形而上学"的思潮。我们可以从加藤弘之的论述中更加清楚地感受到这种社会氛围。

学者有时把对实业有直接作用的学问称为"实学",把与之相反的称为"空理空论"。例如,机器制造、矿学、电学、工程等应用科学对实业最有利,因此被称为"实学"。像物理学、化学虽然是纯科学,但都是应用科学的基础,因此也被称为"实学"。像哲学、心理学、社会学等学科,主要以理论为主,不依赖于物质,因此经常被批评为"空理空论"。这实在是谬见。……在"涉及无形"的这些学科中阐明真理其实并不容易。虽然这些研究常常被认为是无根无据,虚无飘渺的,但其中所蕴含的真理也已经不少了。②

可以看出,在加藤弘之撰写此文的 1902 年,在西方学科体系中,"实学"也是指向与"实业、实用"相关的学问。诸如哲学、心理学、社会学等人文社会学科,即便属于西方学问,但因与"效用"无关,也作为"形而上学"和"空理空论"而被排斥。尽管加藤本人对此进行了批判,但通过上述文章,我们可以看到工学、科学以"实学"的形式流行于日本社会。

福泽谕吉之后的实学热潮也给当时的朝鲜人留下了深刻的印象。在日的朝鲜留学生发行的《大韩兴学报》强调,日本成为发达国家的动力在于"实

---

① 福泽谕吉:《劝学篇》,南相映、石坂浩一译,首尔小花出版社 2003 年版,第 23—24 页。
② 《天则白话》由梁启超于 1902 年在《新民丛报》第 21 期以"加藤博士天则白话"为题部分刊载,广智书局也于 1902 年出版,本文引译自《饮冰室自由书》所载的文章。

利主义教育"和"尊重实学",并指出朝鲜也要多注重"实用学"的发展。值得注意的是,他们把福泽谕吉介绍成为"实学主义教育派的先锋",并强调由此引发的"实学热潮"及其领导的"实利主义教育学制"。此外,该报还强调,虽然朝鲜的情况与日本不同,但要尊崇实学,选择历史、地理、法制和经济对公民展开教育。①

在日本,并不是没有将"实学"与"东方的知识传统"相结合的努力。作为岩仓使节团的一员,久米邦武于1871—1873年视察西方,并在1878年出版了著名的《米欧回览实记》。在这庞大的记录中,虽然"实学"一词的使用微乎其微,但如同题目中的"实记"一样,书中与"实测、实证"相关的词语被多次使用。特别是久米邦武曾数次比较东方的传统和西方的文化,将东方"古代存在的实用性"表现为"利用厚生",并多次提及这种精神在中世纪的衰退。代表性叙述如下:

> （东方不及西方）是因为在斯文高雅的"空理空论"中度过了太长的时间……三千年前,东方把发展"正德、利用、厚生"看作是政治家的要领,并将其列入"九功"。在稍取进步之后,"营谋实业"的精神消失,"五行论、性理论"使"九功"陷入迷雾……在开化上,西方和东方并非"乾坤逆转",还在"厚生、利用"的道路上,但为何东西方出现了差异呢?②

久米邦武认为,在东方古代,"正德、利用、厚生"是政治的核心,对产业发展做出了贡献,但中世纪以后,对性理学的哲学讨论逐渐占据上风,于是开始轻视技术与产业。从东方"本来就有"的逻辑中,可以感受到久米邦武在西方具有压倒性的文化面前,试图建立"主体性过滤装置"的努力。

一方面,"实学"向西学扎根,实用学被过度热化;另一方面,在1910年以后,随着日本进入世界强国的行列,那种试图建立主体性的努力,为"日本式东方观"的树立提供了帮助。特别是在"与西方对等的日本"和"被日本重构的东方"的认识脉络中,久米邦武式的想法被积极地利用,还被介绍到朝鲜。

---

① 《日本教育界思想的特点》,《大韩兴学报》第13号(1910年5月20日)。
② 久米邦武:《特命全权大使米欧回览实记2》,方光锡译,昭明出版社2011年版,第285—286页。

1917年日本人写的《每日新报》的社论中便有具体的表述。

> 实学主义教育是什么？是利用厚生的学问，是开物成务的学问。现在，朝鲜人若想摆脱虚学教育的桎梏，若想与日本人共同生活，若想成为忠良的帝国臣民，享受文明的恩泽，最急需的就是——开展利用厚生的教育，兴盛开物成务的学问。西方人只追求实学，不沉醉于空理……<u>在中国，远古的文明也是以利用厚生的"实学"为基础，将调和"水、火、木、金、土、谷"与弘扬"正德、利用、厚生"之道作为政治核心，将其命名为"九功"。但是，东亚帝国的民族，却不知将"实理实学"的精神付诸实践，只忙于五行之说、性理之学，将"九功"埋葬在云雾之中，这使东亚文明的前进道路发生了巨大改变。利用厚生的学问，东西岂有他异。</u>[①]

文章的作者可以被推定为身在朝鲜的日本新闻工作者。其首先强调了儒教的"忠"伦理，号召朝鲜人从事实业，成为帝国忠良的臣民；主张帝国日本成为新的中心，进而恢复东方古代的理想，团结东亚的人们。[②]

这篇涉及"实学"的谈论，抛出了一些值得研究的地方。

第一，该社论的部分内容与久米邦武《米欧回览实记》的内容非常相似。上文中被标记的部分便是如此。虽然久米邦武没有指出"实学"这一概念，但在写社论的新闻工作者看来，"利用厚生"便是所谓的"实学"。同一时期，韩国也开始将"实学"的内容与"利用厚生"结合起来，这种现象与前文提到的思想非常相似。

第二，正如前文所言，这是不同脉络下的谈论。如果说19世纪70年代久米的叙述是为了接纳西方文化而建构的内部标准，那么该社论则是为了建构以日本为中心的"大东亚"。为了达成某种目的，"实学"在学术上成了有教育作用的"主义"或"政策"。值得注意的是，久米式的认识在某一瞬间被定型化，并被传承、扩张至此后的日本和朝鲜。

[①] 《朝鲜教育革正论(8)实学教育的本义》，《每日申报》，1917年4月6日，转引自郑钟贤：《实学之谈史(1)》，近现代韩国之盛事大计发表资料集2014年版。（下划线为引者所加）

[②] 除了帝国的新民化之外，郑宗玄还指出，以西方现代性为基标的"实学"与儒学重新结合，获得了普遍性。参见郑钟贤：《实学之谈史(1)》。

第三，上述社论的目的就是为了强调"实用教育"，这反映出日本极其反对空理的社会风气，且成为崇尚实学的典型。与上述社论相关的连载文章在第二天被刊登，文章指出了朝鲜教育和学风的最大弊病，认为朝鲜沉迷于形式与空理，沉醉于浮华的文学，而不讲求实用学。文章再次强调"利用厚生"与"实学"。①

总而言之，久米式的逻辑是认为东方本来就有所谓的"实用精神"，而日本式的"实学"逻辑则是结合了对"实用"的强调。将上述新闻社论看作是两种逻辑的综合版也未尝不可。而且这种"实学教育"讨论通过报纸被移植到朝鲜，具有很强的启发性。在殖民地朝鲜，在"实学"的形成过程中，不仅有朝鲜知识分子内部的努力，还有其与日本"实学"话语之间的互动，或抵抗，或同化。

五、结语："实学"后的实学

20世纪30年代以后，韩国的知识分子又进行了一项工作，以填充并丰富"实学时代"的内容，那就是在现有的学者、学问中找出与"西式近代"相似或相媲美的内容，重新构建新谱系。日本帝国主义强占时期，韩国人将朝鲜后期的改革思想家列入新的谱系，促使"实学者"的诞生，并为人们所知。最具代表性的就是丁若镛。在1907年编撰的小学教科书《幼年必读》中，丁若镛被称为"朝鲜第一经济家"，并认定他"与近来文明的学者大致相同"。② 虽然可以认为丁若镛的学问与西方近代学问相似，但他没有被定义为"实学者"。1922年出版的张志渊编著的《朝鲜儒教渊源》中，柳馨远、丁若镛、朴趾源等人也被列入"经济家"的行列。众所周知，柳馨远、李瀷、丁若镛等人的学风属于"实学之风"，并被谱系化。这在1930年《东亚日报》上连载的"朝鲜历史讲话"中的"文化的振兴篇"里有所记载。③

---

① 《朝鲜教育革正论(9)戊申诏书与实学教育》，《每日申报》，1917年4月7日。
② 玄采：《幼年必读卷四释义下》，日韩图书1907年版，第88页。
③ 李泰勋：《实学话语的知识社会学考察》，全南大学博士学位论文，2004年，第38—39页。李泰勋认为，崔南善的"使用实学"与英祖、正祖时期出现的朱子学有差异，认为不是我们现在所常常提及的"反映新时代精神"的"实学"。他认为，民族主义与近代主义相结合的"实学"讨论是20世纪60年代以后的产物。

此后,将朝鲜后期"提出改革、倡导实用"的学者们列入"实学派"的尝试就开始纷纷出现。完成于1935年的《纯宗实录》的附录就提到"朴珪寿继承了朴趾源的实学"。① 此后,从20世纪30年代后期开始,曾被划分为儒学者的朝鲜后期的一些学者们,获得了"实学者、实学派"的新身份。20世纪六七十年代韩国"实学"概念的确立与朝鲜后期内在发展论的联系是显而易见的。

然而,与这一趋势不同的动向也值得关注。正如前文所指出的,解放以前,有强调"实学教育"的思想潮流,而这种思潮在解放以后也是存在的。解放之后,在"近代=实业教育"的理念中,批判崇尚人文学的学风与制度,呼吁对实学教育的重视。这与解放前的思潮一脉相通。② 因此,对"实学和实业教育"关系的讨论,是今后要研究的课题。

中国的"实学"或实学精神主要涉及学问或学者的价值取向,不是历史上的特定学派。多次提到"实学"的梁启超将"实事求是"与"科学精神"联系在一起,认为"有清学者,以实事求是为学鹄,饶有科学的精神,而更辅以分业的组织"③,但梁启超并没有建构"实学"和"实学派"的意图。中国的"实学者"和"实学派"迟至20世纪80年代后才正式出现的。④

在19世纪后期,朝鲜在"实学"用法方面与中国极为相似。后来,韩国对20世纪的实学派进行了谱系化整理。但中国却没有类似的做法,这是需要继续研究的课题。笔者谨慎地认为,如果说"实学"概念是可以"贯穿儒西",且具有"价值指向性"的话,那么与其去分析中国没有进行谱系化的原因,不如把"将实学概念投射到过去,又创造出新谱系"的韩国视为问题。笔者认为,在身处殖民地的当时,韩国更迫切需要建立具有"非中国与亲民族,非日本与亲近代"的思潮,以获得独立的运动性,这是否会促使韩国对"实学"的积极建构?

但是,在20世纪中期以后,中国出现了对古典的再强调,这与韩国的情况比较类似,也可能是学界一隅将"实学"视为中国近代学问精神的潮流。当

---

① 《庙庭配享定功臣》,《纯宗实录附录》纯部12卷,1921(日本大正10年)3月31日第4期。
② 《社说商业计划性》,《京乡新闻》1949年8月30日。
③ 梁启超:《清代学术概论》,上海古籍出版社2005年版,"自序",第2页。
④ "实学"在中国正式成为一种独立的学术形态或思潮是从20世纪80年代初开始的。参见赵美媛:《中国实学话语的区域探讨》,《中国近现代史研究》2011年第50辑,第167—168页。

然，中国在那个时候不会像韩国那样强调对儒学的挣脱，而是会对儒学本意进行强调，带有"原论回归型"或"新古典潮流"的特点。

日本的"实学"概念是另一种类型。19世纪中期以后，日本轻易摆脱儒学的脉络，将"实用和科学"的意义最大化，或借用"实学"将古代东方的理想形象重塑，用于对新的大东亚的建设。这是因为在日本，儒学扎根得并不深，且在18世纪后半叶，日本又受到了"兰学"的影响。[①] 在这种背景下，日本容易出现与包括儒学在内的整个"中学"进行对峙的格局。

这种倾向在现代日本的思想构图中也有所反映。丸山真男在荻生徂徕的古学中发现"物理的独立"，并将其与近代日本"实学"联系在一起。源了圆并不是没有对丸山进行反驳，且努力尝试重新定义"实学"的概念。与两人的讨论相比，日本还有一个更大特点，"实学"只是用来强调"实用学"，并没有基于当前的意图被重构，即没有被社会运动化。这一点似乎与韩国，与20世纪80年代后的中国，存在明显的差异，这也是今后要解决的课题。

---

① 18世纪后期，梦想脱离传统"华夷观"的韩日知识分子的代表著作是洪大容的《医山问答》和杉田玄白的《狂医之言》。洪大容以天文学和自己的哲学逻辑为基础，将华夷格局无化。杉田亲自解剖人体，翻译荷兰医书，以实证反驳中学的虚构性，这对两国的知识界都产生了较大的启示意义。

国＝家与国/家：
为了获取王权的政治斗争与大韩帝国

金钟学　著*

苏东钰　译**

一、导论

美国宣教士霍默·赫尔伯特（Homer B. Hulbert）在1886年[①]第一次入境朝鲜并居住多年，又参与运营《独立新闻》[②]。他在《朝鲜的逝去》（*The Passing of Korea*）(1906)一书中，有关独立协会的记载如下：

> 这段时间，朝鲜出现了一个秘密组织。他们的政治信条唯一的纲领是朝鲜从中国和日本独立，即成为朝鲜人的朝鲜。朝鲜国王借着日本从中国的宗主权解放，又靠自己的力量脱离了日本的束缚。因此这个小规模的结社在徐载弼带领下增长而成为了所谓的独立协会。不过这一名称只能说明这个团体的一部分而已。因为这个团体一边支持朝鲜的完

---

* 金钟学，韩国国立外交院教授。
** 苏东钰，马来西亚浸信会神学院讲师。
[①] 这篇论文里的日期，除非另有说明，都是按公历时间写的。
[②] 金道泰：《徐载弼博士自传》，首尔乙酉文库1972年版，第246页。

全独立,一边主张建立大大减少王室特权、废除家长制的立宪君主制的自由政府。这个组织刚开始时将重点放在朝鲜的独立,所以国王为重新获得自由而欢喜,就心甘情愿地同意支持独立协会。……虽然有国王的真心承认,但是他们考虑得不太周到,忽略了以下的事实。这个组织的真正宗旨,即限制王室特权,给这个组织带来国王的怀疑,然后导致国王对于这个组织的敌意。并且这又带来只靠历史悠久的猎官制度(spoils system)而出世立身的利己主义者们反对独立协会的口号。①

据此,独立协会所标榜的唯一政治纲领是朝鲜从中国和日本独立,即成为朝鲜人的朝鲜。但实际上,他们真正追求的目标是限制王室特权和建立立宪君主制的自由政府。刚开始,高宗对独立协会推举的独立旗帜表现出真心的欢迎。但是他逐渐地对这个组织追求的政治目标产生怀疑,而终于公开表现出敌意。

比独立协会早进行的甲午改革的主要目标之一就是限制王权。借此,不但王宫的机构和人员减少了,而且王宫和府中的业务被分离,从而限制或剥夺了国王的人事权、财政权和军事权。② 作家伊莎贝拉·毕夏普(Isabella B. Bishop)把当时的国王描述为"收薪水的傀儡"。③ 甲午改革派非常重视限制王权。这从刚发生俄馆播迁后流亡日本的俞吉浚致他的老师爱德华·莫尔斯(Edward S. Morse)的英文书信里也可以看出来。

> 国家和王室需要明确的区分。即,国王就是国王,他只是国家的元首而已。国王不是国家。到目前为止,我们所有的政府组织不是为了国家和国民存在,而是为了国王一个人。因此国王拥有对于国民的生死予夺权。这就是恶的根源,给国家带来软弱和贫穷。④

---

① Homer B. Hulbert, *The Passing of Korea*, London: William Heinemann, 1906, pp.150 - 151.
② 柳永益:《甲午更张研究》,首尔—潮阁 1997 年版,第 155—158 页。
③ Isabella B. Bishop, *Korea and Her Neighbors*, New York: Fleming H. Revell, 1897, p.261.
④ "The Reformation We Made," *Morse Papers*, Peobody Essex Museum Library 所藏。

同样的,在徐光范的墓表里也有"君权不能不限制,民志不能不统一"的记载。①

金弘集、鱼允中、金允植、俞吉浚、朴泳孝、徐光范、徐载弼和尹致昊等主导甲午改革和独立协会的人物都早就被高宗选拔在身边成为开化事业的辅翼了。换句话说,19世纪80年代的开化势力到19世纪90年代分裂为以国王为中心的复古勤王主义和限制王权的自由主义两种倾向。

"开化对守旧"这个公式化的历史框架无法解释这种历史现象。反而,"开化"是为了获取另一个政治目标的手段而已。因而,我们需要知道称为"开化派"或"开化势力"的政治势力内部有多种不同的政治目标。本文在这样的前提下,眺望了从高宗时期的权力斗争到大韩帝国的政治历史。② 透过这样的研究,笔者要回答的问题是:当国家遇到危机的时刻,朝鲜的执政者和知识分子为什么围绕王权的问题展开斗争?这样的冲突从何而来,并且对于旧韩末期的政治历史有怎样的影响?从宏观的角度来说,朝鲜王朝政治体制的崩溃和大韩帝国的成立有什么意义?

二、加强王权与"开化"

高宗在1873年末开始亲政,他不仅毫不隐藏地展现了加强王权的意志,而且他在执政期间一直保持了加强王权的意志。高宗几乎所有的政治行为是被加强王权和提高王室威信的动机而推动的。尤其高宗以18世纪后期伟大的国王正祖作为模范,③这样做可能有如下的原因。

第一,是高宗和正祖的关系。翼宗(孝明世子)妃神贞王后为了获取垂帘听政的权力,把高宗入籍为翼宗的养子,而不是哲宗的。因此,高宗的大统是

---

① 《大韩驻美公使纬山徐公墓表》,转引自李光麟:《改革期的人物》,首尔—潮阁1993年版,第205页。
② 关于旧韩末期"开化"概念从日本引进的过程和多义性(ambiguity)的政治意义,参见金钟学:《开化党的起源与秘密外交》,首尔—潮阁2017年版,第343—362页。
③ 卢大焕:《19世纪出现的正祖的阴影和对他的回忆》,《历史批评》2016年第116号,第176—203页;张暎淑:《高宗对于"正祖继承论"的检讨与试论》,《人文学研究》2009年第12号,第25—51页;李泰镇:《正祖的〈大学〉探究与新君主论》,《晦斋李彦迪的思想与其世界》,成均馆大学大同文化研究院1992年;李泰镇:《高宗世代"民国"理念的展开:儒教王朝近代"共和"志向》,《震檀学报》1992年第124号。

"正祖—纯祖—翼宗—高宗"这样传宗接代的。加强王权是那些先王的夙愿。因此对高宗来讲,加强王权意味着完成先王的遗业。而且正祖死后,他的权威被提到更高的程度,所以所有国王和政派的主张为了得到认可,一定要靠正祖的权威。① 高宗为了加强王权,把正祖奉为楷模和作为名分使用都是自然而然的。

第二,是即位过程的特殊性和被剥夺权力的经验之影响。高宗以前,在朝鲜王朝里,作为旁系王族而即位的只有纯祖、仁祖和哲宗而已。高宗即位是神贞王后、兴宣大院君和安东金氏家族之间的政治妥协而成的,因此高宗面临着沦为傀儡的危险,并且高宗亲政之前在潜邸生活了10年,失去了自己本来应该拥有的权力,继而带来莫大的丧失感,这些可能导致他强烈渴望拥有强大的王权。

第三,是与他的父亲兴宣大院君的关系。高宗在宣布亲政的过程当中,把父亲从权座上拉了下来。这个行为使他一生中受道德上不孝的批评。朝鲜王朝两次成功的反正都被指责为不孝和违背伦理道德。实际上,大院君是对高宗来说是在维持政权上最大的威胁。因此,高宗强调大统而确保了统治的合法性,而且为了遏制大院君势力的蠢动,他只好追求强大的王权。

但是高宗以为楷模的正祖,他的权威来自政治权力和学问。正祖自愿成为君师。② 他借着所谓的抄启文臣的制度,自己培养了少壮有为的新进官僚,并以他们作为支持王权的亲卫势力。③ 在朱子的《大学章句序》里可以看到"君师"的传统定义。

> 盖自天降生民,则既莫不与之以仁义礼智之性矣。然其气质之禀或不能齐,是以不能皆有以知其性之所有而全之也。一有聪明睿智能尽其

---

① 卢大焕,前引论文。
② 金文植:《正祖的帝王学与〈大学类义〉编》,《奎章阁》1998年第21集,第59—81页。
③ 正祖为了把戚臣和宦侍排除在国政之外,借着奎章阁的抄启文臣制度,自己培养了人才,并以他们作为他的亲卫势力。所以有些批评说,国王把奎章阁作为私阁,又把朝廷臣僚作为私臣了。(《正祖实录》正祖第6年5月25日工曹参议李泽征的上疏)出身于抄启文臣的谏官只看国王的眼色而出现了挡言路失谏言的弊端。但正祖坚持到底,而其结果是,到1800年他培养出的抄启文臣达到10选138名。有些人叹息说,朝廷里满是抄启文臣,大部分公卿大夫出身于抄启文臣。(郑玉子:《奎章阁抄启文臣研究》,《奎章阁》1981年第4号。)

性者出于其间,则天必命之,以为亿兆之君师,使之治而教之,以复其性①。

高宗像正祖一样自愿成为君师。但是从传统意义来看,他是作为开明君主的君师,而不是作为圣君的君师。1895年2月颁布的《教育诏令》里,高宗重新提出了君师的定义。

  呜呼,惟民不教,国家巩固甚难,环顾宇内,形势克富克强,独立雄视之诸国,皆其人民知识开明。知识之开明,以教育之善美,则教育,实国家保持之根本。是以朕在军师位,自担教育之责,教育又有其道,虚名实用,可先分别读书皆字,掇拾古人糟粕。蒙昧时势大局者,其文章虽凌驾古今,不过一无用书生。今朕示教育纲领,虚名是祛,实用是崇。

高宗主张教育老百姓的纲领是扔掉虚名而崇尚实用,他又认为拘泥于古人的言说而不知世界大势的人是无用的书呆子。换言之,高宗的知识权威的根据不是儒家经典,而是对于国际形势和西方文化的更多了解。

  即位之初,高宗成为圣君的愿望不太大。从他即位的1864年开了210次劝讲后,每年都不断减少,到了1876年就没有开劝讲,也可以看出这一点。②这可能是由于高宗第一次接触圣学的时间有点晚③,并且他讨厌利用儒家经典和经筵而控制王权。

  对高宗来说,开化是跟加强王权的政治目标有关系的。高宗借着派往国外的使节和留学生的报告、进口的图书和新闻报纸,以及外国外交官的访谈等,迅速地得到很多海外信息。我们从他自定为"君师"的概念也可以看到,

---

① 朱熹:《大学章句序》,《四书章句集注》,中华书局1983年版,第1页。
② 金成惠:《在位传记·高宗的统治活动》,首尔三音(SUNIN)出版社2013年版,第92—103页。
③ 从1870年4月23日,知事沈承泽的话可以看到高宗学习儒家经典不是很好。"承泽曰,伏觀自止,每不满十行,若行数稍多,则新受音十遍之际,或有支离之时,而视祖宗朝日三讲筵,召对夜对之规,不及三分之一,而如是悠泛,岁月可惜,毕讲尚远,岂不闷哉?以外间童子工课言之,孟子七编,不过十五(日)而卒业云矣,帝王之学,维与匹庶有异"。(《承政院日记》高宗7年4月23日)

他的知识权威来自于他对于国际形势和时务的敏锐。实际上,开化是加强王权的手段而已。很可能是,为了缓解特别严重的财政问题,他促进了修交通商①,而且为了培养亲卫势力设立了开化机构,如以新进气锐士大夫组成的统理机务衙门。高宗登用新人来推进开化事业时,使用了叠设方式,即设立了与原来政府机构的功能重叠的机构。这种方式一直持续到大韩帝国。

三、开化势力的分裂与对外势力的依赖

(一) 武卫营:亲政初期试图加强王权

设立武卫所(武卫营)是高宗亲政初期加强王权的典型政策。这不仅表现出高宗加强王权的强烈意愿,而且引发了他与两班官僚之间的冲突。

高宗的亲政是从1873年12月开始的。没过多久,由于在昌德宫发生了一场未知原因的火灾,高宗创立了把守军。两班官僚马上予以抵制。因为他们担心创立的亲卫部队像正祖的壮勇营一样,成为加强王权的手段。以下是1874年7月8日(农历5月25日)在次对时,高宗和右议政朴珪寿之间的对话。

> 珪寿曰:近日筵中,每以把守等节,屡烦圣教,是不过选兵丁增宿卫之事,则在下举行,本非甚难,而粮料、服色、器仗等事,亦次第节目可办者也。第未知圣意所在,将以此辈,作为亲兵,而自将之乎? 抑使将臣,操其节制,而统领之乎?
>
> 上曰:此果出于宿卫疎虞之虑,而如昨冬意外之事,亦见仓猝单弱之弊,故有此增设把守之意,而操束纪律,当使将臣主之耳。
>
> 珪寿曰:圣教切当矣。宿卫之士,不可不精选其膂力骁勇,则五百精兵,亦云不少矣。……今此五百,元是训局之卒,而训将之于戎务宿将也。仍使统领,严节制明纪律,允合事宜,而至若粮料、服色等事,一付将

---

① 金钟学:《开化党的起源与秘密外交》,首尔—潮阁2017年版,第96—110页。了解当时王室的财政问题参考李荣薰:《韩国经济史·上卷》,首尔—潮阁2016年版,第557—559页。尤其,高宗亲政之后颁布的清钱革罢令导致了严重的财政困难。(金成惠:前引书。)

> 臣,量宜定式,启禀施行,次第非难矣。臣诚惶悚,而无或因此,致有张大设施乎? 外间颇以此为疑矣。
>
> 上曰:已有下教于训将,而至若张大之举,果无如此之理矣。外间则不知,而有此疑说,亦或无怪矣。①

朴珪寿建议宿卫军的规模为五百人,把指挥权交给训将。当时训将是已经64岁的老将李景夏。随后,朴珪寿想获得高宗的承诺,即不试图建立独立的亲卫部队。高宗表示不会有所谓的张大设施。

但是朴珪寿等人很快发现高宗所说的都是空话。过不到一个月,高宗把宿卫军正式命名为武卫厅,②8月15日(农历7月4日)命令禁卫大将赵宁夏兼任武卫所都统使,③当时赵宁夏年仅三十岁。围绕武卫所的创立和扩大所发生的冲突最终导致朴珪寿和领议政李裕元的辞职。④

武卫都统使掌握了训练都监、禁卫营、御营厅、龙虎营、总戎厅、捕盗厅等机构的所有兵权。另外,作为别入侍,他们随时都可以独自觐见国王和王后。因此,这个职位只授予那些高宗最信任的戚臣和武臣。武卫所的财政是独立运作的,而其他机构的财源容易转移到武卫所。结果,武卫所的兵力逐步增长,至1881年达到了4200名。⑤

一般人都把武卫所看为手下亲兵,即国王的亲卫部队。逐渐地,"手下亲兵"和原来的五军营兵卒之间的歧视问题凸显出来。1881年2月5日前正言许元栻上疏,其内容如下:

> 今又有新设武卫所者,俗所谓手下亲兵也。其于使令,则足于前也。而若只为其使令,则有内侍,焉有司谒焉? 有武监焉? 更何所藉于武卫之卒乎? 若为捍卫,则五营军卒,皆吾赤子也。子之为君父,岂有五营、武卫之别哉? 矧今五营之卒,不食料米,而饥欲死,武卫之卒,别加厚赐,

---

① 《承政院日记》高宗11年5月25日。
② 《承政院日记》高宗11年6月20日。
③ 《承政院日记》高宗11年7月4日。
④ 金成惠:《在位传记·高宗的统治活动》,首尔三音(SUNIN)出版社2013年版,第405—406页。
⑤ 殷正泰:《高宗亲政后政治体制的改革与政治势力的动向》,《韩国史论》1988年第40集,第169—170页。

而饱欲生,所乐者一营,所怨者五营,岂不有欠于一视同仁之道乎?臣谓宜以武卫所之军卒,还付五营,一体恩养。则一武卫,通为五武卫,五武卫合为一武卫。①

但是,如果案件与王权和王室的威望有关系,高宗绝不会屈服。与两班官僚的担心相反,1882年2月,高宗发布命令,废除原有的五军营,而把五军营的部队分派到武卫营和新设的壮御营。仅仅五个月后,壬午军乱爆发了。第一次的起义是由转入到武卫营的前训练都监的兵卒们发起的。按照金允植的《隐晴史》和尹孝定的《风云韩末秘史》所述,壬午军乱爆发的原因就是武卫营和旧式部队的士兵们之间的歧视。② 军乱的原因是否如此不是最重要的,不可否认的是对于武卫营的批判已经到了高潮。

最终,清朝部队介入后,军乱就被镇压了。然后高宗颁布了责备自己错误的纶音(罪己纶音)。乍看之下,高宗的纶音似乎表达了重新做出来承诺来收复民心的意愿。但是,这篇纶音是金允植代撰的。从这篇纶音中我们可以看出,两班官僚在军乱后对于国王任意的行政管理抱有很大不满。

粤自嗣服以来,大兴土木,勤俭民财,使贫富俱困,是予之罪也。屡改钱币,多杀无辜,是予之罪也。毁撤祠院,忠贤不祀,是予之罪也。玩好是求,赏赐无节,是予之罪也。过信祈禳之事,虚糜帑藏,是予之罪也。用人不广,宗戚是崇,是予之罪也。贿赂公行,贪墨不惩,穷民愁苦之状,莫达于上,是予之罪也。储胥久虚,军吏失哺,贡价积欠,市井废业,是予之罪也。联好各国,乃是时宜,施措乖方,缠滋民疑,是予之罪也。止竟神怒人怨,变故百出,下凌其上,灾及六亲。上贻天子之忧,下扰万民之生,失信于邻国,取笑于天下,此又予之罪也。③

---

① 《承政院日记》高宗17年12月17日。
② 金允植:《隐晴史》,见鱼允中、金允植著,国史编纂委员会编:《从政年表·隐晴史》,载《韩国史料丛书》1955年第6集,第193页;尹孝贞:《风云韩末秘史》,首尔秀文社1984年版,第36页。
③ 《承政院日记》高宗19年7月20日;金允植:《罪己纶音》(壬午七月),见《韩国文集丛书》第328集《云养集》第9卷,民族文化推进会,2004年。

(二) 机务处: 以新进官僚为中心的对清外交

壬午军乱后,朝鲜王朝政府的军事和财政职能几乎瘫痪了。疯狂的军队和激动的乱民一起闯入宫殿要杀害王妃,已无法再承担王城的防御和治安任务。财政状况同样是十分严峻的。李鸿章说,朝鲜王朝的国库没有一个月的库存。这可能与朝鲜的现状没有太大的不同。① 此外,根据《济物浦条约》,朝鲜政府必须在 5 年内向日本偿还 50 万日元,并且分别支付给受害者 10 万日元。10 万日元相当于一年税收的百分之七,这对朝鲜政府来说是一个沉重的负担。②

当时朝鲜的状况是需要从任何国家寻求军事和财政援助,而第一个考虑的就是清朝。

这方面最值得注意的是机务处的创设。一般认为,机务处是从趁着壬午军乱暂时掌握政权的大院君废除统理机务衙门后,到 1882 年末重设统理衙门和统理内务衙门之前,继续存在的临时机构。但是从记载设置规定的《机务处节目》看,机务处是开始就拥有相当大的权限。

表 1 机务处节目③

- 机务处 以中朝军机处 设置。
- 出纳公事 皆自本处 禀旨施行。出公事 下于本处 诸臣署名 出给政院 纳公事 自政院 呈于本处 以为入启。
- 出纳政令 有不便者 本处得以争执 务臻妥当。
- 凡系机务 务自本处 预为对商 必得金议协同后 往议于大臣而禀裁。
- 有关公事者 本处得以知委于京外各处。
- 印信 以机务处印 铸成。
- 间员 非公事 得擅入 间杂吏隶 尤为严禁。
- 来会诸臣 逐日巽进酉退 一员输回入直。
- 来会诸臣 有实职者 阙内则兼直 阁外则免直 而问安从陞等公 故并置之。
- 各司弊规 如行下礼木稧屏笔债直囚牌等事 并勿举论。
- 书吏六人 皂隶十人为定。
- 经用 取给于管税厅。

---

① "中央研究院"近代史研究所编:《清季中日韩关系史料》第 3 卷,文件号码 554,台北:"中央研究院"近代史研究所,1990 年。
② 金钟学:《开化党的起源与秘密外交》,首尔—潮阁 2017 年版,第 165—166 页。
③ 《明治一五年朝鲜关系书类缀》,见井上馨:《井上馨关系文书》,日本国会图书馆宪政资料室所藏。

据此,机务处堂上应当每天来设在宫殿里的机务处开会。此外,国家的重要事务是由机务处堂上的协议来决定的,而国王只拥有裁决权,甚至公事的出纳都得经过机务处。它还拥有向京乡官衙单独发布命令的权限。①

第一条规定尤为突出,即以中朝军机处设置。机务处是以军机处为例而设的。《隐晴史》中的记载也证实了这一点:"新设机务处于禁中,以时事艰虞,四郊多垒,不可如前汗漫,各官在家办事,故依中国军机处例,设机务处,常直禁中,随事入达,俾无迟悞之患,上护军金炳始、赵宁夏、护军金宏集及余、校理鱼允中、申箕善与焉。"②

不过,军机处和机务处之间存在根本的区别。军机处来源于1729年雍正皇帝远征准噶尔时为了迅速做出军事决定而设置的军机房。直到清末,它逐渐发展成为辅佐皇帝之绝对权威的最高政务机构。相反,机务处持有限制王权的功能。换句话说,机务处是和"罪己纶音"的目的是有关联的。既然如此,为什么他们非要把"以中朝军机处设置"作为明文规定呢?可能是考虑到两方面原因,即一个是提供限制国王和政府的传统权限的前所未有的机构之典据,另一个是清朝。

机务处是为了寻求清朝的援助而设立的紧急机构。赵宁夏、金弘集、鱼允中、金允植等机务处堂上们轮流访问了清朝,并诚心施行了寻求援助的外交。结果,在1882年10月1日从招商国和开平矿务局引进了50万两的贷款,并且在12月14日雇聘了德国人穆麟德(Paul Georg von Möllendorff)。穆麟德谒见了高宗。三十分钟后,高宗传旨让他们创立专门负责外交的统理衙门。当然,这都是由穆麟德来专门负责建立海关和负责近代外交业务的事前方针而来的。再说,新设统理衙门还包含着为人设官的意思。从此,一定程度上完成其任务的机务处也宣布结束了。③

(三) 甲申政变与韩俄密约事件:王室的秘线外交

高宗对机务处的活动及其主导国政的行为有何看法?可能,他也会承认

---

① 金钟学:《开化党的起源与秘密外交》,首尔—潮阁2017年版,第168页。
② 金允植:《隐晴史》,见鱼允中、金允植著,国史编纂委员会编:《从政年表·隐晴史》,载《韩国史料丛书》1955年第6集,第192—193页。
③ 关于穆麟德的雇聘和统理衙门的设置过程可以参考金钟学:《开化党的起源与秘密外交》,首尔—潮阁2017年版,第215—223页。

朝鲜必然需要外国的援助。但与此同时,他无法忍受被他任命的机务处新进官僚主导国政,也无法忍受清朝的军队和将领进入京城而给他施加压力的情况。因此,高宗想从清朝以外的国家得到援助,从而改善政局。正是在这样的背景下,壬午军乱后,所谓的开化党突然得到重用。

按照《济物浦条约》的第1款,朝鲜政府应该派遣大臣前往日本传达表示为壬午军乱致歉的国书。高宗拔擢政治新人朴泳孝,将其任命为修信使(特命全权公使),又把金玉均和徐光范任命为随行员一并派遣到日本。①按照高宗的密命,金玉均和朴泳孝试图从日本引入贷款,又针对日本外交部和西方外交官开展了朝鲜独立承认运动,其目标是借着国际法驱逐清朝势力。

但是,开化党正在策划高宗所无法想象的巨大的阴谋。即,从1871年前后最初成立之初,他们的目标是借着外国势力掌握政权从而根本地革新朝鲜社会。他们遵照高宗的密命要得到外债和清朝的支持都是为了培养独立的军队以掌握政权。但是,引进外债的尝试由于日本外务省的拒绝而以失败告终。1884年12月4日,最终开化党与日本在野势力和日本驻朝公使馆合作而刺杀了六位大臣,并试图夺取政权。这就是所谓的"甲申政变"。②

因清军的介入,政变以"三日天下"而告终。但是,高宗无法逃脱责任,因为重用开化党的就是国王本人。像两年前壬午军乱后一样,金允植代撰纶音而国王朗读,这种情况再次发生。其重点是甲申政变虽然是叛徒金玉均等人迷惑国王导致的,但国王也承认他不听公论又干预庶务的错误。

> 群小寅缘杂进,眩惑聪明,乱形日章,而不自觉悟,驯致于十月之变,而危机宗社。……夫集众人之智,以辅一人,犹患不足。况以一人之智,代百工之事,安得不致乱乎?自今以后,与汝万民约,予不敢自作聪明,予不敢下干庶务。不接细人,不蓄私财,惟公是听。人君之责,在于择

---

① 壬午军乱前,金玉均在1872年谒圣文科里中状元后,1874年被任命为正五品弘文馆校理。但到了1880年12月被左迁为从五品弘文馆副校理。对此,梅泉黄玹在《梅泉野录》里评论说,"虽科举及第已十年,但无法当官,而研究泰西学,侈谈富强的政策,要争取荣誉。参见黄玹:《梅泉野录译注》(上),林萤泽等译,首尔文学与知性社2005年版,第189—190页。虽然哲宗的驸马朴泳孝也被封为正一品锦陵尉,但按照王室的法规,他也无法参与现实政治。
② 关于开化党的本质和掌握政权的企图,可以参考金钟学:《开化党的起源与秘密外交》,首尔—潮阁2017年版。

国=家与国/家：为了获取王权的政治斗争与大韩帝国

> 相,宰相之职,惟在荐贤。自今以后,国家理乱,予周知,专责政府,委任仰成,惟尔政府,协心辅政,知无不为,勿逡趄顾望,承迎苟合,以袭前日之谬。
>
> 惟尔群工百执事,各任其职,无惮无扰,予不干乃事。凡用人制事,必公论定,然后禀决于予,无不允从。①

在颁布纶音后,金弘集禀告国王,要以壬午军乱和甲申政变为龟鉴,又以刚颁布的晓谕为依据。这是只针对国王的尖锐嘱咐,不要只颁布晓谕,而要刻骨铭心并实践。

> 夫宣之以言,言必顾心,心必副事,三者符合,乃可有效。臣诚惶恐,前年责躬之教,十行恻怛,非不切至,曾未几何,因循如旧,重有往日之变,是皆群下不能对扬圣意,以致事不副心,心不顾言之故也。……惟殿下,不必以往古为鉴,以前年事为戒,不必以典谟为法,以今日论为准,一日二日持之久远,一事二事推之广大,宗社幸甚。②

但是,高宗这一次的"反省"也不是真诚的。实际上,他已经制定了借着穆麟德吸引俄罗斯而驱逐清朝势力,然后控制亲清派官僚的计划。这就是韩俄(露)密约事件。

韩俄密约事件是借着国王的秘线外交进行的。当时负责外务的外务督办金允植对正在进行的密约毫不知情。为此,韩俄密约事件暴露之后,1885年9月,金允植给各国公使发送了照会,并通知了在发给各国公使的信函上盖有国宝,如果没有盖上统理衙门的印章,则将其视为无效。③

通过这一系列的过程,国内的政治斗争逐渐演变成国际问题。趁着壬午军乱,清朝开辟了干涉朝鲜内政的道路,且开化党试图以日本为后盾接管政

---

① 《承政院日记》高宗21年11月30日;金允植:《常参纶音》(甲申至月),见《韩国文集丛书》第328集《云养集》第9卷,民族文化推进会,2004年。
② 金弘集著,高丽大学出版部编:《高丽大学校影印丛书》第3集《以政学齐日录》,高丽大学出版部1976年版,第113页。
③ 田保桥洁:《近代日鲜关系的研究》下,金钟学译,首尔一潮阁2017年版,第58—65页。(田保桥洁、朝鲜总督府中枢院编:《近代日鮮關係の研究》,1940年。)

权。王室却要获得俄皇的青睐,以维持自治权和权力。从那时起,朝鲜所有派系(包括王室在内)都不得不与各自选择的外国势力勾结。对外国势力来说,这是给他们提供了进入朝鲜和侵夺的大好机会。随着大国利益的急剧冲突,朝鲜半岛随时可能成为大国之间的战场。

两班官僚分裂成亲清、亲日、亲美、亲俄的情况可能帮助国王维持王权。① 但是王室的秘线外交和不断的失政导致两班官僚和知识分子疏远了王室。比如,19 世纪 80 年代中后期,如自由主义和立宪民主主义的西方近代政治思想开始在朝鲜社会广泛传播。但这也不是为了人民的自由和权利,而是近似于为了限制专制君主的权限而进行动员的政治修辞(rhetoric)。②

四、民之政治动员

(一) 独立协会:民之启蒙与政治势力化

如本文导论所述,以制度限制王权是甲午改革的主要目标之一。但是,由于三国干涉(1895 年 4 月 23 日),日本势力的收缩给了高宗逆转政局的机会。高宗依靠俄国势力,在 1895 年 6 月 25 日颁布了教旨,称"我将撤回去年 6 月以后的敕令和裁可,因为它们不是出于我的旨意",从而全面否认了甲午改革的成果。作为回应,朴泳孝为了逆转局势策划了废黜明成皇后的阴谋,却被事先发现,导致朴泳孝不得不再次流亡日本。高宗在 7 月 12 日,又颁布了以"从此朕己裁决"为内容的教旨,恢复了亲裁的权限。③

然而,不到三个月后,日本人杀害了明成皇后,政局彻底改变了。正处在

---

① 后来,尹致昊回顾了明成皇后的统治方法。"当时我是年龄很小的公使馆翻译,而对于政治了解的也不多。不过,我觉得当时明成皇后是非常英明的。她使臣下们相互斗争,而臣下们分裂成改革派和守旧派。他们的中间又有了金弘集一派,因而政界非常混沌。"(《韩政客的回顾谈》,《东亚日报》,1930 年 1 月 12 日。)这样的统治方法在由于日本的干涉导致王权被大大降低的甲午改革时期也无一例外地被她使用。参见朴镇哲(Park. Jincheol):《高宗的加强王权政策研究(1873—1897)》,圆光大学校博士学位论文,2001 年,第 155—200 页。
② 金锡根:《开化期"自由主义"的收容和功能以及政治含义》,《韩国东洋政治思想史研究》2011 年第 10 集第 1 号,第 65—87 页。
③ 金成憓:《关于高宗时期威胁君主权事件的考察》,《韩国文化研究》2010 年第 18 号,第 125—166 页。

危险之中的高宗迫不得已地选择了"俄馆播迁"(1896年2月11日)。在移御到俄罗斯公使馆的那天,高宗把金弘集、俞吉濬、郑秉夏、赵羲渊、张博裁等人定为叛徒,并下令处决。总理大臣金弘集留下最后一句话——"就是天命!",自己走到光化门前,选择了被人群打死。郑秉夏和鱼允中在逃跑时遭遇了悲惨的命运。俞吉濬和赵羲渊流亡到日本。金允植被捕而被流放了。这些是高宗借着俄罗斯的力量对依靠日本势力挑战王权的甲午改革派进行的惩罚。可怕的景象揭示了高宗的仇恨之深。

五个月后,在1896年7月2日,甲申政变的幸存者徐载弼创立了独立协会。他在1895年末从美国回来时已经深深感到"从上而下的改革"的局限性。当时,朝鲜社会的"从上而下的改革"实际上是需要外部援助的。但是,他知道如果考虑甲申政变失败经历,以及甲午改革后对激进改革和外国人的舆论恶化,借着这种方式的改革是不可能成功的。因此,徐载弼根据在美国的经验,率先尝试了借着教育和言论启蒙人民,从而动员人民来培养政治势力。

尤其是,徐载弼通过建设独立门和独立公园的独立显扬事业,想要获得超越党派的国民之支持。这个事业是在与王室非常紧密的交流当中开始的。①《独立新闻》1896年7月4日的社论记载:"我们希望,把朝鲜独立看为庆事,感激大君主陛下的圣德,任何热爱文明进步的人都尽快地把捐款捐到朝鲜银行"。此后,《独立新闻》也都刊登了捐款者的名单和金额。那些不为建设独立门而捐款的人,无异于承认自己是不把朝鲜独立看为庆事,也不感激大君主陛下圣德的,更不爱文明进步。不仅王室,而且像申箕善这样的复古勤王主义者都不得不捐款了。

然而,徐载弼关于王权的想法跟甲午改革派与经历壬午军乱和甲午政变的两班官僚并没有什么不同。在这方面,《独立新闻》1896年9月6日的社论有如下记载:

> 今日我们谈怎样成为忠臣。……君主国该有君权。朝鲜也是大君主陛下掌握好权力才国泰民安的。朝鲜人民都不知道国王的权势是什么样的。他们都以为国王的权势是和已往势道的宰相之权势一样的,连细细的

---

① 朱镇五:《独立协会之对外认识的结构与展开》,《学林》1987年第8号,第81—82页。

事和任命奏判任官的事都禀报给大君主陛下了,而使大君主寝食不安。他们如此做是因为不知道。实际上,这不是抬高国王的权威,反而降低了国王的地位。国王的权势应该被用在监督国家法律和增强国力的重大事情上,且让百姓受到天恩。国王亲身拔擢各部大臣和敕任官,他们则侍奉圣意而遵守法律。此外,规定细细的规则和选拔奏判任官的事应该交给大臣。如果某大臣选错人时,应该使他受惩罚。若国王掌管大事,而把小事交给可靠的大臣,从而可以圣体安康寝食无忧。作为大臣,把小事都禀报给大君主的行为是既打扰又折磨国王的。这既是无礼的事奉,又是不负责任的表现。

即,君主只拔擢敕任官,而把选拔奏判任官的人事权委任给大臣。然后,大臣按照章程和规则公正地处理公务,防止君主的干预。这样既可以保护君主的体统,又不使他烦恼。他认为如此做才是真正的忠诚。这虽然突出了"忠君爱国"之修辞,但实际上包含着限制国王的干预国政和人事权。在此,争夺王权的斗争已经进入了动员舆论的阶段。

此时,朝鲜的儒家思想传统仍然很强,有与外国势力勾结前例的改革势力非得强调"忠君爱国"不可。为此,徐载弼突出强调了忠君爱国的思想。但是他给"忠君爱国"赋予了新的理念。判断徐载弼和独立协会会员是不是高宗的忠臣没有什么意义。重要的是,徐载弼等改革主义者提倡的忠君爱国只是口头禅,而其斗争的本质常常被掩盖了。实际上,这和申箕善等复古勤王主义者以"东道西器"为政治性修辞并无二致。①

---

① 所谓"东道西器"一词第一次出现是在1881年。在这时,在广泛传播卫政斥邪论的情况下,政府为了开化政策的合法化提出了"东道西器"。在甲午改革后,为了守护王权和专制君主制,政府重新提出了这一词汇。换句话说,在1881年"东道西器"的重点在于"西器"的收容,而在甲午改革后的"东道西器"重点在于"东道"的守护。这意味着,"东道西器"论带有政治性修辞的性质。比如,1881年申箕善所著的《农政新编》导读里,"无穷而不变的是道,随时可变而不可持守的是器",如此定义后,他以三纲五常和孝悌忠信为"道",以礼乐刑政和服饰器用为"器"。然而,到了1894年,他说,"夫所谓开化者,不过曰,恢张公道,务祛私见,使官不尸位,民不游食,开利用厚生之源,尽富国强兵之术而已。安有毁冠烈冕,从夷狄之俗,然后为开化也哉?"他把衣服包含在"东道"之内。(《承政院日记》高宗31年10月3日)而且,在壬午军乱之后,高宗借着教旨揭示了他要"排斥西方的宗教,却收容农商、医药、甲兵、住居之制度"。但是,在1886年随着朝法条约的缔结,西方宗教的传教权利得到承认,而到了19世纪90年代西方宗教已经拥有了相当大的教势。在这样的情况下,"东道"持有的意义究竟是什么?其核心意义应该是守护王室的权威和持守传统的社会秩序。

(二) 万民共同会：大众聚会之政治斗争以及其局限性

1897年8月27日，独立协会召开会议，从此它变为大众政治团体。根据《尹致昊日记》所记载，8月5号尹致昊向徐载弼建议，现在变得毫无用处的独立协会将重新组织为具有教室、图书馆、博物馆功能的大众教育协会（General Knowledge Association）。8月8日，尹致昊和徐载弼再次建议把独立协会改造为有用的机构，结果他们决定把独立协会改为一种讨论团体（debating society），并且权在衡、朴世焕、尹致昊三个人组成委员会来制定规则。①

那么，为什么尹致昊和徐载弼把独立协会判断为"毫无用处"的呢？另外，冒着政治风险，对人民进行教育和让人民参加讨论的原因是什么？②

第一个原因是徐载弼的构思是借着独立显扬事业结集舆论，并将其用作改革的动力。但是，对于其成员的反应远远超出预期。在1896年11月21日举行的会议有5000余人参加，取得了巨大的成功。随着《独立新闻》和独立协会的社会影响力增加，1897年5月以后，勤王主义势力和守旧官僚们大量加入了独立协会，甚至出现了他们被选为委员的情况。③ 结果，到1897年7月底，独立协会内部存在李完用派、大院君派、亲俄派、亲日派、勤王主义势力等不同派别，借着尹致昊的描写，成为了一场闹剧（farce）。④

第二个原因是高宗在1897年2月从俄罗斯公使馆回到庆运宫之后，显露出加强国王专制权力的意愿和牵制独立协会活动的意向。1897年8月5日的《尹致昊日记》记录了徐载弼的言论，即王室要求美国公使馆停刊《独立新闻》，并且王室和宫内府正在妨碍独立协会成员们的建设事业。把独立协会改组为大众教育协会的建议也是尹致昊在这一对话当中提出的。从1897年10月12日的《尹致昊日记》所记录的士贝耶（Alexei de Speyer）的话语中，也可以看到当时高宗对徐载弼的极度厌恶。这一天，高宗在圜丘坛祭天，举

---

① 《尹致昊日记》1897年8月5日；《尹致昊日记》1897年8月8日。
② 7月初俄罗斯公使韦贝（Вебер. К. И）对徐载弼警告说，教育人民将引起不满，启蒙人民的权利将助长革命的观念。（《尹致昊日记》1897年7月2日）
③ 慎镛厦：《新版独立协会研究：独立新闻、独立协会、万民共同会之思想与运动》（上），首尔—潮阁2006年a版，第120—121页。
④ 《尹致昊日记》1897年7月25日。

行皇帝登基典礼。

> 国王非常讨厌Jason(徐载弼)。因为殿下特别讨厌他,所以我在御前从来没有想过提起他的负面影响。我从未见过像这样关于Jason下轿时国王那么愤怒的样子。平时那么温柔又平静的殿下,因愤怒龙颜都变红了。①

第三个原因是俄国人和亲俄派的得势。从改革势力的视角看,问题在于亲俄势力毫不关心朝鲜的内政改革和经济发展,而只关注于怎样获得更多利益和驱逐日本势力。为此,俄国人心甘情愿地支持王室和复古勤王主义势力。这也是独立协会唯独对俄国人的掠夺利权敏感的原因。独立协会没有反对利权的转让,即引进外资开发国内资源。他们反对俄国获得利权的原因是俄国人助长了过度征税、卖官卖职、财政紊乱、政府的腐败和低效、皇室亲信的滥用权力等大韩帝国之弊政。②

1898年2月21日,独立协会经过会员投票,首次向高宗皇帝奉呈上疏。一周后的2月28日,独立协会致函外部大臣署理闵种默,要求披露关于俄国绝影岛租界之传闻,即期限和法律依据以及决定程序等。闵种默在向独立协会寄回辩解信,并向皇帝提出了辞职的上疏,但在俄国公使馆的压力下,高宗在闵种默被免职一天后,又将他重新任命为外部大臣。3月7日,独立协会向外币大臣、度支部大臣、议政府分别去信,要求拆除日本在绝影岛设置的煤库、废除俄韩银行、惩罚奸臣和叛徒,以及解雇闵种默。③

另一方面,独立协会传达抗议书信的当天,士贝耶向朝鲜朝廷发出了长文照会,要求朝鲜政府确定是否需要俄国的军事教官和财政顾问,并限期在24小时内回信。④ 对此,朝鲜政府请求将答复期限延长至三天。⑤

---

① 《尹致昊日记》1897年10月12日。
② 《尹致昊日记》1897年9月22日。
③ 慎镛厦:《新版独立协会研究:独立新闻、独立协会、万民共同会之思想与运动》(上),首尔—潮阁2006年a版,第353—363页。
④ 高丽大学校亚细亚问题研究所编:《旧韩国外交文件·俄案》文件号码997,高丽大学校出版部1967年版。
⑤ 高丽大学校亚细亚问题研究所编,前引书,文件号码1000。

得知这一消息后,独立协会认为应借此机会完全驱逐俄国势力。他们选择的方法就是大规模民众集会。3月10日,原定朝鲜朝廷给出最终回答的日期已到。当天的《尹致昊日记》有如下的记录:

> 这一天早上,李完用来找我了。他说,自己和徐载弼已决定在钟阁附近举行民众集会。并且独立协会在幕后的很多讲员都将向人民说明关于俄罗斯顾问的现状。此外,将由人民代表向政府敦促驱逐俄国教官。如果政府不接受,人民将不把它看作自己的政府。我向李完用讲述了这种民众集会所隐藏的严重危险:人民不知道议会规则或任何规则。如果讲员说出诸如金鸿陆死刑或要求国王还宫,受激动热情鼓舞的大众将立即变成"暴民",而政府将依法将他们判决为罪犯。……我去找徐载弼说出了我的担忧。但是,他笑着说,朝鲜人民没有勇气抵抗朝鲜当局。①

当天在钟路举行的第一届万民共同会上,有一万多的民众自愿参加。这是超出首尔人口的二十分之一的数字。尽管有这么多人,集会还是和平地结束了。独立协会的成员不站在前面,而在后面负责维持秩序,大部分演讲是由培才学堂和京城外国语学校的年轻学生来进行的。②

万民共同会结束后,发生了两件意外事情。一件事立即发生,次日,政府向俄国公使馆去信,提出了大胆的要求,大韩帝国将自主地处理任何问题,而非雇佣他国顾问官。③ 另一件事是俄国通知朝方,将召回财政顾问和军事教官,撤回绝影岛煤基地租界,废除俄韩银行。④

---

① 《尹致昊日记》1898年3月10日。
② 《尹致昊日记》1898年3月10日。
③ 《尹致昊日记》1898年3月12日。
④ 俄国撤离朝鲜实际上是,由于1897年12月11日俄国海军占领了旅顺,因此在韩半岛获得不冻港口的动机就消失了,并且俄国为了避免与对于俄国同时进入中国东北和朝鲜非常警惕的英国以及日本会发生的冲突而做出的。(崔文衡:《俄罗斯的南下与日本的韩国侵略》,首尔知识产业社2007年版,第289—293页。)同时,尹致昊透过格雷特豪斯(Greathouse)比较准确地把握俄国召回教官的原因。(《尹致昊日记》1898年3月19日)

俄方的撤离以及列强在韩半岛的势力均衡(即没有任何一方主导势力)[1]被认为是内政改革的千载难逢的机会。尹致昊把它视作最后的黄金机会(last golden opportunity)。但是,这黄金机会的最大障碍就是皇室和复古勤皇主义势力。

> 朝鲜已抓住了黄金机会。任何国家都不干涉内政。如果朝鲜政府是一个牢记民族福祉的强大而有洞察力的政府,将利用这最后的机会,在朝鲜和世界上建立既坚固又永远的和平。但是,呜呼!国王和他的宠臣所做的第一件事不是具体的起诉,而是基于渺茫的原则逮捕了无辜的人民。因此,朝鲜的政治回到了反改革时代和令人厌恶的专制政治。完蛋了![2]

即使俄国势力已撤离了,但独立协会仍然一边向政府大臣发出请求书信,一边在大街上举行大众聚会来给政府施加压力。其要求是如此多样,以至于可以将其视为反政府斗争。《大韩季年史》记载的情况如下:

- 关于李源兢、吕圭亨、池锡永、安沂中之逮捕、流放之抗议(3月)
- 关于徐载弼之解雇之抗议(4—5月)
- 关于俄国的木浦租借地设定以及法国的平壤煤矿利权要求的反对(5月)
- 要求洪在旭之公正裁判(5—6月)[3]

---

[1] 1898年4月25日驻东京俄国公使罗森(R. R. Rosen)和日本外相西德二郎之间签订了"西·罗森协定"。这协定的第一条,两国承认朝鲜的独立,并保证不干涉内政。第二条,关于任命军事教官和财政顾问,务必事先进行协商。第三条,根据日本的工商业在朝鲜长足发展,并且日本人居住在朝鲜的人数相当多,俄国政府不阻碍日本与朝鲜工商业关系的发展。而俄国政府正式承认了日本对朝鲜工商业的特殊关系。关于西·罗森协定的成立背景参见安德鲁·马洛泽莫夫:《俄罗斯的东亚政策》,石华亭(Seokhuajeong)译,首尔知识产业社2002年版,第161—166页。(Malozemoff, Andrew, *Russian Far Eastern Policy, 1881 - 1904:With Special Emphasis on the Causes of the Russo-Japanese War*, Berkeley, California:University of California Press, 1958.)
[2] 《尹致昊日记》1898年3月19日。
[3] 这是法部大臣兼高等裁判所裁判长李裕寅试图抢劫独立协会会员洪在旭之房子的事件。独立协会要求公开审判以及按照公正程序进行审判。最终,李裕寅被赵秉稷取代。参见郑乔、赵光编:《大韩季年史》第4卷,李相植译注,首尔善明(Somyungbooks)书店2004年版,第65—72页。

- 反对度之部的货币滥造(6月)
- 请愿崔鹤来之释放(6月)①
- 请求遵守弘范14条以及驱逐奸臣和登用人才的上疏(7月)
- 关于德国总领事克里恩(Krien)侮辱外部大臣俞箕焕的事之抗议(7月)
- 重新请求遵守弘范14条以及驱逐奸臣和登用人才的上疏(7月)
- 要求议政部参政赵秉式的辞职(7月)
- 告发李容翊(7月)
- 对于外部给外国人转让利权的现况之直接调查(9月)
- 要求禁止巫婆、算命者等杂人进入宫殿(9月)
- 关于法部顾问官格雷特豪斯(Greathouse)为了镇压独立协会从上海雇佣了30名外国人之抗议(9月)
- 要求废止孥籍律(9月)
- 告发慎箕善、李寅祐和要求卸任(10月)
- 请求处罚慎箕善、李寅祐、李载纯、沈相薰、闵泳绮以及遵守甲午改革时制定的议案和弘范14条的上疏(10月)
- 请求处罚慎箕善、李寅祐、李载纯、沈相薰、闵泳绮、沈舜泽、尹容善等7位大臣的上疏(10月)
- 要求召开官民共同会(10月)

在此过程中,独立协会举办了一系列盛大的活动,即开国纪元节(9月1日)、万寿圣节(9月10日)、继天纪元节(10月31日)。这是照搬徐载弼隆重举办独立协会大会的先例,目的是炫耀自己的力量,并且特意揭示"忠君爱国"的名义。值得注意的是,这些活动都是在正式开展反政府斗争的9月和10月相继举行的。

在独立协会的攻势下,政府被迫转为守势。到了10月末,慎箕善等7位高宗的亲信暂时被解职。独立协会叫政府大臣上街,召开了官民共同会

---

① 这是警务使申奭熙因平民崔鹤来私有造币机,逮捕崔鹤来并没收财产的事件。独立协会给申奭熙和朴定阳发送了要求揭示法律依据的书信。最后,申奭熙屈服于此,并归还了崔鹤来的财产。(郑乔、赵光编:前引书,第66—78页。)

(1898年10月28日—11月3日),①并且获得了高宗对于献议六条和中枢院官制的裁可,独立协会的气势达到顶峰。

突然,政府下令逮捕独立协会的17名领导人,并强迫独立协会解散(11月4日)。然后,要求释放独立协会领导人的万民共同会再次举行,并连夜持续了6天(11月5日—11月10日)。屈服于此的皇帝最终下令释放独立协会的领导人(11月10日),但是独立协会却没有退缩,继续召开了万民共同会,并要求献议六条的执行、赵秉式等人的驱逐、独立协会的重设。政府动员以褓负商为组成的皇国协会袭击了万民共同会(11月21日),但结果却激起了人民的愤怒。最终,皇帝无法拒绝独立协会的重设(11月22日)。根据政府承诺接受万民共同会的要求,万民共同会暂时中止了持续19天的抗议活动(11月23日),但直到25日(即承诺的最后期限),政府没有采取可视的行动,成千上万的人民再次聚集在钟路十字路口(11月26日)。在这一天,皇帝邀请了200名万民共同会代表来到庆运宫,并承诺了给赵秉式等五位大臣的处罚和褓负商团体的解散。但是,十天后也看不到改革的迹象,在独立协会激进分子的主导下,万民共同会重新开始了(12月6日)。这一次的万民共同会持续了18天,直到12月23日被皇帝的军队镇压才告一段落。②

成千上万的民众自愿聚集在一起,尽管遭受寒冷和褓负商的袭击,却仍然坚持数十天的万民共同会,为何霎时间解散了?尹致昊认为,第一,因为激进分子在12月6日急急忙忙地举行了聚会,他们还没有准备足够的理由来寻求大众的公愤和同情。第二,为了抵抗褓负商的袭击,他们雇佣了700到1000人的投石队,在向富人募捐的过程中,使富人感到不满。第三,因为由于崔廷德、李承晚等激进分子试图归还朴泳孝,导致了民心背离。③

---

① 关于官民共同会,尹致昊的回想是如此的:"光武第二年(1898)10月30日,在钟路十字路口云从街广场里,市民、学生、劳动者等成千上万的人民会集,批评当时的秕政,又慨叹了时局,从而演出了戏剧般的情景。当时,这些都是由独立协会主导而做出的。为了弹劾政府,大臣和核心官僚来参加万民共同会,而做出了奇观。我们透过其事后他们的行为可以知道,他们之所以参加不是因为诚心爱国,而是因为害怕舆论。"(尹致昊:《独立协会之活动》,《东光》1931年第26号。)
② 关于万民共同会的活动和解散过程可以参考慎镛厦:《万民共同会之自主民权自强运动》,《新版独立协会研究:独立新闻·独立协会·万民共同会的思想与运动》(下),首尔—潮阁2006年b版。
③《尹致昊日记》1898年12月27日。

其中,最核心的原因应该是第三点。自从徐载弼开始,尽管独立协会一直不断地致力于抓住忠君爱国的名义,但是当激进分子赤裸裸地揭露了其忠君爱国的本质时,大众的支持就像泡沫一样破灭、消失了。既然如此,改革势力直到最后无法克服的障碍,不是王室的权力或日本和俄罗斯的干涉,而是铭刻在人民心中对于国王前近代式的忠心和对于王权的憧憬。

五、结论

1899年8月17日,根据《大韩国国制》,高宗成为拥有"无限君权"的专制君主。皇帝总揽军事统率权、戒严宣布权、立法权、行政权、赦免权、官僚任免权、使臣派遣权、宣战以及讲和布告权、条约缔结权等各项权力。即使从财政的角度看,大韩帝国也已成为名副其实的帝制国家。政府财政紧缩,其实际规模下降至19世纪前半期的二分之一。然而,以宫内府、内藏院、宫房、别库等构成的皇室财政,通过公共财源的移管和卖官卖职、不法征税、白铜货的铸钱等手段,获得了极大增长。①

对此,有些人主张,为了维护国家主权,加强王权是必然选择。但是,如前所述,这种解释并不能令人信服,因为高宗从亲政就开始寻求加强王权。那么,高宗所有问题发生的来源,是否与他由不一般的即位过程、幼年时期的经历以及周围环境所造就的不正常的权力欲有关?笔者认为,其结构性原因,应该在于政治系统和伦理的堕落和崩溃,即按照朝鲜君主与两班官僚之间的制衡原理所运作固有政治系统和政治伦理,经历了18世纪末的英祖、正祖之荡平政治和19世纪前半期的势道政治以及兴宣大院君的执政,走向了堕落与崩溃。

性理学的世界如同拥有两个圆心的椭圆形世界,即国家和家庭(个人)。②在朝鲜王朝,之所以这种椭圆许久没有转变为圆形或分成两个,是因为国王和两班官僚之间成功维持了势力均衡。③但是,到了高宗时期,它已经形骸化

---

① 李荣薰:《韩国经济史·上卷》,首尔—潮阁2016年版,第635页。
② 岛田虔次:《朱子学与阳明学》,东京岩波书店1967年版,第28页。
③ James Palais, *Politics and Policy in Traditional Korea*, MA: Havard University Press, 1975.

了。高宗把国家看作王家私有的"国＝家",两班官僚却把限制王权看为正确的统治和改革的前提条件。"国/家"没有拥有丰富的权力资源的国王和两班官僚,为了生存和贯彻自己的主张,忍不住依靠或引进外国势力,这就导致了政治冲突再次加剧并容易受到外国势力侵略。贯通高宗时期政治冲突的基调不是开化和守旧之间的对抗,而是围着王权的政治斗争。

从这个角度来看,大韩帝国宣告成立使高宗长期的艰苦奋斗终于得到了回报。但实际上,这反映了传统统治阶级"士族"的衰落。大韩帝国是把皇帝(皇室)与国家等而视之。这绝不属于性理学范畴。并且建国原则也与朝鲜的不同。① 尽管如此,只要作为主权者和政治权威的象征,高宗一直存在,大韩帝国是不可能与朝鲜不同的。这就是从朝鲜王朝崩溃的角度考察大韩帝国成立的理由。

最后,笔者想对"民国"的政治含义加以补充说明。1898 年 10 月 26 日,万民共同会运动快要达到顶峰的前夕,前宫内府参书官安泰远提出了以下上疏。

> 古语曰,鄙夫不可舆事君,言患得患失,而无所不至也。夫患得患失之辈,不知义理,惟利是趋,权在于宗室戚里,则附宗室戚里,权在于宦官宫妾,甚则权在外国,而通外国者有之,权在寇贼,而运寇贼者有之。历稽往牒,何代无此,而比年以来,喜新鹜远之辈,舍我良法美规,乐彼之奇技巧艺,上而蛊惑君心,下而眩乱民志,却用他国民主共和之俗,一变我邦君主专制之规,卒之有甲午乙未之变,则于是乎君权民权之名,虽未尝显然而著,而君权民权之实,隐(然)分而为岐,迭相进退,则今日此辈,得

---

① 比如,帕莱斯(Palais)认为,使朝鲜王朝的长寿命和稳定性成为可能的原因是:① 顺应外国势力,即在中华秩序内,承认自身的劣等地位,而从外部侵略得到保护;② 作为实势的外观(facade)之王的合法性;③ 韦伯(Max Weber)所提出的传统合法性(traditional legitimacy),尤其社会知识分子(两班)对于王的承认。参见詹姆斯·帕莱斯(James B. Palais):《朝鲜王朝的官僚君主制》,见朝鲜世代史学会编:《东洋三国的王权官僚制》,国学资料院 1998 年。按照这一标准来看,大韩帝国是根据不同于朝鲜的原则而建立的。拿①来说,大韩帝国拒绝隶属于清朝,却凭着近代国际法自称是一个独立国家。拿②来说,大韩帝国的国王不仅是作为政治权威的象征而存在,而且还垄断了实际政治权力。拿③的统治合法性来说,大韩帝国的知识分子不是已没落的两班,而是从外国的主权者得到了承认。大韩帝国国制第一条就说,"大韩国是为世界万国公认的自主独立的帝国"。

非以权在于民,故趋于民,如古之患得患失者,附戚里结宦官通外国运寇贼者之为乎?①

在此,值得注意的是"民权"概念。在正式场合同时公开使用君权和民权,这是反映出当时的政治现实,即大韩帝国政府被万民共同会逼到了死角。安泰远认为,独立协会试图以"民主共和之俗"替代"君主专制之规",而其方法在于民,"故趋于民"。

大约同一时期,高宗也经常说出"民国"。一些人把这视为高宗继承了英祖、正祖等荡平君主的小民保护意识,并且看作他试图成为士族、士大夫以及所有百姓的君主之意愿的反映,其中也包含着近代共和制王政新趋势。② 但是,从《大韩国国制》看,高宗对于"民"的认识,没有超出前近代水平。与独立协会认为"权于民,故趋于民"的观点一样,高宗出于加强权力的目的,是使在政治上已有所成长的"民",发展为忠良于自己的"臣民"。皇帝宣布无限专制权力的同时,提起"民国"之悖论也源于此。

---

① 《承政院日记》高宗35年10月26日。
② 李泰镇:《高宗世代"民国"理念的展开:儒教王朝近代"共和"志向》,《震檀学报》1992年第124号;韩永愚:《明成皇后与大韩帝国》,首尔韩永(HyoHyung)出版社2001年版,第74—78页。

俞吉浚的宗教与国家：
朝向朝鲜自由、独立的根本教导

李礼安 著[*]

苏东钰 译[**]

一、对俞吉浚而言，"宗教"是什么？

俞吉浚在展开和实践自己的思想时，将宗教放在了什么位置？对比学界对他的政治、道德、教育的广泛研究，俞吉浚的宗教信仰问题，即对他而言，宗教是什么，似乎没有引起人们的注意。

但是，若纵观俞吉浚的一生，可以发现，他在经营和实践自己的思想时，把宗教放在了非常重要的位置上，而且一直如此。俞吉浚对宗教的浓厚兴趣是从他在日本留学后著作的《世界大势论》一书中得到证实的。在这本书中，他解释了作为把握新现代世界的主要概念之一的宗教，并建议以儒教为朝鲜的宗教。[①] 他于美国留学期间写给爱德华·莫斯的信显示了他对宗教的理解

---

[*] 李礼安，韩国翰林大学翰林科学院研究教授。
[**] 苏东钰，马来西亚浸信会神学院讲师。
[①] 俞吉浚：《宗教殊异》，《世界大势论》，见俞吉浚全书编纂委员会编：《俞吉浚全书》Ⅲ，首尔—潮阁1971年版，第9—13页。

之变化,①并在《西游见闻》中他展开了关于宗教自由的讨论。② 在日本流亡生活后期,他说过基督教是唯一的宗教。③ 据说,晚年他在病床上从基督教那里寻求到安慰。④ 此外,他曾有过被推举为檀君教大教正的经历。⑤

尽管俞吉浚一生一直在寻求和沉思宗教,但学界对这个问题的研究极为有限。其中,直接相关研究是李在一的文章。⑥ 据他介绍,俞吉浚的宗教观是从早期以儒教为中心,逐渐转变为基于宗教分离和宗教自由的现代宗教观。俞吉浚晚年认为基督教信仰是属于私人领域,而儒教着重于现代教育的公共领域,并谋求了基督教与儒教之间的和谐。另一方面,大部分关于俞吉浚儒教理解的研究,没有将俞吉浚的儒教看作宗教,而是将其看作儒家思想。⑦ 此外,有关于俞吉浚与基督教的研究始于20世纪80年代末,当时由李光麟介绍俞吉浚的英文书信而促发对这一领域的关注,但后来没有进

---

① Yu, Kil Chun Originals (1884—1897), Box 15 folder 11, Edward Sylvester Morse (1838—1925) Papers, Phillips Library, Peabody Essex Museum. 尤其见[129cc],[129dd]书信。
② 俞吉浚:《西游见闻》,第四编《人民之权利》,见俞吉浚全书编纂委员会编:《俞吉浚全书》Ⅰ,首尔—潮阁1971年版。
③ 俞吉浚:《查经会趣旨书》,见俞吉浚全书编纂委员会编:《俞吉浚全书》Ⅱ,首尔—潮阁1971年版,第392—405页。本论文里,在讨论关于俞吉浚的宗教理解时,"基督教"指新教。
④ 俞吉浚:《矩堂居士略史》,《公道》1(2)1914年11月16日,见俞吉浚全书编纂委员会编:《俞吉浚全书》Ⅴ,首尔—潮阁1971年版,第370页。
⑤ 俞吉浚:《俞吉浚先生年谱》,见俞吉浚全书编纂委员会编:《俞吉浚全书》Ⅴ,首尔—潮阁1971年版,第370页。
⑥ 李在一:《开化期俞吉浚之宗教认识与教育实践》,《宗教教育学研究》2002年第15期,第283—303页;李在一:《俞吉浚的宗教观变化过程与教育改革论》,韩国精神文化研究院韩国学研究院教育伦理专业博士学位论文,2003年。
⑦ 郑容和:《儒教与人权:俞吉浚的"人民权利"论》,《韩国政治学会报》1999年第33集第4号,第63—82页;郑容和:《儒教与自由主义:俞吉浚的自由主义概念的收容》,《政治思想研究》2000年第2集,第61—86页;安外顺:《俞吉浚的海外经历和民主主义的儒教性收容:传统与近代的融合》,《韩国文化研究》2006年第11号,第157—198页;安外顺:《19世纪七八十年代俞吉浚的"近代"意识:以"儒教"以及"传统"观念之间的关系为中心》,《东洋古典研究》2010年第40集,第307—340页;张寅性:《俞吉浚的文明社会构思与苏格兰启蒙思想:俞吉浚、福泽谕吉、John Hill Burton 的思想连锁》,《概念与疏通》2019年第23期;朴泰玉:《开化期儒学的实践性变容与近代志向:以显示在〈西游见闻〉的俞吉浚之开化思想为中心》,《韩国学研究》2019年第69期;等等。

行全面的研究。① 最近,韩美罗(HahnMeeRah)着眼于俞吉浚的基督教信仰,把俞吉浚的宗教理解看作基督教救国论。②

在上述的研究背景下,李在一的论文从宗教的角度回顾了俞吉浚早期的儒教理解,并且指出俞吉浚认为基督教信仰属于私人领域,而儒教却是着重于现代教育的公共领域,以谋求基督教与儒教之间的和谐。但是,一方面,似乎有一个问题需要深入讨论,即俞吉浚原来如何理解宗教的意义?并且他理解的凭借什么从儒教过渡到基督教?此外,有必要重新考虑先前研究的不同结果,即俞吉浚把基督教理解为私人领域的宗教或救国论。

本文认为,为了考察俞吉浚的宗教理解及其理解的变化,需要讨论俞吉浚如何理解宗教概念。之所以要注意俞吉浚的宗教概念理解,是因为在1883年《世界大势论》里他所使用的"宗教"这一词汇,不但在朝鲜是几乎没有人使用的陌生词汇,而且在日本也是新词汇。作为《世界大势论》主要典据的《舆地志略》以"教法"为小题目来介绍了世界各国的宗教。③ "宗教"这一词汇开始在日本广泛使用的是1880年左右。④ 日本留学之初,俞吉浚意识到日本人所使用的概念之状况,而在《世界大势论》里,他不使用典据里的"教法",而将其换为"宗教"而使用。

应当指出的是,与其将把俞吉浚的"宗教"规定为"religion"的翻译,不如根据他的话和语境来理解其含义。当时,《世界大势论》的宗教概念具有"根本教导"的意思。这种意思,透过围绕宗教的思考和实践,在俞吉浚思想中牢固持续了一段时间。但是,我们可以看到原来"根本教导"的意思逐渐变化的过程。换句话说,俞吉浚的宗教概念是在意识到当时日本出现的现代宗教概念的基础上明确提出的,但应该注意的是,他关于宗教的思考和实践是以"根

---

① 李光麟:《俞吉浚的英文书翰》,《东亚研究》1988年第14期,第1—29页。这篇论文是首次介绍了俞吉浚的英文书信的,并且记载了韩文翻译。而且李光麟把俞吉浚的英文书信给公开了。Kwang-rin Lee, "The Letters of Yu Kil-chun", *Korean Studies* 14(1)(1990), pp.98-118.
② 韩美罗:《关于矩堂俞吉浚的宗教观与基督教救国论的研究》,《骊州大学论文集》2005年第13期,第54—59页。
③ 内田正雄:《教法》,《舆地志略》卷1—4,文部省,1870年,32—34丁裏,日本国立国会图书馆近代デジタルライブラリー,http://dl.ndl.go.jp/info:ndljp/pid/761771。
④ 矶前顺一:《近代日本的宗教谈论与系谱:宗教、国家、信徒》,诸点淑译,首尔论衡2016年版,第89页。

本教导"的意思为中心而展开的。此外,我们需要注意考察,俞吉浚基于这种宗教概念理解,受到在美国留学和日本流亡时期接触的宗教议论的影响,而收容和展开各种宗教概念的理解的整个过程。

俞吉浚的宗教概念理解始于"根本教导"的意思,这表明在当时政教合一的世界里,宗教与国家、政治、道德、教育等息息相关。与此同时,这又意味着,在他的宗教概念理解中,所重叠的传统与现代的思维方式,与传统和现代的国家、政治、道德、教育系统紧密相连,而他在其中,展开了自己的宗教理解和实践。而且可以肯定的是,他对宗教理解的变化与他借着在美国和日本留学时获得的有关宗教的知识有关。本论文探讨俞吉浚的宗教概念理解及其变化的问题。

二、政教合一的世界:作为"根本教导"的"宗教"

俞吉浚对于宗教的兴趣在他的早期著作《世界大势论》中得到了明确体现。在这本书中,"宗教"是和"人种""语言""政治""历史""自由"等这些新概念一起,被看作是为了把握出现在眼前的近代世界,而展望朝鲜应走之路的一个关键概念。①

"宗教"在明治初期的日本也是"新"概念。根据矶前顺一的说法,"宗教"一词起源于汉译佛典的造词,但当前使用的"宗教"概念应被视为源自"religion"的翻译词。② "religion"的第一个日语翻译是在 1858 年美日守护通商条约时翻译的"宗法""宗旨"。但是,此后相当长的一段时间内,"宗门""神教""宗教""神道""法教""教法""宗旨""教门"等各种术语在各处使用。③ 19

---

① 这一章是把已发表的论文,李礼安:《俞吉浚〈世界大势论〉的近代概念的理解与开化时期的朝鲜:以与内田正雄〈舆地志略〉比较为端绪》,《韩国学研究》2018 年第 64 期之第 2 章的探讨,根据本论文视角修改的。《世界大势论》的目录如下:《人权殊异》《宗教殊异》《言语殊异》《政治殊异》《衣食居处殊异》《开化殊异》《世界历史一班》《世界大势一班》《自由大略》《地球惣说》《经纬度事》《昼夜理》《五带事》《四时事》。在目录中使用的大部分概念(从标题中使用的"世界""大势"开始),都是当时在朝鲜不常用的新概念。
② 矶前顺一:《近代日本的宗教谈论与系谱:宗教、国家、信徒》,诸点淑译,论衡 2016 年版,第 79 页。
③ 矶前顺一:同上书,第 84—89 页;渡辺浩:《「宗教」とは何だったのか》,见『東アジア王権と思想(増補新装版)』,东京大学出版会 2016 年版,第 275 页。

世纪80年代初,"宗教"概念开始传播的情景,在东京基督教青年会的杂志《六合杂志》上可以看到。在该杂志创刊号发表的文章中,"宗教"的概念解释如下:

> 像耶稣教,回回教,佛教等一样指"教"。不是指"教"中的宗派。那么,为什么叫做"宗教"呢?因为这不仅是人们常用的话语,而且没有比这更符合的名称。我觉得,"教"字是相称的,但只叫"教"的话,意思太广而让人难以理解。……因而,虽然我不满意,但最终我选择使用了"宗教"。不用说,任何了解西方语的人必然都已经想到了它。宗教的英语发音是"rəlijən",法语发音是"rlijion",德语发音是"religión"。这些话都来自拉丁语。①

从这可以看出,在1880年左右的日本,"宗教"被用作基督教、伊斯兰教和佛教的统称,但它不是确定的,因此有必要解释使用"宗教"一词的原因。还可以看出,在知识分子群体中,这种"宗教"被分享为来自拉丁语"religion"的翻译。这种概念不确定的问题,借着次年,即1881年出版的《哲学字汇》里,把"religion"翻译为"宗教",以及第一任东京基督教青年会会长小崎弘道翻译的《宗教要论》的出版,而看似解决了。②

如此,"宗教"一词在明治日本开始出现,而俞吉浚在《世界大势论》里就使用了"宗教"一词。他使用"宗教"作为通用概念,涵盖了世界上存在的几乎所有宗教类别。在这种宗教概念下,他介绍了世界各国的主要宗教,即儒教、佛教、婆罗门教、耶稣旧教(天主教),新教,东正教,犹太教和伊斯兰教,并列出了各种宗教盛行的国家。③ 可见,俞吉浚意识到近代宗教概念并使用了"宗教"一词。

---

① 转引自高桥吾郎:《论下宗教与理学之关涉及其要紧》,《六合杂志》1880年第1卷第1—4号见《明治前期学术杂志论文记事集成》4,宗教、伦理(1),第128—129页;星野靖二:《近代日本的宗教概念》,有志舍2012年版,第51页。
② 和田垣谦三等编:《哲学字汇:附·清国音符》,东京大学三学部1881年版。ジュリオス・エイチ・シーレー:《宗教要论》,小崎弘道译,十字屋1881年版。
③ 俞吉浚:《宗教殊异》,《世界大势论》,见俞吉浚全书编纂委员会编:《俞吉浚全书》Ⅲ,第12—13页。

俞吉浚的宗教与国家:朝向朝鲜自由、独立的根本教导

但俞吉浚的"宗教"含义不能被认为是新的。他在以下前提下对宗教进行了解释:每个国家的宗教是不同的(殊异),必须不同,并且对于国家具有绝对的意义。

第一,宗教很重要,因为宗教控制着精神。

> 宗教的殊异,关系到国家利害的事是不小的。大概,分辨人生灵秀理致,则人生是精神和形体的两大工具。宗教是属于精神,且技术属于形体,缘故以技术管配形体,且以宗教管配精神。①

据他说,人生的两大因素是形体和精神。其中,技术控制着形体,宗教控制着精神。宗教尤其重要,因为它控制着人民的精神。由于另一个国家的宗教,本国人民有成为该宗教的奴隶并破坏国家和家庭的风险。这就是为什么他说每个国家的宗教信仰都应有所不同,并与国家利益直接相关。

第二,因此,在每个国家,宗教应以以下的形式发挥作用。

> 从要,各国有本来相传的宗教。它勉励教育而不紊乱伦纪。是故,各国惟当固守本在宗教,却防御他国宗教的传播,而不使自国人民成为他国宗教的奴隶。此事不就是有志者的责任吗?②

首先,宗教必须是各国最初传下来的。在各国,按照这种宗教进行教育,才能持守伦纪。因为宗教的宗旨是劝善惩恶,即"天"或"神"主宰着祸福,禁止不法行为并劝勉忠孝伦理。③ 因此,"有志者的责任"是保守"本在宗教",并防御他国宗教的传播,是为了不使"自国人民"相信"他国的宗教"而成为"他国宗教的奴隶"。

基本上,俞吉浚是以"如果有一个国家,这个国家一定有原本的宗教"为前提的。但是,即使是从国外传播过来的,经过很长时间后被该国人民信奉的话,也可以说"本国宗教"。这就像即使朝鲜的儒教来自中国,日本的佛教

---

① 俞吉浚:《宗教殊异》,《世界大势论》,见俞吉浚全书编纂委员会编:《俞吉浚全书》Ⅲ,第9页。
② 同上书,第9—10页。
③ 同上书,第10页。

来自印度,它也在每个国家扎根并成为了各国的宗教。①

《世界大势论》的宗教概念意味着为了控制人民的精神作为固有的宗教,进行教育而纠正伦纪的政教合一性质的宗教,即"根本教导"。儒教是朝鲜的宗教,因此,应该以儒教控制人民的精神,并进行教育而纠正伦纪。这样做,可以防止朝鲜人民成为他国宗教的奴隶,而持守自由与独立。

三、宗教的共同属性之发现:"神圣"与"道德"

《世界大势论》所显明的俞吉浚之政教合一性质的宗教理解,通过从1883年到1885年的美国留学和与爱德华·莫斯(Edward. S. Morse,1838—1925)的交流,开始发生了变化。② 首先,我想确认,虽然俞吉浚的宗教理解受到莫斯的影响,但俞吉浚的思想是独自发展的。莫斯是动物学家,他在日本正式介绍了达尔文的进化论,而被人们所熟知。据说,他从1877年到1879年在东京大学进行了反基督教性质的进化论演讲,从而引发了议论,即从科学的角度批评宗教是非理性的。③ 相比之下,在美国留学期间,俞吉浚对宗教和基督教投以批评性的眼光,但出于需求,他也寻求了宗教的帮助。俞吉浚在1884年至1897年间发给莫斯的19封信中,能够体现俞吉浚的宗教理解的信大约是在1885年6月回国的船上写的。④

在信中,俞吉浚提到甲申政变⑤的失败和被外国势力影响而混乱的朝鲜的状况,并告知回到朝鲜后他有某种计划。他没有具体说明该计划是什么,但是他说明了与宗教有关的两件事。首先,俞吉浚说,现在在朝鲜"任何宗教都没用",应该充满着"活动力"而"准备将来"。其原因是,邻国以强力,即恶,

---

① 俞吉浚:《宗教殊异》,《世界大势论》,见俞吉浚全书编纂委员会编:《俞吉浚全书》Ⅲ,首尔一潮阁1971年版,第10页。
② 关于俞吉浚的美国留学时节可以参考李光麟:《寻找美国留学时节的俞吉浚》,《新东亚》1968年总第42号,第256—265页。关于俞吉浚与莫斯的交流可以参考禹男淑:《俞吉浚和爱德华莫斯研究:以思想交流为中心》,《东洋政治思想史》2010年第9卷第2号,第157—185页。
③ 星野靖二:《近代日本的宗教概念》,有志舍2012年版,第114—115页。
④ 李光麟:《俞吉浚的英文书翰》,《东亚研究》1988年第14期,第1—29页。李光麟评论说:"这封信是研究俞吉浚的宗教观方面很有价值的。"(第17页)但没有进一步的评论。
⑤ 原文是"revolution"。

对付朝鲜,却迫使朝鲜作出善意的回应,在这种情况下,宗教毫无用处。他还指出,即使在基督教国家,以善报恶的要求也并不适用。他的意思是,在权力政治的国际关系里,宗教是无能为力的,并且基督教国家也不遵守宗教的教导,实际上并没有伸张正义。

但是,另一方面,他对以统治人民为目的的宗教和遵守这教导的基督教之评价如下:

> 我曾经对您说过,由于基督教是最好的宗教,即使我不相信世界上的任何宗教,为了我的国家,我也把这宗教介绍给我的国民并引入我国。原因是基督教国家的公民从不反抗他们的政府,并始终认为自己过着和平的生活。
>
> 自从我这么说以来,我一直在关注与宗教有关的问题,并且我曾质疑,偶尔阅读书籍。①

根据这篇文章,俞吉浚高度赞扬了基督教,并考虑将基督教作为朝鲜的宗教。他认为基督教国家的公民,因为服从政府而维持和平生活。所以他认为,基督教能给统治带来很好的效果。然后,他表示自己反复思考宗教和阅读关于宗教的书籍。

由此可见,这一期间俞吉浚对宗教的理解既有延续性又有变化。即,他提出宗教的必要性在于统治人民,这是与以往一样的。只要将宗教理解为具有支配人民精神的功能,宗教就不是俞吉浚的信仰对象,这和他所说的"不相信世界上的任何宗教"有关。同时,在国际关系方面,他指出了宗教的局限性,并谈到了朝鲜儒教的无用性。最重要的变化是,他开始考虑选择基督教而不是儒教,作为朝鲜的宗教。在谴责基督教国家的荒谬之处的同时,俞吉浚目睹现实当中基督教国家的稳定与和平,从而赞赏了基督教。然后,他考

---

① 英文书信的原文是[129cc],[129dd],Box 15 folder 11, "Yu, Kil Chun Originals (1884—1897)", Edward Sylvester Morse (1838—1925) Papers, Phillips Library, Peabody Essex Museum; Kwang-rin Lee, "The Letters of Yu Kil-chun", Korean Studies 14(1)(1990), p. 108;翻译成韩语的是李光麟,同上文章,第16页。本文里的韩语翻译是按俞吉浚的英文书信,参考李光麟德翻译而修改的。

虑了将基督教作为朝鲜的宗教。① 这种变化表明,以儒教为中心的政教合一性质的宗教理解已经开始破裂了。

俞吉浚对基督教的理解与主导甲申政变的开化党领导们对基督教的理解相连。在壬午军乱之后,立即被派往日本的朴泳孝、金玉均、徐光范等人开始与卫理公会差会罗伯特·麦克莱(Robert S. Maclay)、美国圣书公会亨利·卢米斯(Henry Loomis)、长老会乔治·诺克斯(George W. Knox)等新教宣教士有所交流。从那以后,他们直接或间接地帮助宣教士宣教朝鲜,并且在甲申政变失败、流亡日本时,也继续交流。② 金玉均在他的上疏里提出,为朝鲜改革,要求促进工业,废除两班制度,登用人才,中央执权,以设立学校来启蒙百姓,而且还提出了将"导入外国的宗教来帮助教化"作为改革的一种方法。③ 这就是他希望通过基督教教化朝鲜的提议。

朴泳孝更直接地描述了由美国向朝鲜宣教的必要性,具体如下:

> 我国国民所需要的是教育和基督教化(Christianisation)。贵国的宣教士和基督教学校可以教学我国国民而提高水平。……我国古老宗教(Our old religions)的基础都很薄,因此改教为基督教的门是已敞开的。……在立法改革之前,必须首先进行教育和基督教化。只有这样,我们才能成立立宪政府,而将成为像贵国一样自由开明的国家。④

朴泳孝认为,朝鲜人民急需接受宣教士和基督教学校的教育并实现基督教化。特别是由于朝鲜现有的宗教基础薄弱,他认为人民的基督教化将是十分容易的。他说,完成朝鲜人民的教育和基督教化后,可以施行立宪改革以

---

① 禹男淑《俞吉浚与爱德华·莫斯研究:以思想交流为中心》一文认为,在莫斯的影响下,俞吉浚试图"放弃儒教文明,而摆脱中国的控制"(第170页),尽管基督教不是他的信仰对象,但出于对美国民主主义政治文化的认同,他肯定了基督教(第176—179页)。
② 白乐濬:《韩国新教史,1832—1910》,延世大学出版部1993年版,第66—95页;柳大永:《韩国近现代史与基督教》,普润(PURUN)历史2011年版,第32—43页。
③ "4. 关于教育的建议(金玉均)",《Ⅰ.近代教育之探索》,见《韩国近代史基础资料集2:开化期的教育》,韩国史数据库。据解题,该上疏在1886年7月8日《朝野新闻》翻译成日语记载。
④ F. A. Mckenzie, *The Tragedy of Korea* (Reprinted in 1969 by Yonsei University press), pp. 54 - 55.

及树立宪政府,使朝鲜成为像美国一样自由文明的国家。

对于朴泳孝和金玉均而言,基督教并不是一种宗教,而是一种近代化的手段。① 这与俞吉浚的基督教理解有共同之处,即俞吉浚说过,基督教对人民的教化是必要的。所不同的是,俞吉浚推荐基督教为朝鲜之宗教的根据,不是西方国家的人民教化或近代化,而是宗教的本来属性。关于这一点,俞吉浚在给莫斯的信中透露如下:

> 最后,令我惊讶的是,我意识到创造、救赎、审判、奖赏、惩罚、甚至洗礼,以及山上宝训曾经在两三千年前出现在中国或印度。由于对神圣或道德的长期需求,其中一些是至今得以维持的。我发现所有宗教信仰都是如此。
>
> 因此,(朝鲜)引入基督教,那么实际上没有什么东西代替我们的非基督教信仰了。因为这只是旧思维方式的重复和旧习俗的更新而已。②

通过发现基督教中的"创造、救赎、审判、奖赏、惩罚、洗礼、山上宝训"等教义,都是古代中国和印度所共有的,俞吉浚开始理解这些元素是所有宗教的共同属性。基督教、儒教、佛教等所有宗教的相同之处,即它们以这些原始属性为神圣或道德保持到现在。如此,在认识到神圣以及道德是所有宗教的共同属性之后,俞吉浚改变了他原来的理解,即各国的宗教是固有不变的。

从统治的角度出发,俞吉浚以前对宗教的理解集中在控制人民的精神,而在美国留学之后,他更加深入地思考了宗教本身的属性。而且,俞吉浚的这种理解改变了他所固守的立场,即儒教才是朝鲜的宗教,并且为他提供了

---

① 柳大永:《韩国近现代史与基督教》,普润(PURUN)历史 2011 年版,第 41—43 页。
② [129cc],[129dd],Box 15 folder 11, "Yu, Kil Chun Originals(1884—1897)";李光麟:《俞吉浚的英文书翰》,《东亚研究》1988 年第 14 期,第 16 页。第二段落的原文是:"So I think, as it is, there are not new things to be adopted, for the substitution of our Paganism, because, if introduced, it will merely be a repetition of old fashion idea and renewal of ancient practice."李光麟翻译为:"如此,采纳异教徒的代赎制度不是新鲜事。因为,如果被介绍了,这不仅是重复旧的形式,而且施行在古代的再版。"对此,本文考虑,俞吉均说了"our Paganism",即"我们的(朝鲜的)异教=非基督教",和这引用文的内容跟上段的内容,即期待基督教引入朝鲜,是相接的,而把第二段解释为,对朝鲜而言,接受基督教不是引入新的因素的。

探索基督教的契机。也可以说,这是与俞吉浚此后关于宗教自由的探讨相衔接的。

四、"宗教自由"论:与"根本教导"同居

《西游见闻》显示出俞吉浚一直所思考的关于宗教的多种理解。首先,我们要注意的是,对他而言,宗教总是被理解为与国家有关的"根本教导"。

> 夫宗教是所谓宗尚之教。天地间任何国家都各其服从。持有宗教是与我邦尊崇孔孟之道的事相同的。今天举论天下之宗教。①

他把"宗教"概念定义为"宗尚之教",并且说世界各国都有分别服从的宗教,还提到朝鲜的宗教是"孔孟之道"。这些都是与《世界大势论》里的宗教理解没有差别的。这种宗教概念的理解就是《西游见闻》里宗教议论的基本前提。

另一方面,《西游见闻》里的宗教理解之新方向,可以在"宗教自由及通义"找到相关论述。相关讨论在第四编《人民的权利》集中展开。在那里,俞吉浚提出,"人民的权利"即"自由及通义"的七个条目:(1) 身命之自由及通义;(2) 财产之自由及通义;(3) 营业之自由及通义;(4) 集会之自由及通义;(5) 宗教之自由及通义;(6) 言词之自由;(7) 名誉之通义。② 其中,"宗教之

---

① 俞吉浚:《西游见闻》,第十三编《泰西宗教之来历》,见俞吉浚全书编纂委员会编:《俞吉浚全书》Ⅰ,首尔—潮阁1971年版,第358页。
② 俞吉浚:《西游见闻》,第四编《人民的权利》,见俞吉浚全书编纂委员会编:《俞吉浚全书》Ⅰ,首尔—潮阁1971年版,第136—138页。据张寅性,第四编《人民的权利》的典据是福泽谕吉的著作《西洋事情外编》卷之一,《人生の通义及び其职分》。参照张寅性:《西游见闻:关于韩国保守主义之起源的省察》,阿卡内特(ACANET)出版社2017年版,第26页。其中"宗教自由及通义"部分的典据是不明确的。这种情况,可能与福泽谕吉的变化有关系,即他在前半期对基督教·宗教的看法比较负面,而从1884年开始逐渐转变为积极的。(小泉仰:《福泽谕吉と宗教》,《イギリス哲学研究》2011年第34号,日本イギリス哲学会,第5—18页)。如果接受这样的解释,即福泽谕吉的基督教·宗教的理解是有变化的,就可以比较福泽谕吉的后期著作和俞吉浚的基督教·宗教讨论。这样,尽管俞吉浚和福泽谕吉的宗教理解之变化在细节上是不同的,但有趣的是,在大趋势上有许多重叠的地方。但是,关于此问题的探讨已超出了本文的范围。

自由及通义"的说明如下:

> 五曰,宗教之自由及通义。此是所谓宗教之权利。宗教之自由是各人所教的和所宗的,一切随其心悦者,且不被禁遇拘碍的勒制,而任归绰裕的乐地。宗教之通义是,因设皈依的党徒受(守)和维持的规则,不背国法的大纪时,其行用的诸般事务在于自主的掌握,而不受他人之操纵的。①

在此,俞吉浚用与以前相同的含义来解释宗教,即"所教的和所宗的",就是"所教导的和所根本的"。他说,在宗教里面,跟随其心愿的,而且在没有制约的情况下选择而安心皈依的权利就是"宗教自由"。此外,他还说,因为他们设立了信徒该守的和维持的规则,他们不违背国法时,自主运营且不受干涉的权利,这是"宗教的通义"。这两个就是"宗教的权利"。

李在一指出了张锡万所提出的开化期宗教概念的特征,然后说出了这样的结论,即,那些宗教概念混杂在《西游见闻》的宗教理解里面,并且《世界大势论》以国家为中心的宗教理解,从俞吉浚留学美国后转变为近代性宗教理解。② 有些人把以"宗教自由"为中心的《西游见闻》的宗教理解叫做"近代性宗教观"。对此,本文认为《西游见闻》中隐含着各种宗教理解并提出了近代性宗教理解,但须推迟将它断定为"近代性宗教观"。这是因为,正如我们一直看到的,俞吉浚所理解的宗教概念与国家统治以及人民的教化有着密不可分的关系,并且是基于政教合一性质的意思。他在《西游见闻》中反复提到宗

---

① 俞吉浚:《西游见闻》,第四编《人民的权利》,见俞吉浚全书编纂委员会编:《俞吉浚全书》Ⅰ,首尔—潮阁1971年版,第138页。"宗教自由"的定义在《西洋事情二编》的《例言》里有以下的说明:"宗旨の自由とは、何宗にても人々の信仰する所の宗旨に帰依せしむることなり"(《福泽谕吉全集》第1卷,第487页)。
② 李在一:《俞吉浚的宗教观变化过程与教育改革论》,韩国精神文化研究院博士学位论文,2003年,第57—61页。关于开化期宗教概念的特征,张锡万以收容近代性的过程中所追求的"达成文明"和"维持民族认同"之两个基础轴与两个轴之间发生的光谱来说明。即,第一,宗教与文明化方向背道而驰,应排除在外,即"反宗教概念";第二,把以宗教本性和理性主义的合理性之和谐为前提,宗教被确立为私人领域,而支持信仰自由和政教分离原则,即理神论概念;第三,基督教被奉为西方文明的根源,视宗教为文明之源,即"'文明记号'概念";第四,宗教的功能不在文明化里面寻找,而在确立国内秩序和统治人民里面寻找,即"人民教化性宗教概念"。(李在一:同上论文,第39—65页。)

教是自古以来就被传下来的"根本教导",并将其解释为以人民的权利所选择而跟随的自由。

《西游见闻》里的宗教理解是在不同内涵的宗教概念相互冲突中发展出来的。然而,在这种紧张的关系中,关于宗教权利的探讨受到限制。

> 举论宗教的权利,亦因为这与人生有一大关系。夫宗教是管制世人的心性并浸感的,而是人建的大道。因天下至广,世俗宗尚的教不归一,且立了各其门户,而生了宗教之殊异。人世的不幸莫大于此。然而,此亦是大众信服的,彼亦是大众崇奉的。所维持大众纲纪的其道是相同的,则劝人弃邪而归正的大旨,亦相近的基础上成立的。不然,奈何大众悦服和相传千百载之久远。是故,各人信依各其心悦乐的宗教,而敬奉国法时,不可抢夺其心所好的,也不可勒禁其身所归的。①

在谈到"宗教权利"的重要性之前,俞吉浚再次解释了宗教是什么。他说,"宗教是为了管制世人的心性并感化,而由人们建的大道"。并且,任何宗教都是"所维持大众纲纪的其道是相同的,则劝人弃邪而归正的大旨,亦在相近的基础上成立。"俞吉浚明确地说明,"宗教"是统治人民的心和行为且归正伦理纲纪的大道。此外,他认为,宗教应该基本上作为受人崇尚的教导而存在。

与此同时,俞吉浚面临着一个现实,那就是别无选择,只能承认宗教的多样性。但是,他说,这是因为除非有一种大众所悦服的宗教,否则无法永久维持国家的纪纲。因此,人民尊重国法时,应该使他们跟随自己所信仰的宗教而不受限制。他之所以提起保护"宗教权利"的必要性,是因为他担心政府将干预各人的"宗教信服"而导致民间纠纷。② 俞吉浚从人民统治的角度,将宗教理解为"根本教导",并考虑着多种宗教共存的现实,进而探讨了"宗教的权利"。他所提出的"宗教权利"的保障,不是为了保护个人的信仰自由,而是为了防止国家的混乱。

---

① 俞吉浚:《西游见闻》,第四编《人民的权利》,见俞吉浚全书编纂委员会编:《俞吉浚全书》Ⅰ,首尔—潮阁 1971 年版,第 143—144 页。
② 同上书,第 173—174 页。

俞吉浚的宗教与国家:朝向朝鲜自由、独立的根本教导

此外,按照这种观点,他借着西方历史加强了要求保障宗教权利的逻辑。俞吉浚指出,在西方历史上,国家所歧视或禁止宗教,不但没有给国家带来好处,反而引起了宗教纠纷,对国家造成了极大的破坏,导致不少国家灭亡了。① 因此,政府必须放弃对宗教的偏见,并以公正的态度对待它,如此做才能保障宗教的权利;否则,国家对某些宗教的庇护将使党派分裂,这反过来对政治毫无益处。他的意思是,为了国家与政治,如果宗教教典没有损害伦理纪纲且不违国法,政府应该保障其设立和运营的权利。②

关于宗教扶支的议论也是从同样的立场出发的。俞吉浚将宗教扶支作为政府的主要税目之一,③并说明了其原因,即,宗教教化人民,这与"治国之道有大关系"。④ 更值得关注的是,宗教扶支的期限已经设定了。

> 大概,任何宗教都是众人所信依的,则不是使人不可行的。必然,对于尊国义气和爱君精诚,彼此教没有殊异。政府应以宽宏的德化收合其义气和精诚。国人一齐受教育时,采取次论,使人民归于各其信依的教,政府却一切不相关,为宗教扶支的事,停止课收税额,亦可者。⑤

关于宗教支持,其期限是直到人民的教育达到充分实施为止。这里有一个前提就是所有宗教都将引导人民到"尊国义气和爱君精诚"。因为宗教教化人民,政府将以宽宏的德化收合其义气精诚,因此,政府的宗教支持是合理的。但在对所有人进行教育之后,有必要另行讨论并划定界限,而到那时,政府允许宗教自由,并可以停止宗教扶支。即,在《西游见闻》里,从人民统治的角度看,宗教基本上起着教化的作用,而被定位为教育的代理。这意味着,和国家分离的,作为私人领域的宗教自由是可以具有条件的,即在广泛实行教

---

① 俞吉浚:《西游见闻》,第四编《人民的权利》,见俞吉浚全书编纂委员会编:《俞吉浚全书》Ⅰ,首尔—潮阁 1971 年版,第 144 页。
② 同上书,第 145 页。
③ 俞吉浚:《西游见闻》,第八编《政府的民税费用之事务》,见俞吉浚全书编纂委员会编:《俞吉浚全书》Ⅰ,首尔—潮阁 1971 年版,第 225 页。第一,政府支出;第二,人民教育;第三,国家运营;第四,宗教敷地;第五,贫民救济。
④ 同上书,第 239 页。
⑤ 同上书,第 241 页。

育之后,"已设定推迟期限"。① 《西游见闻》里,包括宗教自由的,关于宗教权利的议论应该被理解为一种过渡性议论,因为它被置于政教合一性质的"根本教导"和近代性宗教概念之间。

宗教通过教化人民,从根本上培养"尊国"和"爱君"的精神,以发挥作用。从这个角度看,天主教对国家而言是个威胁,因为天主教赋予教皇绝对权威。

> 服其教者,如上天信依教皇,畏惧过于自己的政府,爱慕多于自己的父母。崇尚又其教之国行隐计,即凭其宗教的形势侵夺他邦的土地和人民。如此,法兰西行在我邦和安南。我邦正大吾道而不售其计,却今日安南备受法兰西的羁绊。又服从天主学的中国人民甘受法兰西的保护,却一点都没有羞愧的气色,可慎惧的是此。至于耶稣教,如彼祸害无云。②

在描述基督教从罗马时期受逼迫到东西分裂的历史时,俞吉浚批评道,由于天主教徒如天供奉了教宗,畏惧过于自己的政府,爱慕多于自己的父母,而带来了极度伤害。而且,天主教国家借着宗教势力侵夺他国的领土和人民,这就是法国在朝鲜和越南所做的。作为回应,朝鲜以"吾道之正大"打败了法国,越南却从属法国。最可怕的是,服从天主学的中国人民愿意接受法国的保护,不以为耻。天主教设定了超越国家的超越者。这不仅被利用为合法化侵略他国的凭据,也带着强烈的隶属感运转,因此最终威胁国家。③

我们要注意的部分是,俞吉浚在批评天主教之后的文章,即"至于耶稣教,如彼祸害无云"。这种理解不同于《世界大势论》的理解,即除了儒教和佛教以外,包括新旧基督教的所有其他宗教都构成了对朝鲜的威胁。这种理解是与发给莫斯的信中提及的理解衔接的,即在批评基督教国家的侵略性的同时,赞赏西方国家能管制好人民而维持和平,且他提及了收容基督教为朝鲜

---

① 李在一:《俞吉浚的宗教观变化过程与教育改革论》,韩国精神文化研究院博士学位论文,2003年,第50—51页。
② 俞吉浚:《西游见闻》,第十三编《泰西宗教之来历》,1895年,见俞吉浚全书编纂委员会编:《俞吉浚全书》Ⅰ,首尔—潮阁1971年版,第366页。
③ 这种俞吉浚对于天主教的批评看似有辟邪论的影响。张寅性:《西游见闻:关于韩国保守主义之起源的省察》,阿卡内特(ACANET)出版社2017年版,第22页。

的宗教。据推测,俞吉浚过去对基督教的认同是通过私人的书信相对直率地表达出来的,而在拘留中所写作的《西游见闻》里,应该是以最少的添言方式委婉地表达出来的。

俞吉浚在《西游见闻》里,将"宗教学"介绍为"关于耶稣教和天主学的学习"。① 换句话说,俞吉浚不是将"종교학"理解为作为近代学问的"宗教学(science de religion)",而是理解为"'基督教的学问'即,神学"(theology)。因此,可以评断说俞吉浚所理解的"宗教"是"以唯一神为中心的宗教"。②《西游见闻》里,俞吉浚在政教合一性质的宗教概念理解和围绕宗教自由及通义的议论之间,给关于基督教的解释留下了余地。对他而言,基督教意味着什么?这将在下一章探讨。

五、"教导灵魂"的基督教

(一)《查经会趋旨书》之背景

1896年以后流亡日本期间的俞吉浚,又在1902年6月被日本政府流放到母岛和八丈岛,因为他以朝鲜内政改革为目的与日本军校毕业的一位军官和吴世昌合作,企图发动政变,却被发现了。③ 他于1906年3月从流放中被释放,在此期间,日俄战争结束,日本加速了对朝鲜的殖民统治。从此时到1907年8月回朝鲜的1年半的时间里,关于俞吉浚的足迹有这样的记录:"(明治)三十九年(1906)三月一日,得到了内地居住的许可,入京而来,游历了各地,从事挥毫。"据此可知,他在此期间过了一段比较安静的日子。④

---

① 俞吉浚:《西游见闻》,第十三编《学业的条目》,1895年,见俞吉浚全书编纂委员会编:《俞吉浚全书》I,首尔—潮阁1971年版,第376页。
② 李在一:同上论文,第66页。
③ 李光麟:《流亡日本时期的俞吉浚》,见《开化派和开化思想研究》,首尔—潮阁1989年版,第196—213页;尹炳喜:《流亡日本时期俞吉浚的政变阴谋事件》,见《俞吉浚研究》,国学资料院2015年版,第231—260页。
④ 《韩国亡命者经历》,明治39年12月,见《原敬关系文书》第8卷,日本放送出版文化协会1987年版;转引自李光麟:《流亡日本时期的俞吉浚》,见《开化派和开化思想研究》,首尔—潮阁1989年版,第212页。

但最近对俞吉濬的人际关系研究发现了俞吉濬在这一期间在日本各地游历时,图谋政治和经济的活动。① 有关本文主题的部分,首先要注意的是,俞吉濬与 1904 年 9 月成立的东亚青年会和日韩同志会是有关联的。其中主导人物中新闻记者石川安次郎和参与普选运动的中村太八郎会面朴泳孝、俞吉濬一事有记录在案。② 另外,值得注意的是,俞吉濬与孙秉熙、吴世昌,以及东学教团所派遣的留学生建立了关系。③ 但是,关于俞吉濬和东学教团之间的关系以及与宗教有关的人际关系,这里却没有进一步提及。但是,从这种人际关系的分析可以看到,在此期间俞吉濬接触了政治、经济、宗教等各方面的人物。

1906 年俞吉濬所写的《查经会趣旨书》是直接体现这段时期俞吉濬的宗教理解的、几乎唯一的资料。同年 8 月,韩国基督教青年会在日本成立,金贞植被派遣为第一任秘书。金贞植进行了多种事业,其中之一是查经会。④ 查经会是 1890 年由安德伍德(Underwood, Horace Grant)以神学教育和派遣助事为宗旨发起的一门课程。次年,长老会差会总部制定了圣经研究原则,并发送到各地方差遣会,而成为了正规平信徒教育课程。据 1904 年差会报告,当时韩国基督教人数的百分之六十参加过查经会。⑤ 在这种背景下,在日韩国基督教青年会举办了查经会,而俞吉濬执笔了其举办趣旨书。俞吉濬似是在金贞植的劝导下写出了查经会趣旨书。在 1902 年发动政变计划书里,金贞植被提及为组织新政府的主要人物,因此可以认为他与俞吉濬有着密切的

---

① 枡谷祐一:《俞吉濬的人际关系研究》,见崔德寿编:《俞吉濬的知人:想象与经验的近代》,高丽大学校出版文化院 2018 年版,第 358—407 页。
② 枡谷祐一,前引论文,第 378—380 页。据《统监府文书》,朴泳孝和俞吉濬看似借着石川和中村图谋了归国。东亚青年会被介绍为"清韩ノ进步发达指导ヲ目的トス"。另外,据记载,中村太八郎是为了鼓舞社会主义,在 1895 年进行了普通选举运动,于 1904 年组织了东亚青年会,并于 1905 年成立了国家社会党。发信者:外务大臣子爵林董,(26)"关于朴泳孝归韩的警视厅报告送付",发信日:1907 年 06 月 13 日,《一一、警察事务执行及朴泳孝关系书类》,《统监府文书》3 卷,韩国史数据库。
③ 枡谷祐一:同上论文,第 380—381 页。
④ "金贞植氏,元来有志之士。前往日本东京,为韩国留学生设了查经会,在两朔,劝勉中。"(《畿湖易明》,《大韩每日申报》,1906 年 12 月 29 日。)
⑤ "查经会",编纂委员会编:《单卷基督教百科辞典》,基督教文社 1992 年版,第 805 页。

关系。①

本章关注的问题是,在这一时期宗教和基督教对俞吉浚意味着什么。不幸的是,本文还未找到更多资料来讨论俞吉浚与在日韩国基督教青年会的关系。因此,我想通过确认俞吉浚与朝鲜的基督教状况及其家人的基督教信仰之间的联系点,来间接地考察俞吉浚的基督教理解。

首先,有必要回顾贯穿正洞俱乐部、独立协会、皇城基督教青年会的基督教精神与俞吉浚的关系。据全泽凫考证,皇城基督教青年会运动继承了独立协会运动,再往后看,其历史可以追溯到1894年成立的正洞俱乐部。俞吉浚曾参与过正洞俱乐部。此外,俞吉浚参与正洞俱乐部期间,徐载弼正在筹备发行独立新闻,俞吉浚为其准备了政府补贴。② 然而,随着俞吉浚1896年流亡日本,他与这些组织的直接联系似乎破裂了。

值得注意的是,全泽凫指出,俞吉浚"间接地"参加了皇城基督教青年会,"或他的孩子们参加了"。③ 众所周知,他的弟弟俞星浚1902年在监牢里与李承晚、金贞植、李商在一起皈依了基督教,并于1904年出狱后在莲洞教会受洗。④ 他的儿子俞亿兼曾在培才学堂以及中央基督教青年会学馆中等科学习,还曾就读日本同志社中学校。如此,他经历了在基督教学校就学,且从东京帝国大学毕业后回国,在延禧专门学校任教,并在朝鲜中央基督教青年会工作。⑤

查阅《莲洞教会洗礼者名簿》后,本文又有新的发现,即有"俞吉浚之妻"的记录。⑥ 这是1904年受洗的记录,但未找到俞吉浚的名字。俞吉浚的妻子与俞吉浚的弟弟俞星浚同一年在莲洞教会一起受洗。俞吉浚妻子的受洗是不是受到俞吉浚的影响?这一点需要进一步研究。但是,如果考虑从接触基督教而导致信仰,以及到受洗的时间,俞吉浚的妻子应该在1904年之前就参

---

① 《高宗实录》1904年3月11日;尹炳喜:《流亡日本时期俞吉浚的政变阴谋事件》,见《俞吉浚研究》,国学资料院2015年版,第235页(参考)。被提及的政府组阁成员:金允植、韩圭卨、闵泳焕、闵泳骏、李允用、金嘉镇、李完用、权载衡、韩昌洙、朴胜凤、洪在祺、金贞植、俞星浚、尹致昊、徐相集、申海永、朴齐纯。
② 全泽凫:《韩国基督教青年会运动史》,汎友社1994年版,第53—54页。
③ 同上书,第82页。
④ 同上书,第78—80页。
⑤ 同上书,第271页以下。
⑥ 莲洞教会编:《莲洞教会洗礼教人名簿:1896—1911》,莲洞教会2001年版,第24页。

与了基督教的活动。同样,正如我们在本文中所看到的,如果观察1885年以后俞吉浚对于"基督教"与"宗教"的理解,大家会认为,俞吉浚的基督教理解与其家庭成员的基督教信仰是分不开的。

因此,1906年俞吉浚对基督教的理解是基于他对宗教的长期思考发展而成的,并且需要与其家庭成员的基督教信仰联系而思考。可以想象,《查经会趣旨书》便是在这种背景下写出的。具体的内容将在下面继续探讨。

(二)《查经会趣旨书》之内容

从标题可见,《查经会趣旨书》的主要目的是宣布举办查经会的趣旨。因此,趣旨书表明为宣扬基督教的优越性,赞美全知全能的神,更好地体现上述目的,将要举办查经会。首先,从此可知,俞吉浚被推荐向基督徒讲圣经和基督教,以说服他们。趣旨书展示了俞吉浚对基督教与宗教的深度思考。

《查经会趣旨书》从内容上可以分为两个部分。第一部分表扬基督教作为宗教的卓越表现,第二部分是联系国家的自由与独立介绍基督教的内容。先看前半部分。俞吉浚所写的趣旨书开头如下:

> 天生了人,赋予了灵魂,以爱抚育,以善诱导,是以,在天人所相与之际,灵魂是其惟交通之虹桥,又是感应之电线。[1]

在文章开头,俞吉浚揭示了天是生了人,并赋予人灵魂,以爱抚育,以善诱导而存在的。俞吉浚对基督教期待的两个要素,一个是作为存在者的天即神的存在,另一个是连接神与人的,作为"虹桥"的灵魂。借着灵魂,神以爱抚育人,以善诱导人,而人就对此感应。

在这方面,他说,尽管世界有中国的孔子、印度的佛陀、阿拉伯的穆罕默德等圣人,按照圣人的教导而展开大道的多种宗门,但还是不够充分。和他们比起来,基督教应是如下的存在:

> 全能惟一的神之默示之化,即清洁无垢的,广通自在的,至于天人相

---

[1] 俞吉浚:《查经会趣旨书》,见俞吉浚全书编纂委员会编:《俞吉浚全书》Ⅱ,首尔-潮阁1971年版,第393页。

与的灵魂之教导,吾人亦敢曰,惟我救主之教独存也。①

基督教存在"全能唯一的神",只借着那样的"我救主之教"才能"教导灵魂"。

为了强调救世主之教导的优越性,俞吉浚进而将其与孔子的教导进行了鲜明的对比。他说,"孔子的教导和我救世主的宗旨,在道德意义上有共同点",但是各种教导分别有决定性差异,其差异如下:

> 然而,孔子是政治道德之圣,而我救主是宗教道德之神……我救主一视宇宙万世,为了救济一切人类之罪苦,立了博爱至善的宗旨。是以,孔教是现世人事之道德,即是人事教,而不是宗教。我救主之教是使神人相通的万世道德,乃生民以来前万世后万世的大一统宗教。②

据俞吉浚,孔子是"政治道德之圣"。这种"孔教"是现世人类的道德,即"人事教",而不是"宗教"。与此不同,救世主是"宗教道德之神",为了拯救人类立了宗旨。这种"我救世主的教导"才是既使神人相同又贯穿现世和来世的"万世道德",即"大一统宗教"。

在解释了孔子教与耶稣教所关注的领域和主要目标的差异后,他对孔教教徒和耶稣教教徒互不了解,并互相诽谤而导致极度不和谐的现状表示了遗憾。俞吉浚对此的答案,概括为"惟愿我同胞在人事教上,诵读孔子,而在宗教上,皈依天神之下,即信仰救主耶稣"。③ 他指出关于现世人类道德问题,应该遵循孔子的教导;而在宗教上却应该皈依天神,相信救世主耶稣。

由此可见,俞吉浚对宗教概念的理解与对基督教的理解联动,并出现了决定性的变化。一方面,这里提到的"宗教"含义理解为更根本的"根本教导",因为他说了神是"教导灵魂"的。但可以看到不同之处,即他不是在儒教

---

① 俞吉浚:《查经会趣旨书》,见俞吉浚全书编纂委员会编:《俞吉浚全书》Ⅱ,首尔一潮阁1971年版,第396页。
② 同上书,第397页。
③ 俞吉浚:《查经会趣旨书》,见俞吉浚全书编纂委员会编:《俞吉浚全书》Ⅱ,首尔一潮阁1971年版,第399页。

圣人,而是在救世主耶稣那里找到了这种"宗教"的来源,并要求将超越性纳入宗教的属性。以前给莫斯的信中,他提到神圣性和道德性是所有宗教的共同属性。即以前他认为,神圣性和道德性是儒教和基督教共同拥有的。相比之下,在这里,他将神性存在的救世主耶稣设定为宗教的源泉,而说明了真正的宗教之属性,是神圣性、道德性和超越性以及借着那位救世主的灵魂得救。因此,他认为儒教不是"宗教",而是"人事教"(teaching),唯有基督教是"宗教"(religion)。

在此,我要确认的另一点是,在俞吉浚的议论中,可以看到小崎弘道之《政教新论》(1886)相应的叙述。小崎曾任东京基督教青年会首任会长、同志社社长、日本组合基督教会会长、日本基督教联盟会长等,是代表近代日本的牧师、神学家之一。他关于《查经会趣旨书》的论点简单概括如下。

第一,小崎批评说,进入了日本和朝鲜的中国儒教起到了"政治道德"的作用,并压制了政治自由,其结果是对国家开明等各方面造成了损害。[①] 儒教被定为"现世的宗教",仅限于与"道德教"有关的。[②] 因此,他主张"宗教道德"对于促进国家社会的文明发展是必要的,对此最合适的宗教就是基督教。[③] 这些内容是《查经会趣旨书》的"政治道德"和"宗教道德"概念以及议论直接相关的。

第二,小崎从宗教进化论的角度说,国家是从开明之前的儒教逐渐向基督教靠近的。他的意思是,日本应该用基督教取代儒教主义的旧日本,而向往新日本。[④] 与此相比,《查经会趣旨书》虽然和他一样宣扬了基督教优于儒教,但不把儒教看为过时的而排除,并且宣讲指出孔子教和基督教应该分别承担政治和宗教的不同领域。

第三,小崎说,与儒教不同,基督教在原则上支持政教分离。但是在国家内部的生命里,"教"与"政"是不可分离的,因为基督教是"万世的基础"。[⑤] 他

---

① 小崎弘道:《政教新论》,警醒社1886年版。本文引用的是《政教新论》(增补2版),警醒社1888年版。参考小崎弘道:《第二章　我国政教的思想》,《政教新论》,第9页。
② 参考小崎弘道:《政教新论》,《第三章　儒教の性质》,第21、37页。
③ 小崎弘道:《政教新论》,《第七章　宗教道德の必要(一)》《第八章　宗教道德の必要(二)》,第57—76页。
④ 参考小崎弘道:《政教新论》,《第九章　儒教と基督教》,第77—86页。
⑤ 参考小崎弘道:《政教新论》,《第十三章　教会と政府》,第115页。

的意思是,在一个国家中,政治和宗教天生就息息相关。① 据此,他主张,"如果我们将我国的文明放在基督教的磐石上,自由地行使政治与宗教,就可以确定长久的国运之进步。"②他提出,基督教是包括宗教和政治的国家文明之基础。因此,基督教的"宗教道德"是"国家的元气、生命",而真正的宗教最终是"团结社会,坚固认同,而牢固国家的"。③ 小崎的这些议论与《查经会趣旨书》的后半部内容有关联,将在下面探讨。

《查经会趣旨书》的后半部分着眼于基督教与国家的关系。首先,俞吉浚指出要环顾世界各地的基督教国家。据他说,基督教国家的国民都享受着自由和独立。这是因为,"救世主万世卓越的大化道德启发振作天所降给人的灵魂",使人知道作为人的权利、义务、光荣、福禄、价值。并且,因为这种领悟唤起人类的气魄。

> 高尚不羁的其意志和确健不屈的其气概,遇到磔碎的惨祸或当面焚溺的苦厄时,修短间到底一宛的肉身,宁死,万世不灭的灵魂,不见失独立的奴隶侮辱,不受夺自由的束缚凌逼,所以然。④

俞吉浚赞扬了基督教国家国民之气魄,即不屈不挠的精神和不灭的灵魂。他认为应该借着这个克服患难,肉身宁死,而万世不灭的灵魂却享受独立和自由,并将不受成为奴隶的侮辱。那么,怎样才能做到这一点呢?俞吉浚指出,有必要在基督教的基础上,建立"社会的根基",并且"社会的大多数人确信这宗教的真意,而坚持信心"。如此做时,"禽受浸染的道德性灵向国家发挥",则具备简洁的政治、公正的法律、忠诚的军备,而可以建立国家之"万世不拔的基础"。再次,俞吉浚将基督教概括为一种理想的宗教,即它满足"培养和领导人们的灵魂",并提高"国民的风气",且具有"得救的道德"。

---

① 他所说的政教分离是以基督教为优先的政教分离。即,天皇以及顶层政治家们将借着基督教精神救得自己,并搞政治,政权却不要干涉教会。参考小崎弘道:《政教新论》,《第十三章 教会と政府》,第123—124页。
② 参考小崎弘道:《政教新论》,《第十四章 一己人と社会(结论)》,第124—125页。
③ 参考小崎弘道:《政教新论》,《第七章 宗教道德の必要(一)》,第60页。
④ 俞吉浚:《查经会趣旨书》,见俞吉浚全书编纂委员会编:《俞吉浚全书》Ⅱ,首尔—潮阁1971年版,第400—401页。

与此相反,野蛮的原始信仰是国家败亡的原因,如此,国家和宗教的关系是至关重要的。①

我要再次比较俞吉浚和小崎的基督教理解。小崎道,日本将以基督教为国家的基础,并在此基础上以国家的文明为宗旨,宗教和政治联系起来运作。与之相比,俞吉浚提倡,首先以基督教作为社会的基础,然后在此基础上排除政治领域,而作为宗教,借着得救灵魂来有志于国家的自由和独立。那时,基督教被要求作为社会的根基,并拴出个人的灵魂,为了国家的自由和独立不怕任何牺牲。在这一点上,宗教概念与俞吉浚的基督教理解联系在一起,并且意味着救世主的灵魂教导和横向联系社会成员。

最后,俞吉浚敦促人们着眼于"我们国民的社会"。在朝鲜,佛教已经衰落,孔教不是宗教。由于没有宗教,个人的习俗陷入困境,社会纪律也受到削弱,结果因成为已无法得救的国家而蒙上了莫大耻辱。②

> 故提携我亲爱的同胞兄弟姊妹同归我救主之宗门。博爱至善的道德之感化来扶济修炼所无依的灵魂。清新的、粹正的、□义的、崇严的、毅烈的、笃确的气魄和力量来挽回国家的气运。发誓愿,祈求上天,矫揉社会的颓废。
>
> 现在朝鲜人民该做的事是,大家一起皈依基督教,救世主的道德之感化来得救灵魂并修炼灵魂而增强气魄和力量。如此做,可以挽回国家的气运并且矫正社会的颓废。然后,他要求说,查经会是为了更好了解救世主的旨意而设的,将要"以同好的灵魂之团结一致来达成万世的大事大业"。③

俞吉浚对基督教的期望是借着超越的神得救和得到灵魂的教导,而彰显出不屈不挠的精神和不灭的灵魂。而且,基督教将在社会层次上发挥出使每个灵魂团结一致的核心作用。从而,他将使朝鲜得到自由与独立。如此,俞

---

① 俞吉浚:《查经会趣旨书》,见俞吉浚全书编纂委员会编:《俞吉浚全书》Ⅱ,首尔—潮阁1971年版,第402页。
② 同上书,第403页。
③ 同上书,第403页。

吉浚将朝鲜的未来托付给基督教。俞吉浚用以下的传教之话语结束了趣旨书:"皈依吧!惟我天父。信奉吧!惟我救主耶稣的宗教。"①

六、整合之技术,或得救之信仰

对俞吉浚而言,"宗教"一直意味着"根本教导",它被视为统治人民的精神、促成团结,从而实现朝鲜的自由与独立的决定性因素。在1883年的《世界大势论》里,他提出朝鲜的统治者应通过固有的儒教来控制人民的精神,这样做可以防止朝鲜人民成为他国宗教的奴隶。从此,大约两年后,在1885年写给莫斯的信里,俞吉浚提到将要以基督教来代替儒教成为朝鲜的宗教。因为他认为在美国的基督教成功地完成了治理和教化的功能,并成就了文明。

就朝鲜的宗教而言,俞吉浚在1883年推荐儒教,但到了1885年改为推荐基督教。如此巨大的变化,一方面归因于外部环境,即壬午军乱和甲申政变后国家面临着危机,另一方面则是他在日本和美国留学的经验和其期间的思考。并且,这种变化可以理解为,是由俞吉浚对宗教的长期思考以及发现所有宗教具有神圣性和道德性之共同属性而引发的。有趣的是,发现宗教的共同属性,使他将具有政教合一性质的基督教定为替代儒教的朝鲜之宗教,因而使他将从以儒教为中心的政教合一观念退出一步,而给他留出探讨宗教自由之余地。在《西游见闻》中,他将"宗教"反复地定义为"根本教导",并说明了宗教与国家的紧密关系,从而提出了有条件的宗教自由。

然而,在流亡日本10年之后的1906年,俞吉浚却不再探讨宗教自由。他看着这个死到临头的祖国,推荐唯一的宗教为基督教。他的"宗教"从以国家统治和人民教导为宗旨的儒教之"根本教导"转变为基督教神之"灵魂教导"。但是他认为,基督教是按照"救世主的教导",相信灵魂的得救而不怕死,并且以灵魂的团结一致来为着国家的自由和独立而战的。因此,在这一时期,对他而言,"宗教"意味着比儒教的根本教导更为根本。俞吉浚期盼,将借着基督教推动不屈不挠的气魄和不死不灭的精神,并且以基督教为社会的基础,人民将联手而战,而最后,祖国将拥有自由与独立。

---

① 俞吉浚:《查经会趣旨书》,见俞吉浚全书编纂委员会编:《俞吉浚全书》Ⅱ,首尔—潮阁1971年版,第404—405页。

本文以俞吉浚的宗教概念理解为中心讨论了他对宗教的理解。由此可见，他将宗教与国家理解为密不可分的关系，也看到他从早期推荐儒教到后来推荐基督教为朝鲜宗教的转变过程。俞吉浚当时之所以能够推荐基督教为朝鲜的宗教，是因为他不像一般的宗教进化论者那样将儒教视为古老的宗教，而是将基督教与儒教置于同一层次上，并指出教义上共同的原始性。他认为基督教是近代西方文明的精神，但其精神是一种古老的教导，这与儒教并无不同。另外，俞吉浚认识到"超越性"是基督教独有的属性。可以说，他把基督教理解为，从古代的教导而言与儒教相同，但是可以凭着超越性进一步加强其教导的宗教。从这样的理解出发，当儒教后退而基督教被邀请时，与政治道德有区别的宗教道德就被提了出来。但儒教的修身、齐家、治国、平天下之德目随时转换为基督教的个人道德、社会的道德圣灵、救世主的大化道德，仍对国家发挥作用。

如此，当基督教被理解为儒教的另一种形式，并且同时寻求个人之灵魂得救和关于朝鲜的自由与独立之得救时，严格的政教分离是不可能实现的。俞吉浚在《世界大势论》里，有志于以儒教为中心的政教合一，却在《查经会趣旨书》里指定了基督教为唯一的宗教，强调了基督教与社会领域的关系，但将政治领域委托给儒教，结果生动地突出了以社会为媒介的宗教与国家的关系。国家存在，但政治主体被压制时，宗教被要求为借着社会接触国家与政治。可能，他是委婉地或在社会层次上志向于政教合一。在此期间，对俞吉浚而言，宗教即基督教贯穿了私人领域和公共领域，并处在整合的功能和得救的信仰相遇的地点。

俞吉浚向着朝鲜的自由与独立，透过基督教要推动不死不灭的灵魂的态度，可以直接或间接与他所参与的皇城基督教青年会的宗旨联系起来。[①] 皇城基督教青年会为鼓励参加查经会，在1905年的广告文写出了如下的内容。"为了战胜敌国，军卒应该练习武器而敏捷地使用它。现在我们基督教徒都是十字军的士兵，而新旧圣经是用百炼铁所作的剑棒。要覆灭那魔敌，却不研究圣经的深意，那与没有练习的士兵有什么不同？"[②]将基督教徒和圣经比作十字军和百炼棒，并要战胜魔敌，这些内容不仅仅是个简单的比喻。后来，

---

① 全泽凫:《韩国基督教青年会运动史》，汎友社1994年版，第82页。
② 《教会通牒》，《皇城新闻》，1905年02月13日。

金教臣回忆起金贞植和内村鉴三之间的交友,说他们都拥有"武"之气质和"百夫长那样纯洁的信仰",而体现了"基督教的男性部分",而且对于公权力的逼迫以"侠义之热"对抗。① 这种进取和好战的态度类似于俞吉浚欲通过基督教要实现的精神。

而且,俞吉浚以1907年兴士团的设立为契机,改变了要求借着宗教教化人民和统治人民的立场,变为此时将"借着普通教育导养国民,而定士之根基"。② 他要求,取以教育所养成国民,而代以宗教所教化人民。在次年的《时代思想》一文里,他称周以前为道德政治时代,并说孔子、释迦牟尼和耶稣这三位圣人的思想也响应了当时需求,这意味着道德之政治或宗教之政治都是过时的思想。在已进入法令政治时代的此时和将来的技术政治时代,道德思想仍然很重要,但他说,"它对社会是普遍的,足以将其留给个人教育"。③ 他认为,道德思想应该委托给私人领域,因为已经有了取近代教育而代宗教教化之要求。

在《时代思想》中,他指出将宗教与道德和政治联系起来是过时的想法。但是在此,回顾《查经会趣旨书》所要求的精神,同时参阅《兴士团趣旨书》。俞吉浚宣布:为了实现"国运之挽回和国势之振兴",须有必要机关之设立和协助。因此,以人民之教育"在全国兴起士风",并扩散知识和道德,不断地复兴,将国家富强,进而组织了兴士团。人若学了都将成为士,使国民都成为士,为了国家工作必将要创办社会团体,在全国兴起士风以朝鲜的富强为宗旨。这种兴士团的志向是与《查经会趣旨书》的志向有相同之处的,即凭着得救信仰的灵魂不朽之信心和那种灵魂的团结一致来恢复朝鲜之自由与独立。俞吉浚声称兴士团是一个跨宗教的教育机构,但是统监府却将兴士团视为"有政治野心之人的团体",确定在兴士团里"大韩协会员和基督教派占了多数"的信息之后,将其作为监视对象。④ 此外,据记载,兴士团原本不是基督

---

① 金教臣:《故金贞植先生》,见《圣书朝鲜》,圣书朝鲜社1937年5月版,第98页。
② 俞吉浚:《兴士团趣旨书》,见俞吉浚全书编纂委员会编:《俞吉浚全书》Ⅱ,首尔—潮阁1971年版,第364页。
③ 俞吉浚:《时代思想》,见俞吉浚全书编纂委员会编:《俞吉浚全书》Ⅳ,首尔—潮阁1971年版,第284—285页。
④ "(210)京城政界的现形势"1909年3月22日,《一、宪兵队机密报告》,《统监府文书》第6卷,韩国史数据库。

学校,但是因为有许多基督徒的子女们"为着恢复国权祷告",而且"演讲了国权恢复"而"鼓舞了排日思想"。① 应该可以将兴士团的精神和活动与俞吉浚的基督教理解联系起来看,并作推理,晚年的俞吉浚与基督教的接触比我们预期的更广泛、持久。

然而,对晚年的俞吉浚而言,宗教似乎仍然是摸索的对象。在《劳动夜学读本》里,《六条歌》之题目下有一首歌,开头是"哎嗨哼! 哎嗨哼! 相当好。天爷发挥高贵造化,创造了万物。老天爷(어화어화 됴흘시라 하나님의 놉흔 됴화 이 만물을 나여시니하나님)"。其意思是,神创造了万物,其中创造了杰出的人类,我们人类该行道理、权利、义务、资格、职业,且该享受福禄。② 俞吉浚是否认为,以劳动者为对象的这本书的内容,靠着当时主要传播给下层阶级的基督教说出来,显得更有说服力? 将基督教的创造神之存在和儒教的德目奇妙地结合起来,并提示了教化的内容。俞吉浚甚至在1911年,被推举为檀君教的大教正,而那年就是兴士团被解体的年份。当殖民统治开始时,他参与了一个以檀君为始祖且标榜政教合一的宗教,这似乎暗示了俞吉浚的宗教理解仍然涵盖了整合的技术和得救的信仰。晚年他在病床上专注于调养,"而且为了使神明安逸,皈依了宗教,他在病床上躺着,让儿子、侄女朗读了《新约》"。据说,俞吉浚在这一时期受洗。③ 在最后一刻,俞吉浚对基督教·宗教期待的是什么? 是灵魂的得救,还是他所愿的朝鲜之自由与独立?

---

① "(22)对于基督教松井警务局长的调查报告"1910年02月16日,《二四、统监上京中往复书类》,《统监府文书》第10卷,韩国史数据库。
② 俞吉浚:《劳动夜学读本》,见俞吉浚全书编纂委员会编:《俞吉浚全书》II,首尔—潮阁1971年版,第363—367页。
③ 俞吉浚:《矩堂居士略史》,见俞吉浚全书编纂委员会编:《俞吉浚全书》V,首尔—潮阁1971年版,第370页;俞东浚:《俞吉浚传》,首尔—潮阁1993年版,第307页。

韩国近代转换期"身分""身分制"用语的成立与变迁

白光烈 著*

陈涵 译**

一、前言

"身分"·"身分制"是体现传统时代个人社会归属地位（social status）及相关制度（estate system）的概念。阐明朝鲜时代身分·身分制的特性是韩国史学界长久以来一直关注的课题。另一方面，在关注现代社会之社会结构与不平等的社会科学领域，身分·身分制一直被看作是进入近代社会之后被扫清的、与成就地位——阶级（class）、阶层（stratification）形成对比的封建旧习。

"身分 vs 阶级（层）＝归属地位 vs 成就地位＝传统 vs 近代"的二分结构虽然看起来非常简洁明了，但是又存在着诸多模糊混乱的部分。比如说，上文提到社会科学一般将身分制的废止看作是近代性的指标，相反却又有学者

---

* 白光烈，韩国学中央研究院研究教授。
** 陈涵，成均馆大学东洋哲学系博士生。

主张身分制（封建制）才是近代化必须①的先行阶段。在英国与日本等所谓近代转换期改革的模范国家，实际上却有很多保留了身分制的例子。当时，日本果断推行近代改革之明治维新，废止封建领主制，强化以天皇为首的封建集权制。从废止领主"身分"这一点来看，可以说，明治维新是在废除身分制，但是从天皇与皇族、华族实现制度化这一点来看，也可以说是在用另一种方式来促进身分的制度化。更有甚者，在学者之间存在对朝鲜时代情况的如下疑问——除去国王，处于身分制最上层的"两班"果真是世袭的存在吗？朝鲜王朝可以被称作是身分制国家吗？② 在朝鲜时代的法典中，我们根本找不到区分作为世袭身分的"两班与常民"的基准。③ 这一点也成为了早期西欧学界对于中国和韩国传统社会性格的讨论，以及将其沿袭到今天的社会科学界讨论之中的矛盾，即，近代早期帝国主义的社会科学将中国描述为具有"亚细亚社会"的性格，并将其看作是社会认同的原因。④ "亚细亚社会论"中所说的亚细亚社会指的是包含身分集团（estate, stände）的、具有行业与村落等"中间团体"很难发达于其中的结构社会。⑤ 那么，西欧所说的"亚细亚社会"指的是没有身分制的社会吗？像这样，依照身分制的不同定义，对于传统时代身分制

---

① 例如，风靡20世纪60年代前后社会学的近代化理论的导师级人物马里恩·利维（Marion J. Levy Jr.）对比了20世纪中期中国近代化的失败与日本近代化的成功，认为前者是由于当时不具有身分制的传统，而后者具有封建制（身分制）传统。他所说的"封建制"指的是封闭的社会阶层、明确的权力位阶、明确的主从关系、明确的所有权等。封闭的社会阶层也可以被理解为是身分制的别名。参见 Jr. M. J. Levy, "Contrasting Factors in the Modernization of China and Japan," in Kuznets, Simon, etal. eds., *Economic Growth: Brazil, India, Japan*, Durham, N.C.: Duke University Press, 1955, p. 498. 当然，作者的这一主张发表于完全无法想象中国之"崛起"的时期。

② 韩永愚：《过去，出世的梯子：通过族谱看朝鲜文科及第者的身分移动1—4》，首尔知识产业社2013年版；金盛祐：《朝鲜时代的身分构造，变化，以及展望》，见韩国古文书协会编：《东亚细亚近世社会的比较：身分·村落·土地所有关系》，首尔慧眼2006年版，第181—224页；宫嶋博史：《对于朝鲜时代的身分，身分制概念》，《大东文化研究》2003年第42辑，第289—308页。

③ 本文讨论韩国传统社会身分制的重点主要在"两班vs常民"的身分区分上，因此对于"奴婢"身分的论述会较为简略。

④ 美国东洋学谈论中开始考察中国"亚细亚社会"的研究参见保罗·科恩（Paul A. Cohen）：《学问的帝国主义：东方主义（orientalism）与中国史》，李南姬译，首尔山海2003年版。

⑤ 此处存在两种解释。其一是认为皇帝权乃至专制国家的影响力过于强大，导致与之对抗的中间身分（贵族·地方领主等）难以成长。其二是因为只有小规模家庭作为社会团体存在，导致与其相似的中间团体无法成长。

的理解可能会呈现出完全相反的性格。

这样的混乱在这一概念用语的形成过程中更为凸显。就连在实行了身分制的朝鲜,对于"身分"这一词汇本身都是非常陌生的。例如,在朝鲜王朝之记录遗产的精髓——《朝鲜王朝实录》对甲午改革之前的记录中,"身分"一词几乎没有以"个人的社会地位"的含义登场。① "身分"在这部横跨整个朝鲜时期的庞大记录中几乎没有登场,可以说这个词在当时没有被使用的可能性非常高。② 也就是说,身分·身分制概念在其实际运转的当时没有作为明确的词汇存在,后来在它消失的时代才作为省察前代的用语而登场。这一概念其中投射出的是当代人看待前代的认识,以及渗透在这样的认识中的当代人自身所处的现实。

身分体现着个人在社会中的地位(处地、所属、位相等),是体现个人-社会关系的范畴。通过这一范畴用例的变化,我们可以了解到当代人所处之社会环境急剧变化的"社会变动期"的现实。近来出现了很多关于"社会""国民""市民""组织"等登场于韩国社会近代转换期的概念之研究,对这些日常概念的强调反映着当时人在社会变动的视野下产生的新的关注焦点与渴望。③

至今为止,无论是韩国史学界还是社会科学界,都没有对身分制解体的过程表现出较大的关注。学界的大部分历史发展阶段论与近代化理论等都是从西欧社会理论中不经省察便直接导入并使用的。当然,与对"新出现的

---

① 这一点可以通过检索国史编纂委员会提供的《朝鲜王朝实录》网络资料库(DB)来知晓。下文中会提及,检索"身分"得到的几条结果都与"身分制"的含义无关。而在甲午改革之后的记录里,受改革派影响拟定的谈话文、法律(管制)公布记录、条约缔结等记录中偶尔也会出现这一用语。不过我们很难将这种情况看作是对当代语言生活的反映。另一方面,本研究为了调查特定语言的流通情况,使用了近年来在国内活跃起来的汉籍资料电子资料库(DB)。这样的调查方式能够高效地检索在之前历史研究中难以想象的庞大数据。当然,在检索的过程中,笔者也会同时对于史料进行精密的交叉查证。
② 除了《朝鲜王朝实录》,对《承政院日记》《备边司誊录》《日省录》等官撰编年体史料DB资源,以及韩国古典翻译院的韩国文集丛刊DB和个人日记类DB等数据库进行检索所得的结果亦是如此。
③ 金贤珠:《社会的发现:殖民地时期关于"社会"的理论与想象,以及实践(1910—1925)》,首尔昭明出版社2013年版;朴明奎:《国民·人民·市民:从概念史看韩国的政治主体》,首尔小花2009年版;金弼东:《19世纪末近代组织概念的受用与组织的诞生》,《社会与历史》2014年第102辑,第137—194页。

现实"的关心相比,对随着近代"走向消逝的现实"的关心十分低迷这一点是充分可以理解的。不过,通过分析消逝过程中发生的变化,我们可以寻找到与其他社会不同的、韩国社会特有的过渡期的特性:因为西欧的社会变动理论是自西欧社会经验的一般化,在解释韩国社会变动之时存在一定的局限。就好比前文所说,西欧关于身分的理论无法直接照搬到韩国社会。

从这样的问题意识出发,本文将通过调查身分·身分制的概念,尤其是用语的形成、变形过程,考察对其"走向消逝的现实"的认识史。首先,本文将分析这一概念的相关理论与研究史,了解其在今天所面临的问题(第二章)。随后,检索朝鲜时代身分概念与用语的活用事例(第三章),进而就这一概念的成立与变形过程考察韩末以后的状况(第四章),思考概念的现实对象以及用语间的关系。最后进行总结,整理文中所体现出的概念与现实之间的乖离所代表的含义。

二、"身分""身分制"概念的难点:理论与研究史的考察

(一)"身分""身分制"概念的理论

今天,"身分"概念是如何被人们理解的呢?在国立国语院的《标准国语大辞典》中,"身分"词条收录了以下三个含义:

① 个人的社会地位或阶级。在封建社会中作为构成社会关系的序列,在制度上按照等级的不同世袭不同的权利与义务为其原则。

②(法律)在私法中,以父母、子女、家族、配偶的身分关系获得的法律地位。

③(法律)在刑法中,代表与犯罪相关的、特别的认知标识。包含犯人的特殊性质、地位、状态、性别、年纪、亲族关系等人际性质,或公务员、医生等人际关系以及营业上、事业上的人际状态。[1]

---

[1] 国立国语研究院:《标准国语大辞典上·中·下》,首尔斗山东亚1999年版。

以上三条含义基本上都体现了个人在与他人乃至社会之间的关系中所处的位置。其中的第二条和第三条分别是在判定家族关系(亲属法、继承法)和刑法上地位的特殊情况之下使用的法律用语。与本研究直接相关的是指向个人"社会性"位置的第一条含义。在其他词典中,"身分"也被解释划分为①"个人的社会地位或资格"的一般性含义,和比②更为严密的"身分制"的相关含义。比如,在高丽大学校民族文化研究院的《高丽大韩国语词典》中,②的含义被解释为"按照血统或是家门等众多因素,将人的地位和资格划分为某几个等级,在制度上按照等级世袭不同的权利与义务为其原则",将个人的社会地位看作是一个"制度"。可以说,今天我们关于传统身分(制)的一般认识便是形成于将个人的地位固定为制度的视角之下。在这里,我们可以从身分(制)概念的构成要素中抽取如下3点来进行详细分析——①特权/差别待遇的位阶;②法/社会性强制;③世袭性。①

首先,"特权/差别待遇"指的是需要绝对平等的人以不平等的等级存在的情况。作为前提出现在今天的科学教科书中的身分现象以及身分制是前近代时期不平等与阶层化(inequality and stratification)的现象之一。② 人类集团在财富、权力、名誉的层面上普遍具有划分不平等集团的倾向。不过,到近代社会以后,人的平等指向性已经实现了长足提高,这一点可以说成为了现代社会科学中非常基本的前提。因此,在现代人的视角下,传统时代"人的等级制"的身分制是未开化而野蛮的。朝鲜王朝社会作为前近代社会中的一例,自然被理解为存在未开化的"人等级制"的时代——被称作"常民"的平民和具有特权的"两班",以及被看作是在人之下的"奴婢"的存在便是实证。特别是与18世纪之后实际上已经走上了消亡的"奴婢"不同,③作为社会问题的中心一直持续到朝鲜末期的"两班"体现着当时身分制的"未开性"。人们一

---

① 金弼东:《为了身分理论构成的预备的考察》,见《差别与连带:朝鲜社会的身分与组织》,首尔文化与知性社1999年版,第37页。
② 比如,参照在全世界范围内被大众熟知的社会学教科书之——安东尼·吉登斯(Anthony Giddens)的《现代社会学》中的内容。参见安东尼·吉登斯、菲利普·萨顿:《现代社会学》(第7版),金美淑、金用学等译,首尔乙酉文化社2014年版,第514—515页。
③ 四方博:《李朝人口に関する身分階級別の観察》,见京城帝国大学法学会编,《京城帝國大學法學會論集第10冊:朝鮮經濟の研究・第3》,东京岩波书店1938年版。(《朝鲜社会经济史研究・中》,东京国书刊行会,第107—241页。)

般认为,在预备着近代的历史阶段——"近世"社会里,身分制逐渐走向了消亡。但是在后文里我们会讨论到,在朝鲜后期社会的身分(制)问题上,这样的历史一般性是否也适用于韩国社会,特别是针对其中"两班"身分制解体问题上存在的一些争议。

笔者认为在这一过程中,就连对"两班是什么"以及"两班的身分特性是什么"的讨论都还未正式展开。例如,如果今天我们将两班身分看作是社会支配层的话,自然就会联想到西欧封建社会的领主、贵族身份。可是两班果真就与西欧的封建贵族一样吗?在中世纪封建型社会的代表——西欧和日本,人类集团中的主从、封爵等严格的位阶与等级化是其基本属性。① 在这些社会中,领主、骑士、农奴、匠人、职人等基本上处于经济对立关系中的集团被划进了经济关系之外的"身分"的范畴,也就代表着在这些社会中人类等级制度已经非常明确。相反,在朝鲜的"两班与常民"是否属于制度上明确区分的等级的问题上还存在一些比较模糊的地方。当然,我们很难去说实际上在日常中两班与常民之间是绝对的平等。问题的关键是,在现实之外,是否在制度上以及在《经国大典》等法典中存在着相关规定。②

在西欧还有另一种情况——将中国和朝鲜看作与封建性社会不同,认为中国和朝鲜的社会在专制王权与接受俸禄的官僚集团之外不存在其他社会性的特权阶级。在用否定的视角看待"亚细亚"社会的孟德斯鸠、黑格尔、马克思等西欧近代社会思想家的著作中,我们可以看到这样的逻辑形式:他们将如上的"中国型"社会判定为"亚细亚的前提",强调在这样的社会中找不到专制王权以外的可以与之抗衡的势力(身分),并在这一层面上寻找中国和亚细亚社会发展必然陷入停滞的原因。而有一部分的学者则持完全相反的观点,他们认为当代的欧洲民众遭受着来自分割社会的贵族们的压制,不存在

---

① 西欧封建制的相关内容参见马克·布洛赫(Marc Bloch):《封建社会》,韩贞淑译,坡州汉吉尔萨(Hangilsa)2001年版。
② 相关的问题意识参见宫嶋博史:《对于朝鲜时代的身分,身分制概念》,《大东文化研究》2003年第42辑,第289—308页。笔者在下文中对20世纪80年代"朝鲜前期良贱制论 vs 班常制论"之间争论的论议也基本上包含着同样的问题意识。

这些"身分们"的中国反而更为先进。①

在中国与朝鲜的社会中,不存在西欧式的法律意义上的"人的等级制"。包括在科举制的情况里,虽然可能仅仅是流于形式,但是在制度上可以说参加科考并做官资格基本上是对全体"良人"开放的。后文中会提到,这也就意味着在身分移动与世袭的问题上,中国和朝鲜可能比西欧更为先进。不过,对此也存在很多否定的看法。生活在混乱期——朝鲜后期的思想家茶山丁若镛为了解决当时的社会问题,认为应当通过制定贵贱等级以及伴随其中的行为样式来恢复古礼,恢复封建周王朝的礼法。丁若镛的此番见解缘于他认为在当时的朝鲜社会不存在那样的等级,或是那样的等级已经处于懈驰的状态,而正是因为等级的空白招致了社会的无秩序。② 不难看出,在朝鲜社会的社会位阶形态问题中,存在着直接照搬西欧身分制理论与概念无法解决的复杂现实。

身分制的第二个概念要素是"法/社会性强制"。与依据经济因素阶层化的"阶级"相比,"身分(制)"是依据非经济要素的阶层化,并且这样的阶层化被强制取决于个人能动活动的结果——经济之外。这便是作为制度的身分制的特征。在朝鲜时代,已经将这样的非经济性强制力看作是法律性、社会性强制的存在。朝鲜前期曾经有过一次关于法律规范与社会规范之中哪一

---

① 事实上,在一般论的水准下,文中的类型比较就好像是硬币的两面,无论哪一面都具有被看作是否定或是肯定的余地。将中国描述为理想社会的思想家有伏尔泰等人(西欧近代社会思想中的中国与亚细亚的相关内容参见保罗·科恩(Paul A. Cohen):《学问的帝国主义:东方主义(orientalism)与中国史》,李南姬译,首尔山海 2003 年版;宋荣培,《中国社会思想史》,首尔社会评论 1998 年版)。其实,这一问题从殖民地时期开始就以"对朝鲜社会性格的讨论"之名走进了人们的视野。比如,就所谓朝鲜社会的性格是否是"亚细亚的"展开了诸多讨论(参见禹大亨:《日本帝国主义统治下社会经济史学与白南云》,《社会与历史》2016 年第 110 辑)。此处的"亚细亚的"就如同前文所说,指的是在社会中不存在可以抗衡专制王权的势力的情况。但是在包括对这一问题的实证论议中,都没有出现清晰明了的争论焦点。近来也有学者针对这一问题,利用"封建型"与"亚细亚形"之间的差异,比较"封建社会"与"郡县社会"。(参见朴薰:《"封建社会":试论"郡县社会"与东亚细亚"近代"》,《东北亚历史论丛》2017 年第 57 号。)
② 丁若镛:《牧民心书 I—VI》,茶山研究会译著,1978—1985。首尔创作与批评社的《礼典》"辨等"等部分出现了他对于"差别"之必要性的如上论述。

个更为强力的争论。① "法律身分制理论"认为,应当依据《经国大典》将朝鲜王朝的身分制看作是"良贱制"。依照这一理论,"班常"的分化不是身分现象,而是"良身分"内的阶层(stratification)分化。而"社会身分制观点"认为在法典以外存在规定身分的其他因素,即强调"两班"身分仅靠《经国大典》的条文无法规定的优越。承认两班身分的优越性便会招致一个疑问——使得两班成为社会支配层的源泉是什么?针对这一问题,"社会的通识""习惯""意识"等层面被拉进了讨论中。然而,这些通识、习惯、认识是从何处又是如何出现的?支撑在其背后的物理力源自哪里?这些难题只有在充分考虑朝鲜社会中法律所占据之位相,以及法律以外社会力量之存在样相等问题的时候,才有可能被解释清楚。也就是说,为了阐明这一问题,需要我们对朝鲜的社会性格进行综合的考量和分析。

　　身分制概念的第三个构成要素是"世袭"。身分是一种归属地位,身分制代表的是自己的处地被与自己意志无关地决定了的制度。此时,虽然原则上"身分"作为成就地位的可能性也是打开的,但是随着其外延的扩张,两班的亲属及后孙也被承认是两班,两班概念与世袭结合在了一起。丁若镛比较两班与中国的"生员",说道:

> 中国之有生员,犹我邦之有两班。亭林忧尽天下而为生员,若余忧通一国而为两班。然两班之弊,尤有甚焉。生员实赴科举而得兹号,两班立非文武而冒虚名。生员犹有定额,两班都无限制。生员世有迁变,两班一获而百世不舍。况生员之弊,两班悉兼而有之哉。②

---

① 此处所指是发生在 20 世纪 70 年代末、20 世纪 80 年代初的关于朝鲜前期身分制的争论。韩永愚:《朝鲜前期社会经济研究》,首尔乙酉文化社 1983 年版,以及俞承源:《朝鲜初期身分制研究》,首尔大学校出版部 1986 年版,二者推崇朝鲜前期《经国大典》中的良贱制所规定的优越性以及强调法律性的身分制。李成茂:《朝鲜初期两班研究》,首尔一潮阁 1980 年版,以及宋俊镐:《谈我的书:〈朝鲜社会史研究〉》,《韩国史市民讲座》1992 年第 11 辑,二者主张两班超越了法律规定的身分特权,强调社会性的身分制。相关内容参见金弼东:《为了身分理论构成的预备的考察》,见《差别与连带:朝鲜社会的身分与组织》,首尔文化与知性社 1999 年版。
② 丁若镛:《文集》卷 14,《跋顾亭林生员论》,2014 年。参见韩国古典翻译院、韩国古典综合 DB 翻译文(http://db.itkc.or.kr)。

如同引用文的内容一样,两班是一种归属地位,除了最初进入这一集团的情况,其他时候都仅有通过血缘网进入其中的唯一一种可能性。而生员是仅能依靠考试进入的集团,是一种成就地位。总的来说,朝鲜时代身分(身分制)的难题是与法律、社会复杂的情况相关联的,因此用西欧的身分制理论很难对它进行理解,甚至还可能造成对现实的歪曲。为了解答这一难题,我们需要立足于历史现实的独创的概念与观点。

(二) 朝鲜时代身分(制)研究史

在上文中,我们探讨了朝鲜社会的情况,梳理了"身分(制)"概念的构成要素。韩国社会学界长久以来一直关注着朝鲜时代的身分、身分制研究,在量和质的双重意义上积累了众多研究成果。其中,学者们对于区分身分之间界线的实践关心格外突出,这也得益于收录了与身分相似的"职役"的户籍簿资料被广泛地应用。最初对用户籍簿来确定身分之间界限的关心出现在四方博1938年的研究之中,[①]他通过对京城帝国大学图书馆(奎章阁)所藏大邱府户籍簿职役情报长期的序列分析,得出结论——① 朝鲜时代的身分[②]有两班、常民、奴婢等之分;② 越接近朝鲜后期,两班户增加,常民户减少,奴婢户消亡,导出"身分制的弛缓=封建社会统治危机"这一有名的命题。灵活运用户籍簿的此类研究一直持续到了解放后。其中,金容燮分析尚州牧与大邱府租岩地区的户籍簿、量案等,[③]推导出了与四方博的研究基本相似的观察结果。不过与四方博对观察结果的解读完全相反,金容燮认为这一结果"体现了我们国家中世封建社会中身分制解体的一个特征,以及我们国家历史发展的一个论理"[④]。

---

① 四方博:《李朝人口に関する身分階級別の観察》,见京城帝国大学法学会编,《京城帝國大學法學會論集第10冊:朝鮮經濟の研究・第3》,东京岩波书店1938年版,第125—130页。
② 四方博在这一研究中虽然使用了"身分"这一用语,但是也同时使用了"身分阶级"一词。
③ 金容燮:《朝鲜后期身分制的动摇与农田所有:对尚州牧中东地域量案与户籍的分析》,《史学研究》1963年第15号。再收录于《(增补版)朝鲜后期农业史研究Ⅰ》,1995年,第479—527页;金容燮:《朝鲜后期身分构成的变动与农田所有:对大邱府租岩地域量案与户籍的分析》,《东方学志》1993年第82辑,第45—93页。再收录于《(增补版)朝鲜后期农业史研究Ⅰ》,1995年。
④ 金容燮:《朝鲜后期身分构成的变动与农田所有:对大邱府租岩地域量案与户籍的分析》,《东方学志》1993年第82辑。再收录于《(增补版)朝鲜后期农业史研究Ⅰ》,首尔知识产业社1995年版,第576页。

之后,爱德华·瓦格纳(Eduard Wagner)分析汉城府北府的户籍簿,得出了与"身分制解体论"完全相反的结论,即"朝鲜后期身分制固着论"。① 宋俊浩也支持这一观点,出现了"朝鲜后期身分制解体论 vs 固着论"的争论。② 之后,就如同前文所说,进入了20世纪80年代后,在李成茂、韩永愚、俞承沅等学者的争论中出现了"朝鲜前期身分制构成"的问题,也就是"良贱制论 vs 班常制论"的争论。③

近期也出现了众多将金盛祐、宫嶋博史、李荣薰等学者有关身分制的研究成果关联到朝鲜社会之社会构成问题上的研究。④ 金盛祐将"国役"体制的启动看作试金石,用以解释朝鲜王朝身分制从前期良贱制到后期班常制的变化。宫嶋博史通过对民统治以土地所有为媒介的主体问题,将朝鲜王朝放置在了"中国型(一君万民型)"与"日本型(中间团体型)"之间。⑤ 李荣薰则将朝鲜时代的身分(制)问题所具有的与社会组织(亲属连接网、系等)以及国家对人的支配(户籍等)相关联的、比较制度史的特质来展开讨论,并认为朝鲜时代的社会不是稳定的构造,而是由指向中央的漩涡运动支配的流动的社会。

总而言之,朝鲜时代的身分·身分制研究一直以来引发着众多争论,并且逐渐激发着学者们对于朝鲜王朝社会性格与社会构成的关心与关注。身分概念因其自身便是对个人-社会关系之问题意识的反映,对身分制的讨论必然会延续到个人是以何种情况、处地、集团为媒介来面对社会的问题意识。然而,身分制概念之中仍然还存有很多需要我们去阐明的部分,这也是因为在朝鲜社会构成与性格的问题上,仍旧留有众多需要我们去解释清楚的地方。接下来,本研究将追踪"身分"这一概念语的成立与变迁史,以此来考察

---

① 爱德华·瓦格纳(Eduard Wagner):《朝鲜王朝社会的成就与归属》,李勋相、孙淑景译,首尔—潮阁2007年版。
② 宋俊镐:《谈我的书:〈朝鲜社会史研究〉》,《韩国史市民讲座》1992年第11辑。
③ 李成茂:《朝鲜初期两班研究》,首尔—潮阁1980年版;韩永愚:《朝鲜前期社会经济研究》,首尔乙酉文化社1983年版;俞承源:《朝鲜初期身分制研究》,首尔大学校出版部1986年版。
④ 金盛祐:《朝鲜中期国家与士族》,首尔历史批评社2001年版;金盛祐:《朝鲜时代的身分构造、变化,以及展望》,见韩国古文书协会编:《东亚细亚近世社会的比较:身分·村落·土地所有关系》,首尔慧眼2006年版;宫嶋博史:《对于朝鲜时代的身分,身分制概念》,《大东文化研究》2003年第42辑;李荣薰:《韩国社会的历史特质:韩国型市场经济体制的比较制度史的基础》,见李荣薰编:《韩国型市场经济体制》,首尔大学校出版文化院2014年版。
⑤ "一君万民型""中间团体型"等用语并非宫嶋博史在研究中使用的用语,而是笔者按照自己的理解添加的名称。

身分概念与朝鲜社会性格之间的关联。

三、朝鲜时代文献的"身分"相关用语用例调查

本章将就上文中提到的身分·身分制概念的相关内容,分析朝鲜时代这一用语的存在形态。

(一)"身分"用语的活用情况

对于朝鲜时代的人们而言,存在"身分"的概念吗?如果存在的话,那么"身分"概念又是以何种形态存在的呢?当我们站在今天去省察前一个时代的时候,我们所掌握的关于那一时代的概念又有多少是和当时的含义是一致的呢?针对这些问题,前文中已经分析了诸多相关的讨论,本章则将通过考察是否存在体现"身分"的用语来间接地寻找问题的答案。也许这一提问会被看作是愚问,因为朝鲜时代是一个身分制时代,我们完全可以推测那时候的"身分"就算和今天我们的观念并不是完全一致,也分明存在某些可以与其相对应的用语。但是事实果真是这样的吗?让我们一起来探究这一概念存在的具体形态。

今天我们能够探究朝鲜时代概念语使用形态的唯一方法便是对文献事例进行调查,也就是最大化地按照生产、流通的不同主题归类当时的文献,并进行系统地检索。当然,一个时代语言生活的总体不是单纯地通过对部分记录的检索就能够完全掌握的,而且所谓的"一小部分的记录"对我们而言也是相当庞大的分量,不是短时间内可以完成的工作。不过,近期活跃发展起来的朝鲜时代各种记录物数据库(DB)为我们提供了非常便捷的检索途径,使得我们可以有效率地展开这一项庞大的工作。[①] 如同前文所说,本研究将通过对汉籍记录物 DB 进行原文检索的方式来寻找概念语的活用事例。为此,本研究关注点主要集中在体现当时政治参与者们所使用的正式的语言的国家

[①] 在国外利用历史文献 DB 进行的概念史研究也在活跃地展开。比如金观涛、刘青峰:《〈重写中国近现代史〉观念史是什么1:理论与方法》,梁一模、宋寅在等译,首尔蓝色历史2010年版;《〈重写中国近现代史〉观念史是什么2:观念的变迁与用语》,梁一模、宋寅在等译,首尔蓝色历史2010年版。(中文版《观念史研究》)通过对中国近代转化期言论资料的 DB 构建,分析了当时概念语的活用,从而阐述了中国社会观念的变动。

级记录——《朝鲜王朝实录》。①

首先,在《朝鲜王朝实录》DB中对"身分"的检索结果如下:包含"身分"这一单词的词句共有16处,以甲午改革(1894)为基准可以观察到明显的变化。在甲午改革之前,这一单词出现频率非常之低。从太祖一直到甲午改革,可以检索到的文章只有如下两例:②

① ……臣以本秩,假衔议政,于身分安,于事无损……(1598.10.12)
② ……则赵光淳之许多罪犯,不可以人理身分责之……(1874.6.1)

① 中的"身分"指的是"担任官职的个人能力";② 中的"身"与"分"各自被用作是抽象语"人"与"理"的对应概念。这两个例子都和对社会关系的认知相距甚远,并且我们还可以知晓,此时"身分"还没有固定为常用的概念语。

16处检索结果除去以上两例以外的14处都出现在甲午改革之后。当然,在甲午改革之前,虽然"身分"这一单词没有被使用,但是完全有可能存在

---

① 《朝鲜王朝实录》是由国史编纂委员会提供的原文与翻译文进行构建的DB,已经在大众范围内被广泛使用(http://sillok.history.go.kr)。除了《朝鲜王朝实录》之外,朝鲜时代国家的正式记录还有《承政院日记》《备边司誊录》等众多官撰史书,它们也已经或将要被构建成DB。因《朝鲜王朝实录》本身便是在查阅了以上这些资料之后进行编写的,可以说是其中最具代表性的文献。此外,一些没能记载在这些正式记录中的内容被保留在了非正式记录——日记资料中。近来,在众多研究者与研究机关的努力之下,日记类文献也正在被收集到一起。收录了日记资料的《韩国史料丛书》可以在国史编纂委员会的韩国史数据库(http://db.history.go.kr)中进行全文检索与阅览,可以将其作为一种标集资料进行使用。同时,本研究还对17世纪末海南地方的两班支庵尹而厚的《支庵日记》(1692—1699)建立的DB进行分析。这份日记的主人尹而厚是一位隐居的官僚,日记记录了他隐居之后8年左右的日常生活,原文分量超过10万字。对这份资料进行检索会发现"身分"一词一次都没有出现。在19世纪以前的日记资料中检索的结果也是如此。因此,本文没有对日记资料进行太多讨论,仅仅将其看作对其他资料的补充。在此之外,在国家记录物与非正式私人记录(日记类)之间还存在记录识者层谈论活动的文集类记录。特别是自1986年开始,民族文化促进会收集韩国的文集类资料,刊行了《韩国文集丛刊》,现由古典翻译院构建DB(http:// db. itkc. or. kr)提供给读者阅览。不过其在大多数情况下存在偏向哲学谈论的倾向,所以此处省略不提。最后需要特别指出的是,所有这些记录内容从广义上来说都是以权力阶层的汉文语言生活为对象,可以说这也是在研究传统时代无法避免的一种局限性。

② 检索的结果实际上有17处,其中属于甲午改革前的有7处。不过这7处中有5处均是前后单词首尾相连偶然组合成"身分"一词,因其结果的无意义,本文将这7处从论议中删去。

与其含义相似的其他用语。此处我们关注的是当时"身分"没有作为一个概念语被使用的事实,这一事实体现出了甲午改革前后之间鲜明的对比。在甲午改革之后,虽然和本研究中讨论的语义并非完全契合,但是作为概念语的"身分"开始登场。

甲午改革之后时期(1894—1928)①记录中"身分"的检索结果全部整理如下:

① ……勿论正犯及从犯之身分如何,于本院裁判(1895.3.25)
② ……官吏之进退身分的有关事项。(1895.3.25)
③ ……公立学校职员之进退身分的有关事项。(1895.3.25)
④ ……第十八条,被告人身分又事件依本质重大者……(1895.3.25)
⑤ ……有关官吏之进退身分之……(1895.4.29)
⑥ ……兼承议政署理之命,揆以身分,冒据匪据……(1905.2.8)
⑦ ……所属官吏之进退及身分的相关事项……(1906.9.24)
⑧ ……犯人身分关系之应系奏闻者外,……(1908.4.6)
⑨ ……关于享礼遇者之身分……(1910.8.29)
⑩ ……职员之进退身分的相关事项……(1911.2.1)
⑪ ……勿问内地及外国人,限其有相当身分,许可,……(1914.4.22)
⑫ ……职员之进退身分的相关事项……(1915.3.24)
⑬ ……职员之进退身分的相关事项……(1916.6.10)
⑭ ……官吏嘱托员,雇员及备员进退身分之相关事项……(1920.10.30)

⑥中的"身分"与甲午改革之前记录中登场的内容含义十分相似,意为"可以担当官职的个人能力",与"社会地位"相距甚远。

②、③、⑤、⑦、⑩、⑫、⑬、⑭中的"身分"意为"官制上的官吏身分"。我们虽然也可以将它理解成是社会地位中的一种,但是基本上还是更接近于法律专门用语。并且这一用法出现在了甲午改革之后,可以说是作为"法律用语"

---

① 《朝鲜王朝实录》中《纯宗实录》的附录一直延续到了1928年。

传入朝鲜的一个"进口概念"。

①、④、⑧反映了甲午改革以后刑事裁判制度的变化,提到了刑法上对被告人或是犯人"依据身分的待遇问题"。具体来说,①表现的是"与身分无关的"含义,④和⑧代表着"依照身分"的意思。也就是说,被告人或是犯人不能因"在社会中所处的地位"不同而在裁判中得到不同待遇,或是要给予其不同待遇。此时的"身分"可以说代表的正是社会地位。

不过,我们还是无从得知此时"社会地位"的具体含义是什么,对于"社会地位"并没有出现明确的规定。此处使用的"身分"用语不是像"两班""平民"等用语一样被使用在日常生活之中,而是属于传入朝鲜的"法律用语"。甲午改革虽然由内在的社会变化而来,①但是在改革中被动员的知识文化产物通过开化派自外国导入朝鲜的比重较大。⑨与⑩的用例亦是如此。⑨乃是韩日并合时颁布的日本皇室令第14号《朝鲜贵族令》第15条,⑩是高宗在皇太后驾崩时对吊文礼节的规定。两者使用的"身分"全都是与资格或是地位相关的含义,特别是《朝鲜贵族令》可以被看作是日本规定明治时期贵族(华族)的《华族令》(1884,后合并至皇室令)中的一部分。在日本,自1884年华族令起,已经开始使用"身分"这一用语。也就是说,⑨实际上是直接引进华族令第8条中的"华族之户籍及身分由宫内卿掌管"②。

总而言之,甲午改革之后"身分"的用例除去⑥之外的13项均代表法律或是社会地位。这是在甲午改革之前的时期里无法看到的光景。特别是其中的①、④、⑧、⑨、⑩规定的是法律之外的情况,从广义上讲非常接近今天我们使用的"身分"概念。不过,从这些用例大部分都是甲午改革之后采用国语与汉文的混用体记录的这一点可以看出,它们均受到了甲午乙未改革的直接影响。也就是说,这些用例实际上不是在反映当时民间的语言生活,用语本身是从日本流入朝鲜的层面较大。但是,因为与之前时期的用例之间呈现出完全的不同,并且在语义上连接于现代语,可以说这些例子清晰地体现出了早期"身分"用语的"所从来"。

---

① 慎镛厦:《1864年甲午改革的社会史》,《社会与历史》1996年第50辑,第11—67页。
② "華族ノ戸籍及身分ハ宮内卿之ヲ管掌ス"(远山茂树:《天皇と華族》,东京岩波书店1988年版,第398页。)

(二)"身分"相关类似用语的活用事例

正如上文所说,在甲午改革之前的《朝鲜王朝实录》中很难找到"身分"这一用语本身作为固定用语登场的例子,更是几乎没有被使用为"社会地位"的情况。那么,"身分"这一概念在甲午改革之前是通过其他概念表现出来的吗?和它最为相近的概念是什么呢?正如前文所述,"身分"这一概念是对存在于两班、士大夫、常汉、良人、奴婢等位阶之中的社会地位的一种泛称。那么在当时符合这一条件的概念语是什么呢?事实上,这一问题也是社会史与思想史的一个重要研究主题,是一个无法简单作答的难题。本文将通过几个事例,试着寻找解决这一问题的线索。为此,本文检索了"身分"概念之下最为核心的事例——"班常"用语在《朝鲜王朝实录》中的活用形式。

"班常"[①]一词自光海君开始到高宗时期一共出现了12处如下:

① ……随班常职,亦多旷废……(1609.12.25)
② ……两班常人上下之人,皆无此名……(1608.2.25)
③ ……而两班常人,皆无此名……(1608.2.26)
④ ……两班常人,相半……(1608.4.15)
⑤ ……勿论两班常汉,以饥民就粥者,……(1733.1.13)
⑥ ……又无论两班常汉,亲年未满限时发配……(1798.12.4)
⑦ ……所谓两班常汉,考按其籍,纳其役价事也……(1811.3.30)
⑧ ……无论班常,一切勿侵……(1865.3.11)
⑨ ……无论班常家,各令分排止宿,……(1865.4.19)
⑩ ……无论班常,参量洞分,俾无偏多,……(1867.6.11)
⑪ ……不顾班常之分,……(1892.12.26)
⑫ ……一,劈破门阀、班常等级,不拘贵贱,选用人材事……(1894.6.28)

在大部分用例中,"班常"多以对比两个相反范畴的方式出现。④便是直

---

① 值得注意的是,"班常"这一词汇本身是到了17世纪以后才登场出现。

接的对比,⑤统称了相反的两个范畴。然而在引用文中没有经常出现直接表示两者之间关系的用语,这一点非常独特。本研究关心的"身分"用语是总括多样的社会地位的抽象语,而引用文中《实录》的用例里很少出现体现总括的认识或是关系的表现,一般仅止步于单纯并列"班"与"常"。

在甲午改革之前,体现出对两者之间关系的认识的用例仅有⑪中的"班常之分"值得我们关注,以及在甲午改革期中⑫里的"班常等级"。《承政院日记》也基本上呈现出相似的模式,使用了"班常自别"(1800.9.23)、"班常礼"(1807.1.5)等用法。像这样,通过"区分""等级""分别""礼"等代表位阶的抽象语来表现或是总括"班"与"常"这对相反的社会地位之间关系的用法十分常见,多见于历来朝鲜时代识者们对身分史的论述中。比如柳寿垣(1694—1755)在《迂书》中写道的"论士庶名分",①以及丁若镛在《牧民心书·礼典"辨等"》中使用的"等级"与"贵贱"二词。②

在对本研究构建的《支庵日记》③原文 DB 进行检索之时,其结果是"班常"这一用法一次都没有出现。当然,由于《支庵日记》是一部个人记录物,很可能存在内容上的偏重。另一方面,《支庵日记》在使用"两班""士(大)夫""士族"等属于身分范畴的用语之时,几乎没有并记其上位范畴的内容。例如,今天我们的语言习惯是在使用"两班身分""奴婢身分"等用语的时候,标记出"两班"与"奴婢"用语所属的上位范畴——"身分"。然而在我们检索出的朝鲜时代的用例中,几乎没有出现这样体现用语范畴的例子,仅出现了"分""别"等体现位阶的抽象语。

比较特别的是,"士(大)夫"这一用语间或会出现与"家"连用的情况。④这一现象大抵是由于"士大夫"定义本身是从"经营家的存在"的经典惯用语

---

① 柳寿垣:《论士庶名分》,见《(国译)迂书》卷 9,韩荣国译,民族文化促进会,1981—1982 年。
② "然严于辨等者,俗谓之正名分,斯则过矣。君臣奴主,斯有名分,截若天地,不可阶升。若上所论者,可曰等级,不可曰名分也"(丁若镛:《牧民心书 I—VI》卷 4,首尔创作与批判社,1978—1985,第 77 页);"族有贵贱,宜辨其等"(丁若镛:《牧民心书 I—VI》卷 4,首尔创作与批判社,1978—1985,第 76 页)。
③ 《支庵日记》的相关内容参照前文中的第 9 页脚注 3。
④ 《支庵日记》:"洞内士夫家甚盛,屋瓦栉比"(1699 年 4 月 19 日);"洛下士夫家家庙行祭,无油密果果实脯醢蔬菜汤炙各器之规"(1696 年 11 月 29 日)。

而来,随后在支配层的语言生活惯例中固定了下来。① 与这一现象非常相似的是,当我们翻阅历来身分史研究资料会发现,与体现社会地位的范畴相关的"门阀"②"门第"③用语也经常出现。"门阀"在《朝鲜王朝实录》中可以检索到120处,遍布朝鲜前期至后期。尽管"门阀"既不是总括多种社会地位的概念,也不是体现它们之间关系的概念,但是"门阀"是一个体现对特定社会地位评价和认识的用语,作为一个与"身分"相关的概念值得我们关注。"门阀"指的是家门的社会地位,抑或是代表社会地位较高的家门,④体现了在人的社会地位与家门之间建立的联系。这与身分史研究中代表"书生"的"士"与指代"血缘"的"族"的结合——"士族"用语的经常登场有着一脉相通的地方。⑤

至此,我们整理并分析了朝鲜时代体现"身分"——社会地位的用语的特别形态与普遍形态。这里还要再追加一点,也就是我们还需要分析前文中提到的因通过户籍簿对身分构造进行研究而得到人们重视的"职役"概念。"职役"是四方博为了测定身分概念而重视起来的范畴,后来成为了通过户籍簿进行身分史研究时的一个基本概念。"职役"指的是个人在与国家的关系之中或是在社会分工之中进行的劳动,可以被看作是体现个人在社会中所处地位的典型的范畴。⑥ 将"职役"设为关键词检索《朝鲜王朝实录》可以得出21条结果。其中,在1600年之前出现了12处,1601年之后出现了9处,覆盖了整个朝鲜王朝时期。同时,"职役"用语的出现大部分是在非常依赖于情况与

---

① 例如,《论语·八佾》篇中有"三家者以雍彻"的内容,朱熹在《集注》中写道:"三家,鲁大夫孟孙叔孙季孙之家也"。"大夫"与"家"经常被看作是同级。士大夫是合称"士"与"大夫"的惯用表现。
② 柳承垣:《论门阀之弊》,见《(国译)迂书》卷2,韩荣国译,民族文化促进会,1981—1982年。
③ 丁若镛著,茶山学术文化财团编:《(校勘·标点定本)与犹堂全书》,茶山学术文化财团2014年,第五集政法集第一卷"经世遗表",天官修制,三班官制:"进武之中,其门地清显,或材略稍长,不肯为武举院奉事者,宜入此选"。
④ 《肃宗实录》29卷,肃宗21年10月2日辛卯:"今日戚里之臣,门阀则名家也,心志则士类也,所受职任,亦非枢要,则专擅之患不须虑矣。"
⑤ 关于作为身分史用语的"士族"概念的研究参照金盛祐:《对朝鲜时代"士族"概念与起源的探讨》,见姜万吉编:《朝鲜后期史研究的现况与课题》,首尔创作与批评社2000年版。
⑥ 因此在西欧的情况之下,谈论构成社会中间集团之时,经常出现村落、都市等用语以及手工业者、工商业者、匠人、职人等职业相关用语。

脉络的特殊内容之中。① 这一现象的出现可以说是因为"职役"多被用在与"国役"体系这一特殊制度相关的内容中。

出自典籍中的、统称社会地位之全部范畴的用语——"四民"也经常出现。这一单词在实录中出现了99处,1600年之前有28处,之后有71处。其中值得我们特别关注的是,在英祖时期,"四民"作为体现所有百姓都是王的"赤子"这一观念的用语而频繁出现。② 不过,儒教的四民论是从先秦儒家便开始存在的观念,代表着王道政治的理念,蕴含着在国家的立场上对象化百姓的论理,可以说是在社会被看作是独立存在之前展开的论议。

简而言之,在甲午改革之前几乎没有出现综合看待"两班—常民"等社会地位的概念,体现二者之间关系的"分""别""礼"等用语主要被活用为代表"差异·位阶"的抽象语。③ 在甲午改革期,可以找到"等级"这一用语被使用的例子。④ 总括了多种地位全部范畴的用语——"四民"虽然也频繁地出现,但是这一用语不是在将社会看作是独立的情况下出现的,而是为了提及王政理念而对象化百姓的用语,与现代"身分"概念的活用脉络之间存在一定距离。需要我们注意的是,经常出现于历来身分史研究中的"门阀""族""家"等与亲族相关的用语体现着"身分"的范畴,它们在频繁被使用的同时,与"身分"之间具有一定的关联。这与"职役"的情况形成对照。指代社会分工的"职役"并不是经常使用在和"身分"的关联之中。换句话说,在个人与社会的关系中,即,个人参与全体社会时的媒介——中间集团的层面上,亲族比职业集团担当着更为强大的功能。当然,此处的研究是以支配层留下的资料为基础展开的,这一点是值得我们斟酌的。也就是说,现在,我们还无从知晓"身分"概念对于一般民众而言是什么样的。我们尚且只能知道,对于支配层而言,"身分"观念中包含着强烈的"依照族的差别、位阶"的含义。在此之外,也存在着很多其他用语。但是,对于今天的我们而言,比起这些用语,更重要的是当我们听到"班常"一词的时候,最先联想到的相关用语是"身分制"这一概

---

① 例如,"立功哨瞭等项者,尽行宥免,复还职役"(《世宗实录》26卷,世宗6年10月15日丙辰)。此乃世宗时期自明朝而来的诏书中的内容。像这样,"职役"的很多用例都是与官公署相关,可以说不是"社会的"而是"国家的"。
② 例如《英祖实录》112卷,英祖45年1月7日辛卯:"上御兴化门,赐四民米,问贡市人疾苦"。
③ 此外还有"类"等表现(《汉城周报》,1887年5月23日),以及"格"也经常被使用。
④ 作为参考,在甲午改革期以前的《承政院日记》中也没有出现将"班常"表述为等级的用法。

念语。"身分制"这一词汇是从什么时候开始被用来代表"班常"之社会地位的呢？

四、甲午改革期以后舆论媒体中出现的"身分"用语

（一）甲午改革—并合(1910)前

上文以《朝鲜王朝实录》为中心，检索并分析了其中出现的"身分"用例，了解了在甲午改革期前、后"身分"用语使用的不同。在甲午改革之后的民间，以《独立新闻》为主，组织了众多团体(associations, societies)，出版、言论活动十分活跃。也正是得益于此，我们可以有机会探索当时民间的语言生活。尤其需要我们注意的是，自甲午改革到1910年韩日并合之间的言论资料。其中具有代表性的有《皇城新闻》《大韩每日申报》等报纸，以及《大韩自强会月报》等自强运动界的杂志。这些言论资料由国史编纂委员会的韩国史资料库以及国立中央图书馆的"大韩民国报纸存档"①等DB提供，有些部分只能进行新闻标题的检索，而有些部分可以实现对全文的检索。通过对以上资料库的灵活使用，我们可以检索出其中"身分"用语的使用。本研究将通过这些DB，以报纸资料为对象，分析"身分"用语的活用事例。

19世纪90年代报纸的代表有纯韩文报纸《独立新闻》与国汉文报纸《皇城新闻》。"身分"这一用语在《独立新闻》中出现了6次，大部分是以甲午改革期《朝鲜王朝实录》中经常出现的"官制上的官吏身分"的含义登场。例如"军人身分"(1899.10.16)，"被任命为教监后仅身分是政府中的勅任官"(1899.9.5)等。从中我们可以知晓，此时"身分"这一概念仍然仅仅出现在政府官僚的相关内容中。另一方面，在《独立新闻》中检索"军人身分"这一用语会发现以下报道——"虽然身分是军人，但是干涉百姓之事严重违反军规，罚一周严密监禁"。这篇报道公开表露出了对政府与民间之区分的敏感认识，此处的"身分"一词为往后"身分"用语扩大至民间的发展埋下了伏笔。

20世纪头十年也被称作是爱国启蒙运动期和自强运动期，是一个言论十

---

① https://www.nl.go.kr/newspaper/

分活跃的时期。在这一时期,"身分"用语被检索到的频率非常之高。① 此时"身分"的出现次数不仅仅多于19世纪90年代,也比除去总督府机关报之外的报纸全部被废刊的20世纪10年代多出很多。20世纪头十年的"身分"用例多被写作是"身元"的含义,代表社会地位中的一种,更接近法律专门用语。这一点从当时"身分"的用例大部分与"调查"一词一同出现的现象中可以知晓。比如,《大韩每日申报》(1910.8.17)中有关于"各警察署近日来一一调查了一般人民的所有财产及身分"的报道。以及《大韩每日申报》(1909.12.3)在"国债偿还运动"的相关报道中使用了"以个人身分捐出的金额"的表达方式,向我们展示了当时"身分"被活用为"资格"含义的情况。同时,值得我们关注的是,"身分"这一用语不再是仅仅指向政府官僚,也被使用在了民间。《皇城新闻》(1909.11.25)中出现了"无关于学徒身分的衣服制限"的内容,此处的"身分"也是体现了"资格"的含义。这段报道不是在针对官僚,而是针对民间人使用了"身分"一词。另一方面,《皇城新闻》曾在1909年11月26日发表了一篇称当局正在讨论推行"士族处分法"的传闻,文中写道:"我国两班从来如日本维新前的士族,不仅是身分上的表章,还占行政府之要位……",体现了当时视朝鲜两班与日本武士层为同一的思维方式。所谓的"士族处分法"是日本明治维新时期颁布的暂时保全被废止的武士层既有食禄的制度。当时,《皇城新闻》报道有传言说这一制度也将对朝鲜的两班推行。② 然而就如同前文对身分制概念与研究史的探讨中所说,朝鲜两班与日本武士层不

---

① 上文提到,在"大韩民国报纸存档"中检索关键词"身分"的话,其结果是在20世纪前十年出现513处,在20世纪10年代出现119处。但是因检索技术本身的问题,当我们检索"身分"的时候,出现的结果并不全是本文关注的含义,因此检索结果数量多寡没有太大意义。不过我们可以知道的是,在同一条件下,20世纪头十年比20世纪10年代保持有更多的报道。这也是文中提到的因当时的舆论环境的不同而产生的必然结果。

② 在明治新政府果断执行"版籍奉还"(1869)"废藩置县"(1871)等政策、促进国民国家化的过程之中,封建武士层是一块不折不扣的绊脚石。特别是历来支付给武士层的"禄"对政府而言是一笔巨大的财政负担。当时,依照新政府的政策,逐渐消减士族(明治维新时期对封建武士层的称呼)的"禄",最终与一次性交付的公债一同废止("秩禄处分",1876)。本文引用的报道便与这一过程相关,因而我们可以知晓其中所指"士族处分法"的具体内容。明治维新时期士族"处分"过程的相关研究参照中村哲:《領主制の解體と土地改革》,见历史学研究会、日本史研究会编集:《日本历史7:近代1》,东京大学出版会1985年版,第123—169页;松尾正人:《廢藩置縣の研究》,东京吉川弘文馆2001年版。

同,不仅仅是代表政府官僚。两班的本意虽是"文班与武班的官僚",但是其外延在朝鲜时代一直不断扩张。就如同丁若镛对"整个国家都是两班"的担忧一样,两班已经成为了大多数的存在。① 因此,我们很难分辨出这篇报道中出现的"两班"是指占据"行政府要位"的官僚,还是指"实现身分上表章的人"。并且,"身分上表章"的准确含义也很难把握。可以说,这篇报道正是体现了报纸《皇城新闻》以儒林为基础的特性。

以上我们讨论了从甲午改革开始一直到20世纪10年代舆论资料中登场的"身分"用语。此时的"身分"主要从"官僚身分",也就是政府所属官吏的含义出发,不断扩张外延至政府/民间正式组织的所属人、个人的身元(出身)、进入某一集团的资格(例:学生)等含义。并且我们从"个人身分"一词中可以知晓,在当时出现了对个人-团体的区分法的认识,以及在这一过程中"身分"用语的灵活运用。独立协会的政府/民间区分法和在此过程中出现的"军人身分"等用法源自开化派引进朝鲜的宪法认识。这与甲午改革期《朝鲜王朝实录》中"身分"的用例一样,可以说和当时实际上的语言惯性之间多少还是存在一些距离的。但是,从《皇城新闻》中"身分"用语被用作是"个人资格"的含义来看,此时的"身分"已经不再单单指向国家,它的语义空间正在扩大到民间。

(二) 殖民地时期(20世纪10—40年代)"身分"用语的活用事例

20世纪10年代,除去总督府机关报——《每日申报》之外的舆论活动被全数废止。因此,本文将通过《每日申报》来分析当时"身分"的用例。使用"大韩民国报纸存档"提供的新闻标题DB可以对《每日申报》进行检索。

"身分"用语在《每日申报》20世纪10年代的新闻标题中共登场36处,与20世纪头十年的情况相似,均被用作"身元""资格""公职"等含义,以公务员、教员等从甲午改革期《朝鲜王朝实录》中便开始出现的官制上的身分为中心。另一方面,此时"身分"的范围在一点点地扩大。例如,新闻《身分假称的愚习》(1913.3.27)中报道了有关身分的诈骗事件,传递给了读者当时社会中有

---

① 丁若镛著,茶山学术文化财团编:《文集》卷14,《(校勘标点定本)与犹堂全书》,茶山学术文化财团,2014年版:"使通一国而为两班,即通一国而无两班矣"。

很多身分造假者的消息,报道在列举假称的具体事例的时候提到了"报纸记者""警官""某人的代理人"等。报纸记者、警官是构成20世纪10年代尚且十分狭小的公共领域的职业,而"代理人"的含义不是非常明确,有可能是指社会上有权有势人士的代理人,可以说也是意味着"公共的地位"。除此之外还有"教师的身分"(1913.4.15)、"病院长的身分"(1913.7.18)等也在新闻标题中登场。"身分"用语不再仅仅指向官僚,它被活用到民间"职业"之中的倾向逐渐强化。

需要留意的是,在当时的报纸中出现了接近于今天意为"上等社会的身分"、"身分相当的内地人"(1914.8.21)、"自称有身分者"(1915.4.18)等"社会地位"的用法事例。在报道《奇特的模范人夫,虽然用的是粪车,其背景是上等社会的身分》(1914.4.29)中,介绍了通过夜学从日语学校和商业学校中毕业的"清洁人夫",使用了"上等社会的身分"一词。这里出现的"身分"与之前代表的身元、资格、公职、职业等具体领域中的地位不同,指向的是在社会抽象视野中人的品格与文化资本等。

到了20世纪20年代,也就是1919年"三一"运动之后,社会的空间视野变得更为广阔。因总督府对言论的绥靖政策,出现了以《东亚日报》为主的众多言论机关。随着民间谈论领域的拓宽,"身分"的用例也出现在了多种多样的地方。此时"身分"用语登场的频率和20世纪10年代没有什么大的不同,用例也与20世纪10年代的"身元""资格""职业"等相似。① 不过,"身分"作为"抽象视野中的地位"的用语法变得更加分明。比如,《东亚日报》(1922.6.16)《因身分卑贱女子请求离婚》的报道中,一女子婚前以为丈夫是农业人,结果结婚以后才知道自己的丈夫其实是一名巫术人,因此提出了离婚请求。

20世纪30年代以后,检索结果在量的层面上出现了飞跃。虽然也是因为受到了当时"官吏身分保障制"等热门话题的影响才会经常出现有关个人

---

① 在对《每日申报》的检索中,20世纪10年代出现了36处,20世纪20年代出现了39处。并且因为这一结果只是对报道标题进行的检索,在正文中应该可以找到更多的用例。其中有部分检索结果对应的汉字不是"身分"一词,因此可以说检索结果指数的绝对量并不重要。

"身元"的报道,但是新闻报道的数量本身是大幅增多的这一点毋庸置疑。①就像报道《伪造印章的九千元诈欺不顾身分四处游玩后于毕竟大田署被逮》(《东亚日报》1932.4.7)的标题一样,"身分"已经完全被看作是抽象的"身分地位"的含义。另一方面,当时还出现了用"身分"来指代朝鲜遗留下来的对两班与常民的区分。《每日申报》(1937.3.24)中收录了一则题为《喷饭的两班沙汰,江华十三公普入学愿书中身分栏中百分之九十九》的报道,讲的是江华郡13公立普通学校入学志愿书的身分栏中设有两班—常民的选项,99％的人都选择了两班。下文中会提到,从学术的角度来看,朝鲜时代的两班与常民被称为"身分"是开始于20世纪二三十年代马克思主义社会经济史学流入之后。也就是说,要到了那个年代,在有关朝鲜时代社会构成的认识中才会使用"身分"这一范畴语。这篇报道的事例也是佐证了这一事实。不过,在这篇报道的正文部分没有使用"身分",而是使用了"阶级"这一用语,这可以看出在当时与"身分"相比,日常中更多的仍是使用"阶级"一词。②

迄今为止,我们以舆论资料为中心,分析了自甲午改革后到殖民地时期"身分"用例的活用事例。在这一段时期中,随着媒体的不断增多,大众参与媒体的可能性也逐渐扩大。大众的认识与关心通过媒体逐渐接触到了公共的领域。"身分"这一用语的外延也随之扩大,开始自然地加入进了韩国语的

---

① 在《每日申报》中进行检索会发现,20世纪三四十年代一共出现了345处,与前一时期相比大幅增多(同样,指数的绝对量并不重要)。就如同文中所说,出现这一现象的原因之一是由于报道绝对量的增多。

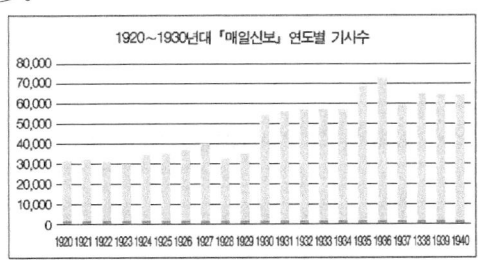

比如,上表展示了"20世纪二三十年代《每日申报》年度别新闻数",20世纪20年代与20世纪30年代之间存在非常显眼的数据上的差异[资料:大韩民国报纸存档DB(https://www.nl.go.kr/newspaper/index.do)]。社会全体的公论规模在扩大。

② 《喷饭的两班沙汰,江华十三公普入学愿书中身分栏中百分之九十九》,《每日申报》,1937年3月24日:"……设有填写两班—常民两个种类阶级的《栏》……"。

队列。甲午改革期《朝鲜王朝实录》中出现的"官吏身分""法律上的身元"等含义是经由开化派自日本流入的概念。这一用语法一直持续到了之后的殖民地时期,并且逐渐不再单单指向官僚,而是被使用在了诸如新闻记者、病院长等一般"职业"或是个人资格的相关领域。通过"身分"的用例,我们可以了解到在近代的空间里职业作为个人与社会接触的中间集团快速上升。同时,体现抽象意义的"社会地位"的用例也扩散开来。"身分"不再是仅仅指向官吏、公共组织的所属、资格,也被用作是代表个人所属的抽象品格的等级。

那么,今天我们关于两班、常民、奴婢等朝鲜时代"身分制"严格的学术用语是如何形成的呢?下面我们将分析"身分"作为学术用语的登场。

五、作为社会科学概念语的"身分"用例与概念的成立过程

社会史学在韩国社会的正式开始是在20世纪20年代以后。① 这一时期以韩国社会为研究对象的近代历史学的关心领域从王朝与政治之中向前更进了一步,拓宽至"社会"。这一时期,代表"社会地位"的"身分"概念语用语也开始在学术上被广泛使用。不过,在此之前就已经存在试图用"身分"的观点来解读韩国社会的研究。考虑到本文的主题,从受到日本影响这一点着手的话,最首要的便是将德国历史学派的社会经济史学引入日本的福田德三的朝鲜社会经济史研究。福田德三发表于1904年的论文《韩国的经济组织与经济单位》是针对朝鲜社会最初的社会经济史分析,也因主张韩国史停滞论(封建制缺失论)而饱受争议。他在论文中提到了韩国的社会身分——"两班、中人、常民等阶级"。② 无独有偶,河合弘民的主张也非常相似。河合弘民毕业于东京帝国大学,他在1907年曾作为东洋协会专门学校的京城分校长来韩,留下了众多观察朝鲜社会史的研究。河合弘民在讨论两班、中人、奴婢

---

① 金弼东:《如何理解"韩国社会史"》,见慎镛厦等编,《韩国社会史的理解》,首尔文学与知性社1995年版,第22页。
② 福田德三:《韓國の經濟組織と經濟單位》(《(改正增补)经济学研究》,东京同文馆1904年版,第2编所收,1909年),第204页。

等诸多身分范畴的时候写下了"奴婢是社会最下的阶级"①等内容。② 他们的论议虽然没有直接使用"身分"一词,但是其中含义与"身分"非常接近。

福田德三与河合弘民使用"阶级"也就是"社会等级"这一用语来分析朝鲜社会身分现象的传统延续到了曾作为朝鲜总督府通译官来韩的田中德太郎那里。田中德太郎在1921年向朝鲜总督府的机关报《朝鲜》投稿了一篇题为《朝鲜的社会阶级》的文章。③ 在这篇文章中,作者通过自己的观察将总督府治下的"现在"的阶级与以前,也就是旧韩国的阶级区分开来进行说明。按照他的说法,在1912年当时:

> 在现在的朝鲜,被正式承认的阶级有王族、公族、朝鲜贵族这三个,其他是一般人民。④

这里的"王族与公族"是指旧韩国的皇室,"朝鲜贵族"指的是并合之后重新获得爵位的人。⑤ 这些不是单纯的形式上的阶级,而是享有一系列法律上免责特权的"特权存在"。关于旧韩国时代的阶级,田中德太郎写道:

> 在旧韩国时代有① 王室、② 王族(宗亲)以外、③ 两班、④ 乡班、⑤ 中人、⑥ 庶孽、⑦ 常民、⑧ 贱民的诸阶级。⑥

③两班是可以被任命为官僚的家门(家柄)中人。在两班家门之中还存在"儒林、宦族、勋族、忠臣的后裔"的差等顺序。因为他们全部都是"500年来

---

① 河合弘民:《韩国经济史论考》(1910),金孝东摘译,庆熙大学校附属韩国经济经营史研究所1971年版,第65页。
② 此时马克思主义社会经济史学在日本也还没有正式展开,这里使用的"阶级"这一用语尚不是历史唯物论的用语,故将其理解为单纯的"社会等级"这一压缩含义更为合适。
③ 田中德太郎:《朝鲜の社會階級》,《朝鲜》大正10年(1921年)3月号,第113—115页。下文中也会提到,这篇文章也影响了京城帝国大学的教授四方博。
④ 田中德太郎:《朝鲜の社會階級》,《朝鲜》大正10年(1921年)3月号,第55页。
⑤ 作为参考,"身分"一词没有被当作是体现社会等级的用语来使用。但是在"以往殿下是隐居的身分"(55页下端)的部分可以看出,"身分"一词中没有等级的概念,而是作为职分、资格的含义被使用。
⑥ 田中德太郎:《朝鲜の社會階級》,《朝鲜》大正10年(1921年)3月号,第56页。

以官职为生,获得荣誉的"存在,因此在并合之后,"他们失去特权意气消沉的样子就好像明治维新时的士族,无法从事商业,也不能从事农业,就算从事农业也拿不到人工费,贫穷两班的境遇非常的悲惨"(59页)。作者有意无意地将朝鲜的两班与日本明治维新时期以及之前的士族之间划上等号。④乡班指的是两班的后孙中那些回归田舍从事农业的地方名望家,体现了当时乡班从京华巨族和两班中完全分化出来的现实情况。① ⑤中人指的是技术职,⑥为庶孽,⑦为常民。在常民一栏中还存在上下顺序之分,即,①将校(总督府治下的下士)、②衙前(总督府治下的雇员)、③农民、④市民(京城钟路六矣廛等的商人)、⑤工匠、⑥一般常民(省略贱民)。其中值得我们注意的是被单独列出的第④类,以及④与⑥的区分。② 这样的划分与近世日本社会对平民身分的一般性区分法之间具有相似的构造,也就是将平民划分为"百姓(即朝鲜的农民)、诸职人、町人、商人"。③ 并且,通过包括①和②的这些划分,我们可以看到其中当代或是作者个人经验的投射,即作者想要通过构成阶级(等级)的集团来分开把握社会的野心。

田中德太郎的研究也给最早活用户籍簿研究身分史的京城国际大学的教授四方博造成了一定的影响。四方博在1837年执笔的论文《关于李朝人口的研究》里写下了下面的内容:

> 有关社会阶级的论议在很多书中都可以看到。需要特别提到的有《朝鲜风俗集》(今村鞆,1914——引用者注),田中德太郎,《朝鲜的社会阶级》(《朝鲜》大正10年3月号),韩国驻箚宪兵队司令部,《韩国社会略说》,稻叶岩吉,《朝鲜畴人考》(《东亚经济研究》第17卷第2·3号)等。④

---

① 田中德太郎:《朝鮮の社會階級》,《朝鮮》大正10年(1921年)3月号,第59—60页。
② 田中德太郎:《朝鮮の社會階級》,《朝鮮》大正10年(1921年)3月号,第60—61页。
③ 也就是市民≈町人,工匠≈诸职人,一般商人≈商人等。塚田孝:《从人别帐与捡来看日本近世的身分》,见韩国古文书学会编:《东亚细亚近世社会的比较:身分、村落、土地所有关系》,首尔慧眼2006年版,第158页。这类区分法参考了1995年现在日本教科书的叙述。
④ 四方博:《李朝人口に関する一研究》,见京城帝国大学法学会编,《京城帝国大学法学会论集第9册:朝鲜社会法制史研究》,东京岩波书店1937年版,1976年重印。(《朝鲜社会经济史研究·中》,东京国书刊行会,第1—105页。)

在引用文中我们可以看出四方博对于朝鲜社会的认识,受到了并合以后活动于朝鲜的殖民政策当局以及相关学者关于朝鲜社会的调查结果报告书的影响。四方博特别重视上文中提到的田中德太郎的文章,并在自己1938年的论文《关于李朝人口的身分阶级别观察》中引用了近三页的篇幅,①也就是上文提到的关于两班的等级分类与乡班的内容。② 四方博以这一研究为基础,将两班划分为两个等级集团。

另一方面,在这篇论文的标题中,我们可以看到四方博第一次使用了"身分"这一用语,他说道:

> 在中世社会中身分关系担任着极其重要的角色,这一点是毋庸置疑的。大概是因为它赋予了那个时代的诸多制度、机构运行的基本标准。李朝时代的朝鲜社会在很多层面上具有可以被称作是中世的或是封建的特征,对身分关系的墨守也是其中之一。按照身分关系的不同,官途会有局限,在纳税和军役的义务上会存在厚薄,在刑罚上有差等,日常生活中也会有遵循这一基准的情况。

四方博将中世社会看作是封建社会乃至是身分社会,并将朝鲜包含在其中。在这一主张的论据中,最为重要的就是他认为朝鲜也具有身分制。然而四方博在证明朝鲜社会存在身分制的时候,使用的是从《经国大典·限品叙用》等法典中选取的材料,③这些材料本身在立论"两班身分"作为明确制度存在的问题上有一些较为牵强的部分。并且,在历史事实的层面上也有一些并不明确的地方。④ 也就是说,四方博提出的"身分制解体说",即,认为朝鲜社会身分制实际上已经解体的主张,其成立前提是首先假定了身分制度的当为

---

① 四方博:《李朝人口に関する一研究》,见京城帝国大学法学会编,《京城帝国大学法学会论集第9册:朝鲜社会法制史研究》,东京岩波书店1937年版,1976年重印,第113—115页。
② 四方博:《李朝人口に関する一研究》,见京城帝国大学法学会编,《京城帝国大学法学会论集第9册:朝鲜社会法制史研究》,东京岩波书店1937年版,1976年重印,第115页。
③ 四方博:《李朝人口に関する一研究》,见京城帝国大学法学会编,《京城帝国大学法学会论集第9册:朝鲜社会法制史研究》,东京岩波书店1937年版,1976年重印,第111—112页。
④ 例如,《经国大典·限品叙用》是关于庶孽禁锢的规定,很难将其看作是关于一般身分等级法制存在的证据。

的存在。在这一层面上四方博的主张可以说是自相矛盾。而他采用的这一前提是在不知不觉中已经受到了在当代日本社会式的经验与田中德太郎研究的影响。

前文中曾经提到,"身分"这一概念在甲午改革期之前没有被用在现实生活中,其内容当然也与日本和西欧等"封建型社会"中的含义不同。虽然当时确实存在一些关于"班—常"名分、分别、位阶、差异等的谈论与认识,但是这些讨论还不足以证实存在制度性的集团。并且,实际上在官僚之外不存在具有法律特权的集团。因此,将封建型社会的中间团体——身分模型套用在朝鲜时代的看法非常牵强。

前文中在谈到"华族令"的时候,曾简单介绍过日本的情况。日本将"身分"这一用语活用为"成语"的事例要比朝鲜早很多。例如,翻阅明治维新时期1867年编纂的英—日辞典会发现,英文词条"estate"被解释为"みぶん(身分)"。[1] 这一解释的出现代表着在英语正式传入日本之前,汉字语"身分"就已经在日本被使用为"成语"了。朝鲜的情况则完全相反。在1891年斯科特的英韩辞典中,"estate"被解释为"产业、家什、执物",而"身分"被遗漏了。虽然很难说这是故意遗漏,不过我们可以了解到在当时的朝鲜,"身分"用语还没有像日本一样确立起来。[2] 1914年的英韩辞典中"estate"词条仍然没有被解释为"身分",不过添上了"身上"这一解释。[3]

四方博开始使用"身分"概念是在他1938年的论文中。就如同前文中曾经提到,虽然在韩末以来的舆论媒体中,"身分"用语的含义外延不断扩张,但是"身分"作为学术概念活用的历史还并不长。一直要到了马克思主义理论开始传入、社会史学正式开始的20世纪二三十年代,"身分"才开始作为一个

---

[1] J. C. Hepburn, *Japanese and English Dictionary with an English and Japanese Index*, Shanghai: American Presbyterian Mission Press, 1867, appendix p.31.

[2] 据推测,此处的"家什"指的是财产,执物指的是动产。参见 James Scott , *English-Corean Dictionary: Being a Vocabulary of Corean Colloquial Words in Common Use*, Corea: Church of England Mission Press, 1891.

[3] George Heber Jones, *An English-Korean Dictionary*(英韩字典、영한자뎐),东京教文馆1914年版。另一方面,1920年朝鲜总督府编纂的韩日对译《朝鲜语辞典》中的"身分"词条其解释为"一身之分限",这一解释不过是用日语扩写了汉字"身分",在实际上是否反映了当时的语言生活这一点还是个未知数(朝鲜总督府编:《朝鲜语辞典》,朝鲜总督府1920年版,第551页)。

学术概念站稳脚跟。比四方博的研究更加体系化地活用了"身分"用语的要属白南云,他是殖民地时期代表性的马克思主义社会经济史学者。白南云在1937年出刊的《朝鲜封建社会经济史·上》①中,以《第6篇,封建的身分制》为标题撰写了独立的一篇,其中有如下的内容:

然而,从其他层面进行考察的话,无法忽视添加在其本质阶级因素之外的、遵循封建社会秩序中传统法律规定的身分关系。即,身分(stand)是在传统的法律上形成的,意味着在某种一定的社会秩序下的人类集团。然而,阶级与身分绝不是无关的,后者应当被看作是与前者本质上的经济规定形成对比的法制的现象形态。例如,贵族的身分不单单是特权的赋予或是以血缘的传统为基础,而是以社会构成关系中大片土地所有为本质条件,在法律上存续其特权身分。②

引用文中明确使用了"身分制"一词,并且将"身分"看作是德语"stand"的翻译语。此处有两个构成"stand=身分"的概念要素,其中一个因素是依据经济外强制(传统的·法律的)形成的,另一个因素是人类集团。并且,身分即集团依据法律的强制形成是经济规定的表现形态。从这一点可以看出,白南云主张的"身分"概念是从马克思主义社会经济史学导入而来的。一般来说,我们只知道日本社会经济史学史是自德国引入而来,③却往往忽视了韩国社会经济史学中的"身分"概念也是在20世纪20年代以后作为德语"stand"、英语"estate"的翻译语同社会经济史学一起从日本引进的。④

---

① 白南云:《朝鲜封建社会经济史·上》,河日植译,首尔理论与实践1993年版(初刊为1937年东京的改造社)。
② 白南云:《朝鲜封建社会经济史·上》,河日植译,首尔理论与实践1993年版,第274页。
③ 金容燮:《在日本与韩国里的韩国史叙述》,《历史学报》1996年第31辑。
④ 在较早的时候,收录于1925年《开辟》第59号中的论文《Intelligentsia,社会运动与知识阶级》中有如下的内容:"在当时,阶级的意味不是资本家,而是在表示具有伦理上否定意味的市民身分的意味上,作为町人阶级这一多少带有侮蔑意味的言语被使用的"。此处"身分"用语的活用受到了马克思主义的影响。不过,我们很难知道在当时"stand"的含义是不是被明确地知晓。另一方面,关于"身分"用语在日本学术上的活用,于1930年编纂而成的改造社版《社会科学大辞典》中,已经将"身分"收录为"stand"的翻译语。从中我们能够知道,在这之前"身分"就已经作为学术用语确立了下来。(社会思想社编:《社会科学大辞典》,东京改造社1930年版,第1112页。)

自日本引进的社会经济史学针对朝鲜时代的"两班、中人、常民"等范畴化了的人类集团,最初使用了"阶级"这一用语对它们实行等级化的作业。20世纪30年代后期,以马克思主义阵营为中心,"身分"用语开始代替"阶级"成为代表等级的概念。并且"阶级"这一用语开始被用作是我们今天非常熟悉的用语法,即,成为了体现"经济的"层面上对立的等级集团的专门用语。"身分"也自然地(通常)被当作是代表在非经济层面上形成对立的等级集团。就如同前文中白南云的主张一样,在"身分"与"阶级"用语的角色分立中,马克思主义社会经济史学担当了重要的角色。从越北社会学者金锡亨在1941年发表于《震檀学报》中的论文《李朝早期国译编成的基石》中,我们可以知晓这一概念已经明确地固定了下来。①

总的来说,殖民地时期的"身分"与"等级""集团"的含义一同被人们强调,并且被活用成为一个学术用语。另一方面,在朝鲜社会之中,"身分的"现象伴随着集团的形成存在。也就是说,对于朝鲜社会构成方式或是性格的探求一直到1945年朝鲜解放以后都没有展开较为深刻的研究,"身分·身分制"的明确概念也没有成为学者们关注的焦点。

六、结语

为了多方位地看清韩国社会在近代转化期时的面貌,本文分析了"身分·身分制"用语的成立与变迁过程。而探究"身分·身分制"概念成立与变型的重要线索便暗藏在对韩国社会近代转换期个人所处的社会环境之变化的认识之中。

原本,在朝鲜时代,"身分"一词并非作为"按照其所属的社会(所属)地位"的含义实现"成语"化。不过,"分""别""礼"等众多体现了社会地位的用语被灵活使用,成为了"身分"概念中的一部分。在"身分"的重要构成要素——"所属"之中,"门阀"或是"家(家族、家庭)"、"族"等亲族范畴经常被提及。

甲午改革以后,"身分"开始被活用为与社会地位相关联的用语。这与

---

① 金锡亨:《李朝早期国译编成的基石》,《震檀学报》1941年第4号,第5页:"按照他的身分,即可以成为特权的证明书,也可以成为兵役的大将"。

"按照其所属的社会(所属)地位"中的"社会"逐渐被开放与拓宽有着一定的关联。"身分"超越了既存的"地位"的比较对象——"亲族",扩张成为代表一般地位高下的含义。"身分"这一用语起初被用作是代表官吏身分以及体现个人身元的法律用语,后外延逐渐扩大到了个人的资格、职场(拥有正式所属处的身分)等含义。意为抽象含义的"社会地位、品格"的用法也拓宽了"身分"概念的活用领域。

另一方面,"身分"用语从20世纪二三十年代才开始成为一个学术用语。在"身分"用语的学术使用中,马克思主义阵营对其产生了巨大影响。从日本引进的社会经济史学在"身分"的概念中渗透进了"等级、具有位阶、具有明确外延的团体"的观念。大抵在此处被代入的是"stand""estate"在他们本国时的情况。在西欧,"身分"具有像村落或是都市一样外延明确的、封闭的、中间团体的含义,这样的观念在导入"两班"的时候可能会与实际现实产生乖离。因为在现实中,"两班"的外延并不明确,很难说将其看作是一个身分集团,也不能仅用抽象的社会地位、威信等含义来对它进行解读和理解。这一层面向我们展示着近代转换期韩国社会变动的一个切面。

东学、天道教之"天"概念的发展

——从天到神,又从神到生命

许洙 著[*]

苏东钰 译[**]

一、导言

从19世纪后半期到20世纪前半期,在东学教团及其后身天道教团的教理中,"天"概念具有怎样的权威和含义,这一概念发生了怎样的变化?本文将结合东学、天道教的社会运动,以探讨这些问题。最初,这一主题的设置源自以下两个问题意识:第一,在韩国近代概念形成过程中,外来概念和传统思维、概念是如何相互作用的?第二,在最近反思近代性(modernity)或环境运动的影响下,"生命"概念究竟立足于怎样的意识形态?要阐明这些问题,有必要系统地检讨儒学性理学等传统思想,并且广泛地考察开化期以及殖民时期的思想史。作为这种长期课题的首次尝试,本文以东学·天道教的"天"概念为研究对象。从早期开始,东学·天道教便以"天"概念为核心教理。在与西方近代思想的交涉过程中,由"天"概念衍生的"生命"概念又与今天的生态学运动息息相关。因此,尽管研究范围有限,但本文对近代韩国转型时期

---

[*] 许洙,韩国首尔大学历史学教授。
[**] 苏东钰,马来西亚浸信会神学院讲师。

"天"概念的考察将会是一个有意义的起点。

  本文将着重关注以下两点，从而探讨"天"概念的发展过程。第一，将"天"概念与东学·天道教之社会运动的浮沉联系起来，从有契机而变化的角度进行考察。东学·天道学的活动不限于纯粹的宗教领域，而是具有强烈的社会改革意义，可以说位于"宗教和社会的境界"。从成立之初起，东学被当作性理学社会秩序的"异端"而受到攻击，朝鲜总督府也将天道教视为"类似宗教"。从东学成立到天道教社会运动被停止的时间点，本文根据教团活动的变化将其分为三个时期：第一个时期是从东学所成立的1860年到1904年，在一系列的动荡不安中，例如教祖崔济愚之处刑、东学农民革命之介入等等，东学教团未能获得认可（信仰自由），因而走上了"隐道"。第二个时期是从改组为天道教的1905年到1917年，在信仰自由被认可的合法空间里，教团的活动主要集中在宗教领域，例如教团的近代化和近代化的教理解释等。第三个时期是从正式开始关心社会的1918年到社会运动停滞不前的1933年，教团主导了"三一"运动的爆发，并将活动领域扩大到言论活动、青年会运动、农民运动等方面。"天"概念之权威和含义变化是与各个时期教团的变化紧密相联的。

  第二，为了全面地检讨"天"概念之发展情况，本文将要使用概念史研究方法。这里的"天"概念与教团的活动是有联系的。东学·天道教领导层为了说明他们所追求的活动之合理性借用了教理，尤其借用了初期东学之经典，还以适合当前问题的解决方式对其内容进行了解释和变容。另外，当他们接触外来概念时，往往通过与东学经典联系起来解释而加以接受。不同于已建立的宗教，东学·天道教是19世纪后期刚刚建立不久的新兴宗教，教祖的宗教经验具有极大的权威，从而对其进行理论系统化。因此，教祖的宗教经验和在世时的言行必然包含着复杂性和矛盾性，为以后的各种解释留下了余地。要检讨东学·天道教的"天"概念，即使这一概念在整个时期内容是基本上相似的，但仍需要敏感地关注每个时期强调和突出哪些方面、概念的术语是什么，以及政治社会的背景是什么的问题，即需要关注"天"概念的历史语义学。考虑到这一点，本文将围绕以下两点展开对"天"概念的讨论：第一，以东学·天道教的核心思想"人乃天"和社会实践的中心概念"后天开辟"，以及两者间相互关系等的思想结构和变迁为焦点；第二，以教团理论家们对自身宗教认同的界定方式(如"东学"、"天道教"等名称)为焦点。

二、超概念化之体验性实在

《东经大全》和《龙潭遗词》里,"天"的用例大概可以区分为如下三种。①

① 终极性实在:天主、HAANAALNIM②
② 世界、一般自然、苍空:天地、天(地之对称)
③ 根本性质的理法·原理:天道、天理、天命

这三种用例中,研究者们最关注的是①"终极性实在",可能是因为《东经大全》和《龙潭遗词》关于教祖水云崔济愚在庚申年(1860年)农历4月的宗教体验及其后言行的记载十分生动。在《东经大全》和《龙潭遗词》里,与①相关的用例有"天主"和"HAANAALNIM"以及"上帝"和"至气"。③"HANALNIM"只出现在《龙潭遗词》,而"天主"和"至气"仅见于《东经大全》,但"上帝"在两篇都出现了。

东学初期典籍中被提及的"终极性实在"的用例对于掌握东学之神观是至关重要的。关于东学的神观,通常认为,东学的神兼具超越的人格和内在

---

① 现有的木刻本《东经大全》是1883年出版的癸未版(庆州版)和1888年出版的戊子版。戊子版《东经大全》是以1880年初版的庚辰版为脚本的重刊本,故被认为是最接近原貌的版本。参考表暎三:《东学1:水云之人生与思想》,首尔同南木出版社(Tongnamu Publishing)2004年版,第139页。表暎三在书中,引用《东经大全》(戊子版)和《龙潭遗词》(癸未版)所收录的水云之文章时,遵循当时的标记方式,采用了一种尽可能忠实于原文的介绍方法。因此,除非有特殊情况,本文引用《东经大全》和《龙潭遗词》的内容时,原文是将以表暎三的《东学1:水云之人生与思想》所收录的资料为标准,注解以2001年天道教中央总部出版的《天道教经典》(第5版)为标准。
② 《龙潭遗词》癸未版(1883)里,"HAANAALNIM"出现22次,"HANALNIM"和"HAANAALNIM"分别出现1次。崔济愚:《梼杌心得东经大全1》,金容沃译注,首尔同南木出版社(Tongnamu Publishing)2004年版,第150页。上述三种标记方法,本文统一为"HAANAALNIM"。
③ "上帝"在《东经大全》出现2次,在《龙潭遗词》出现2次,"天主"只在《东经大全》出现13次,"HAANAALNIM"只在《龙潭遗词》出现24次。(表暎三:《东学1:水云之人生与思想》,第108—113页。)"至气"只在《东经大全》出现3次。

的泛神性。① 本文基本同意这样的评估,但联系导论提出的问题意识,有必要关注水云在布德(传道)时对自身宗教体验和认同的不同表达。现将水云所撰,为《东经大全》和《龙潭遗词》之核心的汉文文章 4 篇和韩语歌词 8 篇整理如下(表1):

表 1　初期东学经典内容之制作时间点以及时期之区分

阶段	年度及季节	制作时间点	东经大全	龙潭遗词	其他
前期	① 1860 年春	1860.04 下		龙潭歌	
	② 1861 年夏	1861.07 中	布德文		
		1861.08 下		安心歌	
	③ 1861 年冬	1861.12		教训歌	全罗道躲避(1861.11—1862.7 初)
		1861.12 中		道修歌	
		1862.01 上		劝学歌	
		1862.01	论学问*		
后期	④ 1862 年夏	1862.06 上	修德文		
		1862.06 中		梦中老少问答歌	
	⑤ 1863 年夏	1863.07 下		道德歌	
		1863.07 下		兴悲歌	
	⑥ 1863 年冬	1863.11	不然其然		

备注:
1. 主要文章的"制作时间点"参考了表暎三的著作(表暎三:《东学 1:水云之人生与思想》),以农历为标准。"1860.04 下"指"1860 年 4 月下旬"。
2. 笔者尝试根据时期加以区分,如前期与后期,年度与季节等。
3. *"东学"一词首次出现在《论学问》中。

在经历宗教体验一年多之后,1861 年 6 月,水云开始布德了。在这段时间所著的《布德文》和《安心歌》里,他将终极性实在分别表示为"天主"和"HAANAALNIM"。值得注意的是,两篇文章里都使用了"上帝"这一词。《布德文》里说,"有何仙语忽入耳中……曰勿惧勿恐世人谓我上帝汝不知上帝耶"。这里的"上帝"表示拥有与人可沟通之声音的人格性实在。当然,从上下文来看,此时的"上帝"一词取自世界上用于终极性实在的通用名称。即

---

① 金敬宰的泛在神论最具代表性。金敬宰:《崔水云之神概念》,见李炫熙编:《东学思想与东学革命》,坡州青雅出版社 1984 年版。

使这样，可以说，水云在撰写《布德文》时，显然使用了可表达人格神之称号。

然而，在"③1861年冬"左右，水云在文章里则没有使用"上帝"这个名称。水云在《论学问》中表达了庚申年的宗教体验，内容如下：

> 身多战寒外有接灵之气内有降话之教视之不见听之不闻心尚怪讶修心正气而问曰何为若然也曰吾心即汝心也。

此处仍然保留拥有声音的人格主体之层面，但"上帝"一词消失了，且被描述为"视之不见听之不闻"的，可见超越性和人格性层面的意义有所削弱。《教训歌》中，水云为警戒弟子们说道，"不要相信我，而要相信HAANAALNIM，已住在你们里面，不要舍近取远"，特别突出了内在神的性质。

这些变化与水云的情况密切相关。水云在庆州布德时，被误解为西学。从1861年11月到1862年7月初，在这1年半以上的时间里，他躲在全罗道南原等地；在此过程中，他在表达自己的宗教体验时似乎变得谨慎。此种条件下，他没有使用"上帝"这一称呼，以及终极性实在的称呼中人格层面有所削弱等现象便不难理解。这一点将在后面提到，但这与水云在《论学问》里，首次将自身的教导称为"东学"，并开始与"西学"区分开来的事实密切相关。

水云在他的早期著作中多次提及自身的宗教体验和终极性实在，但是他没有具体说明"天主"·"HAANAALNIM"是怎样的实在。众所周知，水云对《论学问》的21字咒文，即"至气今至愿为大降侍天主造化定永世不忘万事知"加以解释，唯独关于"天"却没有解释而奇怪地跳过了。关于这一事实，虽然有见解认为他是以"性理学的天观或易学的天观等当代的天观为前提"的，①但是，他认为"天主即HAANAALNIM是不可概念化和不可被定义的实在本身，并祂是人类的认识行为之前的整体"的说法比前者更有说服力。②

另一方面，被评价为东学社会革命论的"后天开辟"概念在初期的经典里是怎样的呢？首先，术语中没有"后天开辟"这一词，而有将"开辟""上元甲"

---

① 裴英淳：《东学思想的基本结构：以本咒文"侍天主造化定"之体用论分析为中心》，见民族文化研究所编：《东学思想之新照明》，大邱岭南大学出版部1998年版，第71—73页。
② 金敬宰：《崔水云之神概念》，第127—128页。另，"祂"：音"他"，上帝、耶稣等的第三人称代词。

"春三月好时节""好时节"等视为与"开辟"类似的术语,查看包含这四个词语的用例如下:

○ HAANAALNIM 所说的开辟后五万年,你也是首次的。开辟后,我也劳而无功,却遇见你而成功的——龙潭歌
○ 开辟时,国初日授予了满纸长书——安心歌
○ 十二诸国怪疾运数岂不是再次开辟——安心歌
○ 春三月好时节将唱太平歌——安心歌
○ 春三月好时节将再次见面——道修词
○ 春三月好时节玩呀吃呀——劝学歌
○ 十二诸国怪疾运数岂不是再次开辟——梦中老少问答歌
○ 下元甲结束上元甲好时节——梦中老少问答歌

如上述用例所示,与"开辟"相关的术语都出现在韩语歌词的《龙潭遗词》中,"开辟"出现 5 次,"春三月好时节"出现 3 次,"上元甲好时节"出现一次,共出现了 9 次。参照先前研究,相比"运数""HAANAALNIM""君子"等词,这些术语出现的频度是相当低的。[①] 甚至,《龙潭歌》的两个用例都意指太初的"天地开辟"而非"后天开辟"。剩余的用例中,有三个明确提及"开辟"或"再次开辟",另外四个则是通过像"春三月好时节"或"上元甲好时节"等比喻和叙述形式表达。另外,当时"先天"或"后天"之术语都没有被使用。

在上面的用例中,《安心歌》里的"开辟时国初日授予了满纸长书"表示了水云的宗教体验,而"再次开辟"或"好时节"可能内藏着社会改革的期待。睦贞均将出现频率最高和均匀分布的"运数"规定为"将支配着我们民族意识底边的力学循环逻辑和天命的自然法思想所统全的世界观、现实观、未来观",

---

① 睦贞均:《东学运动的向心力和远心作用:以东学教团之沟通为中心》,见李炫熙编:《东学思想与东学革命》,坡州青雅出版社 1984 年版,第 228 页。睦贞均提到,《龙潭遗词》所收录 8 篇歌词中"运数"出现 58 次,"HAANAALNIM"出现 30 次,"君子"出现 19 次。作为参考,这里"运数"所出现的次数包含"天运""时运""盛运""身数""成运""衰运""气运""明运""天运""家运""门运"等广义上的运数 20 个。

并看为"开辟的逻辑"。① 但是,如裴英淳指出的,在"即使议论时运,莫非一盛一衰"(《劝学歌》)或"像轮回那种上当的运数"(《教训歌》),"世运自来而回复,古今都没变!"②(《不然其然》)里,水云所提出的"运数"往往是独立于他的宗教实践,即"侍天主",而运行的。③ 可见,在早期经典里,"后天开辟"不仅没有概念化,而且社会改革的意义还非常薄弱;因此,宗教实践与社会改革之间的联系在理论上也是薄弱的。④

最后,从体验初期开始,水云表示自己的领悟时常常使用的术语是"天道"和"无极大道"。《东经大全》里,"天道"除了意味着"自然自序或理法"以外,在《论学问》里,意为"从天灵降临受到的道理"。另一面,在同一篇的《论学问》里,水云将自己的思想表示为"道之无极之理"。《龙潭遗词》里,"无极大道"出现了10次,"无极的以内道"出现2次,"无极之运"出现1次,共13次,其中多数表达与他的体验有关。值得特别注意的,这些术语主要分布在接近宗教体验的时间段。《龙潭遗词》中有如下记载。

○ 龙潭歌
——无万古之无极大道,如梦如觉得道矣
——叹世上人啊如何知道临近无极之运呢
——修炼无极大道,而五万年之运数啦

---

① 睦贞均:《东学运动的向心力和远心作用:以东学教团之沟通为中心》,见李炫熙编:《东学思想与东学革命》,坡州青雅出版社1984年版,第228页。
② "运自来而复之古今之不变兮"。对这原文的解释,表暎三做得比较准确,参考表暎三:《东学1:水云之人生与思想》,第280页。
③ 裴英淳:《东学思想的基本结构:以本咒文"侍天主造化定"之体用论分析为中心》,第78—80页。
④ 金炯基主张,在20世纪10年代初"后天开辟"首次出现。参照金炯基:《后天开辟思想研究》,首尔韩语学院(HANULACADEMY)2004年版,第93页。但是,据表暎三,"后天开辟"一词首次出现是在海月崔时亨大人于1892年1月为劝勉道士之健全地修行而写的《通论文》中。参考表暎三:《东学2:海月之苦难历程》,首尔同南木出版社(Tongnamu Publishing)2005年版,第182页。不过,"后天开辟"一词在东学革命时期是很少被使用的,到了20世纪10年代初才开始频繁地出现了。实际上,在革命时期,为了宣传保国安民之大义,达到名义上既不落后于官军又能动员老百姓的效果,往往将儒教的话语放在诸如后天开辟的激进表达之前。海月队之"后天开辟"一词仅在教团内部使用过一两次而已。

○ 教训歌

——如梦如觉讨取无极大道

——得到无万古之无极大道并自豪

——无极的以内道我不用教也

○ 道修词

——无万古之无极,如梦如觉讨取

——要持守诚敬二字,而渐渐,修炼,岂不是无极大道

——无极的以内道,若三年不成

——无极大道,修炼而来的,晓谕而

○ 劝学歌

——无万古之无极大道,在现世创建

○ 梦中老少问答歌

——无万古之无极大道,在现世将生出

——现世无极大道岂不是传之无穷呢

其余的据表1,从文章的制作时间点来看,除了《梦中老少问答歌》里的两个用例以外,十一个用例都分布在1861年1月所著的《论学问》以前,在《东经大全》里出现的"天道"之用例与此也没有太大的差别。

○ 布德文

——"自五帝之后,圣人以生,日月星辰,天地度数,成出文卷而以定天道之常然…道则天道,德则天德"

○ 论学问

——"夫天道者如无形而有迹地理者如广大而有方者也"

——"曰然则何道以名之。曰天道也"

——"曰同道言之则,名其西学也。曰不然,吾亦生于东,受于东,道虽天道,学则东学"

○ 修德文

——"元亨利贞,天道之常,惟一执中,人事之察"

《论学问》之后的《修德文》中也出现"天道"之用例,但大部分都集中地分布在《论学问》以前。在探讨两种用例的分布时,《论学问》之所以成为重要的界限,是因为水云开始在《论学问》中称自己的教导为"东学"。当时,由于区别于西学的东学之身份认同的形成成为了核心问题,水云在《论学问》中突出了"东学"一词,"天道"一词的使用则是为了显示出与"东学"的关系。这样的趋势延续到后面,在水云的文章里几乎没有看到"天道"一词。可见,早期东学经典中"天道"的普遍含义受到所持有的局部性术语"东学"的制约和影响。

三、神:宇宙的"大活精"

1905年12月,东学教团将"东学"更名为"天道教",开始对教团和教理进行近代化。随着泛神论和内在论之倾向(如"养天主""事人如天""物物天事事天"等)的发展,到了第二代教主海月崔时享时,水云教理所集中概括的"侍天主",而成为了道德规范,且到了1900年代,"人乃天"被订立为天道教的宗旨。这种变化来源于教团的转变——断绝以往的"东学"传统而接受近代"宗教"概念,并志向文明开化论。第二时期的特点是,在近代宗教·哲学谈论的影响下,"天"概念变为"神",并且进化论的时间观念渗透到其中。

首先,有必要检讨教团关于"东学"改名为"天道教"的意义化情况,以及在此过程中所出现的微妙问题。重命名为"天道教"的事实,导致近代宗教概念代替了将"东学"看为"道、学"的传统认识,促使教团以断绝东学传统这一方式来突破进步会、一进会之民会运动失败而导致的危机,同时充分利用西方宗教谈论(如"政教分离""宗教自由")在政府的默认下获得实质上的合法性。[①] 那么,他们为什么选择"天道教"这个名字呢?关于此事的主要记录整理为表2。

[①] 高建镐:《韩末新宗教之文明论:以东学·天道教为中心》,首尔大学宗教学博士学位论文,2002年,第108—114页。

表2　说明"天道教"名称之典据的资料

序号	出典	时间	内　　容
①	日本新闻	1905.12.1	大告天道教出题 道则天道学则东学即古之东学今之天道教。 宗旨人乃天， 纲领性身双全教政一致， 目的辅国安民布德天下广济苍生地上天国建设， 伦理事人如天， 修行道德，诚敬信。①
②	万岁报	1906.11.23	是时西洋天主教入我邦也。人不知先生之教为何教，疑之以西学……先生下之日吾道大原天。吾生于东学于东道则天道学则东学……又云东学改其名目称天道教，吾教名本来天道教……②
③	本教历史	1915.4.3	布德十六年的乙巳年，东学名目改为天道教。为了说明，原来东学其名目不是西学，且实际上不是名目，从东经大全所记道则天道学则东学取义，而改名为天道教。③
④	天道教创建史	1933	圣师…在12月1日教名为天道教，这就是大神师所讲的道则天道的本名，原本拿出来的。④
⑤	天道教略史	2006	义菴圣师将东学改名为天道教，这是根据《东经大全》的《论学问》中"道虽天道学则东学"这一句，而做出的。⑤

首先，①是改名（天道教）时对外宣传的广告文案，但是史料的可靠性比较弱。即，记录此内容的资料是1979年的，并且由于不知道是日本的哪家报社，难以确认。另外，根据笔者的调查，"宗旨""纲领""目的"等介绍项目，只在1920年代后半期才开始被天道教使用。⑥ 如果是这样的话，②万岁报和③本教历史可以说是相对可靠的早期史料。这两个资料都记载天道教名称的依据均来自"道则天道学则东学"。这应该是取自《东经大全》之《论学问》的。这

---

① 赵基周：《东学之原流》，1979年，第230—232页。此内容虽然发布在广告里，但《东学之原流》里没有提及所记载广告的报纸名称和版面以及记事的大小。下划线为本文作者加。下同。
② 《巡督说教》，《万岁报》，1906年11月23日，第2版。据此报道，天道教教区巡督李秉昊等人在平壤郡万寿台举行了布道会，聚集了两千名教徒和一千名听众，李秉昊给他们讲述了天道教历史。报道里介绍了演讲的内容，但没有提及改称天道教的事情。
③ 崔起荣、朴孟洙编：《韩末天道教资料集1》，国学资料院1997年版，第277页。
④ 夜雷李敦化编述：《天道教创建史》，天道教中央宗理院1933年版，第231页。
⑤ 天道教中央总部教书编纂委员会：《天道教略史》，2006年，第128页。
⑥ 许洙：《李敦化研究：宗教和社会之境界》，首尔历史批评社2011年版，第229—230页。

种认识与今日所记载天道教官方教史的《天道教略史》是一致的。

但是,仔细地看,《论学问》所讲的不是"道则天道学则东学",而是"道<u>虽</u>天道学则东学"。1862 年初,水云为了阐明为什么自己的教导称为"东学",说出了"道虽天道学则东学","虽"用于强调"东学",而不是"天道"。40 年后东学有关人员在完全相反的文脉里试图抽引"天道教"名称的依据时,也关注了《论学问》的那一句。这篇文章提及了天道与东学的关系。因此,对于那些试图揭示天道教是以往的东学的人来说,它被视为有用的资料。但是,照原文"道虽天道学则东学"直接引用的话,选择"天道"名称是理屈词穷的,而可能他们不知不觉地改为"道则天道"。在⑤天道教略史里,被更正为原文了,但对原文的韩语翻译仍然沿用"道则天道"的含义。

考虑到这种情况,④《天道教创建史》的表达更为微妙,即"大神师所讲的<u>道则天道</u>之本名,原本拿出来的"。像其他资料一样,这里的"道则天道"可以被视为《论学问》那一句的前半部分,但是很有可能不是。《东经大全》之"道则天道"在《布德文》的前半部分,提及古代中国圣人所定的秩序和道理的文脉里出现 1 次,即"道则天道德则天德"。李敦化为说明教名的由来,凭着《论学问》那一句,也许感到负担,于是引用了在《布德文》里提及天道之普遍性的一句。这一句类似于《论学问》的那一句,但文脉是截然不同的。从李敦化的尝试以及在此前后出现的"错误"来看,将名称从"东学"更改为"天道教"是一个巨大的转变,从中可以看到他们以东学早期经典的权威来寻求改名合法化的努力。

他们不仅解释"天道教"这个名称,还解释了天道教的宗教意义和"人乃天"的意义。在 20 世纪 10 年代,他们主要透过宗教月刊《天道教会月报》进行努力解释。"人乃天"一词最早出现在《大宗正义》(1907 年)。据先行研究,"人乃天"在第二代教主海月时期表现为"人是天人",后来受到近代哲学的影响被赋予了本体论的意义。并且,在提出"人乃天"方面,梁汉默影响最大,他所参与的 20 世纪头十年天道教初期教理书反映了主体—客体、现象—本质等近代哲学概念,但其影响力只停留在表面上,仅性理学概念的影响最大。此外,从 20 世纪 10 年代中期开始,梁汉默的下一代理论家李敦化主导了教理的重组和系统化。①

---

① 此先行研究的具体的内容参考许洙:《李敦化研究:宗教和社会之境界》,第 43—55 页。

同时,随着向天道教转换,"东学"阶段显现的东西方空间区分意识被后景化了,而"天道"的普遍概念被前景化了,这种达到普遍发展的问题成为了人们的关注点。天道教位于"宗教时代的到来"或"宗教的发展"和其宗教发展的最高阶段的逻辑开始确立。① 李敦化解释说,天道教的神观是泛神论,但他在其上投射了一些进化论因素,这在如下例句中可以看到。

① 进化是宇宙之大法则。②
② 一,<u>宇宙是大的一活精</u>,物质只是其表显而已。二,物质的组织叫做生类,此组织要是成为宇宙大活精之一部分的组织体才表现出来,这就是叫做性灵。……大神师曰,物物天事事天。这是万古的训诂。③
③ 动物是最进化的宇宙,人生是最进化的动物。这就是我人生观之劈头。……然,<u>万有即神之灵的表现,人即万有之最进步的</u>……人即神神即人之观念,是……④

从这些例句看,东学阶段将被理解为泛天论的"天"(物物天事事天)与内在于万物的"大活精"相连,这是实现天与神一视同仁的途径。同时,因为人类最好表现出神性,所以"人即神,神即人",并以神和进化概念解释了"人乃天"。这种结论使人们以"进化而成为神"为人生目的,并推动了人们不断地实践。

之所以人生进化,是因为为人近神将为神出神想。那么,我们为了达到神的最高思,永劫以来无意味的生活继续作。因此,人生无意味的生活即大意味的生活,人生的最终目的就是神。⑤

笔者在先行研究中已经通过在一个系统中解释泛神论和进化论的逻辑,

---

① 此先行研究的具体的内容参考许洙:《李敦化研究:宗教和社会之境界》,第54页。
② 李敦化:《勿误解真理之根底》,《天道教会月报》第52期(1914年11月)第7页。
③ 同上文,第10页。
④ 李敦化:《人生》,《天道教会月报》第77期(1916年12月)第23页。
⑤ 李敦化:《人生出于神,而归于神,故人生的目的在于觉道》,《天道教会月报》第61期(1915年8月)第61、17页。

澄清了日本观念哲学的"现象即实在论"哲学的收容及其时机、效果。就此而言,1915年2月发行的井上哲次郎之《哲学与宗教》第一章的内容,尤其是"宗教、哲学、科学"之区分法在3个月后的1915年5月李敦化所发表的《最高消遣法》里出现了。①

此外,现象即实在论哲学的"现象—实在"之区分意识与东学早期的经典内容有密切的关系。《最高消遣法》和《东经大全》之《不然其然》的比较如下:②

> 试而,把过去百千亿无量数的众生,问汝何故生,<u>一人都无法回答其生之理由</u>。抑亦,问何故死,<u>一人都亦是没有回答死的理由在何边</u>。……故勿忘宗教是最高消遣法。……故人生有已有而而不得已之一种先天的知情意作用,不到百年的乌兔(岁月)中包着千古永劫之盼望……<u>盖消遣法是为着刹那刹那实践人生之天职,你们要通见,刹那和刹那离间,在此里天职被消化</u>。③

> "噫!如斯之忖度兮,由其然而看之则,其然如其然,探不然而思之则,不然于不然。何者?<u>太古兮,天皇氏,岂为人,岂为王,斯人之无根兮。胡不曰,不然也</u>……夫如是则,不知不然,故不曰不然,乃知其然故,乃恃其然者也。于是而揣其末,究其本则,物为物理,为理之大,业几远矣哉……<u>比之于究其远则不然,不然又不然之事,付之于造物者则其然,其然又其然之理哉</u>"。

比较两段引文中划横线部分,二者包含的内容可以说基本相同。在《不然其然》,透过我们的经验和认知而容易认识的世界之"其然",其根本是与"不然"相连的,而表面上看起来不同的两者实际上最终还是一样的,因此将一切都置于天意之下。④ 李敦化在《最高消遣法》中有类似的提法,即人生的

---

① 许洙:《李敦化研究:宗教和社会之境界》,第63—70页。
② "消遣法"是指"贴心过日子的方法"。在这里指宗教。
③ 李敦化:《最高消遣法》,《天道教会月报》第58期(1915年5月)第25—27页。
④ 参考尹锡山:《注解东学经典:东经大全·龙潭遗词》,首尔东学社2009年版,第175—199页。

终极性真理将透过宗教取得。这种思维方式与以"现象与实在(本体)之间的同一性"为前提的"现象即实在论"哲学相吻合,因此,李敦化积极地接受了这种日本式哲学。①

另一方面,"后天开辟"也是在20世纪10年代初提出的,这也是一个特征。在这方面,我要简要地介绍先行研究。金炯基对这一时期天道教相关的后天开辟议论总结如下:第一,东学初期经典里出现的"下元甲"被代替为"先天","上元甲"被代替为"后天",水云之得道规定为开辟,而其意味似乎扩大到原来的天地创造之开辟。第二,其结果是,作为"再次开辟"的替代概念"后天开辟"开始被使用了,这是"无形的开辟",即人类精神之开辟,而与先天开辟之物质开辟相区分。第三,"后天开辟"概念在20世纪10年代尚未系统化,这一过程直到20世纪20年代才完成。②

四、生命:"天"之世俗化及政治化

到了1920年,天道教的"天"超出了以往的宗教范畴。1918年左右"人乃天"打下了将得以发展成为涵盖社会方面原则的基础,即认为人的本性兼具"信仰性"和"社会性"。该内容被称为"人乃天主义",并加上"-ism"的名称被推广到教团之外。在天道教青年层,一方面创立了启蒙综合月刊《开辟》而主导了文化运动;另一方面,组织天道教青年会和天道教青年党开展了宗教社会运动。在此过程中,李敦化和金起田等主导运营《开辟》的天道教青年知识分子,借着各种实践和理论活动表明,他们的人乃天主义涵盖了诸般思想潮流和政治理念,且具备促进社会改革的最好理念。

李敦化负责并领导这种理论活动。笔者研究了这一时期李敦化的思想。到了20世纪20年代初,李敦化将20世纪10年代末的"人乃天"主义,世俗化为"人性主义",后来分别接受了民族主义和社会主义,而且逐渐形成了一种

---

① 已经在20世纪10年代初关于宗教发展论的文章里,李敦化是与天道教团上一代的李瓘、吴知泳不同,关注了"不然其然"的(许洙:《李敦化研究:宗教和社会之境界》,第169—171页)。可以说,这种差异象征性地揭示了各世代对西方近代哲学的敏感程度。
② 金炯基:《后天开辟思想研究》,第79—94页。

"泛人类民族主义"和很大程度上模仿马克思主义的"水云主义"。① 在本章，笔者将在先行研究的基础上，以本文的主题为重点，以此前尚未充分澄清的内容为中心展开议论。

需要记住的是，这一时期李敦华的著作活动在两个不同的层面同时展开：一个在《开辟》《别乾坤》《农民》等针对社会一般人的综合月刊；另一个是在《天道教会月报》《新人间》等针对天道教徒的月刊。他所发行的书籍，比如《人乃天要义》(1924)，《水云心法讲义》(1926)针对天道教徒等宗教读者，而《新人哲学》(1931)面向具有浓厚宗教哲学兴趣的普罗大众。李敦华根据这些刊物的性质，选择了略有不同的表达和概念。

大体上，20世纪20年代思想的发展趋势，以往的"天"和"神"经历了"自我之灵性""人性""大自然"等，并发展为"生命"，而且以前以宗教范畴为中心而抬头的"后天开辟"扩展到了社会改革范畴，它被确立为"三大开辟"论和"地上天国"。本文不对中间媒介术语作过多的探讨，而是以"生命"和"地上天国"的发展为中心，考察二者之间的密切关系。

1922年左右李敦化在《开辟》中正式提出"生命"一词，并赋予其明确的意义。李光洙的《民族改造论》所记载的《开辟》23号页面里，李敦化也提出了民族改造的方法，即"生命无穷主义"立场。这一立场相比李光洙的方案多少有些抽象，即"为了提高民族性，需要执着作为民族性根本精神的民族共同生命哲理"。具体而言，他看到，"宇宙之最高生命显现为人类之生命，人类之生命流向朝鲜民族之生命。"他还主张，"要是朝鲜人民自觉自己是民族大生命里的一个，每个人将获得永远的改造和元气"。②

关于李敦化的这篇文章，李喆昊指出了一些值得注意的点，其内容总结如下：第一，"生命是在20世纪10年代后期，将个人的自我觉悟立法化的文化谈论之核心，但到了20世纪20年代，被包摄为民族自我的合法化机制。"第二，"李敦化是从个人的精神改革到民族层次的道德改革的自我扩展时，在生命论中找到逻辑依据的"。第三，关于李敦化的著作中被引用的萧伯纳(Bernard Shaw)的"生命力"，萧伯纳之"超人"概念是与李敦化之"人乃天主

---

① 参考许洙：《李敦化研究：宗教和社会之境界》，第2部《宗教性社会改造论之形成与发展 (1920—1926)》。
② 许洙：《李敦化研究：宗教和社会之境界》，第151—158页。

义"有连接的。此外,"李敦化所驱使的《灵》之修辞与之前的张德秀和李光洙等《学之光》世代或金亿、黄锡禹等青年文士所常用的自我唤醒的修辞相重叠"①。

李喆昊的这种提出是很有意义的,因为它唤起了李敦化的"生命"概念所在的当代脉络。但是,为了了解他的生命概念,有必要注意使他能够使用萧伯纳的逻辑的内在基础。

从《人乃天要义》看关于"生命"的解释,在生命发生论上李敦化支持"活精论",并且他指出,"生命即运动,运动即欲动"②,由此可见20世纪10年代对他的影响。尤其是在总结关于生命的议论时,他说,"全宇宙的生命成为万有的生命,万有生命之结果,毕竟要成为人性之生命,这样就可以形成人性的宗教性"③。对比1916年他写的"万有即神之灵的表现,人即万有之最进步的",此处以"生命"替代了之前的"神"。另外,在20世纪10年代影响他的井上哲次郎所著的《哲学与宗教》中,欲动(Trieb)概念是非常重要的,考虑到书中关于"生命与自我问题"的阐述,李敦化在选择"生命"一词时,很有可能受到井上一书的影响。

如此看来,李敦化的"生命"概念很大可能是前一时期的"神"的世俗化,他在"生命无穷主义"中所提出的民族观,很快与《开辟》所标榜的一种"泛人间的民族主义"的政治思想相接,并且展现出追求"民族主义"和"人类主义"之和谐·志向的《开辟》之立场。④

另一方面,在此后天道教与社会主义势力之间的理论竞争过程中,"生命"概念越来越重要。实际上,从整个20世纪20年代来看,李敦化活动中最重要的任务是在理论上对决社会主义思想的唯物论和发展论。在这方面,笔者澄清如下:第一,从1923年2月开始,李敦化约有一年几乎没有在《开辟》等刊物上发表文章,此后所写的文章里可以看到马克思主义的影响,应该是在准备对马克思主义的回应时写了《人乃天要义》;第二,在1924年3月出版的

---

① 李喆昊:《韩国近代文学之形成与宗教性自我谈论:以灵、生命、新人之谈论的发展情况为中心》,东国大学校大学院国语国文学科博士学位论文,2006年,第106—116页。
② 李敦化:《人乃天要义》,天道教中央宗理院布德课,1924年,第107页。
③ 同上书,第113页。
④ 参考许洙:《李敦化研究:宗教和社会之境界》第4章。

《人乃天要义》中,李敦化对自己在20世纪10年代所形成的理论加以总结,试图增强作为宗教思想的人乃天主义,以对抗社会主义;第三,所谓马克思主义的接受和批判性差异化之他的立场,在1926年左右以《生命意识化与意识的人本化》为题目的文章里被全面地阐述了,这篇文章改进了"从资本本位到人本位""资本主义的人性化"等批评资本主义的主张;第四,在1926年出版的《水云心法讲义》中,李敦化试图将马克思主义与东学的"后天开辟论"联系起来。①

要记住这一点,即《人乃天要义》和《水云心法讲义》是为了从理论上回应社会主义而写,下文将以"生命"概念和"后天开辟论"的发展为焦点来考察这一问题。

在《人乃天要义》"第1章绪言"的"第1节新社会所要求宗教精神"中,李敦化对以卡尔·马克思等社会主义者为代表的无宗教思想展开批评,显示出著书的实质性动机。该书为了牢固地打好人乃天主义所持有的宗教思想之基础,将崔济愚称为"大神师",并将信仰终极性对象标记为"HANULNIM"。在揭示"人乃天之发源"的段落中,李敦化指出水云宗教经验之早期经典记录的"矛盾性",并试图重新解释。据李敦化认为,《布德文》中"神仙的话语突然进入了耳朵里"这段话,如果指"天语从外面进到里面"的话,《论学问》中"从里面降了教导的话语"这一段落是指"天语从里面出外面的",因此这是相互矛盾的。关于这些矛盾的记录,李敦化认为"所讲的是大觉之顺序":即,《布德文》所讲的是庚申年4月的大觉之初经,而《论学问》所讲的是9月以后的真正大觉之境地。② 这样,水云的庚申年之宗教经验被区分为初期和后期,初期与人格的上帝问答,后期突出了"吾心即汝心"的"神人根本一体之原理";这种观点在《水云心法讲义》和《天道教创建词》(1933)大体有所体现。③

但是,正如本文第二章所示,在早期的经典中,庚申年的宗教经验没有4月和9月之区分。然而,《安心歌》的记载是,他在体验中与终极性实在问答时,照他的命令,"将灵符冲水喝有七八个月,而瘦小的身体变厚了且黑脸变白了"。也许反映了这些端绪和早期经典以后被收集的资料,而他的宗教经

---

① 参考许洙:《李敦化研究:宗教和社会之境界》第4—6章。
② 李敦化:《人乃天要义》,第44—45页。
③ 夜雷李敦化:《水云心法讲义》,1926年,第21—22页;《天道教创建史》,第43—49页。《水云心法讲义》将水云的宗教经验区分为"有神→无神→新有神"之三个阶段,之后的《天道教创建史》与《人乃天要义》一样,重新回到两个阶段。

验区分为两个阶段。这种意味化行为包含了一种志向,即水云的宗教体验是非人格性质的和内在性质的。李敦化在《人乃天要义》中提出的"神人合一,这一词本身已包含着一种认识,即神与人是截然不同的",也显示出同样的志向。此种认识最终归结于"生命"概念的使用。

《水云心法讲义》共8章,重点是叙述"后天开辟"的第5章,其中更以"第12节地上天国之意义"为重中之重。① 1923年9月成立的天道教青年党将"地上天国"标榜为"党之主义",该书则明确指出"地上天国"意指早期经典的"地上神仙"。② 此外,他还解释说,既存的宗教从空间的角度提及来世并谈论诸如"幽灵"之类的徒劳之举,"地上天国所指的来世是由时间决定的来世"。

① 《水云心法讲义》之章节结构与其比重如下:

主要内容	分量(页)	具体内容	分量(页)
第1章 觉道之前的足迹	8		
第2章 天使问答	5		
第3章 觉道	20		
第4章 道理1(守心正气)	26		
第5章 道理2(后天开辟)	39	第1节 后天开辟与天皇氏	2
		第2节 今天问古不问…	2
		第3节 天道与固有宗教…	2
		第4节 后天生活与忏悔	1
		第5节 后天生活与善悔	1.5
		第6节 后天之宿命观	2.5
		第7节 人所生的原因	4
		第8节 人性无穷	3
		第9节 人性与自然同归一体	6
		第10节 大神师之死生观	5.5
		第11节 大神师之鬼神观	1
		第12节 地上天国之意义	9
第6章 道理3(新宗教之素质)	17		
第7章 海月先生讲话	20		
第8章 东经章解	43		

② 夜雷李敦化:《水云心法讲义》,第99页。

这样,他把宗教性质的来世观转换为现世社会改革性质的理想。① 这可能是他考虑到马克思主义的共产主义理想社会而加以强调的。

如上所述,李敦化试图在宗教层面回应社会主义思想,一方面透过《人乃天要义》重组近代化教理体系,另一方面透过《水云心法讲义》证实了可以接受社会主义改革论的东学思想之后天开辟传统。在上述工作的基础上,似乎李敦化在 20 世纪 20 年代后期,往"人乃天主义"批判性地纳入了社会主义思想,其结果就是 1931 年出版的《新人哲学》。在相位上,《新人哲学》与以前的两本书截然不同,这是一本宗教哲学书,总结了与社会主义思想在幕后所进行的对决和思想体系的构建,并面向社会普通读者。《新人哲学》具有浓厚的对抗社会主义理论的意识,这一事实可以通过书名、正文内容、形式等得到证实,在以下几个方面尤其显而易见:第一,在这本书中,主语始终是"水云主义"。这个名称,一方面仿效"马克思主义"的构词方式,另一方面将宗教思想层面的"人乃天主义"世俗化,使其成为哲学谈论。第二,《人乃天要义》和《水云心法讲义》以教团使用的"大神师"一词代指教祖崔济遇,后者在《新人哲学》中被标记为"水云"。孙秉熙同样没有被称为"圣师",而是"孙义菴"。两年后,他所编纂的作为天道教团的正式教史的《天道教创建史》使用了"大神师""圣师"等术语。这些表明《新人哲学》是与那些教理、教词的书是不同层次的著书。

考虑到这一点,便不难理解在《新人哲学》第一章出现的"HANUL"概念和李敦化对它的解释。"第 1 篇宇宙观","第 1 章 HANUL"里"甲,HANUL 之名义"的内容如下:

> 《无穷的此理致,无穷地察看,无穷的此 UL 里,岂不是无穷的我吗?》这是水云的歌。……《无穷的此 UL 里》指的就是《HANUL》,无穷指《HAN》而 HAN 指《大》。……《UL》的意思是,从数量的意义上讲,它可以解释为范围的一种表示形式,即《UL》指把从空间角度看的无穷的范围和从时间角度看的通三界的范围综合起来的整个宇宙……从质量的意义上讲,《UL》指《我们》……"我们"一词是包含着我和同类的,因

---

① 夜雷李敦化:《水云心法讲义》,第 101 页。

此，HANUL就可以解释为《大我》。用汉字来表示，HANUL是大我，即个体叫做小我，而与此相对概念的《我们》应该叫称为大我。……《HANUL》不是用在指有人格的神，而指与部分相对的全的，与小我相对的大我。进一步说，从宗教名称来看，《HANUL》是属于泛神观的和万有神观的……在此所叫称的 HANUL 概念意味着……小我即我的个体和大我即 HANUL 在根本上是一致的，小我和大我是可以融合一致的。HANUL之名义，因着这首歌，更清楚了。①

正如引文结尾部分所示，"HANUL"实际上包含着"人乃天"的意思。即使李敦化继承了在此之前他自己和天道教团等称呼终极性实在时使用的术语中，所谓"HAANAALNIM"的《龙潭遗词》的韩语称呼，但他略去了"NIM"而把"它"重新定义为强调泛神论和内在特征的术语。更重要的是，他在这里把"HANUL"视为"概念"。可以说，在"哲学书"中从概念上定义了终极性实在和原因是理所当然的，但是这种概念化方向已经出现在他的宗教思想上。在《水云心法讲义》中，他解释《东经大全》《论学问》里被提出的东学之21字咒文的同时，关于"天主"也如此解释："天主就意味着神"②，《天道教创建史》同样如此。③ 这种态度与水云截然不同，水云解释了20字咒文，却对"天"一词保持沉默而表现出了他的谨慎。

最后，我想谈谈《新人哲学》中关于"生命"概念与"地上天国"概念的安排。这本书是以"宇宙观、人生观、社会观、开辟思想和道德观"等5篇17章组成的，共有300多页，每章篇幅60页左右，而保持了叙述的均衡性。第一篇"宇宙观"里描述了"生命"，而第四篇"开辟思想"里描述了"地上天国"。笔者此前关于各篇主要内容及相关评论的讨论，有助于了解此二概念在各篇所处的文脉。即，"在《宇宙观》篇，李敦化把宇宙的本体称为"HANUL"。HANUL是对应于崔济愚所说的"至气"的，并在李敦化所著的《人乃天要义》里被表现为"天道"或"神"的概念，而在《新人哲学》里，他把 HANUL 即至气描述为"一元的势力"和"生命的活力"。据李敦化认为，万物个体是"至气"自

---

① 李敦化：《新人哲学》，天道教中央宗理院信道观，1931年版，第1—3页。
② 夜雷李敦化：《水云心法讲义》，第39页。
③ 参考夜雷李敦化编述：《天道教创建史》，第57页。

身表达了自己的。按照这个路径,"至气的生命"成为人自我之本体部分,即"无穷我"。①

至此,李敦化一直专注的"生命"与"至气"联系起来了。在《天道教创建史》里解释21字咒文时,他引用了《东经大全》《论学问》的咒文解释,并添加了"至气指灵符即大宇宙之大生命"等语。②《新人哲学》里,他又把"至气"解释为"一大生命的活力"。此处可见,他在20世纪10年代所持有的"神＝宇宙的大活精"的世俗化性质表达。

在《开辟思想》篇,李敦化对精神开辟和民族开辟、社会开辟依次进行解释之后,最后提及"地上天国"时,将他所强调的"水云主义"与民族主义、社会主义、自由主义、理想主义等区分开来了。据他认为,水云主义是"所有思想、所有主义都归纳到人间格中心,并使它融合,使它统一,而给它赋予生命的主义"。而且,水云主义的宗旨"不是民族主义或社会主义,而是地上天国"。然而,李敦化对作为水云主义宗旨的地上天国之内容保留了具体的答案,而抽象地回答说,"意味着在各个世代相对最好的新社会"。其理由是,地上天国是以人间格为标准的,而随着人间格的发达,地上天国的内容也无限地前进,故难以明确规定。因此,"地上天国"是人类无法达到的,但它属于人类应当追求的实践性新纪元,这就使它成为在任何情况下都不会被耗尽的"永远的理想"。③

有趣的是,从引文中可以看到,李敦化突出了水云主义的宗旨即"地上天国",但他关于"地上天国"却谈论得非常抽象。这是与关于《东经大全》之"侍天主"出现的"天主"解释而重新建立为哲学概念的态度背道而驰的。他是否认真思考过"地上天国"?而且,这是不是"宗教理论家"所勾勒的世界观之局限?

但是,在五年前所著的《水云心法讲义》中,他提出了"在地上实现天国的条件":第一,"以社会的有机论打算个人的生死,而相信作为社会的大我之不

---

① 许洙:《李敦化研究:宗教和社会之境界》,第237页。
② 夜雷李敦化编述:《天道教创建史》,第55页。
③ 许洙:《李敦化研究:宗教和社会之境界》,第239—240页。

生不灭";第二,"将国家权力和阶级对立、贵贱之歧视等一扫而空,以人类性之相互扶助的德性而生存";第三,"没有衣食住的不自由和疾病之灾难等的自然之压迫"。① 这些提及中,第一个内容是与《新人哲学》的"大我,即与生命之一体感"或20世纪20年代中期的"生命无穷主义"相通的,可以看到"生命"概念和"地上天国"概念之结合。即"地上天国"之第一个条件是人类意识到人类作为一个整体与世界联系在一起而产生的一体感和平稳感。它基于强烈的宗教态度。我认为后面两个条件的内容更加具体。尽管有足够的想法可以提出,他在《新人哲学》里称,"最终想知道的应该是关于地上天国的,对于这个问题,你们得知道,以现在人类的理想无法回答,同时,或者以将来人类的理想也无法回答的",他如此肯定的原因是什么?② 这应该是他没有明确定义"地上天国"概念之内容,而希望该概念反常地保持可以承受人类无限实践和成就的"永远的理想"之地位。在这方面,水云对"天"的沉默和李敦化对"地上天国"的沉默相似。对自己所经验的终极性实在的崇敬是与保护他所追求的理想社会的纯洁性的情感相吻合的。但是,这二者之间也存在重大差异。水云的"侍天主"具有宗教实践的含义,而李敦化的"地上天国"则对应于社会改革的理想。同样,在这方面,后者被置于无限时间性的构图中。从这一点上,可以发现"空间的时间化"之社会进化论思维的影响。

五、结论

我想总结一下本文的内容,并再添一两句话。本文将东学教团及其后身天道教团教理中将"天"概念的变化与社会运动联系起来考察。在第一期(1866—1904),"天"尚未概念化,主要用于宗教经验的解释,为了表达终极性实在,使用了"天主""HAANAALNIM""上帝"等,从宗教经验的早期到后期,神的人格性质减弱,而内在性质却增强了。此外,与社会改革密切相关的"开辟"等的用例,以相对较低的出现了。"天道"所隐含的宗教普遍性受到了"东学"之局部性的制约。

---

① 夜雷李敦化:《水云心法讲义》,第106页。
② 李敦化:《新人哲学》,第232页。

在第二时期(1905—1917),"东学"改名为"天道教"后不久,教团领导层在解释教名"天道"的起源时表露了困惑,但整体趋势是接受西方近代宗教概念和普遍发展理论。随着近代神观的接受,原有的"天"被更改为"神",这被解释为"宇宙之大活精"。

在第三时期(1918—1933),以前仅限于宗教层面的天道教活动扩展到了社会层面,因而"天""神"概念开始世俗化及政治化。主导此事的李敦化透过强调"生命"和"地上天国"的概念,试图将其与其他竞争性政治意识形态(如社会主义)区分开来。

如上所述,东学·天道教参与社会运动后,"天"概念的含义得以深化扩展。但在1933年天道教停止社会运动后,其含义又萎缩了。经过长时间的休止期,李敦化在1945年初出版了《东学之人生观》。该书缩小、解体了他在《新人哲学》所改进的"HNAUL·生命"等术语和社会的关心以及宗教哲学的谈论,其叙述中心仅限于神与人之间关系的宗教主题。此外,借着"生命·HANUL"所强调的"本体之进化"的运动性就消失了。《新人哲学》首篇第一章以"HANUL"开头,而《东学之人生观》是以"反对一致的真理"开始的。"反对一致"指"将东西南北、青黄黑白等无数的矛盾状态,最终与宇宙全一的原理一致",即"宇宙是完全的整体,因而在无限的宇宙里,将所有的反对和矛盾是统一的"。[①] 李敦化以此"原理"为中心,回答神与人类、宇宙与人类的问题。借着"至气=生命"来解释宇宙之生动变化的方式几乎消失了,一种"主理论"的立场全面化了。这种变化似乎反映了1930年代天道教退出现实运动的情况。

李敦化在殖民时期的宗教哲学的努力对解放后的天道教产生了很大的影响,但"生命"概念和《新人哲学》并没有受到太大关注,最主要的原因是"使宗教过度哲学化,以至于与水云的本意相去甚远"。但是,从概念史的角度看,李敦化的著作和概念与东学早期思想相去甚远不构成问题,相反,这是一种文本,它包含了殖民时期在宗教和社会的境界上所烦恼的人物和以他为代表的天道教团的丰富经验。

如今,天道教团显示出一种态度,即对20世纪20年代哲学化教理的自

---

① 李敦化:《东学之人生观》,1945年,第20—21页。

我反思,为了强化宗教性质,要重回教祖崔济愚。另一方面,"生命"概念重新出现在1989年张壹淳、金芝河等人所主导的"HANSALNIM宣言"里,并且有望在未来的生态学公民运动领域吸引更多的关注。将来,我将从"传统'天'概念之继承/断绝"的角度继续研究这一点。

启蒙期文化概念的运动性与社会理论

金玄珠 著*
郑锡道 译**

一、绪论：启蒙期的知识场域和文化概念的轨迹

本论文的主要目标是分析19世纪末20世纪初韩国文化概念的变化和动向。此时期是三种"文化"在历史上首次同时并存的时期。这三种"文化"分别指：传统意义上表达文治教化的儒教统治理念的"文化"、作为"civilization"译语、文明（开化）同义词的"文化"、作为"culture/Kultur"的译语"文化"。现在为我们所熟悉的第三种文化由日本传播而来，这三种概念在当代的知识场域中占据的位置互不相同，实际上来说也是非常不稳定的。"文化"们穿梭于媒体或话语场域，本文的目的是通过分析使其意义变化的驱动因素，来探寻所谓"启蒙期"的学术和教育场域中历史性变化的多样要素形成的相互关系。

文化在中国秦汉时代就已出现，在汉字文化圈中，文化是具有悠久历史的概念。刘向的《说苑·指武》中有"凡武之兴，为不服也；文化不改，然后加诛"，这是因为武力都是因为不听话的夷狄产生。这可以理解为即使通过文

---

* 金玄珠，韩国延世大学国语国文系教授。
** 郑锡道，加图立关东大学 VERUM 教养学院教授。

化的教化也不改变态度的话,就可直接杀掉。即,文化本来是用礼乐去教化夷狄的意思,由此形成了用文德教化百姓的传统意义。① 在韩国,含有教化夷狄或百姓意义的"文化",早在《高丽图经》卷40、《东文选》卷28中出现,在朝鲜时代经常出现在士大夫的文集中,在《朝鲜王朝实录》中也可以找到。"文化"原是作为凸显王、学者、或者官僚地位或者称颂他们的一种方式出现的,它是用"文"而不是"武"来教化百姓。所以,在文化的意义场域中不仅包含了"文",也包含了"学""教""儒""道"的概念。②

如此"文化"的概念在19世纪末经历了变化,因为1890年以后去日本留学的知识文人在日本接纳了作为"civilization"的译语并且与文明同时使用的"文化"。19世纪前半期,欧洲的文人为了树立自己国家的优越性和独立性,由普遍主义和启蒙主义的观点而生发出的"文化史",在1890年被翻译为日语,日本文人根据欧洲(西方或西洋)的文化史,努力理解亚洲(东洋)和日本的过去。在日本翻译或创作的"文明史=文化史"著作,从19世纪90年代后期开始在韩国被留学生们接纳,此时文化就一并包含了"文明(开化)"的意思。19世纪80年代初期,作为"civilization"译语的文明或开化,已经开始由俞吉浚和尹致昊正式介绍到韩国国内,③但作为其同义词的文化,则伴随着些许的时差逐渐被人们接受。

对于文化的传统阐释,并没有因为新的文化概念的登场而马上消失或变得无力。这意味着儒教教化的传统文化概念,在阐明包括韩国在内的汉字文化圈政治理念和制度的文字中,被持续使用。有趣的是,保存了文化传统意义或对其重新解释和传播文化新意义的话语场域,在初期存在一定程度上的

---

① 刘向的《说苑·指武》作为收录古代中国人行迹、轶闻、寓言等的故事集,在东亚,常被视为分析"文化"传统意义的参考书籍。西川长夫:《超越国境的方法》,韩敬九、李莫(Lee, Mok)译,首尔—潮阁2001年版,第339页。
② 依据卢大焕的研究,在朝鲜时代,与"文明"一样,"文化"也同样具有儒教教化的意义(卢大焕:《文明》,首尔小花2020年版,第51—58页)。卢大焕的著作主要关注文明的概念,因此有必要对经典文化的概念进行详细探讨(李幸勋:《1900年前后道德概念的语义场》,《概念与疏通》2013年第12号,第161—196页)。二重川长夫指出,"文化"在日本江户后期也曾作为年号使用,因此,"文化"一词包含了古代中国政治理念和江户时代后期的记忆。西川长夫,前引书,第190、393页。
③ 在韩国,作为"civilization"译语,"文明"或"开化"被引入的过程和对其概念进行的探讨,请参照卢大焕:《文明》,第97—128页。

区别。传统意义上的文化概念,在大韩帝国政府和民间团体编撰、发行的普通学校和中学学生用教材中,被重新生产和阐释。在学校里,如果说"文化"作为与亚洲和韩国过去的传统相连的价值被普及,那么作为新知识接受途径的近代政治团体或学会则介绍了作为"civilization"译语的"文化"。具有普遍主义和启蒙主义的文化概念,通过近代政治团体的会报和日本留学生出身的文人团体发行的学术期刊,被传播开来。

1908年左右,对于文化的这种相互抵触的话语讨论,在教育和学术平台上进行着相互交流和重构。例如,教科书尝试将文化从儒教教化的话语中剥离出来,并尝试将其编入近代国民主义教育中。另外,作为文明同义词的文化概念,脱离了知识分子的学术刊物,进入了学生使用的教科书中。此时,文化的内容包含了处于传统意义上的"文治"对立面的"武力(军事力)"。另一方面,传统文化概念从教科书转移到知识分子的学术刊物上,但在那里文化不是统治的理念,而是用于表现"教育"等狭小领域或制度的理念。另外,知识分子在相信普遍文明进步的同时,还讨论文化的个性,试图书写"民族(国民)"历史。通过留学生,可以确认德国近代哲学的文化概念或人类学/社会学的文化概念正在传入的情况。

从上述论述中可以推测出,在世纪转换期的韩国,"文化"概念在当代文化演变过程中的位置具有较强的灵活性。我们可以将这种文化概念的流动性细化为"残余(the residual)""支配(the dominant)"和"新兴(the emergent)"三个范畴,这是为了避免"开化期"或"启蒙期"这一时代划分成为静态分析框架而导致的错误而设置的。其宗旨是,仔细分析在所谓的启蒙期,作为"civilization"译语的文化占据支配地位并成为正式知识的话语,同时也要关注与之不同的文化概念的动向。"残余"和"新兴"的概念范畴,有助于理解历史变化的多种要素在"启蒙期"的所有领域所表现出的充满活力的相互关系。这些在实际文化演变过程中,不仅其本身重要,而且在体现"支配性"特性这一点上来看,也很重要。①

---

① "残余(the residual)、支配(the dominant)、崛起(the emergent)"这一范畴是雷蒙德·威廉姆斯为了阐明文化过程的复合性而提出的。参考雷蒙德·威廉姆斯(Raymond Williams):《马克思主义和文学》,朴万俊译,首尔经文社2009年版,第195—204页。对于概念的运动性,参考李坰丘、朴露子、许洙等:《概念的翻译与创造》,坡州多贝格(Dolbegae)2012年版。

二、"文明＝文化"概念的出现和扩散

(一) 作为"文明(civilization)"同义词的"文化"的出现

在韩国,"civilization"的译语"文化"首次出现大约是 19 世纪末。1897 年独立协会会报《大朝鲜独立协会会报》①刊载的《汉文字和国文字的损益如何》就是实例。作者申海永在甲午更张时期前往日本,正在庆应义塾学习②。在此文中,他试图强调的正是"国文字"相较于"汉文字"的优越性。申海永对从古代至今,象字(象形文字)和"发音文字(表音文字)"在欧美(西方)和亚洲(东方)被发明和传播路径及其结果,进行了对比分析,得出了上述结论。他特别强调,两种文字在沟通知识,最终产生"文明＝文化"的概念,并使其不断发展的能力方面存在着差异。

以下引文是申海永针对 15 世纪以后欧洲政治、经济、生活、知识和思想发生的巨大变化,并针对这些变化而提出亚洲的特点:

> 历史到近世时期,在公元十五世纪六十年左右欧洲人思想成就了巨大变化,他们轻视古代精神而重视中世纪的气象,摆脱宗教而具备政治性质,进而新发明、发现日渐进步。诗文贵天然贱格式而自在表述情感,史、哲理、化、星、数、医、汽、引力、微分、理财、元素、酸素、博物研究、望远镜等开启自智,进而创造印刷活字出版著述,让人民容易读书、实业进步。从而今日欧米诸国大大开拓新活路,其形势蹂躏东方,在此文字的便利性发挥了大大作用。其功效本文已表述了。追本溯源,开基其宗教

---

① 《大朝鲜独立协会会报》是于 1896 年 11 月 30 日创刊的独立协会的"会报",是韩国发行的第一本杂志。《朝鲜独立协会会报》广泛介绍了近代文明和科学知识,具有鲜明的启蒙性,直到 1897 年 8 月 15 日停刊为止,每月 15 日及末日发行至总卷 18 号。参考崔德教编著:《韩国杂志百年 1》,首尔玄岩社 2004 年版。
② 申海永出生于京畿道金浦,甲午更张时获官费资助,在日本庆应义塾攻读经济学 4 年。1898 年被任命为中枢院议官,同年因涉嫌在独立协会的民权运动中推举朴泳孝、徐载弼为大臣候选人的事件而被逮捕。参考韩国学中央研究院编:《韩国民族文化大百科辞典》,韩国学中央研究院 2001 年版,"申海永"词条。

的创始人都是亚洲人,其文化都是从亚洲出口的。①

如果将该摘录的开头依次记述的内容转换为现在我们所熟知的用语,可以概括为文艺复兴、宗教改革、地理上的发现、科技和技术发展带来的产业革命、印刷革命等。申海永主张近代西方发生的这些变化,都是得益于使用了方便的文字(表音文字),而"文化"一词出现在最后一个句子。申海永在提出"宗教的创立"的同时,还将"文化先导"作为亚洲比欧美优越的佐证。

虽然"文化"一词只出现过一次,但从上文中我们可以引出几个对文化概念分析具有重要含义的内容。第一,韩国在19世纪末通过日本留学生接受了与传统意义(文治教化)存在距离的新文化概念。从上述引文中可以推测出,文化是与西方人文、社会科学和自然科学概念的多种日式汉字词一起流入并翻译而来的,如史、哲、理、化、星、数、医、气、引力、微分、理财、元素、酸素、博物、研究、望远镜等。

第二,作为译语的"文化"一词,是作为文明或文明开化的同义词出现的。在上文中,"文明"一词出现了三次,而"文化"则是与之传达相同含义的另一个词。此时,"文明(开化)=文化"的概念内藏着亚洲知识分子对欧洲文明史的应对话语。申海永的文章是从"欧洲的发展是怎么实现的?"这一问题出发的;换言之,也就是"亚洲为何停滞不前?"。对于这一问题,首先接触欧洲文明史的日本知识分子为寻找答案而冥思苦想。作为文明的同义词,"文化"并非局限于一个国家,而是亚洲地区共同的课题。

第三,在与欧洲史相对应的亚洲史构想中,"文明=文化"内置普遍主义、进化论的思维方法。当时,日本正在开发民族主义、国粹主义的"文化"论,试图寻找与西方文明不同的日本的特殊性。这是以欧洲为中心的文明史为对比,试图将亚洲的历史和文化主体化的逻辑。② 但是我认为,申海永将宗教和文化归属到亚洲过去的主张,与这种倾向多少存在一定距离。也就是说,他评估了"宗教"和"文化"在普遍性、启蒙性的历史中的地位及功能。

---

① 申海永:《汉文字和国文字的损益如何》,《大朝鲜独立协会会报》第15号(1897年6月30日),第12—13页。以下引文照搬原文,但为了便于阅读,引用者使用了分写和标点符号。同时,在引文中特别值得关注的词汇或句子,也用下划线加以标示。
② 参考西川长夫:《超越国境的方法》,第210—221页;卢大焕:《文明》,第78—84页。

进一步来说,第一,申海永对宗教的立场具有两面性。他把宗教的创立评价为过去亚洲的先进成就,但同时也把未能摆脱宗教的束缚视为亚洲文明停滞不前的重要原因。① 因此,今日旧帝国的发展意味着一种脱离了以前的社会概念或社会秩序的状态,这种状态来源于宗教和形而上学。第二,申海永提出的文化,并不是一种与文明区分开来的价值。在参考论旨时,亚洲文化先导是指古代亚洲发明了文字,并以它们为媒介而发展了多方面的知识。他并没有努力从亚欧间差异及多样性角度,展开对文化价值的立论。申海永似乎想提出当时欧洲所讴歌的"文明=文化"实际上起源于亚洲的主张。

申海永对"文化=文明"的内容——知识、技术、实业采取普遍主义、进步主义的态度,对文字也持有"效率性(损益)"的观点。他表示,象形文字和表音文字都源于亚洲,但欧洲国家采用表音文字——罗马字发展文明,而亚洲国家则因继续崇尚象形文字——汉字而落后。表音文字之所以优秀,在于它使社会上层和下层都能方便、轻松地沟通知识,从而使实业得以发展,使文明得以进步。综上所述,申海永的汉文字/国文字或文化探讨,与其说具有民族主义或精神主义的特征,不如说具有普遍主义和合理主义的特性。

(二)"文明=文化"概念的扩散与普遍主义文明史的语法

普遍主义的"文明=文化"概念在知识分子之间之所以更为普遍化,主要缘于1905年以后,大韩自强会等政治团体、留学生团体以及出身地相同的知识分子聚集在一起组成的学会的机关报。《大韩自强会月报》《大韩留学生会报》《太极学报》《大韩学会月报》《大韩兴学报》《西友》《西北学会月报》《大韩教育会杂志》等报刊,是知识分子发表自身见解的有力渠道,各种"新知识"在此得以传播和交流。作为文明(开化)同义词的"文化",也是其中之一。

> 凡是一国的文明发达全然依赖富强之实力。看上去泰西列强之文化程度,都依赖产业增值而伴行前进。事实明确地证明此事。②

---

① 申海永在结论中表示造成亚洲停滞的原因在于信奉汉文象字,轻视本国国文,导致尊古卑今的陋习,从而未能摆脱宗教的束缚。申海永:《汉文字和国文字的损益如何》,第13页。
② 雲草玄騮:《殖产部》,《大韩自强会月报》第1号(1906年7月),第58页。

现在中国推动改变心法,引进文化,推广开设女子学校,最求男人与女人平等。凡是如果妇女既然接受文化,变法维新会事半功倍。因此国家的第一要务是改良黑暗的女子界,实现逐渐地开进文明。

遭遇列强竞逐、文化大大跃进的时代,唯独韩满两界,民智蠢野,人才腐败,被邻居强国吞噬沦为奴役。其缘故是学界缺陷,文明不进。①

上述引文摘自1906年刊登在大韩自强会的会报——《大韩自强会月报》刊登的玄檃和朴殷植的文章。② 从主旨的流向和表现的结构来看,在上述引文中,文化显然被采纳为文明的同义异音词。"文明=文化"是指在国家和国民相互竞争的时代,为了不被列强吞噬或沦为奴隶,国家和国民应具备的实力(国力),即产业(农产和工艺)的发展和教育的进步。作者通过将"文明=文化"与发展、前进、进步等词语结合起来,阐明了发展论的历史观。上述引文说明,在以欧洲(泰西列强)为榜样,对照朝鲜的状态进行评价的背景下,作为文明同义语的"文化"概念正在传播和扩散。

这种在19世纪90年代末被日本留学生所接受,并在20世纪90年代普及到知识分子阶层的文化概念,是在西方启蒙主义的文明史话语中培养出来的。19世纪90年代,日本知识分子深受如《欧洲文明史》(弗朗索瓦·基佐,1828)、《英国文明史》(亨利·托马斯·伯克,1857)等书的影响。这些书把欧洲史的展开过程解释为文明的普遍进步过程,特别是以描述罗马帝国崩溃到法国革命历史为基调的《欧洲文明史》,亨利(Caleb S. Henrey)的英译本于1889年译成日语出版,另外几种译本也广为流传。日本知识分子之所以对19世纪创作的《欧洲文明史》话语产生共鸣,是因为它把近代欧洲所达到的状态称为文明或开化,而不是把东方置于野蛮、未开化或半开化阶段的既往的单线、一元的文明论上,因为它是以多元文明论为基础的。正如题目《欧洲文明史》所展示的那样,基佐是以亚洲也存在文明为前提的。即,欧洲文明史不是单一的文明,而是在承认多个文明的基础上,历史性地记述了欧洲文明与

---

① 朴殷植:《满报译载后识》,《大韩自强会月报》第6号(1906年12月),第69—70页。
② 大韩自强会是1905年5月由李准、梁汉默等人组织的宪政研究会扩编而成的政治团体,其机关报《大韩自强会月报》是韩末唯一的政治杂志。《大韩自强会月报》于1906年7月31日创刊,于1907年7月25日以第13号停刊。

其他文明相比较的优越性和独立性。但是,正如雷蒙德·威廉姆斯指出的那样,文明实际上是一种自我成就状态,即英法两国取得的引以为傲的发展状态。① 因此,日本知识分子提出诸如:"如果说现在的'文明＝文化'是西方的成就,那么东方缺少了什么,从而无法达到那种境界?"或是"东方过去有什么东西与现在西方的'文明＝文化'相一致?"等无法摆脱的问题。即,日本的知识分子从基于启蒙主义和普遍主义观点所写的文明史的"镜子"中对照自己,为了寻找能使亚洲和日本与这种文明发展规律相一致的资料(证据),他们把注意力转向了亚洲和日本的过去。②

在1897年《汉文字与国文字的损益如何》中,申海永试图说明"当初领先的亚洲落后的原因"。可以说,申海永在接受和模仿日本知识分子探索文明史的过程中,接受了他们所使用的"civilization"的另一种译语——"文化"。即使在20世纪90年代后期,留学生仍在不断地翻译和参考着在日本生成的(比较)文明史的论述。1907年,《太极学报》上由金洛泳翻译并刊登了《东西两洋人数学思想》一书,作者针对古代东方的"人文＝文化"输出到西方,现在却截然相反的问题,试图寻找答案。

> 上古时期,东方的人文比西方早发达,逐渐传入西方。可是经常坚持用统一方法,追求开启人智,从而尔后不可遵循进步。反而,西方在古代蒙昧莫甚,反过来中世纪以来,脱去古代的统一方法,采取分派方法来执行,今日成就如许进展。比方说,东方人不顾植物的特点,试图在同一

---

① 雷蒙德·威廉姆斯(Raymond Williams):《马克思主义和文学》,第29页。
② 欧洲对文明概念和文化概念的展开有着丰富的研究。传统意义上的研究有诺贝特·埃利亚斯(Norbert Elias):《文明化过程:礼仪的历史》,柳喜洙译,首尔新书院1995年版,最近有约尔格·皮什(Jörg Fisch):《科泽勒克概念史词典1:文明和文化》,奥托·布鲁纳(Otto Brunner)、维尔纳·康采(Werner Conze)、莱因哈特·科泽勒克(Reinhart Koselleck)、安三焕(Ahn, Sam-hwan)译,首尔蓝色历史2010年版。另外,韩国的西方学者也通过这两个概念的历史,提出了对欧洲史和欧洲人自我意识的新分析。代表性的有罗仁昊:《概念史是什么》,历史批评社2011年版。关于明治时期的"启蒙主义文明史学",参考史蒂芬·田中(Stefan Tanaka):《日本东洋学的结构》,朴英宰、咸东珠译,首尔文学和知性社2004年版,第64—65页;参考西川长夫:《超越国境的方法》,第203页。咸东珠曾强调,在日本,基佐和布特的文明史不仅强调西方文明的进步性,起到了支持文明开化的正当性的作用,而且还拥护西方自由主义的政治发展,对日本的政治变革也产生了影响(咸东珠:《明治初期西方史接受与法国革命观的社会文化史》,《东洋史学研究》2009年第108辑,第200—204页)。

土块上一起种养松树之类的干燥性植物与杨柳之类的沾湿性植物。与此相反，西方人按照植物的特性选择土质进行分派培养。于是，东方人移植的文化，局限于特种特质而几乎枯凋了，西方人移植的文化，按各自性质达到各自发达的境地。①

在上述内容中，笔者直接使用"东洋文化""西洋文化"的概念，并从"统一方法"和"分派方法"的差异中，寻找两种文化之间存在差距的原因。也就是说，东方总是根据统一的方法谋求认知的发展，而未能取得进步；相反，西方是从中世纪以来脱离古代的统一方法，使用分派方法，文化才得以发展。作者将统一方法和分派方法，分别比喻为在同一块土地上种植两种性质不同的植物和寻找合适的土地分别种植。

继上述引文之后，笔者详述阐述了统一方法和分派方法对东西方数学（科学）的发展，实际产生了何种影响。其要旨是，在东方，由于集中在宗教这一原理上，科学的发展受到压制；而在西方，科学摆脱了宗教的压迫，得到了独立发展。以韩国和中国为例，"文化"的停滞是因为数学与儒学结合在一起所存在的缘故（"数学在儒教统一下存在的所以然"）。② 如果仔细观察对这一过程的说明，就会发现，在东方，科学被限制到宗教或其他教理内，无法独立成长，而与其教义相悖的东西，受异端或邪术压迫；而西方则掌握了东方排斥为异端或邪术的炼金术或占星术，构成了科学，即化学或星学（天文学）。他还说，在古代东方的埃及、巴比伦、印度、中国等国，数学只应用于实用技术；而在希腊，把数学独立进行研究后，成立了一门独立的科学，并在其中发展了算术、代数学、几何学、三角术等多种领域。

在《东西两洋人的数学思想》中，作为西方优点提出的分派方法，似乎是弗朗索瓦·基佐在《欧洲文明史》中，以欧洲的优越性和独立性所强调的"自由主义"的另一种表现。基佐说："在其他众多文明中，只有一种原理的、只有一种形式的绝对支配，或者至少是过度的优越性成为了专制的原因之一。相比之下，在近代欧洲，构成社会秩序的要素的多样性，特别是这些要素不能相

---

① 金洛泳译述：《东西两洋人的数学思想》，《太极学报》第10期（1907年5月24日），第30页。下划线为作者加。下同。
② 金洛泳译述：《东西两洋人的数学思想》，第31页。

互排斥,这造就了今天的优势自由(即自由成为优势文明——译者:西川长夫)。"在其他文明中,一个原理的优越性造就了专制政治;而在欧洲,社会诸要素的多样性与所有要素之间延续的"斗争"中诞生出了"自由",这便是基佐历史观的核心。① 《东西两洋人的数学思想》的作者认为,基佐是将"只有一个原理,只有一种形式的绝对支配"这一表述翻译成统一方法,将"构成社会秩序的各种因素不能相互排斥"翻译成分派方法。

《东西两洋人的数学思想》在《太极学报》上翻译登载一年后的1908年,作者分5次翻译了《世界文明史》。在这篇文章中,文化与"人文""文明"意思相同。② 如此,韩国留学生们在翻译和介绍日本流行的比较文明史或东洋文明史话语的同时,也逐渐熟悉了作为文明的同义词"文化"。这种意义上的文化,不仅限于政治杂志和学术杂志中知识分子之间的交流,而且还出现在学生用教科书中,从而得到了更广泛的传播。

接受文明同义词"文化"的代表性教科书,是日本统监部下属的学部编纂的《普通学校学生用国语读本》(以下简称《国语读本》)。根据1906年颁布实施的普通学校令,学部于1907—1909年发行了普通学校学生用国语教科书《国语读本》。这是一本完全由日本参赞撰写的教科书,完全模仿了当时日本国内使用的教科书《国语读本》的编写体例。③ 对于19世纪90年代末到20世纪90年代为止政府和民间发行的教科书中出现的文化概念的特征,将在第2—3节进行详细介绍。简而言之,教科书中的"文化",在过去包括韩国在内的汉字文化圈中,一般指的是表现儒教统治理念的文治教化,即"文"对世

---

① 据日本研究文明和文化的概念初期翻译状况的西川长夫介绍,在欧洲文明史探究中,对日本知识分子影响最大的书籍是弗朗索瓦·基佐(François P. G. Guizot)的《欧洲文明史》。基佐的文章转引自西川长夫:《超越国境的方法》,第169—170页的内容。
② 椒海译述:《世界文明史(东洋文明)》,《太极学报》第22期(1908年6月24日),第14—18页。《世界文明史》在第16—19期、第22期分5期连载。在以《太极学报》为对象研究日式汉字词接受的论文中,将《世界文明史》作者视为金洛泳。但该文为译文,金洛泳是否为初稿的作者,尚不明确。
③ 《普通学校学生用国语读本》由8卷8册构成,并印刷活版。据悉,该教科书的目的在于镇压当时日本统监部鼓吹自主独立思想的民间教科书,并在学部主导下控制教育。在题材选定上,突出表现与日本的亲交关系。参考国语国文学编纂委员会编:《国语国文学资料词典》,韩国词典研究社1994年版,"韩国语读本"词条。

道人心的"教化"。《国语读本》中当然也能发现诸如此类的"文化"的使用案例,①但是出现了传达不同意思的"文化"。

> 我国与日本的关系越来越密切。当时我国文学、工艺早已发达,反而日本还在幼稚的状态。因而我国的诸多学人与匠人搬到日本,启发了那国的文化。②
>
> 日本早模仿欧美文化来兴盛教育,注意农商工业发达。从而国力强大了,战胜日清一露两次战役,捷报频传。现在日本并列于世界六大强国。③

第一段引文是《国语读本》第 6 卷《第 2 课　三国与日本》的一部分,这时"三国"指的是高句丽、百济、新罗。强调三国在日本文化发展方面发挥了作用,但前往日本的人却是"百济的硕学和名工"。这里的"文化"不仅包括"文学(汉学或学问)"也包括"工艺(技术)"。第二段引文是国语读本第 8 卷《第 23 课　世界强国》的一部分,这里指的并不是过去日本从中国或韩国接受到的文化,而是当时从欧美模仿来的。此时的文化与教育、产业的发达及军事力量的增强有关。

在《国语读本》中,"文化"一词从当时民间的其他教科书中使用该词的特定地区(亚洲:中国、韩国、日本)和特定时代(古代或近代以前)中跳脱出来,发挥着更为普遍的解释能力。同时,其内容和目标也发生了很大变化。日本模仿的激活欧美"文化"的"教育"具有传统意义,与"文"对世道人心"教化"存在一定的距离。欧美的文化促进了产业的发展,最终在传统意义上为强化文的对立概念和"文"的矛盾概念——"武(军事力量)"做出了贡献。这时的文

---

① "在我国,儒教从上古时期传入,在三国时代广泛普及到国内。一千五百年前,高句丽小兽林王在平壤创设大学,大大奖励儒教。百济已经实行博士制度。王仁前往日本,传布儒教。据此可以推测,百济的文化早已发达。"(学部编辑局:《普通学校学生国语读本》第 6 卷,学部编辑局 1907 年版,第 27—28 页)是《儒教和佛教》的一部分。在韩国,三国时期儒教才得以广泛传播,并以百济王仁将儒教传到日本为例,高度评价了百济"文化"的先进性。与儒教教化的理念相联系,从这一点来看,这里使用的"文化"与其他教科书中的用法相似。
② 同上书,第 5 页。
③ 学部编辑局:《普通学校学生国语读本》第 8 卷,东京大日本图书株式会社 1907 年版,第 63 页。

化就是指国家的富强。在模仿日本教科书、日本参赞撰写的学部教科书中，文化更接近于当时在留学生学会杂志中反复使用的——作为译语"文明"同义词的"文化"。

1909年由玄采撰写的《新纂初等小学》也在超越汉字文化圈的更为广阔的话语体系中解释了文化。即，文化不仅用于描述韩国、中国和日本，还用于描述印度的过去。

> 东方诸国有我国、日本、支那、印度等国家……印度也位于我亚细亚洲的南边，文化早已开启，佛教的始祖释迦出生于那国。①

上述引文中将"印度"解释为"文化发展较早的国家"。如果说在当时很多的教科书中，"文化"表达了汉字使用区域的儒教统治理念，那么上面"亚洲＝东方"则指的是包括印度在内的更广泛的区域，而且文化的意义被置于比儒学的语境更为广泛的范围之内。也就是说，玄采的教科书将儒教和佛教等同于西方的"宗教"概念，将文化打造成与欧洲相对应的亚洲传统。把文化先导性和宗教的开创性刻画为亚洲特征的探讨方式，早在19世纪末申海永的文章中就已出现。而且，从《东西两洋人的数学思想》等翻译论文来看，它是受《欧洲文明史》之类的普遍主义文明史话语的影响而形成的。玄采的《新纂初等小学》表明，这种比较文明史的理论，在20世纪90年代末已经扩散到了小学生用教科书中。

三、文化概念语义场的复合化

如前文所述，19世纪90年代出现的"文明"的同义语"文化"，不仅在20世纪头十年的政治杂志和留学生的学术刊物中持续传播，而且传播范围扩大到《国语读本》《新纂初等小学》等教科书上。作为普遍主义文明的同义词，文

---

① 玄采：《新纂初等小学》第5卷，1909年，第61—62页。《新纂初等小学》是1909年由玄采编制的教科书，共编成6卷，在民间编纂、发行的教科书中，通过当局的审查，一直使用到韩日合邦以后(1913年)。参考国语国文学编纂委员会：《国语国文学资料词典》，"新纂初等小学"词条。

化在20世纪头十年末逐渐成为公开、公认的知识。但是,与此同时,古典的文化概念被重新解释,"culture/Kultur"的译语文化被接纳,文化的语义场变得非常灵活和复杂。

(一)"民族"·"社会"和人类学/社会学的文化概念

正如日本比较文明史话语最终刺激了日本对过去的探索一样,前面提到的朴殷植或玄隐这样的知识分子将文化概念代入本国语境,而不是东方或亚洲。他们想反省一下韩国相比西方列强缺乏"产业""民智"和"人才"的原因,这样的需要刺激了韩国对过去或历史的探索。因此,1908年学术刊物和杂志上刊登了从文化角度出发探究韩国历史的文章。以文化为题目的文章开始出现,这些文章中"文化"一词的出现频率变得更高,对于文化的主体及内涵的理解也加深了。"文化史"等新合成词问世了。通过本国文化史的探讨,"文化"这个词脱离了知识分子之间的话语场域,涉及更广大的读者。在这些文章中,作者仍然没有严格区分或解释文明和文化一词,而是混合使用,但文化的意义已经变得非常复杂。

在东京留学生的杂志《大韩学会月报》上,李东初的《韩半岛文化大观》分两期连载。① 该文章中引人注目的是根据时代、地区、国家等多种标准区分文明和文化。"文明=文化"以地区为单位区分(韩半岛文明/韩半岛文化、汉土文化)、以时代来区分(古代文明)、以国家为单位划分(罗马文明、高句丽文明、百济文明、新罗文明、魏晋文明/魏晋文化、汉代文明)。还有系统和方位也有区别(中国文明系统、印度文明系统、南方文明、西方文明)。这种多样层级和分类的"文化=文明"的存在暗示着作者的意图不在于文化的普遍性,而是强调文化的个性。

> 如果有人问我韩半岛民族爱不爱国,任何人都会回答说爱国,可是

---

① 李东初:《韩半岛文化大观》,《大韩学会月报》第2卷(1908年3月),第38—44页;李东初:《韩半岛文化大观续》,《大韩学会月报》第4卷(1908年5月),第47—50页。旅日韩国留学生团体大韩留学生会合并了洛东亲睦会和湖南学会,于1908年1月成立了大韩学会。《大韩学会月报》是大韩学会的机关报,创刊于1908年2月25日,同年11月第9期停刊(见崔德教编:《韩国杂志百年1》)。

再问实际尊信崇拜的话,肯定自己怀疑而深陷于迷糊的状态,无法明确回答……

虽然如此,实际爱国的国民自然心里不呈现,尊信崇拜国家的内在观念不够,这样的现象应有因果。就是说,我韩半岛文化的滥觞在于古代汉土文化系统,从引进汉土文化的时期,鼓励修身齐家之道、礼乐刑政之学,忽视作为国性有关的第一肝肾的国家固有的历史学,进而不落实教授方策,史官编撰国史后,只安藏在国文库,不让国民任意纵览,这样的政策一时实行,何能不谓失政!①

上述引文属于序论部分,充分体现了文章的问题意识和目的。李东初解释了在韩半岛生活的民族(韩半岛民族)缺乏爱国心的原因,即"热爱祖国的国民之自然心"不足的原因是受到"汉土文化"的影响。韩半岛民族继承了汉土文化,只是鼓励修身齐家之道和礼乐刑政之学,而没有具备教育国民"国家固有历史学"的方法,而"国家固有历史学"对"国性"来说非常重要。在这里,作者将文化从传统意义上的"文化"包含的"道"和"学"中分离出来,与"一个国民固有性格"的"国性"相结合,国性是日本"nationality"的翻译词,被认为是开发的国粹的同义词。② 在该文章中,文化被"民族""国家""国民""国史""国文库""国性"等词语所包围,由此国性和文化趋同,国民团结也就是文化融合。作为国民团结的机制提出文化的这种论法,看起来是受到了国粹主义文化论的影响。③

崔南善在1908年11月至1910年6月间在《少年》上连载的《海上大韩史》从普遍主义对于民族也是有利的观点出发,解释说明了被记述的文化史话语超越留学生的学术刊物,开始传播至更大的范围。④ 像当时其他留学生一样,崔南善也认真阅读了世界文化史、世界文化发展史,正如前面所看到

---

① 李东初:《韩半岛文化大观》,第38—39页。
② 西川长夫:《超越国境的方法》,第213页。
③ 能大焕(Noh, Dae-hwan):《文明》,第82—83页;毕世民(Pyo, Se-man):《具贺胜男的"国民"文化:明治民族主义的另一面》,《江原人文论丛》2006年第15辑,第183—210页。
④ 崔南善:《海上大韩史》,《少年》创刊号—第三年第六卷,1908年11月—1910年6月,见《六堂崔南善全集5》,首尔译落2003年版,第4—65页;柳浚弼:《"文明"和"文化"观念的形成和"国文学"的发生》,《民族文化史研究》2001年第18卷,第6—41页。

的,这些都是根据把欧洲史的展开过程解释为文明的普遍进步过程的启蒙主义文明史观而记述的历史书。崔南善通过欧洲史,接受了启蒙主义文化史范式,为了寻找把韩国变成其中一部分的证据,对过去进行了探究。崔南善将注意力转向韩国的过去,是为了寻找启蒙主义文化史提出的普遍历史发展规律中将韩国合二为一的资料(证据)。

因此,文化的发展被理解为单线性和目的论的过程。崔南善表示,对地区或种族的历史价值评价是基于"一般文明的发展功绩"进行的。据他介绍,"我们民族"是世界人类中最先领悟到一神教真理的人,也是世界上最早将共和制度和立宪制度写进现实的民族。强调一神教和立宪共和制是根据把近代西方的宗教和政治形态视为最进步的思维方式进行的。其前提是从多神教到一神教,从专制政治到贵族政治再到立宪共和制,这是普遍的、一般的发展途径。在肯定了启蒙主义文化史提出的历史目标和发展过程时,"伟大的历史"意味着超越欧洲(世界最先),或者至少达到与欧洲同等水平的文化进步的历史。①

《海上大韩史》中,崔南善根据这种普遍历史发展规律,作为理解(说明)韩国过去时使用的工具,其概念就是文化。"文化"虽然仍然是文明或人文的同义词,但它被用于解释社会制度的记述范畴,这一点非常重要。即,文化是人类精神、物质生活相关的多种社会制度的总称,是一个非常全面的范畴,是政治、法律、工艺、商业、贸易、法教(宗教)、学术、教学(伦理)、文学、美术、音乐、剧戏(戏剧)等次级范畴构成。通过运用文化这一框架,崔南善可以构思提出与以往王朝史、断代史、政治史不同的"民族生活"的"整体面貌"的新历史。由此,"文化史"与人类生活相关成为涵盖多样社会制度的整体性、综合性的历史。

另一点值得关注的是,与李东初一样,崔南善也是作为"历史"的实行者和"文化"的所有者,使"民族"崛起。《海上大韩史》蕴含着"历史由民族开始"的构想。崔南善在说明古代历史的同时,在埃及、中国、印度类似的时期,或

---

① "回头看我半岛的历史,本土民族从开头发挥了建国的天才、国民的特长。就檀君朝鲜建设当时来说,这个世界几乎为野蛮蒙昧人所有,只有埃及、支那及印度这两三处一点点进入文明。可是,我半岛从那个时期后此前,文明的程度已经进步,需求了国家=制度=君长……"参考崔南善:《海上大韩史(十一)》,见《六堂崔南善全集5》,第58页。

在此时期之前的建设民族-国家的方面发现了民族历史的伟大性。即古代"文化＝文明"由多种制度构成,但"文化＝文明"发展的最根本尺度在于民族-国家建设与否。另外,还有人认为,可以主张领土(半岛)和文化(国家)永久所有权的主体是"民族"。"大韩"或"帝国"不能主张对领土、文化乃至历史的永久、稳固的权利。执行文化进步历史的社会总体是"民族"。①

1908年试图以民族为单位记述文化史的这些尝试,是"civilization"从译语文化向"culture"译语文化渐进的见证。与世界文明史或比较文明史的作者一样,李东初和崔南善将"文化"一词与"文明"一词并列使用,没有严格区分或说明其意。与"文化"一词相比,依然是"文明"一词使用较多。但他们使用的文化不是"civilization",其中包含了很多"culture"的意义。崔南善的文化类似于人类学和社会学的"culture"概念,即"一个民族生活方式的整体"。② 李东初比起强调文化的普遍性,更重视文化和"国民主义＝民族主义"的关系。对文化的讨论与国民性的差异(个别性)一起,正朝着强调主体性的方向发展。韩国离国民文化或民族文化概念出现只剩下半步了。

在留学生的学术刊物上也可以看到韩国对于社会学文化概念的接受。当时代表性的留学生团体太极学会的机关报《太极学报》③中介绍了《东西方的数学思想》(金洛泳,《太极学报》第10号)、《世界文明史(东洋文化)》(草海,《太极学报》第16—19号、第22号)等启蒙主义文明史理论,也接受了开发对文化进行其他解释体系的知识。其中之一就是社会学的文化概念。禹敬

---

① 在《海上大韩史》中,更为详细的探讨崔南善文化史技术特点的研究,请参考金玄珠:《文化史的理念和叙事战略:20世纪—二十年代崔南善的文化史谈论研究》,《大同文化研究》2007年第58辑,第230—234页。
② 1871年出版的泰勒(E. B. Tylor)的《原始文化(Primitive Culture)》被认为开创了近代人类学文本,在书中泰勒提出了最广泛被引用的文化定义:"文化或文明从广阔的民族意义上看,是包括知识、信仰、艺术、道德、法律、习惯以及社会成员在内的所有能力与习惯的总称。"如此,"文化"用作"文明"的同义词的现象进入20世纪后消失。与此同时,人类学学者也引用泰勒对于文化的定义,悄悄地删除了"文明"一词。参考凯特·克雷汉(Kate Crehan):《格拉姆希·文化·人类学》,金吴英(Kim, Woo-young)译,首尔吉尔出版社(Gil Publishing)2004年版,第67—68页。
③ 《太极学报》是关西地区出身的东京留学生组成的太极学会机关刊物,从1906年8月到1908年11月共发行26期。编辑兼发行人是张膺震(1880—1950)。他创刊目的是通过演说、演讲、讨论等钻研学问;通过著述和翻译,启蒙朝鲜人。关于《太极学报》,参考郑善太:《近代启蒙期"国民"谈论和"文明国家"想象:以〈太极学报〉为中心》,《语文学论丛》2009年第28集,第64—65页。

命翻译的《教育的目的》的特点是,在讨论"社会"的同时,使文化登场。如前所述,政治团体的机关报或学术刊物中文明的同义词文化出现的时候,"文明＝文化"的主体是国家。但《教育的目的》的作者却将文化与社会联系起来讨论,而不是国家。

作者主张教育的目的在于让人类做好对自己、家庭、国家、社会、自然这五个对象应尽义务的准备,他在说明对"社会"的义务时使用了"文化"这个单词。值得关注的一点是,虽然仍然把"文化"作为文明开化的缩略语,但社会作为文化的主体登场,"社会人＝文化人"的理解也正在显现。

> 大抵来讲,教育的目标是在于,指导幼弱者达到独立自裁之境地,在将来社会能够完成人的职分……
> 在对于社会的关系上,人一般生存在人类社会之间,具有与此不可相离之关系,依靠社会之文化,追求其心身诸力的完全发达。因而人又增进社会的文明开化,改良其不完美之处来实行自己的义务,另一个义务是让后继者蒙受其文化的恩惠。①

通过上面引文中,可以看出个人和"(人类)社会"的关系以文化为媒介。引文的要旨是人类与属于自己的社会有着不可分割的关系:人有义务依靠社会的文化,在完全发展自己能力的同时,有增进文化传于子孙后代的义务。以文化为媒介说明个人和社会的相互关系,这种研究方法明显受近代社会学的影响。

上文中的社会是不分国界的人类共同体,即"人类社会"的缩略语,但在现实生活中,社会却是有界限的。但是,它与"国家"属于不同的范畴,虽然是抽象的、普遍的体系,但与国家的形式僵化是区分开来的,比国家更直接,更接近于被传承下来的秩序。可以说,传承下来的社会秩序就是文化。因此,文化的创造和传承是生活在社会中的人的责任。② 20世纪头十年后半期对文化的深入讨论,给人留下了从国家向社会移动的印象。

---

① 禹敬命译:《教育的目的》,《太极学报》第10期(1907年5月24日),第17—18页。
② 关于1900年代"社会"的理论和想象的范围以及抽象、系统性的"社会",参考金玄珠:《社会的发现》第二章,首尔昭明出版2013年版。

(二)"个人"和哲学的文化概念

《太极学报》介绍的另一个尖端知识是近代西方哲学的文化概念。于敬明翻译的《教育的目的》中,如果说"文化"与被称为"社会"的外在制度或实践的集合有关,那么全永爵的《关于人生各自的天职》则具有从"个人"或"自我"的角度讨论文化意义的特点。作者认为,若要使讨论"学者绅士"即知识分子的任务成为可能,就必须解决人类对"社会国家"的普遍任务问题,进而摆脱这种"外在关系",即"人生各自为政"的问题,把讨论转到"哲学"领域。到目前为止所观察的文章大多是政治、历史性谈论,而这篇文章的哲学性谈论性很强,德国哲学的"Kultur"概念对核心词"文化"和"文化教育"的影响十分明显。

全永爵的主张概括如下:人既是自我目的性、绝对性的存在,又是对他性、相对性的存在,同时具有理性和感性。理性的自我本分是与非我所附属于的绝对自我保持一致和融合的,因此道德学提倡人类修养自由意识,以免与自己的本性矛盾。这就是所谓的"意识的修养"。但是,与原本单纯地与自我融合的理性自我不同,感性自我与非我的外界影响有关,有不愿遵循自己本性的倾向。在这里,"文化教育"的必要性有所体现:

> 如果养成人类一种伎俩,让自我既打败而利用外界,又避免外界的奴隶状态,可以称为真正的文化教育。文化教育为具有理性的人生之终极目标的最上手段。否则,只从感觉生物的一面观察人生不可谓人生的目标。跟人生感受性比较起来,教化是至高无上的至宝。……文化教育的进步是人类的面目。何等哲学、科学之类违反此点的话,一点价值也不存在。①

在上述引文中,笔者主张,为了自我克服外界环境,利用自我,避免沦为外界的奴隶,除了前面所说的"意识的修养"之外,还需要感性方面的修养,即"文化教育"。但是,此时文化教育并不是单纯为了实现理性自我而采取的手

---

① 全永爵:《关于人生各自的天职》,《太极学报》第6期(1907年1月24日),第12页。

段。从人类是感性的生物这一点来看,文化教育是人生的目的。

全永爵的文化论与康德在《启蒙是什么》中展开的文化论非常相似。全永爵主张两者的相互关系时说:"在区分单纯无形的自我与现实经验的自我、心灵的自我与神的自我、理性的自我与感觉的自我的同时,前者离开后者的话很难被感知到。"这种自我分析对应了康德在《启蒙是什么》中所说的"道德欧洲的人类"和"自然欧洲的人类"。康德认为,对自然欧洲的人类和道德欧洲的人类进行区分,认为道德人类和自然人类的冲突而产生一切恶德。但他认为,对人类以恶德诱惑的刺激本身就是善,对人的自然素质来说也是合目的的。他思考了如何将道德欧洲人类内在的素质按照人类的本分发展,同时也思考了为了不让道德人类和自然人类发生冲突,文化(Kultur)应该、如何进步。可以说,全英爵主张的"文化教育的必要性"就是这个意思。对于人类行为意愿和具有永久价值的自由意愿观念相一致的"道德",和人类合理意愿和外界事物相一致的"幸福"之间的关系,他主张不能为了得到幸福而去执行道德,因为执行道德本身就是幸福。他主张用道德来控制快乐的感情,在这里也能感受到康德批判功利主义的影响。①

全永爵所关注的文化,在几个方面与当时处于支配地位的启蒙主义文明史的文化有所区别。第一,对于全永爵来说,"文化"并不是"文明"的同义词。启蒙主义文化史的倡导者们,经常交替使用文明和文化,因为这两个词有着类似的意义。但在全永爵的文章中,完全没有出现"文明"一词。本文没有像《启蒙是什么》中的康德那样批判文明的表层性内容,但全英爵似乎分清了文明与文化。第二,如果说在启蒙主义文明史中,行为的主体是国家或民族等集体,那么全英爵的文章就是在强调既普遍又特别的"各异人生",即作为个体的"人"。因此,这时文化与外在制度或实践区分的"内在"或"精神"过程相关,得到独特的人性、主观性(心理或感觉)、个人的内容。

但在现实中,全永爵主张的文化教育的必要性被归入到"社会(国家)"的层面。

本文的主旨也在此,文化教育的必要在于把国民的腐败思想纯化为

---

① 关于《启蒙是什么》等书中出现的康德文化论,参考了西川长夫《超越国境的方法》第153—156页。

健全思想,它成为在青年时代未受学校教育的人最必要教化手段。近日报纸频繁报道自强会开设讲演会之信息,此会的要旨也不离开此宗旨。看上去今日我国的形势,当务之急是赶紧注入普通同胞的平均知识,学校教育会是次要的。在我国京城里有诸多团体,每个团体都召开讲谈会,先觉者在爱国之诚心、社会的万事方面带着学术、事实性远大志向,振起公众的感受性的话,这么一来,无论国家前途的好坏如何,可谓完成学者、绅士的天职。①

上述引文主张文化教育是健全国民思想,特别是感化非学校教育对象的成年人的重要手段。全永爵说"比学校教育更紧迫的是均衡地向公众普及知识",把自强会等政治团体举办的演讲会或报告会等作为文化教育的重要机制,并把这样的文化教育看作是具有爱国心和知识的先觉者(学者、绅士)的任务。

上述结论表明,文化探讨曾卷入"社会(国家)"探讨之中。1905年,就是《乙巳条约》签订,日本帝国主义在政治上全面开始统治朝鲜前后,新闻和历史传记小说等文学文本,各种各样的教材和学术刊物上,开始全力创作民族—国民相关的文本。即,启蒙期的知识分子动员各种媒体,积极展开对国民的正义和必要性、国民和个人的差异、国民和国家关系、国民培养方法的讨论。② 全永爵的文章从一开始就强调"内在"或"精神"过程或主观性(心灵或感觉)、个人领域的哲学文化概念也是国民—国家讨论的组成要素。值得注意的是,与"culture"的译语文化相似,作为"Kulture"的译语,文化的出现也与国家向社会转移有关。全永爵的文章暗示,包含哲学"Kultur"概念的文化讨论的兴起,不仅与个人概念有联系,还与社会概念有联系。

(三) 儒教文化概念的残余运动

即使留学生出身的知识分子接受和交换新的文化概念,并立足于此概念开始生产自我("民族")的新知识(即文化史),传统意义上的"文化"也不是完全失去力量。当然,自19世纪末以后,古典文化概念的社会基础急剧减弱。

---

① 全永爵:《关于人生各自的天职》,第11页。
② 郑善泰:《近代启蒙期"国民"谈论和"文明国家"想象:以〈太极学报〉为中心》,第63—65页。

过去，运用这一概念并将其简化的集团（国王和士大夫）的社会地位发生了决定性的动摇，他们的话语场域被大幅削弱和解体。但是，传统文化概念从王朝实录和士大夫的文集中脱离出来，被接纳为公认的、相对保守的知识再生产的教育场域，之后还出现在留学生的学术杂志中。在近代知识和学术场域上，有必要确认"文化"的剩余意义和价值（比如作为传统教化理想的仁义礼智，作为其机制的礼乐刑政等）是如何支撑自身的。

《国民小学读本》是最早的近代式国定教科书，于1895年7月由学部编纂发行。① 此教科书对于传统文明和新文明以及地域知识（国家、城市）进行了介绍，在第19课中介绍"支那国（中国）"为"大国、古国、文化先进国"。② 此时的"文化"只是汉字文化圈中共同享有的古典意义。

> 支那国是亚洲国当中的大国，又是古国。尧舜时代以来，经过多次历代治乱，到达方今的清国，据西方纪念来算，尧即位在纪元前两千多年。周朝孔子周游列国谈论仁义，因此培养出学者，在那时的世界，文化盛行。③

上述引文概述了起源于公元前三千年的尧舜时代至清朝的历史，记述了周代中国，其末尾出现了"文化"一词。它蕴含着孔子"仁义"概念的教学传统包含在了文化一词中，这时文化作为汉字本来的意义，指通过"文（儒学）"对世道人心的"教化"。④

进入20世纪头十年后期，政府和民间编纂发行了多本学生用教科书，其中也有许多将文化用于古典意义的情况。徽文义塾编辑部编纂的中学生国

---

① 《国民小学读本》是1895年7月学部编纂发行的国语教科书，共41课、72章、144页，采用韩汉文混用体。将重点放在介绍"大朝鲜国""汉阳""我家""世宗大王纪事"等传统文物，"钟表""骆驼""条约国"等新文化元素以及"纽约""美洲大陆的发现""美国独立""合众国矿业"等海外风物。该书于1910年11月被总督府禁止销售（国语国文学编纂委员会：《国语国文学资料词典》，"国民小学读本"词条）。
② 学部编辑局：《国民小学读本》，学部编辑局1895年版，第25a页。
③ 同上书，第24b—25a页。
④ 《第26课 支那国（二）》指出支那国逐渐衰弱的最大原因在于"文教失宜"。"孔子和前后贤人的主张，能够发展某国的文化，培养世道人心。后学无能真正领会这个教义，只崇尚虚文不觉前人所教的意义，就会自我暴弃习成。"（学部编辑局：《国民小学读本》，第36a页。）

语教科书《高等小学读本 2》中说"亚州在五大洲文化中是首屈一指的"①,当时的文化也被用作古典意义。

> 我大韩国位于亚细亚洲的东边,在四千年前檀君建国,定鼎于王俭城(今平壤)。此后子孙衰微,殷太师箕子到来东国而代替檀氏成为君王。他设立八条之教,敷陈礼仪的化,从而人文肇开。此后经过三韩、三国、高丽,我太祖高皇帝开国,太祖尊崇孔孟之教,大大辟开文化,继承圣神,大备典章,风化文明,东方第一。②

上述引文是《高等小学读本》第5卷的《第3课 大韩》的一部分,其简述了檀君之后韩国的政治体制及理念。这里出现的"教""礼仪""人文""风化"等词在"文化"的传统意义解释中持续受到重视。"文明"也被用于古典意义。教科书中写道,经过三国和高丽,到了朝鲜的开国,尊崇孔孟之教(儒教),大开文化之门,儒教教化直接与文化概念相连。从以上叙述来看,启蒙期教科书将古典意义上的文化确定为旧时代的、过去的要素。

但在教科书中,古典意义上的文化并不只是用来解释"亚洲＝东方"或韩国的"过去"。为了符合近代国民国家时代的特殊化,曾有过有意识地尝试将其复活。

> 自古以来,我国以兵力防御外国,保持国家的独立。于是全人民充满敌忾心,并且<u>文化还普及</u>,忠爱之志鼓励国民……
> 凡是作为国民的人,其职分是尽量发挥忠爱。敬告幼年学员等人都应该仿效三学士,虽然遇到死地,千万别改变其素志。③

上述引文是1906年国民教育会编撰的《初等小学》第8卷《第14课 三

---

① 徽文义塾编辑部:《高等小学读本》第2卷,徽文义塾编辑部1906年版,第33页。
② 徽文义塾编辑部:《高等小学读本》第5卷,徽文义塾编辑部1906年版,第4—5页。
③ 国民教育会:《初等小学》第3卷,国民教育会1906年版,第19—21页。《初等小学》共8卷。其中包含了国土、地理、历史、人物、动物等各方面的素材,并经常引用寓言和轶事。特别强调了忠臣烈士的事迹和爱国心(国语国文学编纂委员会:《国语国文学资料词典》,"初等小学"词条)。

学士的忠节》的一部分,对仁祖时代因清朝侵略而引起的丙子胡乱中表现出忠义的三学士进行介绍,并使用了对应"武力"和"文化普及"的表述。这里值得注意的是,普及文化所达到的目标不是世道人心的教化,而是对国家的忠爱,即培养爱国心。"对外武力与对内文化"的表述经常出现在儒教经典或历史解释中。启蒙期的知识分子利用"武力对文化"这一既往的惯用对偶法,将文化重新定位为国民主义教育的机制。

另外,传统意义上的文化在20世纪头十年后期还脱离学生用教科书,进入知识分子的学术领域——学术刊物。在这个时期,试图将韩国历史从文化角度整体性进行记述的文章中,有一篇是试图将韩国历史记述为启蒙主义和民族主义性兼具的文化发展史,另一篇是以传统文化、文明概念为基础的文章。下面的引文是1908年3月名为一惺子的学者在《西北学会月报》发表的《我韩教育历史》的一部分。

> 从文化程度的角度来看,三千年历史会分期如下:
> 第一期,箕子到来东国,实行教民八条。第二期,在新罗太宗王文武王朝往唐国派遣子弟游学,采用支那的文物制度。第三期,在高丽忠宣王、忠肃王朝安文成、李益齐等诸贤以文章学术与元朝进行交涉,以至洙泗、濂洛的道学渊源传入我国,奠定了本朝五百年右文之治。
> 第四期,我国世宗大王亲自制定国家的典章,制造五礼仪、音乐器、测候器,创造国文,以便利易晓的文学,实施一般国民的普通教育,这时是我国文明的旷绝古今的时代。现在可谓是第五期,与国外各国频繁交流,在西元二十世纪接受新文化。如此,概述古今历史,提供教育家当做典故。①

上述文章的作者根据"文化"的"程度"划分教育的历史。此时,文化更接近于古典意义。即作者并没有像崔南善一样,把"文化"一词作为概括与人类精神、物质生活相关的多种社会制度的范畴,而是作为指示特定领域,即知识和学术及教育(教化)制度的范畴。即,作者以传统文化概念为依据,记述知

---

① 一惺子:《我韩教育历史》,《西北学会月报》第16卷(1908年3月),第3页。

识和学术、教化的制度及功绩。

据一惺子介绍,根据文化的发展程度,韩国的历史从箕子时代至今分为五个时期。第一时期由箕子制定百姓教化的规范,第二时期则由新罗王朝派王子们到唐留学,学习先进文物制度。第三时期是高丽学者与元朝交涉后引进道学,奠定了朝鲜时代文治的基础。作者指出文明达到顶峰的第四时期——世宗时代,可以概括为"道"和"学"的发展。目前,20世纪作为第五个时期,在与海外各国交往的过程中,正在输入"新文化"。

如此,如果要说历史叙述的特征,第一,这篇文章中的文明或文化不是"civilization"的翻译词,而是具有古典意义。因此,目前和海外各国交涉的过程中的一种新文化与在政治性杂志和留学生的学术刊物中强调的生存竞争中生存的富国强兵的(产业和军事力量)文化有一定的差异。第二,传统意义上的文化概念已经作为公认的知识,不仅停留在教育现场的教学中,还应用于生产新形式的知识。作者想把教育历史写成文化历史的时候,此时的文化史不是像李东初或崔南善尝试的整体史,而是涉及学术和教化理念及制度的一种特殊历史(教育史)。第三,需要注意的是,韩国的文化不是固有的、一成不变的,而是通过不断同异文化的交涉(特别是输入、接受等)而发展起来的。这与近代、民族主义文化史的文化理解存在差异。

表现儒教教化理想的文化,在19世纪末以后的近代学校和学会中并没有重复和再生成以前的意义。当然,表现文治教化理想的古典文化概念,在正式、相对保守的教育场合,被确定为以包括韩国、中国在内的亚洲的"过去"为特征的要素并被反复流传。但是,正如被解释为爱国心的机制,它随着当时文化过程的特殊要求而发生变形。同时,在学术刊物上,古典文化作为一种特殊历史,也被重新诠释为"教育史"的理念;这种解释有可能从文化概念中分离出教化性质,将其整合为中立、公认的伦理或社会秩序。但是,针对被归纳为富国强兵的文化概念或民族主义文化概念等,也有可能会发展为对"何为文化"这一问题的替代性解释。①

---

① 经典的文化概念可以起到激活或实行在支配性的"文化=文明"概念的坚持中,无法表现或内容无法证明的经验、意义、价值等的作用。关于与支配文化存在代替性或甚至对立关系的残余文化意义,参考雷蒙德·威廉姆斯:《马克思主义和文学》,第197页。

四、结论:启蒙期的"文化"与社会理论

至少在1910年之前,可以称为大众文化场域的报纸或小说中几乎没有使用过传统意义或者新意义的文化概念。独立协会以普通人为对象发行的《独立新闻》中,出现的几次"文化"则是指黄海道一个郡的名称。1898年8月至1902年10月的《帝国新闻》中,也只使用了"文化"这一行政区域的名称。在《大韩每日新报》中,1907年10月26日和1908年2月11日也只曾报道义兵攻击日本军人。[①] 在1905年至1910年期间发表的35篇短篇叙事文和新小说中,也没有出现文化一词。[②] 在明确受到"知识分子的文明史=文化史话语"的影响的小说中,作者也一直使用"文明"一词。[③] 与"开化"相比,虽然频率较低,但考虑到文明已经经常出现在新小说中并进入大众词汇体系,可以说文化在深入普通大众方面,花费了较长的时间。

但同一时期,从知识和文化史的层面来看,在学术和教育场域,文化移动和扩散的过程,具有值得关注的价值。19世纪90年代末,日本留学生首次接受了"文化"一词,主要作为政治团体机关报或知识分子的学术杂志中进行交流的"文明"的同义词使用,在20世纪头十年后期进入学生用教科书,由此对于文化的正式和公认的知识开始普及。

---

① 《大韩每日新报》1910年6月1日的"学界报"上有一篇文章,在"妨碍学校"的标题下出现了被推测于20世纪初期成立的"文化学校"。但当时的"文化"究竟意味着什么,目前尚不得而知。
② 参考李京埧:《韩国近代文学风俗词典》,首尔太学社2006年版。这本书是从1905—1919年间发表的120篇小说及叙事文中,选出与近代风俗有关的主要词汇后收录的。虽然题目是词典,但是与其对这些单词的意思进行一般定义和解释,不如从可能出现的各种作品中选择词汇出现的背景和场景,以便具体表现这些词语的使用情况或所引起的矛盾、事件、行动、情绪等。由此,想展示相关单词的社会性、文化性、文学性用例和背景。该书收录了1905—1910年间的35篇小说和叙事作品中的主要词汇,并没有找到"文化"的使用案例。
③ "从这个世界比较来看,几百年前,无论是欧洲还是美洲,都和漆黑的夜晚一样不文明,那时,亚洲如同白昼一般散布着文明的光芒,但现在,欧洲和美洲成为光明灿烂的白昼,先前闪耀着文明光芒的亚洲反倒看不到一点光明。"参考《警世钟》"美洲,亚洲,欧洲",第28—29页,转引自李京埧:《韩国近代文学风俗词典》第173页。"因为不接触作为文明成果的各种机械和物件,也不想去了解作为文明之根本的宗教,所以即使有眼睛也看不到这些,长此以往我们成为白种人的奴隶只在转瞬之间。"参考《警世钟》"机器,奴隶,文明,宗教",第30页,转引自同上书,第191页。上述引文显重复。在前一章节中出现的与欧洲"文明史=文化史"相对应的亚洲"文明史=文化史"的谈论,作者一直只使用"文明"一词。

一方面，作为文明同义词的文化成为其支配性的东西，另一方面，在知识分子的话语场域中，文化概念的意义场因残余和新崛起的概念而变得非常复杂。留学生和知识分子通过改变古典文化概念的剩余意义，或接受作为"culture/Kultur"翻译词的文化概念，赋予了"文化"意义场域以流动性和复合性。

如果再详细探查一下当时的状况，首先从古典文化概念中分离出来的道德倾向表现出双重性，即，融入中立、公认的社会秩序中的可能性和发展对"支配性文化＝文明"概念具有对策性倾向的意义体系或价值观的可能性。同时，虽然还没有全面展开有意识地尝试区分"文化"与"文明"，但在知识分子为对社会结构及变动提供"近代"和"民族主义"解释的意图和努力下，文化的含义逐渐变得复杂。即，与以社会、个人、民族等概念为代表的新的主体化研究相联动，文化的意义正在复合化。

文化概念的复合化和流动性，是富国强兵成为文明的支配性概念，是与以文明之名推进殖民主义的20世纪头十年末东亚的政治、社会状况紧密联系的现象。也就是说，当时韩国无法用"文明＝文化"的概念解决的政治、社会文化问题和要求正在改变着文化的内涵。从这一点来看，有必要关注文化概念与以个人、民族等概念为代表的新主体化构建相联动的情况，或与政治、经济、社会等近代社会理论主要概念相连接的活跃的相互关系。

20世纪头十年后期出现的"文化""社会""个人""民族"等概念后来经历了复杂的转型，与其说它们并排前行，不如说是在各自的重要节点也接受了其他因素的影响。从1908年左右开始产生的文化史话语来看，"文化"概念受到"民族"概念的影响比较明显，而到20世纪头十年末，社会、个人概念和文化概念的相互作用还处于萌芽阶段。但是，全永爵和禹敬明等留学生的文章暗示，对社会和个人的理解与应该如何看待"文化"紧密相连，从这一点来看具有意义。如果不明白20世纪10年代以后"社会"和"个人"概念发生了怎样的变化，就无法理解"文化"的变化。①

---

① 雷蒙德·威廉姆斯曾主张关注文化概念的变化与经济、社会等社会理论的核心概念变化的相互关系。参考雷蒙德·威廉姆斯(Raymond Williams)：《马克思主义和文学》。雷蒙德·威廉姆斯已经从概念史叙述模型的角度进行了第一次研讨。张世真解释了"关键词"虽然采用了典型的辞典形式，但现实批判问题意识强烈的这一点与文化唯物论研究方法有关(张世真：《概念史想要什么：以韩国近代文学/文化研究的实践性介入为中心》，《概念与疏通》2014年第13号，第5—33页)。在上述观点的延续上，本文想强调雷蒙德·威廉姆斯关注文化过程的复合性。

20 世纪 20 年代大众文学概念研究
——以卡普大众化论与"通俗""民众""大众"的意义论争为中心

金芝英 著*

张业明 译**

一、前言

所谓"大众文学",往往指近代媒体发展所带来的以趣味为主的商品化文学。一般认为,资本主义商业文化的发展、人口的迁移和城市大众的增加、近代媒体的发展和大众文化的形成、文化产业的出现和文学商品化等等,都是建立"大众文学"特殊范畴的文学领域基础上。

但在韩国文学史上,"大众文学"一词最早出现在 20 世纪 20 年代末,这一词汇与我们今天所理解的商业性文学含义有许多不同。首次正式提出对大众文学进行讨论的批评家金基镇在他的《大众小说论》中写道:"在朝鲜,'大众小说'一词不是一般使用的词汇,历来区分小说时用到的话语有艺术小说和通俗小说两种。"①接着,他还将意味着新闻小说的通俗小说做了区分,并在

---

* 金芝英,韩国大邱加图立大学教授。
** 张业明,韩国外国语大学韩中文化学科在读博士。
① 金基镇:《大众小说论》,见《金八峰文学全集 1:理论与批评》,创作与批评 1988 年版,第 128 页。

五颜六色的纸上用四号活字印刷的活字本古小说以及新小说,对马克思主义文艺运动家关注的"大众小说"的现实性进行了说明。如果考虑到金基镇所规定的活字本是与近代精神有一定距离的古小说,或是作为一种变体的新小说,那么他的"大众小说/大众文学"观念则与适应近代文化产业发展而生成的文学,或"因艺术小说危机而兴起的堕落文学"①这一一般性概念相距甚远。

这一事实证明,"大众文学"并不是一成不变的实体,而是随着历史和社会环境而改变其意义脉络的一种概念。事实上,近代"文学"本身就与本土化的文学、传统以及多数大众的阅读实际有着明显的距离,它是被少数精英阶层赋予新意义的概念。近代文学概念作为一个与政治、道德分立的新价值标准,是在一个将艺术意义绝对化,并强调个人个性与内心性的特殊专家群体中急速形成的。脱离传统,通过新价值体系奠定自立基础的近代"文学"概念排除了传统、本土的叙事习惯和阅读实际,是那些接触过西方文学的少数精英所拥立的具有限制性和排他性的文化领域。因此,"大众文学"这一新概念的形成可以视为一个重要事件,它告诉我们在近代文学概念的成立过程中,一些以往被排除在外的习惯性叙事感觉与本土民众的取向是如何在文学领域中被重新认识的,以及文学与大众的关系、文学的政治性等是如何被重新融入文学的思考中。在这种背景下,本文试图探讨20世纪20年代韩国近代文学的思考与相关言论中"大众文学"这一观念首次被引入和展开讨论的过程。②

---

① 林和:《通俗小说论》(1940),见赵成勉编:《韩国近代大众小说批评论》,太学社1997年版,第67—81页。
② 一直以来,关于殖民地时期大众文学的认识,重点关注的是卡普大众化论和20世纪30年代大众文学的批评。卡普大众化论集中阐述了金基镇大众化论的展开过程和布尔什维克化的脉络等,而20世纪30年代大众文学的讨论则集中考察了媒体的发展、创作风气的变化、整体批评视角的变化,以及对零散的批评讨论进行了初步调查和探讨。(后者的代表性例子有李贞玉:《20世纪30年代大众小说兴起过程的文学社会学考察》,《现代文学研究》第20辑,韩国文学研究学会2003年版,第97—132页;赵城勉:《20世纪30年代大众小说论的展开类型》,《韩国学研究》第7辑,仁荷大学韩国学研究所1996年版,第129—148页。)20世纪20年代大众文学论的探究即是在这种讨论的延长线上展开的。文圣淑《20世纪20年代大众小说论》,《教育科学研究》第6卷第2号,济州大学教育科学研究所2004年版,第145—162页)、康宗祜《20世纪20年代大众文学论的发展状况研究》,济州大学教育研究生院硕士学位论文,2002年)等对20世纪20年代批评资料中与大众文学相关的部分进行了调查和分类,并相对忠实地对个别讨论进行了整理。金康浩(Kim, Kang-ho) (转下页)

当我们将大众文学视为根据社会、文化等条件形成和变化的观念，而不是一个固定的实体，并以此考察其概念的出现过程时，首先要关注的是"通俗""大众""民众"等类似词语的矛盾和交叉过程。正如先行研究中所说①，20世纪20年代是"民众艺术""通俗小说""大众文学"等具有相似意义的词汇被复杂混用的时期。但是，这些词语的交叉和混用并不仅仅是因为"错误理解"或理论上的失误。

传统上"大众""民众""通俗"这类具有集体、多数意味的词语并不指向贵族或精英，更多的是指知识、文化和权力底层的普通人。从历史上来看，这类指向多数普通人的词语同时也包含着"共同性"和"低级性"的双重意义。例如，雷蒙·威廉斯的著作《关键词》从历史视角探寻了具有社会性意义词汇的语义变化过程。书中指出，"common"除了具有"共有的、通常的"等意义，还蕴含着"低级的、通俗的"等意义；"popular"在"广受好评"的"共同性"意义之外，还蕴含着"故意追求一般人支持"的"低级性"意义。此外，雷蒙·威廉斯还指出，在解释"the masses"的过程中，英文"base""low""multitude""vulgar"等在词源上指称多数一般人的词汇，其很早以前就带有明显的轻蔑意味。②

（接上页）《韩国近代大众小说论的发生与展开》，《当今的文艺批评》1997年春，第43—71页）、文圣淑（《韩国大众文学论的展开过程研究》，《韩国文学研究》第20辑，东国大学韩国文学研究所1998年版，第5—24页）对中世纪至20世纪70—80年代的大众小说论进行了全面剖析，并在延长线上对20世纪20—30年代的情况进行了说明。与他们观点稍有差异的是，李珠罗（《20世纪10—20年代大众文学论的展开与大众小说的形成》，高丽大学博士学位论文，2011年）还通过综合实际的文学谈论和作品倾向，探寻了20世纪10—20年代大众小说的形成过程。其中，金康浩和文圣淑（1998）的研究涉及了术语的出现和混用，因此在一定程度上共享了本论文所关注的问题。此外，姜容勳（《"通俗"概念变迁情况的历史考察》，《大同文化研究》第85辑，成均馆大学大同文化研究院2014年版，第9—48页）在考察"通俗"概念的历史演变过程时，还主张自20世纪20年代中期以后，通俗小说、通俗文学与大众文学具有相同的含义。而到了30年代中期，艺术文学与大众文学，或艺术文学与通俗文学的对立格局已不再明显。

① 在前面的论文中，金康浩将民众、大众的概念划分为传统农村社会的下层阶级与资本主义城市社会的下层阶级，并说明通俗小说、大众小说等用语的出现时间是20世纪10—20年代。视角稍有不同的是，文圣淑（1998）提出，20世纪20年代大众、民众、平民、群众等与大众文学、大众文艺、大众作品、新闻小说、通俗小说等用语被混用。他认为，民族主义阵营相对正确地使用了大众和大众文学相关的用语，但专业文学阵营却解释和利用了与本意不同的用语，多种用语的繁复使用加重了混乱，模糊了讨论的焦点。

② 参见雷蒙·威廉斯：《关键词》，金圣基（Kim, Sung-Ki）、柳利（Yoo Ri）译，民音社2010年版，第98—101页，第291—299页，第360—363页。

这种情况在我们这里也没有很大差异,"通俗"的词源除了"世俗、风俗、习俗、时俗等生活文化"的含义外,还有"凡俗""俗人"这类意味着平凡的词义,包含与"高尚"价值相悖的"低俗""俗流"的低级意义。①

东西方词汇的这种共性告诉我们,那些指向集体多数的词语从其萌生开始就在"低级性"和"共同性"的意义之间不断出现分裂。特别是近代以后,"共通性"的意义成为了"政治性"的专有意义。威廉斯表示,"the masses"相当于"大众"的词源,具有两种意义:(1)是指人数众多的群众或集群的"现代性"用语,具有"浅薄的、无知的、不完整的"意思;(2)指作为能动的、潜在的、积极的社会势力的大众。② 可以说,"大众"是一个将共同性转化为政治性的近代意义转移现象的典型事例。

这些有集体、多数指向意义的词汇所经历的历史告诉我们,在"大众""通俗""民众"等词汇的选择和替换过程中,隐藏着选择和强调多数普通人所包含的异质性、矛盾性意义部分的谈论观点与策略。在这些词汇的选择和变迁中,也隐藏着对知识、文化底层主体以及对他们性格、特性进行判断的关注。因此,重要的不是民众、大众、通俗本身,而是命名和规定它们的观点与指向。

为了在20世纪20年代首次出现的"大众文学"概念中探寻这一观点和指向,本研究不以当下观念的理论尺度为标准来衡量当代讨论,③而是通过考察当代韩国文学内部讨论本身的始末,以此还原韩国文学的思考与讨论的展开过程。"大众文学"在韩国文学史上首次出现并被思考的时期里,它是以何种脉络和观点而被提及的呢?对于普通人所喜爱的文学作品,这些言论又是如何规定和思考文学与大众、文学与读者、文学与政治的关系呢?其中,当代人对大众文学的看法在哪些方面存在着对立与矛盾?重点思考的有哪些,又

---

① 李坰丘:《18世纪"时"与"俗"相关用语的变化及其意义》,《韩国实学研究》第15辑,韩国实学学会2008年版,第74页。
② 雷蒙·威廉斯,参考前书。
③ 一般来说,谈论这些词汇的混融和对立的论者,把被动应对社会现实矛盾的阶层称为"大众",把批判现实、变革体制的阶层称为"民众"。如果说,民众文学是保障社会变革的市民文学,那么大众文学就是反映迎合体制的大众安逸、保守思想的文学。另外,从与民众文学对立的观点来看,通俗文学被看作是追求末世趣味和世俗欲望的廉价而高质量的文学。但是,通俗、大众、民众的这种区分并不是一成不变的普遍观念。实际上,大众是难以明确界定其本质的不明确和不透明的对象,重要的不是大众的本身,而是规定大众并使其意义化的观点和脉络。

包含哪些可能性？回答这些问题，不仅可以重新审视异于西方的韩国大众文学概念的形成及其内在的独立历史记忆，还有助于我们反思现今隐藏于大众文学观念中的低级性、共同性、政治性的思考结构。①

二、罗曼·罗兰理论的引入与两种"民众艺术"

众所周知，《创造》《白潮》《废墟》等同人杂志文学家们将文学独立于自由领域，倡导以个人内心和个性为基础的内在主观性文学。自李光洙一代以与道德、宗教相对的独立领域来奠定文学独立基础以来，20世纪20年代同人杂志文学以赋予个人内心和个性表现绝对价值的"艺术"之名，将文学的价值绝对化，其作为独立于社会、政治领域的自主场地，确立了近代文学的基础。

如同同人杂志文学家们通过艺术的绝对化赋予自己与启蒙主义者前辈相抗衡的权威一般，《每日新报》的新闻小说或活字本新小说等小说作品被排除在艺术范畴之外。同人杂志文人们通过只有有限的知识分子才能共享的共识，奠定了近代文学的基础，并彻底贬低普通大众的读物与感觉。金东仁"最近真是谁都说要写小说"的傲慢专家意识是建立在只有少数专家共享的"艺术"理念下，并彻底限制真正文学意义的精英意识基础之上的。

但是，在这种初创期近代文坛的背后，早就存在对朝鲜普通人能够一起愉快享受文学和艺术的要求。可以说，这一要求形成一定讨论是从20世纪20年代初期日本"民众艺术论"引入朝鲜开始的。

在日本，"民众"一词的普及，跟大正寺的复兴以及反对日俄战争赔偿问题的平民大规模暴动和抵抗有关。"民众艺术"一词一开始与"民众"的概念一起使用，即把平凡的普通人视为政治势力的一部分。1916年，本间久雄引入罗曼·罗兰的"民众艺术论"，随后引起了几次争论，并迅速得到扩散。自1917年大杉荣翻译出版《民众艺术论》以来，民众艺术论提出了"来自民众，为

---

① 为了关注"通俗""民众""大众"的矛盾和变化，本文将不另行区分大众小说和大众文学。在这一时期的讨论中，大众文学主要指大众小说，通俗文学主要指通俗小说，关于大众文学的讨论大体是在小说的范畴内进行。考虑到这一点，我们认为将大众小说纳入大众文学概念中进行讨论亦无妨。因此从实际用例到其作为"大众小说"的发声，也将作为"大众文学"概念的一部分来进行讨论，而对于两个术语的差异，我们将不再另行关注。

了民众,为民众所有的艺术"(Art of the people,by the people,for the people)的新口号。多数论者在宣扬民众的痛苦、斗争和希望的同时,也给民众提供了娱乐、欢乐和力量的源泉。另外,作为为了民众的理智而寻找光明的艺术,也提到了民众艺术论。随着对"新兴阶级(民众)是旧社会的战斗机关"这一脉络的强调,"民众艺术论"一词也明显地反映了社会运动的性质。之后随着战斗性质的增强,从平林初之辅的《民众艺术的理论与实际》(1921.8)出现以后,向指称无产阶级文学的意义上发生了很大的倾斜。①

"民众"一词在韩国被广泛使用是从"三一"运动前后。第一次世界大战后,全世界范围内民主觉醒和社会运动的动向蓬勃兴起,"民众"一词也由此得到了迅速普及。以普通"民众"而非仅是知识分子、精英或官僚作为政治运动主体的新思考出现,"民众艺术"的概念开始被提出,这一情况与日本相似。

以东痴的《民本主义和艺术》(《朝鲜日报》,1920.8)和玄哲的《文化事业的当务之急是提倡民众剧》(《开辟》,1921.4)为首,《艺术与民众》(《朝鲜日报》,1921.5.9—12)、《吾人的生活与艺术》(申湜,《开辟》,1921.12)、《艺术与人生》(经书学人,《开辟》,1922.1)等多数文章批判了艺术的贵族局限性,主张艺术为民众的必要性。此外,1922年《开辟》经由金亿的翻译,直接介绍了罗曼·罗兰的《民众艺术论》。金亿的翻译对法国艺术界所发生的平民剧倾向进行了详细分析,是对大杉荣出版的著作前半部分进行了重新翻译。"艺术的民众化、通俗化"并不意味着艺术的"野陋",而是用艺术包容平民的力量和健康,将人生的智慧和荣誉用于平民。在这篇认为"平民剧是把平民的痛苦、不安、希望、斗争放在一起的"②的文章里,明确主张了民众艺术是对贵族艺术的抵抗性观点,从而在一定程度上显露了隐藏在"民众"背后的抵抗性。

但与该译文的脉络不同,20世纪20年代初期,韩国论者所接受的"民众艺术"与其说是从政治抵抗性、社会运动实践性的角度进行的,不如说是从"提高人生"的抽象启蒙角度出发而被提及的。

<blockquote>脱离民众的艺术会走向衰弱,而无法享有艺术的民众则会陷入荒</blockquote>

---

① 朴羊信:《大正时期日本·殖民地朝鲜的民众艺术论》,《翰林日本学》2013年第22辑,第33—42页。
② 罗曼·罗兰:《民众艺术论》,金亿译,《开辟》,1922年11月,第21页。

漠。因此艺术和民众即"人生"这样的话是指两者无法不互为依靠。①

  聪明的朝鲜艺术家是以朝鲜民众的生活为基础来创作新艺术的。……首先,艺术家确立了高远、健康的艺术理想;其次,彻底了解了艺术欣赏者——朝鲜民众的生活。没有理想的艺术不是艺术,不能打动民众心弦的艺术也不是艺术。……作为人生幸福的必备条件,我谈到了人生的艺术化,再次谈到了艺术与人生的关系以及朝鲜民众多要求的艺术是什么。目前,我们前进的道路除了将自我艺术化,还要将我们的民众艺术化。②

  艺术不是一个人的所有物,而是一般民众的所有物,是世界共通的所有物。……但在现代文艺家的作品中,对人生切切实实的情感诉求却少之又少。其公平是一个理论上的公平,其无私是一个研究的无私,而对这一观念的理解抑或批评终究不过是知识的产物。……事实上,仅靠此是无法得到满足的。其中包含经验的此起彼伏和意识的突变,而具有共鸣和谐、共存互助等充满爱的人生,并以此作为中心的要求必定会出现。如果脱离了这个意识,即可断言:"我们漠视了在行动或要求层面上的心理活动。"这就是韩国文艺家的通病,即艺术与人生的现实生活相距甚远。③

在以上1921年、1922年发表的诸多文章中,将"民众"和"艺术"结合在一起的符码是"人生"。这里的"人生"与其说是指具体的阶层或特定的生活方式,不如说是从理论上强调艺术应贴近经验现实并有助于生活的提高,即在艺术应为多数民众所共有,反映并提高他们生活(人生)的启蒙主义效用论观点下,民众和艺术通过"人生"的抽象观念凝聚在一起。

在强调结合民众生活(人生)的艺术背后,虽然承载了"当今20世纪是民众的时代"④或"民主主义倾向……要求至少是这一代以来世界思潮的新倾

---

① 《艺术与民众(一)》,《朝鲜日报》,1921年5月9日,第1页。
② 李光洙:《艺术与人生》,《开辟》,1922年1月,第19—20页。
③ 申湜:《吾人的生活与艺术》,《开辟》,1921年12月,第45—48页。
④ 玄哲:《文化事业的当务之急是提倡民众剧》,《开辟》,1921年4月,第107页。

向"①的时代意识,但更多的是一种对以同人杂志文学为中心的专业文人集体的艺术至上主义倾向的批判意识。对民众艺术论内部的批评也随之而来,如"我们的艺术或文艺,似乎忘记了我们所处的社会生活,常常流于形式、模仿和翻译","近来朝鲜颇为流行的象征派文艺实在难以理解"②。这些指责都指向了同人杂志文坛的精英文学。虽然同人杂志文坛的艺术至上主义态度造就了文学独立于一切社会价值的权威,但其中也蕴含了使文学远离普通人生活的问题。

但作为贵族和专业团体现有艺术的替代方案,初期民众艺术论是以"人生"的抽象观念为基础接近民众的。因此,它是从原理性、观念性的角度来接近民众生活,多是在自下而上的教化观点中进行。李光洙主张民众拥有艺术享受的平等所有权,他把艺术的民众化与人生的艺术化联系在一起,最终强调通过艺术实现民众的人格陶冶;他主张"人生艺术化"实际上是住宅、室内装饰、服饰、餐桌、学校、诗歌等文物的近代化,即文化启蒙的另一种表现。玄哲为了创造朝鲜文化而提倡朝鲜人共有民众剧的必要性,他的民众艺术论亦无异于将教化标榜为艺术目的的"文化标语下的民众教化"理论。《民本主义与艺术》③的作者提出"不是为艺术的艺术,而是为人生的艺术"的主张,认为真正的艺术是着眼于人性的艺术。申湜在民众教化的启蒙视角上也不例外,强调以个人自觉的共享和普遍化为基础的国际共识,追求以集体民主为基础的无国界世界理想。

因此,他们的主张并没有积极考虑到民众从经验上享受的艺术,即民众实际上的娱乐物品。我们看到了民众所喜爱的艺术,而民众对实质娱乐的积极考虑并未实现。李光洙主张的不是"贵族的、绅士的"艺术,而是"具有全体民众可享乐"的艺术,是"用最少的钱与素养即可欣赏的艺术";同时,他公然对"不顾个人艺术理想,没有采取'通俗'这一词语反面意义上所代表的艺术"表现出警戒意识。④ 在这一点上,仅凭传记小说、言情小说就能指出"我们今天的生活可以说是很有意义的"。申湜等人也有类似的主张,提出"社会共存

---

① 申湜:《吾人的生活与艺术》,第48页。
② 李光洙:《艺术与人生》,第20页。
③ 东痴:《民本主义与艺术》,《朝鲜日报》,1920年8月4日,第1页。
④ 李光洙:《艺术与人生》,第19页。

状态下所潜藏的问题"①等艺术要求。

总之,20世纪20年代初期的民众艺术论继承了罗曼·罗兰的观点,抵抗同人杂志文坛的专家精英意识,要求关注普通人的生活,并主张限制贵族世界,实现艺术一般化。但仍然保持着效用论的教化观点以及先知者视角,因此对民众的实际取向、嗜好和希望并没有给予太多关注。民众艺术论的背后隐藏着试图提高民众生活和意识的启蒙视角,实际上比起尊重民众原有的嗜好和感觉,更多地把重点放在应该给予民众的物品上,放在向民众进行教育和传播的新取向上。这样的事实告诉我们,新文学初期特有的启蒙主义视角在对艺术和大众关系的思考中,仍然形成了中心性的磁场。在启蒙效用论的视角下,日本民众艺术论所具有的民主主义政治色彩只能被淡化。20世纪20年代初期,韩国"民众艺术论"中的"民众"与其说是主体性的政治势力,不如说是教化的对象。"民众艺术"是以集体经验的现实为基础,以道德和伦理引导民众人生等教化意义上的价值化。②

早期民众艺术论在1923—1924年马克思主义倾向批评出现时暂时停滞,但在1925年后又再次复活。比起"民众",马克思主义批评家更倾向于使用"无产阶级"或"阶级"等用语。实际上,金基镇在批评罗曼·罗兰的非政治性,支持主张现实革命的巴比塞的同时,还选择了"无产阶级艺术""阶级艺术"等词汇,以此与罗曼·罗兰的"民众艺术"相区分。但这一时期,作为被统治阶级的"民众"和"无产阶级",或工人、农民之间的差异并未十分明显,而这种不明确的差异成为了20世纪20年代中期从阶级文学的角度重新复兴"民众艺术"这一词汇的原因。

由此,在20世纪20年代中期重新复活的民众艺术论与初期不同,具有强烈的马克思主义色彩的政治倾向。

> 艺术是人的,同时也是民众的;艺术是人的表现,同时也是民众的表现。艺术不是高于民众的,也不是处于民众之下的。民众有两种类型:

---

① 申混:《吾人的生活与艺术》,第45页。
② 从这点来看,这一时期的民众艺术论与通过排斥政治性来建立自立性框架的同人杂志文学不同,具有在文学中重新引入政治性的意义,但其政治性与20世纪10年代将民众视为主要对象的启蒙性政治反而更为接近。

一种是从贫困中逃出来的,倾向于有产阶级,并最终被他们所吸收;另一种是被这类幸福之人所排除在外,随时在贫穷国家的最底层呻吟。有产阶级的政策在于消灭后者并同化前者。而我们的政策,即我们的艺术、社会理想就在于把这两种民众融合起来,给民众本身以阶级的刺激。①

只以生产为主,唯利是图,成为隶属于一部分资本家的白昼机器与奴隶,无论被剥削到何种程度,大多数无产大众直到今天才意识到其辛酸和伤痛,同时也意识到有产阶级的不正义和蛮横。于是他们以诗歌、散文的形式将长期以来备受虐待的怨恨和苦闷表达出来。因此,根据历史的必然规律,在新的时代倡导的新的艺术,即此处的民众艺术。②

尽管大众被暴力与非正义的恶时代所踩躏,而为了民众更好的生活的艺术成为追求,即"Art by the people, for the people and of the people"(来自民众,为了民众,为民众所有的艺术)。如果不是这种艺术的话,即使是摘下天上的星星放进口袋,抑或在莱茵河边散步的作家也不免成为人类生活永远的傀儡。③

在上述1925—1927年分别以《民众本位的新艺术观》《民众艺术》《民众与艺术》等题目发表的文章中,"民众艺术"不再仅仅指具有抽象意义上的为集体大多数的艺术。在这里,"民众"作为有产阶级的相对词汇,被具体化为受资产阶级贵族或资本家等支配的广大被统治阶级,常用"无产大众"一词来代替。他们被刻画成因贫困、剥削和虐待而备受痛苦的存在,强调受压迫、贫穷和剥削的"民众",在深刻体现马克思主义影响的同时,强烈地流露出超越中立的"多数"意义的政治色彩。因此,这些讨论中所提倡的民众艺术不再是单纯地走近多数大众嗜好或生活的艺术,而是变成反映被剥夺的无产者的生活以及他们所理解的艺术。如今,民众艺术指"根据历史的必然规律"所倡导的新艺术,是民众痛苦和怨恨的反映,同时又是鼓舞民众"阶级刺激"的艺术。

因此,在20世纪20年代中期的朝鲜,罗曼·罗兰"来自民众、为了民众、为民众所有的艺术"这一口号,从继承前代民族主义启蒙主义与20世纪20

---

① 梁明:《民众本位的新艺术观》,《东亚日报》,1925年3月2日。
② 郑熙灌:《民众艺术》,《东亚日报》,1926年9月9日。
③ 宋顺镒:《读〈民众与艺术〉——致崔湖东君》,《东亚日报》,1927年1月29日。

年代被重新塑造的马克思主义视角这两个不同的角度出发,包含谋求民众生活启蒙近代化的艺术和标榜马克思主义政治运动的艺术两种含义。

两种"民众艺术"论虽然都没有考虑到生活在当代现实中大众实际的文学嗜好和取向,但却将一直被同人杂志文坛排斥在外的文学与大众的关系重新纳入到近代文学必须要考虑的重要课题内。不仅是在马克思主义的观点上,从启蒙主义的观点来看,民众艺术论也是消极的,但它促进了近代文学理念的确立,把被排斥的政治性重新引入到了近代文学的理念中。但两者都将"民众"作为对象而非主体来对待。更为重要的是,民众艺术论没有积极包容艺术的娱乐性质,比起积极思考民众的嗜好、取向以及隐藏在他们所享受的艺术里的可能性和底蕴,只对"新文明"或"阶级革命"的目的本身进行了阐述。尤其是后者,"民众"被"无产大众"或"无产阶级大众"等用语迅速对峙起来,这将为"大众"一词的新流行和"大众文学"一词的成立提供了契机。

三、"通俗""民众""大众"的意义论争与"大众小说"的意义转移

(一)"民众"与"大众"的距离

从1923年开始,用例增加的[①]"大众"成为比"民众"更具物理性"政治势力"的具体化词汇出现,这源于"大众"是由社会主义势力主导引进的词汇。

从许秀用统计方法分析的20世纪20—30年代"大众"词汇的使用情况来看,从1923年开始,随着社会主义思想在韩国的接受,"无产大众"一词的用例激增,"大众"的观念在朝鲜得到了积极普及。许秀还认为,这一时期在使用"无产大众"或"大众"等大众关联例子的文献中,出现了"民众"一词明显减少的反比现象,[②]这种倾向与文学批评内部的情况相当一致。

在金基镇、朴英熙等人的早期批评中,新的艺术表现为"与遭受虐待的全

[①] 关于对"大众"使用频率的统计,参照许洙:《1920—30年代殖民地知识分子的"大众"认识》《历史与现实》第77辑,第321—368页)一文。

[②] 同上文,第344—347页。许洙在文章中指出,1920—1925年间,社会主义者在"三一"运动以后,为与广泛使用的"民众"一词相区别,主导了"大众"一词的使用;1926—1933年间是大众的用例摆脱以无产大众为主而进行广泛使用的时期,是大众文化系列用例开始出现的时期,这一研究结果与考察"大众文学"相关用例的本研究的调查内容基本一致。

世界百姓站在一起,与大众合作"①,"与具有历史必然性的无产大众握手"②的艺术。另外,在前一章论及的倾向派民众艺术论(梁明、宋淳一等)之后,社会主义文艺批评比起"民众"一词,更多的用"大众"一词指多数普通人。③ 金基镇支持主张现实革命的亨利·巴比塞,还批判"民众艺术"的提倡者罗曼·罗兰是逃避现实的自由精神主义者。他批判罗曼·罗兰的理论是非政治性的,并强调"无产阶级文化协会(proletkult)的文学"才是朝鲜所需要的文学。大众和民众运动等多数文章都属于这一类。从金基镇的态度可以看出④,从20世纪20年代前半期开始,社会主义文学的谈论就动员了"无产阶级""无产者""无产大众"等词汇,暴露出以"民众艺术"或"民众"为先导的政治谈论和社会主义文学的差异,且这种倾向性在20世纪20年代后半期愈加明显。

总之,20世纪20年代社会主义者主导使用的词汇"大众"是针对成为马克思主义政治革命主体的工人和农民阶级而使用的,它指的是作为艺术表现对象和题材的被支配阶层,而不是包括文学读者在内的艺术享有者。

在如此狭义特殊化的"大众"用法中,日本受到了很大影响。以下是1910—1930年间日本发行的各种新语辞典中解释"民众"和"大众"相关用语方式的变化过程。

① 民众:指一般人民,尤其是包括中流以下(无论是在实际生活中,或在思想生活中)的社会成员在内。(1913)⑤

② 民众:虽然指人民,但特别是指中流以下(在实际生活中,或在思想生活中)的人,而且不包括统治者、被统治者的观念。(1925)⑥

③ 民众艺术:是指表现民众实际生活的艺术,是反对迄今为止的贵

---

① 金基镇:《今日的文学,明日的文学》,《开辟》,1924年2月,第49页。
② 同上文,第50页。
③ 包括金基镇的《大众小说论》、崔曙海的《工农大众和民众运动》等多数文章均属这一范畴。
④ 金基镇:《巴比塞与罗曼·罗兰的争论,光明运动(Clarté)的世界化》,《开辟》,1923年10月,第23—51页;金基镇:《再论〈光明〉(Clarté),巴比塞研究一篇》,《开辟》,1923年11月,第47—55页。
⑤ 生田弘治编:《文学新语小辞典》,1913年版(《近代用语辞典集成》第26辑,东京大空社,1994—1996年,第189页)。
⑥ 服部嘉香、植原路郎:《新语辞典》,1925年版(《近代用语辞典集成》第3辑,东京大空社,1994—1996年,第726页)。

族艺术而兴起的所谓无产阶级艺术……,具有战斗性和叛逆性。(1926)①

④ 大众:"mass"一词的译文。劳动群众是基本群众,农民群众、工人等一般被剥削、被压迫的民众称为群众。……根据群众是在××主义者的领导下,或是在社会民主主义者的支配下的不同,在追求自身利益和发挥其斗争性方面存在差异。(1930)。②

⑤ 民众:作为资本家和社会民主主义者的用语,他们称工人、农民、中小工商业者以及工薪阶层等为民众。这是为了用民众的概念来搪塞工人阶级的作用。(1930)③

⑥ 大众文学:一般把文化教养较低,以广泛大众为对象而发表的文学称为大众文学。……大众文学。"大众文学"一词反而应该指无产阶级文学,因为无产阶级文学才是真正面向大众的文学。(1930)④

⑦ 民众艺术:主张将曾经属于有限阶级垄断物的艺术归还到广大普通民众手中而产生的艺术。……随着无产阶级艺术运动的兴起,影响力逐渐减弱。如今,世俗的流行歌、评书、浪花曲、通俗小说等被称为民众艺术。(1932)⑤

①④⑥分别是近代日本出版的新语辞典对首次登载的"民众""大众""大众文学"等词汇的解释说明,其余的用法则是"大众"和"大众文学"等词汇出现以后,在"民众""民众艺术"的含义规定中出现变化的例子。如①②中所见,早期"民众"的意义中并不包含统治/被统治等政治意义。1926年左右,随着社会主义运动的活跃,"民众艺术"和③一样,包含了阶级对立的意义。④说明"大众"的登场从一开始就明确地标榜了阶级对立的性质。20世纪30

---

① 田中信澄编:《音引正解近代新用语辞典》,1928年版《近代用语辞典集成》第9辑,东京大空社,1994—1996年,第694页)。
② 共生阁编辑部编:《修订无产阶级辞典》,1930年版《近代用语辞典集成》第30辑,东京大空社,1994—1996年,第208页)。
③ 同上,第314页。
④ 山田清三郎、川口浩编:《无产阶级文艺辞典》1930年版《近代用语辞典集成》第31辑,东京大空社,1994—1996年,第145—146页)。
⑤ 改造社出版部编:《最新百科社会语辞典》,1932年版《近代用语辞典集成》第34辑,东京大空社,1994—1996年,第304—305页)。

年代首次登载在新语辞典中的"大众"(④)是在与"民众"的右翼政治性形成鲜明对立的情况下被规定的。像这样,在广泛的被统治阶级中,尤其是用"工农大众"一词对"大众"进行词语释义,这是同时期出版的《尖端语百科辞典》(早坂二郎、松本悟郎编,1931)、《分类式新用语辞典》(小岛德弥,1931)等社会主义色彩辞典的一种共同现象。① 随着"大众"的活跃,"民众"经历了"资本家和社会民主主义者的术语","为了应付工人阶级的政治性而使用"的词汇(⑤⑦)等词义上的调整。

说到词典(即使是新语辞典),考虑到词汇在一定程度上是在日常使用状态下出版的,各词汇的传播时间可以说比实际登载时间要早。特别是考虑到社会主义思想在国际上的连贯性和急速扩散,由此可推测,日本的词汇用法和类似时期韩国社会主义系文学论者之间的词汇用法之间存在一定的同质性。所谓"大众"不是汉字原义所指的广义范畴,而是指"工人和农民"的狭义使用习惯,可以说是社会主义者为了显示与"民众"的政治差异性,与右翼阵营理论对峙而做出的共同战略选择。

(二) 共性与变革性的结合,"大众文学"概念的开端

不是知识分子的共有物,而是大多数人所阅读的文学作品,"大众文学"一词正是在这种语言环境和风气下出现的。在笔者的调查范围内,韩国最早使用"大众文学""大众小说"等词汇的例子是1928年1月崔独鹃发表在《中外日报》上的《大众文学的编撰》。② 在此之前,并非指近代文坛,而是指普通人所阅读的小说的有力词汇是"通俗小说"。

"通俗小说"被用来指文坛以外普通人喜欢阅读的小说的有力词汇,但它并不是明确的语义范畴和被普遍使用的词汇。著名的金东仁把没有"独创的

---

① 在1928年发表的《大众的喜好与艺术运动的任务》一文中,朴英熙表示"大众"即意味着"多数",并把"大众"的意义重新分为资本家群体、无产者群体、小资本家群体,提倡艺术运动"到大众中去",这是指"到无产大众中去"的意思。可以说,这样的附言是为了纠正把"大众"理解为"无产大众"的社会主义言论习惯的一种尝试。
② 到目前为止,在电子化的日本帝国主义强占时期的报纸、杂志等各种资料当中,崔独鹃的文章首次提出大众文学、大众小说等词汇。从发表该文章的1928年开始,报纸上就出现了世界大众文学全集、现代大众文学全集等广告;从1930年左右开始,报纸、杂志上出现了将连载小说标记为"大众小说"的事例。金基镇的《大众小说论》发表于1929年4月,他表明"大众小说"一词不是一般使用的词汇。

灵感、思想的烽火、爱的深意"的大众读物称为"通俗小说",并把它们与"真艺术作品、真文学小说"区分开来,从他所宣扬的这一种小说新思想的异说以来,直至1925年左右,"通俗小说"作为一个词汇来使用的例子并不多见。①据姜容勋介绍,从近代转型期到20世纪20年代中期,"通俗"一词一直是共同的、世俗的、中立的指称。直至20世纪20年代中期,"通俗"最集中使用的是从启蒙主义视角试图普及知识教育的"通俗教育""通俗讲演"等语句。② 这些词汇的一般含义是指大众喜欢阅读的、以趣味为主的小说的统称,而这似乎对确立通俗小说方面设置了一定的障碍。

但是,与"通俗"的一般用法不同,在将文学作品称为"通俗"时,"通俗"的含义中介入了很多"低级"的价值评价。无论是金东仁"卑下的、低劣的、污秽的、丑陋的(中略)低级小说"③主张,还是朴钟和"刊登在韩国报纸上的小说要从粗鄙的通俗小说、侦探小说的境域中摆脱出来"④的批判,我们都可以看出,指称小说种类的"通俗"比起中立的"共同性",更多地蕴含着"低级性"的意味。这是因为,对普通人喜欢阅读的"通俗小说"的提及主要来自试图确立纯文学的文坛知识分子,他们敦促创作要具有艺术性。至少在文学的讨论内,"通俗"是重点表现"低级性"的用语。

崔独鹃的《大众文学的编撰》更新了曾经作为通俗小说的大众取向小说原有的贬低意识,是给非知识分子阶层所推崇的文学读物赋予新意义和价值的言论。在这篇文章中,崔独鹃认为农村民众"被肤浅的趣味所吸引而熬夜"取代了"无益的古谈小说",作为一种可以贴近民众的新文学,有必要进行"大众文学""大众小说"的创作。这篇文章从"文坛小说除了文坛人之外,一共有多少人涉足其中?"⑤的问题意识出发,崔独鹃把与读者大众进行交涉、与民众

---

① 除了包括朴钟和"刊登在韩国报纸上的小说要从粗鄙的通俗小说、侦探小说的境域中摆脱出来"的文学月评(朴钟和:《回忆文坛的一年,现状与作品概评》,《开辟》,1923年1月,第6页。)和李瑞求"哎!房子的破烂模样就如同一本四五十分钱的通俗小说"此类对人物的不满(李瑞求:《月尾岛一夜》,《东亚日报》,1923年8月12日。)在内的随笔等少数例子外,直至1925年前后,"通俗小说"成为一个词汇而使用的例子还并不多。
② 姜容勋:《"通俗"概念演变形态的历史考察》,《大同文化研究》第85辑,成均馆大学大同文化研究院2014年版,第9—48页。
③ 金东仁:《朝鲜人对小说的思想》,《学之光》第17辑,1919年1月,第45页。
④ 朴钟和,前引文,同页。
⑤ 崔独鹃:《大众文学的编撰》,《中外日报》,1928年1月,第386页。

相伴的创作命名为"大众文学"。他区分了被解释为"报纸连载小说"的"通俗小说"或"为了艺术的艺术派"小说和他所说的"大众文学",其辨别方法是"阅读、了解、思考和暗示的结果,这应该成为他们生活中的某种'力量'"①。

> 让大众在我们所说的最新思想下行动,就能过上理想的生活。难道就不能把这种思想装载到文学的车辆上,送给五湖四海的韩国民众,给予他们以新的力量吗?现在能完成艰难使命的只有大众文学了。②

从追求艺术价值的小说到变革读者生活的小说,结合读者的兴趣,崔独鹃主张在"我们的最新思想"下谋求"理想"生活的小说,他这一独到的逻辑与日本大众化论的出发点一脉相承,同时也与后面金基镇的通俗小说论的逻辑结构有相似之处。因此,引文中崔独鹃主张的"思想"可以看作是马克思思想的世俗版本。③ 值得关注的是,在区别"通俗小说"这一表示趣味中心小说的位置上,该文章所提倡的"大众小说""大众文学"并不是指已经存在的小说,而是指今后应该存在的小说。在对文学所刺激的现实改革实践力量的强调中,这篇文章所强调的"大众文学",是以将创作的意义作为现实变革媒介作用的文学意识为基础的,在概念上实现了意义化。

金基镇引发了卡普大众化论争,其《文艺时代观短篇——通俗小说小考》(以下简称《通俗小说小考》)与《大众小说论》中概念化的"通俗小说""大众小说"在未来可能性上也有相似之处。从"马克思主义文艺首先要抓住读者群众"④这一问题意识出发,金基镇倡导创作与"传统通俗小说"本质上不同的"新通俗小说"(《通俗小说小考》)。他所说的"新通俗小说"是指以能够引起普通读者兴趣的素材为基础,从唯物史观角度来表现金钱和爱情等趣味题材的社会原因,从而为大众的自觉做出贡献的小说。

支持这种想法的是"通俗小说的本质不是恒久不变的"⑤。即,金基镇认

---

① 崔独鹃:《大众文学的编撰》,《中外日报》,1928年1月,第382页。
② 同上文,第385页。
③ 这与崔独鹃《僧房悲曲》等代表作中所体现的社会主义思想影响一脉相承。
④ 金基镇:《文艺时代观短篇——通俗小说小考》,见《金八峰文学全集1:理论与批评》,文学与知性社1988年版,第120页。
⑤ 同上书,第118页。

为只有自觉认识到"通俗小说"所蕴含的各种力量,并最大限度地引导这些享有者的政治意识,通俗小说才能成为将处于文化底层的阶层凝聚为政治主体的有力途径。像这样,在"通俗"所蕴含的"共同性"和"低级性"意义中,强调前者,将后者开放为"依赖于状况的可流动状态",他将"通俗小说"定位为卡普所需要的新文学的可能状态。

接着,在《大众小说论》中,为了更加明确这一未来可能状态的意义,金基镇进行了"通俗小说"与"大众小说"的区分工作。他在《大众小说论》中,将通俗小说重新定义为报纸培养的"家庭小说的别名"①,并将《通俗小说小考》中主张的"新通俗小说"重新命名为"我们应该拥有的大众小说",即"一部既顺应大众……享乐要求,又能把他们从一切麻醉剂中解救出来,并促使他们承担世界历史现阶段主人公任务,起到决定作用的小说"②,以此重新定义了"大众小说"。通过这种再意义化的工作,金基镇的"大众小说"与崔独鹃的"大众文学"一样,成为了一种文学为现实变革的实践媒介力与读者兴趣相结合的新文学形式。"大众小说"既反映多数读者嗜好和取向,又将其取向的基点与社会变革的可能性结合起来并奠基的新小说范畴。"大众小说"不是纯文学所追求的个人内心世界,而是普通人所共有的时代性的感觉和集体欲望,即使是在彻底的意识形态观点限制下,通过探索和反映的新小说形式概念化。

(三) 共性与低级性的矛盾,"大众文学"的意义变迁

但众所周知,金基镇的观点在卡普内部引发了激烈的争议和反对,并促使卡普的方向性更彻底地归属于无产阶级党派下的布尔什维克的转变。一般认为,这些争议和反对与理念的性质有关,但从该论文的观点来看,其线索与汉字原义不同,可能是由于将"大众"这一词汇用于工农大众的卡普语言习惯及其内在意义上的裂痕所造成的。

①"群众"一词在正确使用的情况下,一定是指工人和农民。在称呼工人和农民以外的社会多数人时,如果使用的是"大众"一词,那么学生

---

① 金基镇:《大众小说论》,见《金八峰文学全集 1:理论与批评》,文学与知性社 1988 年版,第 138 页。
② 同上书,第 130 页。

阶层、工薪阶层、信教阶层等分别必须要使用学生大众、工薪大众、信教大众等词。因此,在正确的意义上,大众小说的问题大部分是工人和农民的问题,即他们的生活问题、教育问题、兴趣问题、意识问题。①

②对于他们,第一,无知;第二,迟钝;第三,漫长岁月里艰难困苦的经验使他们对未来的希望和勇气陷于瘫痪。简而言之,他们是意志的丧失者。第四,他们在漫长的岁月里,由于支配××的计划性手段,接受了低级享乐和奴隶式奉献精神的灌输,成为难以根治的上瘾者。因此,为了治疗在无知和迟钝基础上而丧失意志的上瘾者,把他们的意识提高到真正的无产阶级的意识中,巩固他们的斗争精神,就必须给他们以长期的直接教育和不间断式的训练,而且这比什么都重要。……大众小说、一般艺术只是它的助手。②

从①中可以明显看出,金基镇的大众小说论是以卡普的语言习惯为基础进行的,言外之意即指向工人和农民的"大众"。工人、农民是形成马克思思想起点的阶级,是在资本主义社会结构最底层抵抗剥削和压迫,被看作是引导社会革命的主体。因此,作为工农大众的表象,所谓"大众"是指"能动的或潜在的、积极的社会力量",其中象征普通人群体词汇中所蕴含的"低级性"或"无知的、不完整的"③的含义被最大限度地抑制了。但金基镇聚焦的是作为社会运动主体,在大众之前是作为阅读文学作品的读者大众。而当读者层面成为焦点时,被定义为"大众"的特性,这在作为一种共享特定阶级意识的社会势力的潜力之前,是他们目前兴趣所具有的低级性。从②中可以看出,被概括为"无知、迟钝、意志和勇气陷于麻痹、意志的丧失"的大众性格与实现革命的潜在社会势力的性格相差甚远。比起工人和农民的阶级特性,他们更接近于意识和教育水平较低的非知识分子世俗集体的性质。

换言之,金基镇所聚焦的"大众"从社会革命的观点来看,既是构成革命理念根基的"理念源泉",又是"潜在的积极的社会势力";但从传播马克思主义理念的文学宣传观点来看,不过是"无知和不完整的'理念化的对象'"。另

---

① 金基镇:《大众小说论》,前引书,第129页。
② 同上文,第133页。
③ 雷蒙·威廉斯:前引书,第291—295页。

外,从前者的观点来看,"大众"虽然强调了工人和农民的阶级特性;但从后者的观点来看,"大众"与一般非知识分子世俗集体在性质上很难区分。

金基镇似乎没有意识到隐藏在自己所说的"大众"中的这种矛盾。但是,为了区分世俗集体一般阅读的小说与自己所说的小说,他把最初的"新通俗小说"(《通俗小说小考》)重新命名为"大众小说"(《大众小说论》),并刊登在报纸上。他写道:"中流以上的保姆、男学生、女学生是读者的全部。……如果说'家庭小说'是通俗小说,那么'大众小说'一词是指完全以工人和农民为读者的小说"①。他由此明确了意识形态的方向性。这就是将"大众"中可能存在的"低级"可能性转移到"通俗"上,将潜在的政治、理念可能性转移到"大众"概念中。

但是,当试图将"大众小说"定位为引导和激发工人、农民潜在政治和理念可能性的小说时,遗留下的问题是,它与无产阶级文学的基本宗旨几乎相同,因而失去了辨别性。金基镇对这个问题非常敏感,他试图将"大众"分成两个群体,区分出适合各个群体的小说样式,以此来作出应对。他以文字、常识、文艺兴趣、阶级意识等为标准,把大众分为教养程度的上层和下层,并明确指出,如果说前者所读的小说是"旧的无产阶级小说",那么后者所需要的小说就是"大众小说"。根据知识和教养程度的不同,即使同样是工人和农民,也有上层和下层之分,如果有教养的工农和激进的青年学生阶层被分在上层,那么无知的工农和他们的妇女就会被分到下层。

林和、安漠、权焕等人对金基镇言论的反对和争论可归结为卡普路线的布尔什维克化,这是因为卡普的马克思主义理念从根本上无法容忍"大众"的分割。众所周知,马克思主义具有被剥削阶级工人的理解和要求绝不会分裂的同质性,这是通过其要求的凝聚和实践行动来带动社会革命的意识形态。从以工人阶级的党派性为中心的马克思主义观点出发,若把工农大众重新分离为上、下两层,只能导致意识形态分裂的危险事件。因此,随着林和对意识形态程度的激烈攻击,卡普内部对金基镇进行最激烈批判的部分是对分割高级、低级这一两分法的思考。

① 把"大众"称为被统治者的别称也并非无理取闹。但是,这未免是

---

① 金基镇:《大众小说论》,前引书,第138页。

一种过于草率的解释。(㊀所谓"大众",听起来庄严盛大,但说到底就是因为它的庄严盛大使得这个称谓变得非常模糊与茫然。)……"无产阶级艺术要大众化!""那么,我们现在要从高级艺术(这是儿戏吗?)向低级艺术大众化""在这里,大众艺术变成了一种绝对必需品"等等,通过一边重复这些千篇一律的话语,一边无所顾忌地吐露愚昧的论调,新创造了"无产阶级"艺术所没有的"低级"。……如果是"大众艺术",就不能以所有阶级为目标,盲目追求"趣味艺术"。但是,如果只是从兴趣中心主义的角度出发而创作,仅为缓解暂时性疲劳,就有可能成为大众小说,否则,侦探小说就是侦探小说,历史小说就是历史小说,写实小说就是写实小说,在这之中,绝对无法贴上"大众"一词。①

② 确切地说,在无产阶级艺术中不能说大众艺术和高级艺术。因为无产阶级艺术是以工人、农民为主体的艺术,因此其形式只要能让工人、农民很好地理解和欣赏〔其中的××(革命)思想和感情〕即可,不必计较所谓高级艺术、大众艺术或大众形式、非大众形式。②

③ 决定我们对象的唯一标准是×(革命)式无产阶级组织路线。因此,我们的艺术对象应该是朝鲜××(革命)式无产阶级组织不可或缺的广大工人和农民。但是,其中心目标是目前(㊁朝鲜××(革命)式无产阶级集中力量发展重要产业的大工厂工人、贫农。这就是我们艺术大众化的对象。……首先,金基镇等人不能明确理解何为艺术?即要把怎样的意识形态渗透到工人和农民大众中去?而以所谓的"苏格拉底"为依据,对××(革命)式的无产阶级意识形态进行审查,或根据大众意识水平进行推崇……其次,其将我们的对象概括为"工农大众",没有明确规定对象。因此,这是在用一种借口揭露社会民主主义不着边际的无产阶级艺术名义下的社会民主主义艺术的大众化,并且也是一种无法把我们的对象和朝鲜无产阶级及其×(党)的基本组织路线联系起来的、茫然的

---

① 宋虎:《大众艺术论》,《朝鲜日报》,1930年2月7日—2月18日。引文的下划线强调、艺术体均为引用者所加。
② 权焕:《朝鲜艺术运动当前的具体过程》(《中外日报》,1930年9月6日),见林奎灿、韩基亨编:《文艺运动的布尔什维克化》,太学社1989年版,第202页。

"劳动大众"。①

正如①②所见,反驳金基镇意见的论者们对无产阶级艺术内部区分高、低级理论提出了激烈抗议。卡普的选择不是通过划分高级和低级来接近现实中存在的更多读者,而是通过进一步确立作为理念中心轴的工农大众的意识形态和政治性来加强党派性。这与NAPF关于艺术大众化的决议相联系,该协议规定"决不能追随大众的水平松懈意识形态,不能用某种机会主义或自由主义的意识形态来代替意识形态"②,而且"将对象区分为组织和未组织的劳动者,这完全是观念上的形式主义"③。

从源头上杜绝在党派性内部引发分裂可能性的大众分割,通过阐明布尔什维克化,卡普最大限度地抑制作为"大众"中"理念化对象"的意义,即"无知和不完美"的意义;以及作为"理念的源泉"④的意义,即"潜在的、积极的社会力量"的意义。在这一过程中,卡普的"大众"语言习惯得到了明显的调整。从其本身来看,一直被称为"工人、农民"的"大众"的意义被重新调整为"广泛的普通人"(㈠),与一般的"大众"区分开来,如"㈡"中具有党派性的大工厂工人和贫农,就是文学艺术的对象被具体化了。自《大众小说论》以来,卡普的批评中并没有使用"大众"一词,而是以"工农大众"来具体限制对象的词汇明显增加。

与金基镇所规定的"大众小说"观念不同,卡普内部所谓"大众艺术"是指"以所有阶级为目标的模糊的趣味艺术",而大众小说则是"从趣味中心主义角度出发所写作的暂时性缓解疲劳"(①)的小说,而"以消遣、趣味为主的小说"⑤这种意义上的重新调整也是出于同样的原因。随着卡普的核心被具体

---

① 安漠:《朝鲜职业艺术家当前的紧急任务》(《中外日报》,1930年8月16日/8月22日),见林奎灿、韩基亨编:《文艺运动的布尔什维克化》,太学社1989年版,第189—190页。
② 日本无产阶级作家同盟中央委员会:《关于艺术大众化的决议》,见赵镇基编:《日本职业文学论的展开Ⅰ》,国第学资料院2003年版,第465页。
③ 日本无产阶级作家同盟中央委员会:《关于艺术大众化的决议》,前引书,第468页。
④ NAPF的《关于艺术大众化的决议》指出:"觉悟低的大众本质上并不是指那些有机会主义界限的大众,不过是指那些阶级意识尚未觉醒的大众。"前引文,第465页。
⑤ 宋虎:前引文。

化为"布尔什维克"式的工人和农民,卡普文学的"大众化"①被预塑为布尔什维克意识形态的煽动,"大众小说/大众文学"被重新定义为具有扩展意义上的广泛"大众"所具有的非均质性、不完整的、适应流动趣味的体裁。大众小说/大众文学以工人和农民为对象,被规定为唤醒大众潜在政治性、引导文学实践媒介力的小说/文学,现今已变得与过去"通俗小说/通俗文学"毫无区别。

韩国最初将"大众文学"一词收入辞典的是青年朝鲜社编辑的《新语辞典》(1934)。该辞典对这一词汇的释义如实地反映了"大众"和"大众文学"概念的复杂历程。

　　大众:被支配阶级的称谓,被指导群体的称谓。
　　大众文学:指通俗文学,与朝鲜野谈类似。②

在这本充分体现社会主义思想影响的辞典里,"大众"被解释为依然包含着马克思意识形态磁场的阶级意义,而"大众文学"作为完全去除理念色彩的以趣味为主的文学,完全被排除在思想性的范围之外。与"大众"在政治上的规定相反,"大众文学"完全脱离政治性意义上的矛盾,这说明了该辞典是在"大众"内部所发生的意义论争中出版的。"大众文学"中的"大众"和单独词条"大众"的差异是在左翼对立和左翼内部争论的情况下,"民众""大众""通俗"之间的意义论争下的产物。

1931年发行的日本近代新语辞典中出现的"大众文学"概念解说光谱,从侧面证明了这一概念的意义调整过程是具有国际联动性的。

　　① 大众文学:现今一般将文化修养较低,面向广大大众而发表的文学称为大众文学。虽然最近也出现了"无产阶级大众文学"的叫法,但大

---

① 实际上,卡普的任何论者都不会对"大众化",即接近大众本身提出异议。反驳金基镇的论者所质疑的始终是区分上下阶层的大众分割,是软化意识形态的"大众小说"观念。
② 青年朝鲜社编:《新语辞典》,1934年版。

众文学本身应该成为严格意味上的无产阶级文学。①

② 大众文学:面向大众的文学;通俗文学;以趣味为主处理历史题材的读物。即以文艺价值为主的多样讲坛式小说。②

③ 大众文学:针对中等阶级的小说,处于纯艺术作品和通俗文学之间,其作家为大众作家。③

④ 大众文学:十分通俗的文学,容易为文化程度较低的普通大众所理解,但并不一定以大众的指导和教化为目的。④

在1930年出版的①②③中,其"大众文学"体现了在阶级文学与传统通俗文学、近代趣味小说之间交叉、混用词汇的分裂式意义形态,而1931年出版的④则很好地概括了卡普文艺大众化争论后整理出的意义结果。1934年出版的朝鲜《新语辞典》则整合了②的传统意义和④的意识形态。

四、本土叙事感觉的发现和大众取向的再认识

自1928年卡普大众化论开始以来,"大众文学"一词得到迅速传播。在以"新小说""小说""创作小说""连载长篇""长篇小说"等名称来介绍报纸上的连载小说预告中,1929年开始即出现了"大众小说"这一词汇。⑤ 1930年,尹白南的《大挑战》首次被冠以大众小说体裁的标题进行了连载。⑥ 杂志上的

---

① 早坂二郎、松本悟朗编:《尖端语百科辞典》1931年版(《近代用词辞典集成》第16辑,东京大空社,1994—1996年,第254页)。
② 小山湖南:《窥一斑见全豹:现代新语集成》1931年版(《近代用语辞典集成》第17辑,东京大空社,1994—1996年,第229页)。
③ 酒尾达人编:《超现代化辞典》1931年版(《近代用语辞典集成》第18辑,东京大空社,1994—1996年,第181页)。
④ 鹈沼直:《现代语辞典》1932年版(《近代用语辞典集成》第22辑,东京大空社,1994—1996年,第100页)。
⑤ 《东亚日报》1929年5月31日,在以五位作家的连载小说形式进行的连载长篇小说《荒原行》的预告中,尹白南被介绍为"大众小说家",据至今调查可知,这可以说是在报纸上首次收录"大众小说"一词的事例。
⑥ 《东亚日报》的情况与1928年之前在10篇报道中所出现的"通俗小说"不同,"大众小说"从1929年的首次出现到1935年为止,一共在28篇报道中被使用,而同一时期(1929—1935)使用"通俗小说"一词的报道共有17篇,从这一事实来看,术语的主导性正在发生变化。

情况亦如此,所收录的小说中标明了"大众小说"头衔的事例从1930年(《农民》)开始出现,还出现了像尹白南等自称为"大众小说家"的作家。

主导"大众文学"这一新词汇迅速传播的不是卡普的论争,而是追求商业利益的媒体。20世纪20年代后期,急剧增加的新闻连载小说的流行和《别乾坤》等以趣味为主的综合趣味杂志的出现,以及对侦探小说、历史小说等热门小说类型认识的传播,均得益于对卡普所引进的术语的认知度,这促进了新概念的传播。

以体裁为标题进行传播的"大众文学"概念与金基镇所提出的理念型未来体观念相去甚远。正如卡普自身反对金基镇的"大众小说/大众文学"概念(迎合处于知识文化下层的工人和农民的喜好,谋求阶级意识觉醒的无产阶级文学)一般,将其重新定义为"以所有阶级为目标的不着边际的趣味艺术",以及以兴趣为主,给人以世俗安慰的低级文学。"大众文学"从最初指工农的"大众"范畴,转向了字面意义上的多数普通人的文学概念。

从青年朝鲜社的《新语辞典》以后,以"大众文学"为标题刊载的辞典类也删除了"大众文学"的政治意义。1938年,文世荣的《朝鲜语辞典》将"大众文学"定义为"容易受到大众欢迎的文学"①。1949年,同时登载"大众文学""通俗小说"的永昌书馆的《朝鲜语辞典》增补版也用了与文世英辞典相同的语句对"大众文学"进行了解释,并说明"通俗小说"是"能让文学理解力较低的普通大众容易理解的小说"②。当然,在文学内部也存在着细微的意见差异和冲突,但至少自20世纪30年代中期以来,从"辞典"所代表的一般性和普遍性的角度来看,"大众小说"既是类似于"通俗小说"的话语,又是为多数人所欢迎的"简易小说"。辞典的解释告诉我们,殖民地后期的"大众"和"通俗"中的"共同性"意义在"政治性"和"低级性"之前,在"容易"的意义上实现融合,从而形成了概念的向心力。20世纪20年代后期的大众文学论就是在这种"易懂文学"新观念形成的道路上,形成了奠定抵抗特权化正式文学的新文学观念的起点。

但是,在与多数读者见面并首次形成符合他们兴趣的文学观念下,20世纪20年代大众文学讨论最为独特之处在于,在文学领域内积极重新认识了

---

① 文世荣:《朝鲜语辞典》,朝鲜语辞典刊行会1938年版,第353页。
② 《朝鲜语辞典》,永昌书馆1949年版,第1650页。

活字本古小说这样的旧活字本小说。其实,在20世纪10—20年代前期近代文学概念与近代文坛形成的时期里,旧活字本小说被指责为非小说的小说,因而被排斥在"文学"领域之外。从政治、道德等其他范畴的隶属中解放文学,从早期文坛追求艺术绝对价值的观点来看,旧活字小说的低质故事和娱乐性质是不能被纳入本应具有绝对价值的艺术宠儿的"文学"范畴之内的,它具有异质性。① 但在把"大众"视为工农的语言习惯下,社会主义界在20世纪20年代后期进行的大众文学讨论中,将一直被视为"文学"领域讨论之外的旧活字重新召回到文学的紧急关注点。

"据说,《春香传》《洪吉童传》等古代小说一年卖出的量至少是现代作品的十倍,即万部。"②"大众们夜以继日阅读和倾听的东西是……用高利贷者账簿所用的朝鲜白纸装订成册,用毛笔题签,避免破损而糊上炕油纸的(时下)古代小说。除此之外,那就是不明正体的新小说。"③从这一点来考虑工农大众的阅读情况时,初步来说是与现实相吻合的。将新闻小说命名为"通俗小说",与之区分的是"古谈书""故事书"等代名词,而将文学圈外追逐已久的"小说"作为"名词"听起来虽然较为生疏,但实际上是早已存在的"大众小说"④,金基镇独特的命名方法正是基于这样的现实认识。在接近当代的阅读实际下,20世纪20年代大众文学观念首先面临的是近代文坛否定和排斥的本土叙事传统和习惯。

当关注引领处于知识和文化底层中大多数民族成员取向中所隐藏的社会潜力和可能性时,传统叙事和传统小说阅读习惯是判断潜在群众社会底蕴并接近他们的首要关注对象。《新语辞典》将"大众文学"解释为通俗文学,并附带提到"它们在朝鲜就如同野谈一样"⑤,这也是这种现实认识的结果。在这本把"大众"解释为"被统治阶级的称号"的辞典中,被统治阶级喜爱阅读的

---

① 关于20世纪10年代文人对旧活字本的观点,参见金芝英:《20世纪10年代大众文学认识形成过程研究》,见《我们的语文研究》第49辑,我们的语文学会2014年5月,第183—185页。
② 崔曙海:《工农大众和文艺运动》,见《崔曙海全集(下)》,文学与知性社1987年版,第352页。
③ 崔独鹃:前引文,第382页。
④ 金基镇还解释说,这种旧活字本小说是"在五彩缤纷的封面上用4号活字印刷的近100部小说"。金基镇:《大众小说论》,前引书,第129页。
⑤ 青年朝鲜社编:《新语辞典》,1934年版。

文学是指在近代文化方面保持着命脉的本土性叙事。

因此,20 世纪 20 年代后期首次登场的"大众文学"概念将在近代文学的旗帜下,在"文学"的领域内重新吸收一直被边缘化的传统叙事和本土叙事习惯,并重新塑造独特的文学史支点。换言之,本土叙事传统只有在"大众文学"概念形成的情况下才被认可为"文学"的一部分,并被赋予在文学领域内对其地位进行意义化的可能性。此外,偏好旧活字本古小说的读者大众取向的分析方法,从结构上分析了偏爱特定叙事的本土大众的共同感受,并在其中得到了解读颠覆性愿望的积极解释。在这一点上,金基镇的《大众小说论》和崔曙海的《工农大众和文艺运动》值得关注。

> 实际上,问题的症结就在于对故事书的内容思想——卑劣的享乐爱好、忠孝的观念、奴隶式的奉献精神、宿命论的思想等等都有兴趣和同感,而且这是不可动摇的事实。他们今天的倾向是,如果不是才子佳人、富贵功名、好色男女、忠臣烈女的故事,那就没有意思了。……他们的这种兴趣并非一朝一夕就能形成的,而是经过了漫长的岁月,因为至少在一二个世纪以前,这种故事书所积累的心理效应的结果以及已经消失的旧时代的社会机构及其气氛,还在他们想象的世界里持续着。①

在引文中,金基镇通过漫长岁月里所积累的心理效应和旧时代的社会机构,找到了偏好旧活字本小说叙事的大众取向的根源。这与其说是将大众的嗜好视为偶然选择或固有精神产物,不如说是将社会结构看作是在集体经验中得到育化的结果。如果说,大众取向和感性不是大众固有的本质或大众取向的实体,而是社会结构内在化的结果,那么,比忠孝观念或宿命论思想等大众意识内容本身更为重要的是构成意识的体制和结构。也就是说,大众的小说取向并不具有"低级"或"无知"的本质,而是从赋予他们一定生活形式的社会机构的本源性质中所选择和决定的。从这种观点来看,大众取向本就只具有"共性"这一共享地带,并不受制于天生的"低级性"和"不完整性"的束缚。金基镇认为,即使在与旧活字本小说相同的取向内,也可以进行叙事性质和

---

① 金基镇:《大众小说论》,第 135—136 页。

意识的转换,成为一部新的大众小说。这样一来,大众的嗜好并非固定的本质,而是建立在与社会结构的相关性中所把握的新的认识上。

与金基镇一脉相承的是,崔曙海曾主张工农大众的感觉和贴近现实的小说,并积极解释隐秘在大众取向中的欲望。

> 古代小说的内容和工农大众的精神生活有共同之处,那就是让他们感到满意。……朝鲜工农大众虽然饱受资本主义浪潮的折磨,但仍未能摆脱封建思想的残余。因此,他们的外在生活和内在生活之间是有矛盾、冲突和摩擦的。……他们想要直面现实,找到梦寐以求的浪漫而神秘的世界,以此治愈在现实中所遭受的痛苦。但是他们深信仅靠自己的力量是不可能实现的,而且自然也不期待能有那种神秘的、超人的力量来帮助他们找到这个世界。……因此,古代小说可以满足他们的精神生活,通过阅读这些小说来忘却残酷的现实,在浪漫的梦境中彷徨。一方面,这使他们的意识更加模糊;另一方面,又成为他们拥有生命的条件。盼望新世界的内心,即不论它是可能的世界还是不可能的世界,那都是他们的希望,他们的理想,是希冀未来的他们生命的跃动。[①]

在《工农大众和文艺运动》中,崔曙海所看到的工农大众的现实是根深蒂固的封建思想意识层面和资本主义物质文明剥削这一物质层面的矛盾状态。崔曙海认为,大众之所以喜欢阅读旧活字本古小说,是因为神秘而具有超越性的古小说叙事能够通过逃避和传递希望的信息,以此消除无法解决这一矛盾的大众在意识上的痛苦。他将这种大众取向与大众意识倾向联系起来,而这种意识倾向信奉迷信或超自然英雄的出现会带来新时代的预言。即对痛苦现实的绝望感和大众对更美好世界的愿望是与超自然预言思想一脉相承的,这为享受、偏好超越性、不切实际的叙事取向奠定了基础。

不仅如此,这篇文章还积极地解读了大众嗜好中的颠覆性欲望。尽管古小说中浪漫的梦境作为一种逃避和安慰现实痛苦的手段,具有扰乱意识的负面作用,但崔曙海却清楚认识到隐藏其中的愿望是"希冀未来的大众们生命

---

① 崔曙海:《工农群众和文艺运动》,第355—356页。

的跃动",是"盼望新世界的内心"的真实表现。当人们对新世界的欲望被判断为推动浪漫幻想的动力时,这种动力便与大众对现实的拒绝意识相契合。也就是说,崔曙海从对古小说的幻想欲望的根基上解读出了大众对现实社会的排斥和否认意志,并强调这是推动马克思变革的"希冀未来的生命跃动"的可能性,即推动大众社会潜力的可能性。

如此积极地解读隐藏在多数大众共同感觉中的社会力量时,"大众文学"就不再是单纯的低俗体裁,而是具有社会变革潜力和可能性的体裁。当关注多数大众的品味,接近隐藏在本土取向中的共性根源基础时,20世纪20年代卡普界的大众文学观念触发了共同体的集体欲望和意识,以及只能在想象中共享世界这一不可忽视的力量和对其内在颠覆性的意识自觉。这种意识、欲望、想象和马克思意识形态相结合的对新小说的要求,与无法用西方小说结构来置换的经验和感性存在的自我意识不无关系。当我们把长期以来存在于大众感觉中的共同取向和世界认识归结为"结构"而非个别"倾向"的结果来看待时,传统的大众读物被重新认识为是无法被西方近代小说的内容和形式所包容的,是蕴含着无法翻译的经验和感性的文学的一部分。从这一点看,试图在未来文学的可能性中包容本土叙事取向中积淀的本土文化漫长生命力的尝试,可以说是近代和前近代通过相互合作与协商,开放了可以想象彼此存在的互相扶持关系的文学空间。

然而,这种想法却未能发展成为一种观念,即通过积极吸收本土叙事感觉和大众取向,并通过建立符合体裁特点的新关系,以新的眼光拓展文学领域。最重要的是,从这一时期文学论者的观点来看,无论大众的取向是否赞成大众文学,在其目前思想和意识层面上是绝对不能得到高度评价的。在整个20世纪20年代,很难找到对喜欢阅读古代小说和新闻小说的大众喜好给予高度评价的文人例子。甚至对以主张大众小说创作为由而不得不与其他卡普批评家进行艰难论战的金基镇来说,大众的意识只是"无知、迟钝、希望和勇气的麻痹、低级享乐和奴隶式的奉献精神"[①];崔曙海也把"侧重于工农大众兴趣"的大众作品认为是"比鸦片更严重地麻痹他们的神经"[②]。

在既意识到"大众"中隐藏着"潜在积极的社会力量",却又把大众的现实

---

① 金基镇:《大众小说论》,第133页。
② 崔曙海:《工农群众和文艺运动》,第359页。

意识和取向说成是"无知和不完整的"的思考矛盾中,20世纪20年代大众文学论未能找到合适的切入点来正确定位隐藏在大众取向内的颠覆性地位。试图在警惕商业文学的同时,考虑与读者沟通的可能性,并努力引导隐藏在读者取向内的共同感觉的社会力量,这虽然开放了接受本土叙事感觉、紧贴当代人情绪结构的新文学想象空间,但未能通过与现有文学观念的适当关系定位,将其积极地意义化为新的叙事领域,而因僵化的意识形态,失去了形成概念的意义场的主导权。因此,在从20世纪20年代后期,在开始加速的近代媒体扩张和随之而来的商业作品急剧泛滥的情况下,"大众文学"的概念在此后被列入辞典并重新定义为"容易的文学"的过程中,也持续出现了不稳定的动摇状态。

五、结语

20世纪20年代后半期首次出现的"大众文学"一词,既是为了响应大众世俗和传统取向,又是为牵引和激发工农潜在政治性和理念可能性的新文学形式而提倡的用语。以有意分辨工农大众革命性质的"大众"语言习惯为背景而出现的词汇,"大众文学"一词摆脱了以往"通俗小说"所蕴含的低级性意义,是在指向多数普通人"政治潜力"和"低级性"两方面意义中,积极传达正面意义而成立的概念。从这一点来看,卡普大众化之争可以说是在这样的思考中进行的,即隐藏在"大众"(工农阶级)性质中的流动性、不完整性、变革性以及文学方法和目的建立关系方式。

然而,卡普的论争经历了所谓否认"大众"流动性和不完整性的理论僵化,以及区分形成党派性核心的"工人阶级"和"大众"的语言调整过程。因此,在大众化论的进程中,"大众文学"被转化为"无产阶级小说""旧活字本传统小说""趣味为主的低级文学"等多种含义,在向布尔什维克的方向转变的过程中,金基镇的首次讨论所蕴含的理念倾向性,以及大众共感和政治潜力相结合的新文学范畴,其意义化的可能性急剧丧失。

在世俗群众所具有的"潜在的、积极的社会力量"的可能性与"无知的、不完整的、低级性"的两面性矛盾之间,卡普提出的20世纪20年代大众文学概念虽然发现了隐藏在大众取向中的颠覆性和社会价值,但未能达到将其适当意义化的理论自我意识。那些明显意识到与读者沟通的可能性和文学的社会意义,并试图引导隐藏在多数大众共感中的社会力量的努力,由于卡普的意识形态僵化而无法取得进一步的进展,并将概念形成的主导权转移到了急剧增长的媒体的世俗欲望之上。

  但意识到 20 世纪 20 年代首次出现的大众文学概念,只有在共同集体的意识和欲望中才能共享世界这一不可忽视的力量和持续性,以及其内在的颠覆性,并在本土的、传统的叙事感觉中重新认识这一事实,可以说是韩国文学近代想象中又一可能性的痕迹;从这一点来看,其意义重大。将传统的叙事习惯及其育化的当代民众叙事感觉与近代文学接轨,通过这种方式,不是以个人的内在性,而是以文学形象来引导社会共感和底层社会结构的现实,这种意志开放了人们对不同于同人杂志文坛所追求的西方近代形式的文学想象空间。而关于赋予本土叙事感觉以价值,贴近大众取向,同时结合近代社会变革可能性的文学想象,而具体与怎样的实践接轨,如何继承与改变等问题,还有待今后更多的深入研究。

近代词汇"浪漫"溯源

都在学 著*
郑锡道 译**

一、绪论

本研究旨在阐明"浪漫"这一近代汉字词汇的确立过程。日本在近代化过程中创造了新的汉字词,或者通过使用现有的汉字词来吸收和消化西方文化。当时出现的很多专业术语和翻译语汇在韩国和中国传播接受,至今还被广泛使用,这是众人皆知的事实。[①]

各种词汇史的探讨,已经对个别近代汉字词总结了详细的论据。在《日源韩语词典》(2014)中收录了自19世纪80年代以后来源于日语的3634个韩语单词,并对其进行了调查和验证。本研究涉及的"浪漫"也曾在一些词汇史研究及以上词典等语源词典中被详细地讨论和比较。

本研究以现有成果为基础,尝试梳理"浪漫"作为独立双音节汉字名词的确立过程,考证日本确立的"浪漫"扩散到韩国和中国的具体时期和途径,探

---

* 都在学,韩国京畿大学教授。
** 郑锡道,加图立关东大学VERUM教养学院教授。
① 宋敏:《汉字词的语汇史研究》,《国语学》第66辑,国语学会2013年,第38页。

讨现代韩语和日语中"浪漫"和"罗曼"的共存现象,以及对能否断定"浪漫"的语源为法语的"roman"等问题进行具体探究。①

二、"浪漫"的确立和传播

(一)"romance"和"romanticism"传入日本和"浪漫"的确立

"romance"是指12—13世纪中世纪欧洲用罗曼斯语写的通俗小说(报道故事)。(《标准国语大辞典》和《斗山百科》"浪漫"词条)。另外,"romanticism"这一文艺思潮从18世纪末到19世纪初以启蒙主义和古典主义对立的概念登场,在欧洲全社会风靡一时(《韩国民族文化大百科》"浪漫主义"词条)。

在欧洲,规定(或支配)特定时期的思想与其登场背景密切相关,社会变化过程和文艺思潮的演变过程也相互关联。但在19世纪后期迅速接受西方新文物的日本,以浪漫主义为代表,现实主义、自然主义等文艺思潮同时传入,同时日本也努力理解和接受这些文艺思潮。

在日本,"romance"等词语并不是一开始就与"浪漫"相对应。起初通过阐释的方式,后来翻译成一个词,不知从何时起就与"浪漫"产生关联。这样的变化过程通过词典可以得到确认。在日本最初的正规英日对译词典《英和对译袖珍辞书》(1862)中,"romance""romantic"作为词条去解释说明其释义。②

---

① 一位专家认为对"浪漫"进行研究时需要对以下三个问题进行讨论:(1)为什么将研究对象设定为"浪漫";(2)"浪漫"作为近代词汇有什么代表性;(3)在对每一个汉字词进行研究时,应该首先选择哪个单词。对于(1)(2)其实无需特别说明。"浪漫"是作者平时非常关注的词汇,虽然能够参考的先行研究不多,但因为是比较容易获取的主题,所以可以对其进行研究。虽然并不是因为"浪漫"的独特性和代表性才对其进行研究,但通过研究,能够揭示出在"浪漫"一词中捕捉到的有趣的语言学特征,这应该算是一种成果。关于问题(3),以对近代词汇的综合研究为目标,试图对每一个汉字词进行深入研究的话,到时候肯定需要对哪个单词更重要的问题进行评价。是否是基础词汇、是否是特定领域的专业用语、是否代表着当代语言文化现象、与现代国语是否相关、频度数等信息都会被考虑在内。但是,对此需要另外进行具体的讨论。
② 感谢高丽大学许仁宁老师对理解图1—4内容给予的巨大帮助。

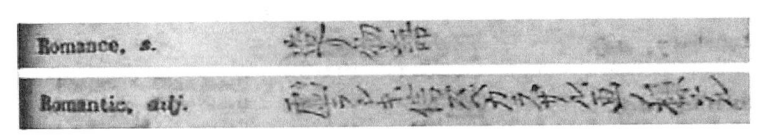

图 1　立教大学图书馆收藏本(1862)第 699 页

图 2　早稻田大学图书馆收藏本(1867)第 350 页反面

图 3　日本国立国会图书馆收藏本(1869)第 350 页反面

图 1 是 1862 年出版的《英和对译袖珍辞书》的初版。将"romance"解释为"创作的故事"(造リ物语),将"romantic"解释为"虚假的""无法相信的""像画一样的"(虚(ウソ)ラシキ,信ズベカラザル,画 ノ样ナル)。图 2 和图 3 的增补版中,将初版中"像画一样的"的部分改为"从容大方"(茫洋タル)。①

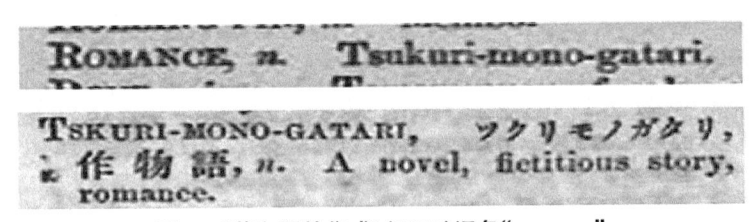

图 4　《英和语林集成》(1872)词条"romance"

与《英和对译袖珍辞书》相似时期的《英和语林集成》(1867 年)初版中,没有出现"romance"等单词的标题语。5 年后的 1872 年重版中,"romance"被解释为"Tsukuri-mono-gatari(作リ物语)"。并且词条"Tsukuri-mono-gatari"中的"novel""fictitious story""romance"作为同义词出现,引起了人们的关注。

---

① 朴孝庚认为"1862 年发行的日本最初的英日词典《英和对译袖珍辞书》曾阐释为'Romance:造リ物语(创作的故事)/Romantic:嘘ツキヤ信ズベカラズ(谎言或无法相信的)'"。参见朴孝庚:《日语"ロマン(浪漫)"的成立和变迁》,《东西人文学》第 56 辑,启明大学人文科学研究所 2019 年,第 12 页。该文参考了哪些版本的资料并没有体现出来。但是,对照初版和增补版的内容,可以确认对于"Romantic"的输入和翻译并不准确。

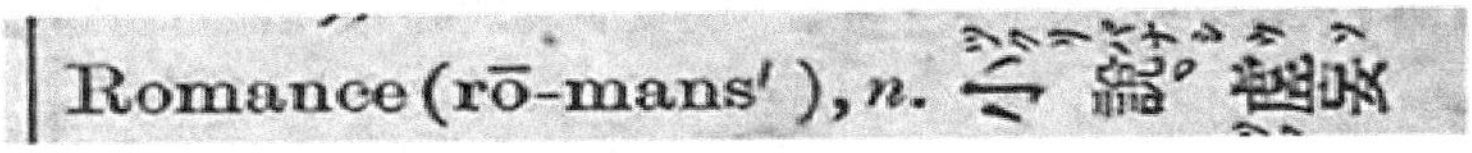

图 5 《附音插图英和字汇》(1873)词条"romance"

到目前为止,可以明确的是,将"romance"翻译成一个单词来理解并使其普遍化,应该是在 19 世纪 70 年代。在《附音插图英和字汇》(1873)中,将"romance"翻译成"小说、虚妄"。①

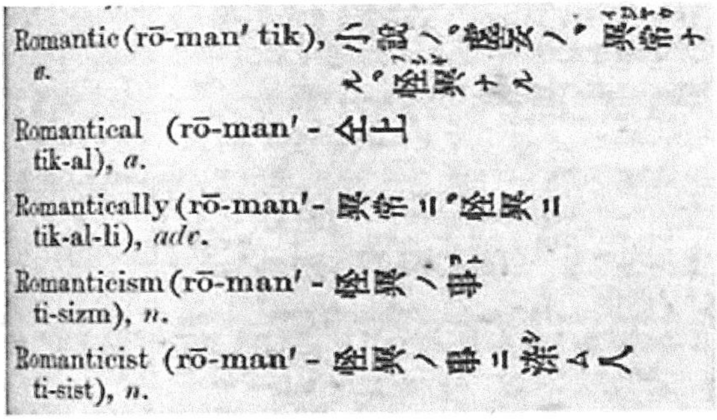

图 6 《附音插图英和字汇》(1873)词条"romanticism"等

考虑到词典的词条收录情况,可以推定是"romanticism"比"romance"更早被收录。因为直到 1873 年《附音插图英和字汇》才确认"romanticism"和"romanticist"的词条。首先接受指小说(编撰的故事)的具体词语"romance",然后便可以自然地推测能够了解更多的与之相关的抽象词语。

如此,直到将"romance"进行阐释说明或翻译成"小说"之类的单词之时,其与现代的"浪漫"所唤起的感性、情绪氛围有着巨大的差异。在与《英和对译袖珍辞书》(1862)相差 40 多年的《新英和辞典》(1901)中,"romance"被翻译成"小说、虚妄","romanticism"被翻译成"奇状、异态、怪异、架空"等意。"浪漫"的出现是此后的事情。

众所周知,夏目漱石(1867—1916)是首位使用"浪漫"一词的人。1907 年

---

① 此外,最初使用"ロマンス(浪漫)"这一借音词的是西周(1829—1897),其于 1875 年在《明六杂志》第 25 期上使用了"ロマンス(稗史)"一词。稗史是指"史官以外的人以小说形式编写的历史故事"。可以说,它不是现代语中的恋爱感情或爱情故事,而是忠于"romance"的原意,即"中世纪骑士文学类空想、冒险的英雄故事类文章"。参见朴孝庚:《日语"ロマン(浪漫)"的成立和变迁》,《东西人文学》第 56 辑,启明大学人文科学研究所 2019 年,第 11 页。

5月大仓书店发行的《文学论》中曾使用过“浪漫的”“浪漫派”等用语。① 1907年12月23日《朝日新闻》的文学评论栏中使用了“浪漫派小说”一词。②

且夏目漱石在其小说《三四郎》(1908)中曾使用“浪漫的(ロマンチック)アイロニー(讽刺)”“浪漫的自然派”“浪漫的な人间(浪漫的人)”等表达。他在《彼岸过迄》(1912)中曾使用“浪漫趣味(ロマンチック)の青年(浪漫情怀的青年)”“二人の浪漫を织っている(编织着两个人的浪漫)”“そこが浪漫家だけあって(那里不愧是浪漫家)”“浪漫的探险”“胜手な浪漫が急に温味を失って(随意的浪漫突然失去了温暖)”“浪漫斯(ロマンス:浪漫)”等多种表达方式。③

此外,在1911年6月18日题为《教育和文艺》的演讲和8月18日题为《文艺和道德》的演讲中,也提到了浪漫主义。④ 这样,1907年以后,在夏目漱石的评论、小说作品、演讲内容等多个文本中,出现了“浪漫”的相关表述。可以推测,在这个时期,双音节汉字词“浪漫”正式确立。

这里有两点值得注意。其一,除了《彼岸过迄》(1912)中的两种实例之外,在1911年以前的初期实例中,“浪漫”没有作为名词单独使用。⑤ 其二,即使在夏目漱石之前有人使用过“浪漫”,但根据夏目漱石对“浪漫”的使用及其影响力来推测,“浪漫”的传播和确立并非毫无道理。

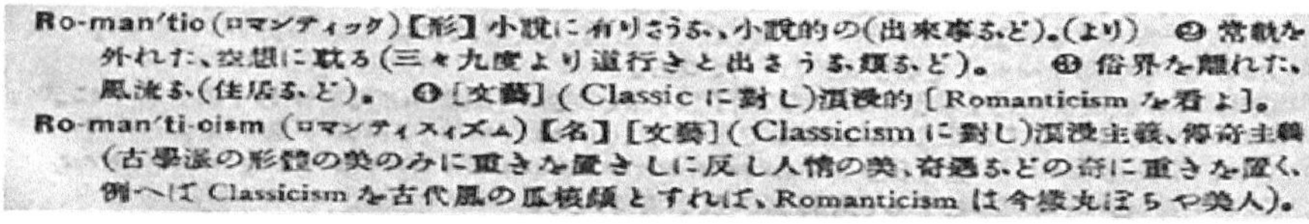
Ro-man'tio(ロマンティック)【形】小說に有りさうな、小說的の(出來事など)。(より) ❷常軌を外れた、空想に耽る(三々九度より道行きと出さうな類など)。 ❸俗界を離れた、風流な(住居など)。 ❹[文藝](Classic に對し)浪漫的[Romanticism を看よ]。
Ro-man'ti-oism(ロマンティスィズム)【名】[文藝](Classicism に對し)浪漫主義、傳奇主義(古學派の形體の美のみに重きを置きしに反し人情の美、奇遇などの奇に重きを置く、例へば Classicism を古代風の瓜核顔とすれば、Romanticism は今様丸ぽちゃ美人)。

图7　《熟语本位英和中辞典(改订版)》(1918)词条“romantic”和“romanticism”

在字典中,如图7中《熟语本位英和中辞典(改订版)》(1918)的释义中,

---

① 崔明淑:《夏目漱石和英文学讲义》,《日语日文学研究》第57(2)辑,韩国日语日文学会2006年,第137、141页。杨联芬:《浪漫的中国:一种文化视角的考察》,《文艺争鸣》2016年第6期,第41页。

② 朴孝庚:《日语“ロマン(浪漫)”的成立和变迁》,第17页。

③ 朴孝庚:《日语“ロマン(浪漫)”的成立和变迁》,第17页。

④ 土川新辅:《夏目漱石评传》,金秀姬译,AK2018年版,第315—326页。

⑤《彼岸过迄》(1912)的例文“二人の浪漫を织っている(编织着两人的浪漫)”,“胜手な浪漫が急に温味を失っ(自私的浪漫突然失去了温热)”中,“浪漫”和格助词“を”和“が”结合在一起,可以说是作为名词单独使用。

"浪漫"和"浪漫主义"首次得到确认。从时间上看,在夏目漱石的持续使用之后,它被采纳为事前释义,可见其在社会上的广泛传播。另外,比较有趣并值得再次注意的部分是"浪漫"在英语中的双重应对关系。

正如在图7中确认的一样,将"romantic"翻译成"浪漫的"时,"浪漫"对应"roman";与之相反,将"romanticism"翻译成"浪漫主义"时,"浪漫"对应"romantic"。根据这个事实推断,最初是在翻译文艺思潮的"romanticism"以及指追随其思潮的人们的"romanticist"时,首次出现了"浪漫主义"和"浪漫派"。

夏目漱石的初期用例中"浪漫派"的存在也再次受到关注。如果从翻译"romanticist"来看,此时"浪漫"就对应了"romantic"。但是双音节汉字词大部分被认为是独立名词,当代的很多翻译词也有双音节的倾向。因此,"浪漫"被重新界定为名词,与后缀"—的"结合,所以就形成了"romantic"的衍生词"浪漫的"。①

后缀"—的"和"-tic"的关联性很明显。日文语言学家兼翻译家大槻文彦(1847—1928)在《复轩杂纂》(1992)中回忆说,当时包括自己在内的翻译家在中国小说中使用了"—的一个人"的后缀"—的"翻译了英语接尾词"-tic",其原因是"-tic"和"—的"的发音相似。②

如果想理解在夏目漱石的初期用法中"浪漫的""浪漫派"同时出现的情况,自然会推断从造词当时起就将"浪漫"作为名词词根来分析的状况。之后,在《彼岸过迄》(1912)中,"浪漫"被作为独立名词使用的实例和"名词+名词"的构成,体现了"浪漫趣味"的形态作为名词词干所确立的"浪漫"的地位。

从当时的借音标记来看,将"romance"翻译为"ロマンス(罗曼史)","romantic"翻译为"ロマン チック(罗曼蒂克)","romanticism"翻译为"ロマンチシズム(罗曼蒂细则木)",是最大限度地激活音相的方式。考虑到这一点,很难推测将意味着"罗马(人)"的"roman"先翻译成"浪漫",无视"-tic"的存在,将"romanticism"和"romanticist"翻译成"浪漫主义"和"浪漫派"。

反而像之前推测的那样,"浪漫主义""浪漫派"首先被翻译,作为直接构成成分的"浪漫"被重新视为名词词根,之后保持了一般名词的位置,这样似

---

① "浪漫"的重新阐释与借音词"ロマン(罗曼)"的确立有关。参考第3节。
② 在现在的日语词典中,对词条"—てき(的)"的解释表明,这是英语后缀"-tic"的音译。

乎才是合理的。而且在19世纪后期到20世纪初的日本,相较于法语,英语对日语的影响则要大得多,所以与法语"roman"相关联的可能性很小。①

值得一起参照的是梁启超(1873—1929)的《欧游心影录节录》(1920)中出现的"浪漫忒派"的表达。这源自梁启超将19世纪欧洲文学分为前半期的"浪漫忒派(感想派)"和后半期的"自然派(写实派)"的思路。这里"忒"发音为"tè"或"tēi",因此"浪漫忒派"可以看作是"romanticist"的音译,"浪漫忒"可以看作是"romantic"的音译。②

值得关注的是,"romanticist"将对应"tic"的"忒"借音翻译成"浪漫忒派"的形态,而非缺少相当于"-tic"部分的"浪漫派"。通过梁启超的这一用法,我们可以发现很难假设其从保持源语音相的标记方式中省略"-tic"。另外,可以确定的是"浪漫"对应的并不是法语"roman",而是英语"romantic"的词根"roman"。③

归纳起来,可以很自然地推断出"浪漫"并不是一开始就被翻译成独立名词并用于形成复合词,而是在英语"romanticism"和"romanticist"被翻译成"浪漫主义"和"浪漫派"之后才被重新分析为名词词根的。"浪漫的"是名词词根"浪漫"和后缀"—的"相结合而形成的衍生词。这里的"—的"因为与"-tic"的发音相似,所以被采纳为音译字。

(二) 传入中国

事实上,可以明确的是,"浪漫"这一汉字词最初使用,是在11世纪宋朝苏轼(1037—1101)的诗歌《与孟震同游常州僧舍》三首之一的句子"年来转觉此生浮,又作三吴浪漫游"(意思是说,近年领悟到人生空洞,所以再次"浪漫"地走遍三吴)。④

但是,这与源自日本的"浪漫"的近代用法没有关系,可以理解为为了把

---

① 朴孝庚:《日语"ロマン(浪漫)"的成立和变迁》,第12—13页。
② 向帮助我们理解"浪漫忒派"的高丽大学金山先生表示感谢。
③ 在汉语中,"浪漫"本身就是形容词,作为修饰词使用,因此"浪漫的"是多余的形态。也可以认为"浪漫的"一词是在日本形成的。
④ 汉语大词典编辑委员会:《汉语大词典(第2版)》,"浪漫"词条,汉语大词典出版社2001年版。

意为"随心所欲"的"漫浪"表现得更为诗意,特将"漫浪"倒置。① 夏目漱石平常喜欢阅读和朗诵汉文和汉诗,虽然有参考苏轼的汉诗或其后人文本的可能性,但是很难将两者直接联系起来。

在形式上,原语"romance"的"roman"、片假名音标"ロマン"和"浪漫(ろうまん)"的音值非常相似。从意义上来说,苏轼的"浪漫"是"随心所欲"的意思,而夏目漱石通过将之前译为"怪事、沾染怪事的人"的"romanticism,romanticist"(见图6),活用"浪漫"一词进行音译,因此很难找到两者的关联性。②

中国文献中近代意义的用法,在1916年月刊杂志《大中华》第2卷12号登载的余寄的文章《德皇周围之人物》中首次得到确认。此后,在当时思想家梁启超的《欧游心影录节录》、朱希祖(1879—1944)翻译的日本英文学者兼文学评论家厨川白村(1880—1923)的文章《文艺的进化》等多个文献中,都可以看到实例。③

对于最初的使用案例,有必要再对其仔细探讨一番。《大中华》是一本以政治评论为主的近代启蒙杂志,于1915—1916年发行,由当时有影响力的近

---

① 向在翰林大学翰林科学院2019年学术研讨会(2019年11月29日)上指出这一点的延世大学人文学研究院柳妊旼教授表示感谢。
② 在中国,对"浪漫"的语源和传入经过的研究中,杨联芬(2016)曾指出,夏目漱石翻译的日语"浪漫"传入了中国。据此可以看出,中国的研究学者们也认为很难将其与苏轼的"浪漫"相关联。借此机会向介绍杨联芬(2016)的中国青岛农业大学的李天泽老师表示感谢。总之,本研究推断"浪漫"是夏目漱石的首创。但是,由于日本制造的近代汉字词在中国古典中有很多渊源,因此不能简单地断定。如果用以认识感性世界为特征的文艺思潮来理解浪漫主义,也不排除把"浪漫"与苏轼的用例联系起来思考的可能。在2020年8月20日召开的第79届韩国语学会全国学术大会上,韩国教员大学李东硕教授提出了推测可能有相关性的三个依据。第一,20世纪前后在日本创造的汉字词中"革命、教育、经济、具体"等虽然来源于中国古典名著,但很多都与其古典意义无关。第二,浪漫主义重视人的感情,从这一点来看,与汉诗中的"漫浪"的意义很难说完全没有关系。第三,"浪漫"在苏轼的汉诗中并非只出现一次,而是在汉文文献中经常出现,所以精通汉文的夏目漱石有可能早就知道这个词汇。感谢给我们思考其他可能性的李东硕教授考虑到以上内容,决定保留其他研究的可能性。
③ 汉语用例参考了台湾政治大学中国近现代思想、文学史专业数据库计划(1830—1930)所提供的关于"浪漫"每年用例和文献的目录等。该数据库是金观涛和刘青峰在香港中文大学建立,2008年《观念史研究》出版后,根据2010年香港中文大学和台湾政治大学的共同管理协议,移交到台湾政治大学,两机关合作扩充资料、改善系统等。其中包括1830至1930年间发行的近代杂志、教科书、文件、外国传教士的著作、思想文集等1亿2000万字规模的原文和各文献的目录信息(宋寅在:2019:83—85)。

代知识分子梁启超担任编辑。另外,余寄由于在日本留学的原因,无法确认其详细的来历,他似乎主要从事日文书籍的中译工作。

余寄于1917年翻译了《教育学要览》和《德法英美国民教育比较论》,于1934年翻译了《航空经济政策论》。其中1917年的《德法英美国民教育比较论》的序文中提到"余留学东瀛见有德法英美国民教育比较研究一书",据此可以稍微窥见他的知识背景。

另外,《德皇周围之人物》一文是介绍帮助德国威廉二世统治国家的人和他们的辅佐方法,可以说余寄通过此文了解了德国变得强大的缘由。其内容中有介绍1912年曾获得诺贝尔文学奖的德国文学家格哈德·霍普特曼(1862—1946)的部分,其中出现了"浪漫主义"一词。①

值得关注的是,中国最早的使用案例也不是作为独立名词的"浪漫",而是指文艺思潮的"浪漫主义"。与此同时,根据余寄在日本留学的事实及曾担任《大中华》编辑的梁启超流亡日本(1898—1912)的时期等,"浪漫"一词在中国的使用和传播以及逐渐被广泛接受和认同,可以说是受到了夏目漱石的影响,这种推测不无道理。

"浪漫"被单独使用的例子出现在1920年收录于《新青年》第7卷第5号中沈性仁翻译的《编辑》(*The Editor*)一文中,其作者是出生于挪威的比约恩森(B. M. Bjørnson)。在"医士,你要把浪漫(romance)时"中作为他动词"把"的宾语使用,可视为独立名词。直接使用名词"romance"这一点也可以成为重要参考。

1920年,沈雁冰翻译了收录在《新青年》第8卷第2期的英国哲学家罗素(B. Russell)的《俄罗斯旅行感想》一书,"浪漫"一词在此文中便是作为的独立名词出现的。"应知布尔什维克唱的浪漫喜剧不一定能收梢到底"中,受到定语词组修饰的名词词组(或复合名词)"浪漫喜剧"中的"浪漫"修饰"喜剧"。

另外,虽然时间上稍迟,但鲁迅(1881—1936)使用的"浪漫"也值得关注。《二心集》(1932)中的"革命尤其是现实的事,需要各种卑贱的,麻烦的工作,决不如诗人想象的那般浪漫"中出现的"浪漫",作为形容词单独使用。

鲁迅于1902年2月留学日本,1906年放弃医学专业的学习,专心研究文

---

① "君之著作,尤以《沉钟》为最,是剧富于浪漫主义。"高丽大学金山先生对这部分进行了详细的调查、说明和翻译,笔者借此机会深表感谢。

学,1909年6月回国。① 在日期间,鲁迅明显受到了夏目漱石的影响。② 与余寄相比,鲁迅直接受到夏目漱石的影响的这一点是众所周知的,这是"浪漫"传播的重要纽带。

鲁迅在《我怎么做起小说来》中说明了进入文学界的过程,并回忆说,提起日本作家,非常喜欢读夏目漱石和森喜朗的作品。③ 鲁迅的弟弟周作人(1885—1967)也在1907年至1909年左右回忆说,鲁迅迷上了夏目漱石,对他的文学产生了浓厚的兴趣。④

(三) 传入韩国

1918年10月26日,韩国文献中近代意义上的"浪漫"在收录于《泰西文艺新报》第4号的白大镇(1892—1967)的文章《最近的泰西文坛》中首次出现[《日源韩语词典》(2014)"浪漫"词条]。像中国文献一样,"浪漫"不是独立使用的,而是以作为文艺思潮的"浪漫主义"的形式使用的。

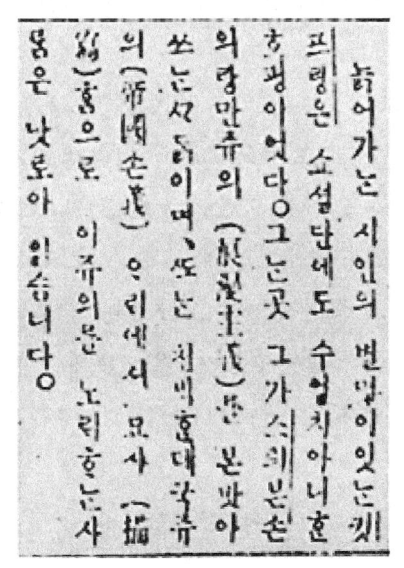

图8 《泰西文艺新报》第4号《最近的泰西文坛》中出现的"浪漫主义"

---

① 朱正:《鲁迅评传》,洪润基译,玻利图书(Bookpolio)2006年版。
② 安英姬:《东亚的近代与近代知识分子》,《日语文学》第71辑,韩国日语日文学会2015年,第358页。
③ 朱正:前引书,第90页。
④ 潘世圣:《鲁迅・明治日本・漱石——影響と構造への総合的比較研究》,汲古书院2002年版,第229页。

据悉,白大镇通过订阅各种报纸和杂志,想成为一名记者,并怀揣着文学家的梦想。他曾作为《新闻界》和《半岛时论》的记者而活跃于新闻界,后来转入《每日申报》,作为舆论人进行了很多活动。据说,他精通日语,可以用日语写小说,而且英语水平也达到了可以无障碍地采访英国人和美国人的程度。①

张师善认为,可以推测出白大镇受到了福泽由喜的影响。② 目前确实没有资料证明白大镇受到来自日本,具体来说是受到夏目漱石的影响。但是如果参考前述内容的话,可以推测出白大镇对日本文坛及思想界的关注,并有一定程度的理解。

(1) 1919年《创造》的使用案例

一、大概分期明治、大政的诗坛,前半期是浪漫主义时代,后半期是象征主义时代。[《日本近代诗抄(一)》,《创造》创刊号]

二、蒲原有明、岩野泡鸣,于他同时登上文坛,开头带着浪漫主义,尔后加其他因素,传向到象征主义,因此应该属于后半期。[《日本近代诗抄(一)》,《创造》创刊号]

三、浪漫的、象征主义[《日本近代诗抄(2)》,《创造》第二号]

四、不过,到后期只在什么程度带着象征主义倾向的态度,在此大多介绍包含浪漫的文句。[《日本近代诗抄(2)》,《创造》第二号]

五、只有浪漫的官能主义才能区分在诗坛的前道与后道之间,发挥其诗集的价值。[《日本近代诗抄(2)》,《创造》第二号]

六、蒲原有明在此据例子当中,第一个带着浪漫色彩,第二个表现后期的象征色彩。[《日本近代诗抄(2)》,《创造》第二号]

(2) 1919年《独立新闻》的实例

一、四月中旬夜半在四大门监狱里,一大万岁声喊出来。在此还有

---

① 朱升泽:《白大镇文学研究详述》,《韩国现代文学研究》第2辑,韩国现代文学会1993年,第48—72页。朱升泽:《白大镇研究》,《震檀学报》第80辑,震檀学会1995年,第333—368页。
② 张师善:《关于西方文学论最初的接受过程和追踪来者的诗论》,《国际韩人文学研究》2013年第11辑,第227—229页。

浪漫性逸话。[《狱中秘话(五)月夜的合唱》,9月23日]

二、在山上三位少女在示威结束后,特为狱中诸勇士表演了月下悲曲的浪漫情景。[《狱中秘话(五)月夜的合唱》,9月23日]

我们看一下白大镇以后的几种实际使用案例。(1)是1919年2月1日发行的《创造》创刊号和3月20日发行的第2期中朱耀翰以"蜂花"为笔名发表的《日本近代诗抄》文章中使用的"浪漫主义"和"浪漫"的具体例子。(2)是1919年9月23日刊登的一篇名为《狱中秘谈(五)月夜之合唱》的文章中出现的"浪漫"的用例。这些都与文艺思潮直接相关。

(3) 1920年《东亚日报》的例子

一、韦伯(1786—1826)是德国浪漫乐派的先觉者[《柳夫人独唱会曲目解说》5月3日]

二、到十九世纪前半,一般思潮风靡文艺害,同时浪漫主义推翻了画幅。[《西画的系统及使命(一)》,7月20日]

三、写出对于整个情调的感应就是浪漫主义的见地。[《西画的系统及使命(一)》,7月20日]

四、这种主义从浪漫主义获得了多少的暗示。[《西画的系统及使命(二)》,7月21日]

五、因为浪漫主义作品呼诉于主观情绪诉呼……[《西画的系统及使命(二)》,7月21日]

六、尔后到后期印象派、新古典主义、新浪漫主义、未来派[《西画的系统及使命(二)》,7月21日]

(4) 1920年《朝鲜日报》的例子

一、将采取停止供给投机资金的方针,反而实行浪漫贷款,不顾借主的信用是否良好……银行业还在处理过程遇到困难,自己也犯了散漫借款[《经济界恐慌的原因与对策(五),6月17日》]

二、你又要谈拟古主义、浪漫主义吧[《初恋》12月26日]

(3)和(4)是选取的1920年《东亚日报》和《朝鲜日报》中的例子。

大部分与文艺思潮相关,值得关注的是(4)中"浪漫하다"中所写的"浪漫",与近代文艺思潮无关,而是更接近于苏轼的用法。这与后面的"放漫하다"形成密切关联,"随心所欲"或"轻率"等意思仍然存在。

另外,在当代新语辞典《现代新语释义》(1922)中,"浪漫主义"作为词条出现。① 释义中显示:"18 世纪末到 19 世纪初,几乎风靡全欧的文艺思想的一种主义,违背形式和理智的仿古主义,摆脱一切陋习和束缚,主张个性解放,重视主观情绪"的浪漫主义文艺思潮被广泛认识。

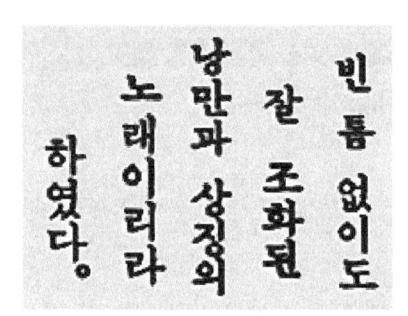

> 빈 틈 없이도
> 잘 조화된
> 낭만과 상징의
> 노래이리라
> 하였다.

图9 《白潮》제2号朴种和(Park, Jong-hwa)的《月评》中出现的"浪漫"(※作者剪贴)

图 9 是 1922 年收录在《白潮》第 2 号的朴种和的《月评》。在《白潮》创刊号中刊登的与怀月朴英熙的诗"微笑的虚华市"有关的评论中出现"浪漫"一词。其特征是作为独立名词单独使用。当然,这里浪漫主义和象征主义的截取式的写法是"浪漫"和"象征",自然会被认为具有文艺思潮意义。

另一方面,这个逻辑是"浪漫"作为一个独立名词,可以理解为它具有能被解释为"感性氛围"意义的中意性。如《现代新语释义》(1922)中所看到的,以"重视主观情绪的态度或思想"而广为人知的"浪漫主义"文艺思潮,由此作为名词的"浪漫"可以被重新诠释为"善感的态度或氛围"的含义。

总之,根据至今为止的考察,韩国文献中 1918 年白大镇的"浪漫主义"似乎是最早的用例。当然,实际上也不能排除更早使用的可能性。② 虽然很难准确断定时机,但可以肯定的是,音译词"浪漫的"和"浪漫主义"等明显是在

---

① 崔绿东编:《现代新语释义》,"浪漫主义"词条,文昌社 1922 年版。
② 外语词汇"romanticism"早就为人们所熟知,1907 年《中等万国史》(俞承兼译述)还使用了"浪漫主义"一词(《韩国民族文化大百科》"浪漫主义"词条)。

夏目漱石的使用、传播和广为人知之后才流入韩国并广泛使用的。

表1概括了"浪漫"的成立过程和流入途径。当然,这是在目前状况下的暂定结论。在中国1916年以前、在韩国1918年以前使用"浪漫"的可能性也是存在的。这里值得注意的是,在日本创造的"浪漫"在相似的时期流入中国和韩国,在语言互不相同的词汇体系内广泛使用至今。

表1　近代词汇"浪漫"的确立过程概要

时间	场所	使用主体	内　容
11世纪	中国宋朝	苏轼	汉诗
……			
20世纪初	日本	夏目漱石	评论,新闻报道等 [1907年夏目漱石将"浪漫"作为"roman(tic)"的音译词初次使用。]
	中国	余寄、沈性仁、梁启超等	(启蒙)杂志　报道 (1916年余寄在《大中华》初次使用"浪漫主义",沈性仁在《新青年》中将"浪漫"一词单独使用。)
	韩国	白大镇、朴种和等	(文艺)杂志　报道 (1918年白大镇《泰西文艺新报》中初次使用"浪漫主义"朴种和在《白潮》中将"浪漫主义"单独使用。)

表1所展现的内容其实比较常见。金敬镐认为:"在宋朝的汉诗中作为'纵情、任意'的意思使用的汉字词型'浪漫',在明治时期被采用为西方语言'roman'的译语,进而引起意义变化,尔后又重新被借用至韩语和汉语,其原来的意义消失的同时,被赋予新的含义而持续使用……"①

根据本研究中具体指出的内容,这里有几点需要进行修正。第一,西洋语"roman"很有可能不是来自法语,而是来自英语"romantic"的词根"roman"。第二,苏轼和夏目漱石的"浪漫"之间,很难确定有直接关联性(当然是存在可能性的)。第三,"浪漫"的经典意义并没有消失。

---

① 金敬镐:《关于音译词"浪漫"的成立和沉淀过程的回顾》,《日语学研究》第8辑,韩国日语日文学会2003年,第21页。

三、音译词"浪漫"和借音词"Ro-Mang(罗曼)"的共存

在现代日语和韩语中,作为同源词的"浪漫"和"Ro-Mang",它们的意义领域虽不同,但是它们是共存的关系。与此相关的说明在日语资料《日本国语大辞典(第2版)》的"ロマン"词条的语志中,韩国语资料《韩国语历史资料语料库》第892项"浪漫"的说明中都可以得到确认。但是,有必要对这两份资料的内容进行批判性研究。

(5)关于"浪漫"和"Ro-Mang(罗曼)"的说明

一、《日本国语大辞典(第2版)》"ロマン"项的語誌①

"罗曼"和"罗曼史"差异在于是来源于法语还是英语,其所指的内容原本是相同的。但是两者从那以后就朝着两种不同意义的方向发展到今天。现在罗曼史有着一般以美国 Harrary Queen 系列等为代表的如梦般的爱情,或是像两个人的罗曼史一样的甜蜜的恋爱的意思。另一方面,罗曼就具有像大正的罗曼,男人的罗曼等类似的梦想或憧憬的意义。

二、《韩国语历史资料语料库》第892项"浪漫"的说明

"浪漫"起源于法文的"Roman"。在18世纪末到19世纪上半叶欧洲发生的艺术上的一个倾向就是"浪漫主义(romanticism)"。这是反对刻板的古典主义传统,珍惜重视自由、个性、空想、冒险、自然感情的艺术倾向。"romanticism"进入日本时,该词语在日本被翻译为"浪漫主义"。"浪漫"是被寻找到的和"幻想"汉字音相似的词。即"浪漫"不过是按照读音来写法语的"浪漫(roman)"的日式汉字标记。但进入韩国后,这一用法就固定了下来。

(5)内容中主要可指出两点。第一,传入途径。论起源,因为英语"romance"的语源是法语的"roman",所以日语和韩语的音译词"浪漫"也是起

---

① 朴孝庚:《日语"ロマン(浪漫)"的成立和变迁》,第14页。

源于法语，这一点并不一定是错误的。但正如之前在上文中讨论的那样，“浪漫”对应英语“romantic”的词根“roman”较为恰当。

第二，翻译对应关系。“罗曼”对应法文“roman”，“浪漫史”对应英文“romance”，它们不是各自的借音。法语对当代日本的影响还没达到英语的程度。另外，认为“罗曼”的成立受双音节汉字词“浪漫”的影响是合理的。不能只根据表示梦想或憧憬的“罗曼（ロマン）”的形式来推测其来源于法语。

朴孝庚指出对于在日语中发音为“ロマン”的单词的成立，不仅要考虑英语的影响，还要考虑汉字词的影响。不是“ロマンス”中的“ス”被淘汰掉了，而是“浪漫”读音“ロマン”本身就是独立的存在。像这样在被重新分析为独立双音节名词词根的“浪漫”的引导下，“로망（罗曼；ロマン）”的成立也是合理的。[①]

也就是说，法语“roman”对“로망 Ro-Mang（罗曼）”一词的确立没有影响。[②] “로망 Ro-Mang（罗曼）”来自“浪漫”，之后似乎经历了意义上的变化和调整。[③] 在 20 世纪 30 年代以后的实例中，“로망 Ro-Mang（罗曼）”也有与现代意义相关联的“理想、憧憬”之意（参考图 10），[④]与现实主义形成鲜明对比的浪漫主义一脉相承，也指“浪漫主义”。（参考图 11）

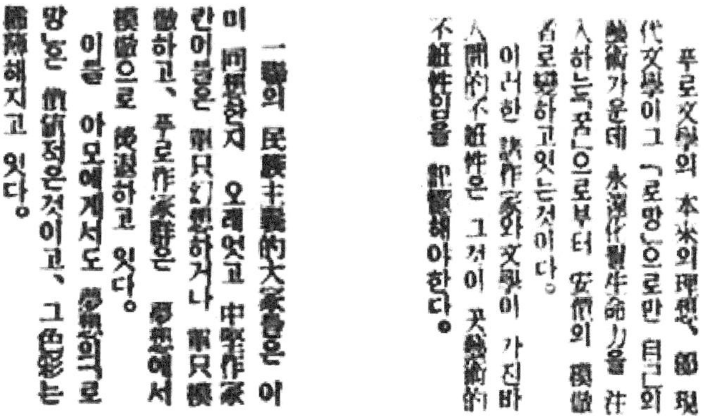
푸로文學의 本來의 理想、[illegible] 現
代文學이 그 「로망」으로만 自己의
藝術가운데 永遠化할生命力을 注
入하는「꿈」으로부터 安價의 模倣
者로變하고잇는것이다。
이러한 諸作家와 文學이 가진바
人間的不純性은 그것이 곧藝術的
不純性임을 認識해야한다。

一般의 民族主義的大家들은 이
미 固定한지 오래엇고 中堅作家
란이들은 [illegible] 幻想하거나 [illegible]
倣하고、푸로作家들은 夢想에서
模倣으로 後退하고 잇다。
이를 아모에게서도 夢想的으로
망혼 [illegible]적은것이고、그色彩는
[illegible]해지고 잇다。

图 10 《东亚日报》1936 年 1 月 3 日，4 日《伟大的浪漫的精神（中，下）》

① 朴孝庚：《日语“ロマン（浪漫）”的成立和变迁》，第 29 页。

② 分别于 1997 年（金敏洙主编）、2012 年（金武林主编）出版韩语词源词典关于“浪漫”的语源也解释为法语，但正如本研究中讨论的那样，这一点需要重新考虑。

③ 在本研究中没有涉及“浪漫”和“罗曼”如何在日常用语中立足扎根，通过使用，脉络的变化，其意义是否分化、固化的内容。后续研究中将继续讨论此问题。

④ 在此，笔者特向提供关于图 10 的事例和“罗曼”的意义信息的韩国教员大学李东硕教授表示感谢。

图 11 《东亚日报》1939 年 12 月 1 日《长篇小说华想谱连载预告》

另外,在 20 世纪 50 年代以后的电影广告海报语句中使用的"罗曼"也颇引人注目。图 12 的"爱情与刀剑交织的로망(Ro-Mang:罗曼)",图 13 的"全女性憧憬的一大로망!"的"로망"是爱情和刀剑造就的,也是所有女性向往的用什么来表达,从修饰关系和并列关系来看,很难将其视为是"梦想""愿望""憧憬"的现代意义。

图 12 《东亚日报》1954 年 6 月 7 日第 2 页广告

图 13 《东亚日报》1954 年 12 月 23 日第 3 页广告

图 12 中的"로망(罗曼)"可以理解为是作为工具和手段的爱情和刀演绎的戏剧性的感情或气氛。图 13 的"宿命的爱情,女性憧憬的一大罗曼,最佳罗曼史"中"爱情""罗曼""罗曼史"虽然相互关联,但是形成对比关系的要素,在"女性憧憬的로망"中,憧憬和罗曼并不同义,反而在这里可以将"로망(罗曼)"理解为"感性氛围"。

四、结论

近代词汇"浪漫"是在"romanticism""romanticist"被翻译成"浪漫主义"和"浪漫派"的过程中被制造出来的音译词。1907 年,日本的夏目漱石第一次使用之后传入中国和韩国。1918 年,韩国白大镇在《泰西文艺新报》第一次使用,后来在很多杂志和报纸上都能确认其用例。1922 年还收录在新语词典《现代新语释义》中。

最后,探讨一下"浪漫"一词确立过程中值得关注的语言学特性。第一,形态上的特殊性。"浪漫"作为翻译词"浪漫主义""浪漫派"的直接构成成分,本来对应"romantic"。它被重新阐释为名词词根后,与衍生词词尾"—的"相结合形成"浪漫的"。即,"浪漫"作为"romantic"的翻译词,"浪漫的"并未即时确立。①

第二,词汇上的特殊性。从一个语源中诞生的音译词"浪漫"和借音词"罗曼"在韩国语和日语的词汇体系中共存。在一种语言中,同源词的存在本身并不奇怪,通常在不同的时期借用相互不同的同系语言的方式会形成同源词,但是"浪漫"和"罗曼"最终共存的过程非常有趣。

首先,作为"romantic"的应对词,"浪漫"一词出现,并将其重新界定为名词。其次,按发音标记"浪漫"的"ロマン"单独出现。即"로망(Ro-Mang:罗曼)"只是间接地与源语词存在关联,这一点尤其特别。"communism"的译语

---

① 某位专家指出"浪漫"出现后,与语源无关,以日式汉字词的形式通用。自此开始,被称为"romantist"的韩式英语(或日式英语)变得可行起来。要论语源的话,不是"romanticist"的"romantist"就不可能被制造出来。"浪漫主义者"大概是确定了以"roman"为发音的"浪漫"或"ロマン"的成立之后,根据"artist, Baptist, dentist, scientist"之类的词形类推出来的。特此表示感谢。

"共产主义"和借音词"코뮤니즘(Komyunijeum)"的出现和使用的时间虽然略有不同,但与源语词有着直接关系,与之形成了鲜明的对比。

第三,意义上的特殊性。"浪漫"和"罗曼"作为根源为"roman(tic)"的同源词,处于一种有意竞争或同义冲突的状态,即使到了现代语中,两者中的任何一个都不会减弱或消失,它们的意义领域不同,两者共存。在韩语和日语中,"浪漫"是感性或氛围的意思,"罗曼"是梦想或憧憬的意思,两者的意义是固定使用的。

征稿启事

1. 《亚洲概念史研究》由南京大学学衡研究院主办。

2. 刊载与语言、翻译、概念、文本、学科、制度和现代性等主题有关的论文和评论。

3. 除特约稿件外,论文字数以不多于30 000字为宜,评论以不多于20 000字为宜。

4. 热忱欢迎海内外学者不吝赐稿。请将电子稿寄至 xuehengnju@163.com,或将打印稿寄至:南京市栖霞区仙林大道163号南京大学圣达楼学衡研究院收(邮编:210023)。

5. 文稿第一页请标示以下内容:文章标题、作者姓名、单位、电子邮箱、通讯地址。

6. 投寄本刊文章,凡采用他人成说,请务必加注说明,注释一律采用当页脚注,并注明作者、书名、出版信息及引用页码,参考文献另列于文末。

7. 本刊实行匿名评审制度。编辑部有权对来稿文字做技术性处理,文章中的学术观点不代表编辑部意见。

8. 投稿一个月之内未收到刊用通知,请自行处理。